Rechtschreibung und Rechtschreibunterricht

Können – Lehren – Lernen

Eine Einführung für Studierende
und Lehrende aller Schulformen

Gerhard Augst
Mechthild Dehn

Ernst Klett Verlag
Stuttgart · Leipzig

Dr. Mechthild Dehn, Lehrerin Klasse 1–10, Professorin für Erziehungswissenschaft, Didaktik der deutschen Sprache und Literatur an der Universität Hamburg

Dr. Gerhard Augst, Professor für germanistische Linguistik an der Universität Siegen. Arbeitsschwerpunkte: Orthografie, Lexikografie, Lexikologie und Spracherwerb

3., überarbeitete und aktualisierte Auflage

1 5 4 3 2 1 | 2011 2010 2009 2008 2007

Alle Drucke dieser Auflage können im Unterricht nebeneinander benutzt werden, sie sind untereinander unverändert. Die letzte Zahl bezeichnet das Jahr des Druckes.

Internetadresse: http://www.klett.de

Redaktion: Katrina Moschner, Leipzig / Andrea Höppner
Umschlaggestaltung: Frank Jabin Grafikdesign, Leipzig
Umschlagfoto: Corbis (Grace/zefa), Düsseldorf
Herstellung: Dea Hädicke
Druck: Ludwig Auer GmbH, Donauwörth

Printed in Germany

ISBN 978-3-12-320631-3

9 783123 206313

Inhalt

Vorwort zur dritten Auflage 7

Vorspiel: Vom [fa:ra:t] zum Fahrrad 9

1 Grundlagen der Rechtschreibung und des Rechtschreiblernens 15

1.1 Gesprochene und geschriebene Sprache – mündliche und schriftliche Kommunikation 15

Literatur 23

1.2 Die Funktionsweise der deutschen Rechtschreibung 24

1.2.1 Die Lautung 24
1.2.2 Die Schreibung 29
1.2.3 Lautschemata – Schreibschemata 32
1.2.4 Gespeicherte Schreibschemata? 35
1.2.5 Die Silbe 38
1.2.6 Ein Modell der Rechtschreibung 39
1.2.7 Die Prinzipien der Rechtschreibung 40
1.2.8 Eigenregeln – Fremdregeln – Amtliche Normierung 41

Literatur 45

1.3 Anfänge des Schreibens – Formen des Rechtschreiblernens 46

1.3.1 Schreiben als Medium der Kontaktaufnahme und Vergewisserung 46
1.3.2 Kognitive Schemata 52
1.3.3 Das Stufenmodell des Rechtschreiberwerbs 58
1.3.4 Zugriffsweisen und Könnenserfahrung 62
1.3.5 Integration: Rechtschreibdenken in der Sekundarstufe I 66
1.3.6 Implizites Können – explizites Wissen. Wörter – Strukturen – Regeln 71
1.3.7 Exkurs: Selbsterfahrung beim Memory mit Schrift 73
1.3.8 Zusammenfassung 77

Literatur 78

2 Die Grundregeln der deutschen Rechtschreibung 81

Vorbemerkungen 81

2.1 Die alphabetische Schrift: Laut-Buchstaben-Zuordnung 85

2.1.1 Die Hauptregel 85
2.1.2 Allgemeine Abweichungen von der Hauptregel 92
2.1.3 Besondere Abweichungen von der Hauptregel in Fremdwörtern 94
2.1.4 Die Vokalquantität 100
- Kurzer Vokal – Doppelkonsonantenbuchstabe 100
- Langer Vokal 104

2.1.5 Unterrichtliche Hinweise zur Laut-Buchstaben-Zuordnung 109

2.2 Das Stammprinzip – die Schemakonstanz 112

2.2.1 Die Auslautverhärtung 113
2.2.2 Der Umlaut 115
2.2.3 Andere Fälle 117
2.2.4 Apostroph, Ergänzungsstrich, Abkürzungspunkt, Bindestrich 119
2.2.5 Ausnahmen zur Stammschreibung 120
2.2.6 Die Andersschreibung (Heterographie, Homonymiedifferenzierung) 120
2.2.7 Unterrichtliche Hinweise zum Stammprinzip – Befrage das Wort! 122

2.3 Die Getrennt- und Zusammenschreibung (= GuZ) 125

2.3.1 Das zusammengesetzte Verb 127
2.3.2 Das zusammengesetzte Adjektiv und Partizip 135
2.3.3 Das zusammengesetzte Substantiv 137
2.3.4 Andere Wortarten 139
2.3.5 Der Bindestrich 139
2.3.6 Unterrichtliche Hinweise zur Getrennt- und Zusammenschreibung und zum Bindestrich 143

2.4 Die Groß- und Kleinschreibung (= GuK) 145

2.4.1 Die Anfangsgroßschreibung: Satzanfang und frei stehende Zeile 146
2.4.2 Die grammatische Großschreibung: Substantive und Substantivierungen 148
2.4.3 Die lexikalische Großschreibung: Eigennamen und eigennamenähnliche feste Fügungen 155

2.4.4 Das Anredepronomen 158
2.4.5 Unterrichtliche Hinweise zur Groß- und Kleinschreibung 159

2.5 Die Zeichensetzung 160

2.5.1 Die Satzschlusszeichen: Punkt, Ausrufezeichen, Fragezeichen 161
2.5.2 Das Komma zur Kennzeichnung des Satzaufbaus 164
- Die Aufzählung (1) 165
- Der Teilsatz (2) 168
- Zusatz, Herausstellung, Wiederaufnahme, Einschübe (3) 170

2.5.3 Die Textzeichen: Doppelpunkt, Anführungszeichen 174
- Der Doppelpunkt 174
- Die wörtliche Rede 175

2.5.4 Unterrichtliche Hinweise zur Zeichensetzung 177

2.6 Die Worttrennung am Zeilenende 179

2.7 Schlussbetrachtung zum zweiten Teil 183

Literatur 184

3 Zur Konzeption des Rechtschreibunterrichts 185

3.1 Passung von Aneignung und Vermittlung 185

3.1.1 Können – Lehren – Lernen 185
3.1.2 Gesetzmäßigkeiten des Lernens: Ranschburg und kein Ende 196
- (1) Die Ranschburgsche Hemmung: Das Problem mit dem Ähnlichen 196
- (2) Wider das Vergessen 198
- (3) Stress vermeiden 199

3.1.3 Ausgangsschriften – Formen der Annäherung 199
3.1.4 Rechtschreibgrundwortschatz 203
3.1.5 Nachschlagen im Wörterbuch 212
3.1.6 Lernschwierigkeiten – Rechtschreibschwäche – Legasthenie – funktionaler Analphabetismus 214
3.1.7 Beispiele für die Formulierung eines Anspruches ohne Sanktion 237
3.1.8 Kontrolle und Selbstkontrolle 242

Literatur 244

3.2 Curriculare Aspekte 249

3.2.1 Vorschläge für eine zeitliche Gliederung 250
- Anfangsunterricht: Lehrregeln 250
- Klasse 2-4/5: Wege zum Richtigschreiben: „Erkundungen" und „Elementare Regeln" 254
- Klasse 5/6-10: Grundregeln und „Heiße Tipps" 269

3.2.2 Anforderungen an Aufgabenstellungen, Lernmaterialien und Organisationsformen – Zum Stellenwert des Rechtschreibens im Deutschunterricht 274

Literatur 276

3.3 Lernbeobachtung und Leistungsmessung 278

3.3.1 Lernbeobachtung in Schülertexten 279
3.3.2 Diktate 285
3.3.3 Tests 288
3.3.4 Leistungsmessung und Selektion: Rechtschreiben und Textschreiben 290

Literatur 291

Übersicht: Arbeitsanregungen und Kopiervorlagen 292

Sachregister 293

Vorwort zur dritten Auflage

Die Rechtschreibung ist nicht einfach, aber sie ist auch kein Chaos, denn ein Chaos kann man nicht (beherrschen) lernen. Es ist – wie die neuere Forschung zeigt – schon viel gewonnen, wenn man von dem Ansatz ausgeht, dass die Rechtschreibung keine verunglückte Lautschrift ist. Während der letzten 1000 Jahre hat sich ein vielschichtiges System herausgebildet, das den Schreibenden abverlangt, den stumm Lesenden möglichst viele optische Signale zum Wort- und Satzaufbau zu geben. Wir machen Ihnen keine falschen Versprechungen, wenn wir glauben, dass es für Sie faszinierend sein kann, dieses „Netzwerk" Rechtschreibung in seiner ganzen Vielschichtigkeit einmal kennenzulernen. Nur wer weiß, wie eine Sache funktioniert, hat damit eine notwendige Voraussetzung erfüllt, um sich Gedanken über die Vermittlung machen zu können.

Noch faszinierender ist der Prozess des Erwerbs. Die Rechtschreibdidaktik hat in den letzten 20 Jahren eine Reihe von Untersuchungen zum vorschulischen und schulischen Schreib- und Rechtschreiberwerb vorgelegt. Konnte die Sprachwissenschaft schon den alten mit großer Emotionalität geführten Streit um ‚ganzheitlich' oder ‚synthetisch' zu einem ‚Sowohl-als-auch' entschärfen, so zeigen die Studien zum vorschulischen Erwerb, dass sich jedes Kind, dem ein entsprechendes Anregungsmilieu geboten wird, Grundlagen der Schreibung aneignen kann. Nun denken Sie vielleicht: „Naja, bei den Kleinen mag das ja noch angehen, aber in der Grundschule und allerspätestens in der Sekundarstufe müssen Regeln gelernt werden." Aber wie passt dazu, dass in einem Test Akademikerinnen und Akademiker zu 80 % die Kommata richtig gesetzt haben, aber nur zu 8 % dazu eine passende Regel angeben konnten? Wir hoffen, dass ein solcher Befund Sie neugierig macht: In welchem Verhältnis stehen Können, Lehren und Lernen bei der schulischen Aneignung der Orthografie zueinander? Wer lernt, kann immer schon etwas. Für das Lehren kommt es darauf an, an das anzuknüpfen, was der Lernende bereits kann, Wissen und Strukturen, über die er bereits verfügt, zu erweitern und zu differenzieren. Dann wird schulisches Lernen effektiv.

Diese beiden Aspekte, der sprachwissenschaftliche und der lerntheoretische, gelten uns als Grundlage für die Konzeption des Rechtschreibunterrichts in der Schulklasse. Wir möchten Ihnen als Deutsch Studierenden und als Lehrenden das nötige Rüstzeug geben, den (Recht)Schreiberwerb Ihrer Kinder und Jugendlichen erfolgreich zu fördern.

Einen Lesehinweis möchten wir noch geben. Das Kapitel 1 sollten Sie im Zusammenhang lesen, die Kapitel 2 und 3 können Sie auch punktuell lesen, wenn Sie sich z. B. im Rahmen des Unterrichts über die Grundregeln des Umlauts (in Kap. 2) oder die Arbeit mit dem Rechtschreibwörterbuch (in Kap. 3) informieren wollen. Kapitel 3

enthält darüber hinaus auch Arbeitstexte zur Lernbeobachtung und Leistungsmessung und zur Analyse von Unterrichtsprozessen.
Dieses Buch ist über mehrere Stufen entstanden. Einige Kolleginnen und Kollegen, Lehrerinnen und Lehrer und auch Studierende haben Entwürfe kommentiert. Frau Daubig in Siegen und Frau Neudeck in Hamburg haben geduldig und gekonnt die immer neuen Überarbeitungen integriert und ein druckfertiges Endmanuskript erstellt. Christoph Jantzen (Hamburg) und Nicola Kremer (Siegen) haben das Register erstellt. Ihnen allen herzlichen Dank!
Das Buch hat sich bewährt. So freuen wir uns, dass es nun in dritter Auflage erscheint. Wir haben es aktualisiert im Hinblick auf das amtliche Regelwerk in der Fassung von 2006 und neue Literatur, insbesondere zum Rechtschreibunterricht, ergänzt.
Wir wünschen Ihnen als Leserinnen und Lesern eine spannende und ertragreiche Lektüre. Wenn Sie etwas falsch, überflüssig oder zu knapp behandelt finden, dann schreiben Sie uns bitte (Universität Siegen, Universität Hamburg); wir werden jeden Hinweis und jeden Ratschlag genau bedenken.

Siegen und Hamburg im September 2006

Gerhard Augst
Mechthild Dehn

Vorspiel: Vom [fa:ra:t] zum *Fahrrad*

Fangen wir mit einem Beispiel an: In einem Textkorpus von je zehn Schülern der zweiten und dritten Klasse tauchen neben der richtigen Schreibung *Fahrrad, Fahrräder* folgende andere Schreibungen auf:

	2. Klasse		3. Klasse
1	*Fahrad*	7	*Fahrad*
2	*Farhat*	8	*Fahrat*
3	*Farrad*	9	*Fahrradd*
4	*farat*	10	*Farrad*
		11	*Farad*
5	*Fareder*	12	*Fahrrat*
6	*Fahreder*	13	*Frarrad*
		14	*Farrat*
		15	*Fehrad*
		16	*Farhrrad*
		17	*Fraraht*
		18	*Farhat*

Bevor Sie weiterlesen, schauen Sie bitte die Schreibungen einmal daraufhin an:

- Was können die Kinder schon?
- Wie könnten Sie die abweichenden Schreibungen erklären?

Das Auffälligste an diesen Schreibungen ist, dass nur ein einziges Kind (Nr. 4) das Wort so schreibt, wie man es spricht: [fa:ra:t] = *farat*. Alle anderen haben etwas hinzugetan, das sie nicht aus der Lautung entnehmen konnten, das aber rechtschreiblich gefordert ist. So schreiben alle anderen Kinder das Wort mit einem großen Anfangsbuchstaben. Sehr auffällig sind auch die anderen schwierigen Stellen dieses Wortes:

1) Das [a:] in *Fahrrad* ist beide Male lang (zumindest in der Standardlautung), aber nur das erste schreibt man mit *h: Fahr-*.

2) Man spricht nur ein [r], aber geschrieben wird *rr*, weil das Wort eine Zusammensetzung aus *fahr(en)* + *Rad* ist. In der Lautung verschmelzen diese beiden /r/ zu einem, nicht aber in der Schreibung.

3) Man spricht *Fahrräder* mit [d], aber in der Standardlautung *Fahrrad* im Auslaut mit [t], die Schreibung macht diesen Wechsel nicht mit, man schreibt immer *d*. Sie alle kennen den Ratschlag: „Erweitere das Wort, dann hörst du den Laut, den du schreiben musst." Gibt ein Fahrlehrer seinen Fahrschülern einen *Fahrrat*, so ist *t* richtig, weil er etwas *raten* will.

4) *Fahrräder* schreibt man mit *ä*, weil es den Umlaut von [a:] bezeichnet. Hier geben wir dem Kind den Ratschlag (!), auf die Grundform zurückzugehen *Räder* → *Rad*, so dass es weiß, ob es *e* oder *ä* schreiben muss, ganz gleich, ob es nun umgangssprachlich eher ein geschlossenes [e:] oder ein offenes [æ:] spricht.

Schauen Sie in Kenntnis dieser vier Schreibregeln die obigen Schreibungen von *Fahrrad* an, so erfassen sie die Andersschreibungen: Elfmal schreiben die Schüler *Fahrrad* richtig bis auf den Punkt des doppelten *r* (Nr. 7), sechsmal schreiben sie korrekt bis auf das *t* statt *d* im Auslaut (Nr. 12).

Noch ein interessantes Phänomen lässt sich an diesen Andersschreibungen ablesen: *(2), (18) Farhat, (17) Fraraht.*
Die Kinder wissen wohl, dass ein *h* in dem Wort vorkommt, aber wo? Es gibt zwei *rr*, aber ein Kind schreibt *Fraraht*. Wie können wir das erklären, da es lautierend klar ist, dass nicht auf [f] ein [r] folgt? Offensichtlich haben die Kinder durch häufiges Lesen und Schreiben das Wort *Fahrrad* als Schreibschema im Kopf gespeichert, bei der Niederschrift ist ihnen aber etwas durcheinandergeraten.

Verallgemeinernd können wir zwei wesentliche Feststellungen über die Rechtschreibung treffen:

1. **Rechtschreibung ist keine Lautschrift.** Die Lautung ist aber die Basis. So ist es möglich, geschriebene Wörter laut vorzulesen. Man spricht in der Forschung von der **Aufzeichnungsfunktion** der Rechtschreibung. Darüber hinaus liefert der Schreiber dem Leser aber auch Informationen über den Wortaufbau, z. B. *fahr(en) + Rad*, und er sorgt für eine schnelle Erfassung der Wortbausteine, z. B. immer *Rad* mit *d*, ganz gleich, ob man [t] oder [d] spricht. Mit dem großen *F* gibt der Schreiber eine sichtbare grammatische Information: Das Wort ist im Satz ein Substantiv. Man nennt dies die **Erfassungsfunktion**. Dieser „Service" des Schreibers erlaubt es dem (stumm) Lesenden, blitzschnell die Bedeutung des Wortes und seine grammatische Funktion zu erfassen.

2. Es gibt zwei Wege, Schreibungen „hervorzubringen". Der Schreiber kann **Schreibungen erzeugen**. Dazu „zerlegt" er ein Wort in Laute und verschriftet sie gemäß

den Laut-Buchstaben-Zuordnungen. Er muss dabei aber alle Regeln beachten, welche dem Leser helfen, den Wortaufbau und die grammatische Funktion möglichst schnell zu erschließen. Der zweite Weg ist eine Abkürzung des ersten. Der Schreiber hat ein **Schreibschema** als „Fertigware" **gespeichert**, das er aus seinem Kopf herausschreibt. Natürlich ist auch eine Mischkalkulation möglich. Wenn Sie z.B. ein *Erlebnis* beim *Faxen* hatten, so können Sie jemandem von Ihrem *Faxerlebnis* schreiben. Das Wort als Zusammensetzung haben Sie gewiss nicht gespeichert, aber vielleicht *faxen* und *Erlebnis*, und Sie können dann diese beiden Schreibschemata aufrufen und unter Beachtung der Großschreibregeln das Wort niederschreiben: *fax(en) + Erlebnis = Faxerlebnis.*

Was Rechtschreibung ist oder leistet, können wir also in einem negativen und einem positiven Satz zusammenfassen:

> Rechtschreibung ist keine Lautschrift!
> Rechtschreibung heißt: Der Schreiber macht den Wortaufbau und den Satzaufbau – und damit die Bedeutung und Funktionsweise des Wortes – für den Leser sichtbar auf der Basis von Laut-Buchstaben-Zuordnungen oder gespeicherter Schreibschemata.

Dies soll keine Definition im wissenschaftlichen Sinn sein, sondern eine Orientierung, die Ihnen hilft, trotz der vielen Einzelregeln in der Rechtschreibung einen klaren Blick zu behalten. Alle nachfolgenden Informationen können Sie auf diese Funktionsbestimmung zurückbeziehen.

Wie in diesem Beispiel werden wir auch im Folgenden die Struktur der Sache und die des Aneignungsprozesses aufeinander beziehen, wo immer das möglich ist. Die Beobachtung von (Falsch-)Schreibungen kann dazu beitragen, die Prozesse des Rechtschreiblernens zu verstehen; die sprachwissenschaftliche Beschreibung der Orthografie kann dazu beitragen, Aufgabenstellungen und Organisationsformen für den Unterricht zu konzipieren.

Das Wissen über die Sachstruktur der deutschen Rechtschreibung ist zwar keine hinreichende, aber eine notwendige Voraussetzung, um schulisch den Erwerb der Rechtschreibung zu fördern. Wenn, wie unser Beispiel zeigt, der Anfang des Schriftspracherwerbs (vor allem im vorschulischen Bereich) dadurch charakterisiert ist, dass die Kinder sich einerseits „Wortbilder" merken, andererseits mit der Laut-Buchstaben-Zuordnung als Lautschrift starten, so ist das Fundament gelegt, auf dem die Rechtschreibkompetenz aufgebaut werden kann:

- **Schreiben heißt das grafische Sichtbarmachen grammatischer Strukturen auf der Basis der Laut-Buchstaben-Beziehungen oder gespeicherter Schreibschemata.**

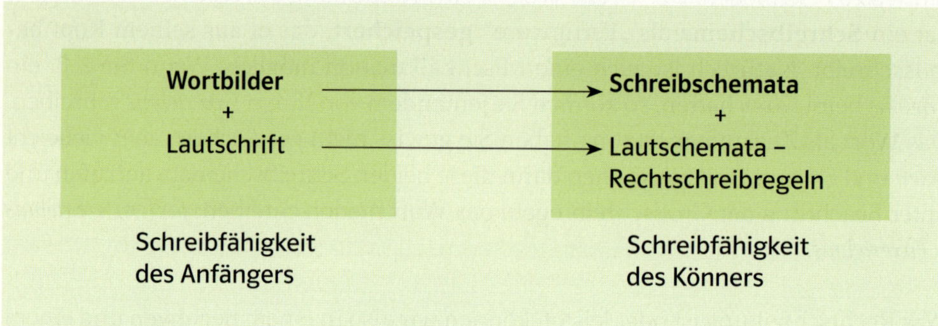

Aus den Wortbildern müssen Schreibschemata werden, und die Zuordnungen der Buchstaben zu Lauten als Lautschrift müssen zu den vielschichtigen Rechtschreibregeln auf der Basis von Lautschemata ausgebaut werden, denn die Schreibfähigkeit des Könners umfasst beides: Schreibschemata und lautliche, morphologische, lexikalische und syntaktische Rechtschreibregeln.

Das Wissen über die Sachstruktur und die Kenntnis von Lernprozessen sind für die Unterrichtenden wesentliche Grundlagen für ihre Entscheidungsprozesse. Aber Lehren bedeutet mehr:
Wenn die Lehrerin/der Lehrer in Klasse 2 und 3 diese Schreibungen von *Fahrrad* findet, reicht die Analyse der Zugriffsweisen der Kinder ja nicht aus. Der Begriff gehört zur Lebenswelt, also auch zur Schriftlichkeit der Kinder in Klasse 2 und 3. Was also können Sie tun, damit alle Schüler/Schülerinnen das Wort möglichst bald richtig schreiben und das dabei gewonnene Wissen und die Fähigkeiten auf andere orthografische Schwierigkeiten übertragen können? Unter anderem müssen Sie – als Lehrer, als Lehrerin – entscheiden:

- Vertrauen Sie etwa darauf, dass durch das häufige Lesen des korrekt geschriebenen Wortes die Kinder sich die Schreibung aneignen?
- Wie merken die Schülerinnen und Schüler überhaupt, dass sie das Wort nicht richtig geschrieben haben?
- Geben Sie die richtige Schreibung vor und erklären ihre Struktur?
- Suchen die Kinder die richtige Schreibweise im Lexikon bzw. im Sachtext und formulieren eine Erklärung der Struktur selbst?
- Bedarf die Kenntnis der richtigen Schreibung einer Sicherung? Sollen die Schüler und Schülerinnen das Wort wiederholt in inhaltlichen Kontexten schreiben; oder sollen sie es – isoliert – üben?

- Soll die Leistung kontrolliert werden?
- Suchen Sie weitere Aufgaben für die, die nach einiger Zeit das Wort doch wieder falsch schreiben und die vermittelten Verfahren nicht anwenden?
- Welchen Stellenwert hat die Schreibung des Wortes *Fahrrad* im Unterricht: Geht es – wie im Sachunterricht – in erster Linie z. B. um unterschiedliche Fahrräder, um die Bestandteile eines Rades? Oder geht es – wie beim Textschreiben – um einen Bericht über einen Fahrradausflug für die Parallelklasse, die eine ähnliche Tour vorhat? Oder geht es – wie im spezifischen Rechtschreibunterricht – um die Aneignung eines orthografischen Verfahrens (Wortbausteine herauslösen: „das Fahrrad ist ein Rad zum Fahren"; Wortverlängerung: „ein Fahrrad hat zwei Räder")?
- Ist das ein Unterricht für alle Schülerinnen/Schüler, also auch für die, die dies Wort bereits richtig schreiben können, oder nur für die, die es falsch geschrieben haben (das legt einen Leistungsvergleich nahe)?

Das alles schließt viele unterrichtliche Entscheidungen ein, von denen etliche auch für andere Lernbereiche wichtig sind. Wir wollen sie im Folgenden in ihrem jeweiligen Für und Wider – spezifiziert auf den Rechtschreibunterricht der verschiedenen Schulstufen – beleuchten (s. dazu vor allem Kap. 1.3 und Kap. 3):

1) Wann gilt etwas als gekonnt?
Wenn man die Regel bzw. das Verfahren sagen kann; wenn man den „kritischen Fall" erkennt (z. B. an welchen Stellen einem das Wort [fa:ra:t] Schwierigkeiten beim Schreiben machen könnte) und die Verfahren bzw. Regeln anwenden kann?

Diese Fragen gelten den expliziten und impliziten Formen der Aneignung und Vermittlung, also den Zugriffsweisen der Kinder und den Lehrverfahren.

2) Was lernt man (am besten) zuerst, was später?
Welche inhaltlichen und sozialen Kontexte können für die Entwicklung der Rechtschreibfähigkeiten bereitgestellt werden?

Das sind Fragen, die das Rechtschreibcurriculum und die Unterrichtsorganisation betreffen.

3) Wie wird die Rechtschreibleistung beobachtet und gemessen, wie wird sie im Zusammenhang anderer sprachlicher Leistungen gewichtet?

Diese Fragen betreffen die Problematik des Leistungsvergleichs.

Wie Lehrer und Lehrerin sich auch jeweils entscheiden: **Die Kinder lernen meist anderes und auf andere Art und Weise, als wir sie lehren. Aber mit dem Lehren werden Ansprüche formuliert, Aneignungsmöglichkeiten eröffnet und Lernsituationen geschaffen.**

Nun genug des Vorspiels!

1 Grundlagen der Rechtschreibung und des Rechtschreiblernens

1.1 Gesprochene und geschriebene Sprache – mündliche und schriftliche Kommunikation

Die (Recht)Schreibung ist Teil der schriftlichen Kommunikation, so wie die (Standard)Lautung Teil der mündlichen Kommunikation ist. Es ist also **nicht** so, dass wir einen Gedanken haben, den wir in unserem Kopf formulieren und dann entweder laut sagen oder niederschreiben. Es ist **auch nicht** so, dass wir einen Gedanken formulieren und die dazugehörige Lautung in Schreibung übertragen.

Vielmehr müssen wir annehmen, dass schon die Ordnung der Gedanken beim Reden anders ist als beim Schreiben, erst recht trifft dies auf die Formulierung zu. Natürlich sind Grammatik und Wortschatz nicht vollkommen verschieden (dann lägen ja zwei verschiedene Sprachen vor), aber im Mündlichen und Schriftlichen machen wir einen unterschiedlichen Gebrauch davon:

Mündliche und schriftliche Kommunikation haben eine unterschiedliche Einbettung. Der Sprecher redet innerhalb einer Situation zu einem Hörer. Beide sehen dabei einander. Bei der schriftlichen Kommunikation ist die Gemeinsamkeit der Situation und damit auch die Gemeinsamkeit der Kommunizierenden (Redender – Hörer) nicht mehr gegeben. Der Schreiber schreibt alleine in seiner Situation, der Leser liest das Geschriebene alleine später in seiner Situation. Wir können die schriftliche Kommunikation als eine **zerdehnte Kommunikation** ansehen:

Alle weiteren Unterschiede folgen daraus und haben einen entscheidenden Einfluss auf die Gedankenführung, die Formulierung und schließlich auch auf die Rechtschreibung. Im Wesentlichen lassen sich fünf Besonderheiten der schriftlichen Kommunikation benennen:

1) Schreiber und Leser sehen sich nicht. Das bedeutet: Nicht nur die Schreibung tritt an die Stelle der Lautung, sondern Gestik, Mimik, Intonation, Rhythmus, Sprechgeschwindigkeit und Akzent fallen weg. Alle diese Informationen müssen anderweitig schriftlich ausgedrückt werden.

2) In der mündlichen Kommunikation sind „ich" und „du", „hier" und „heute" ganz klar bestimmt durch dieselbe Situation für Sprecher und Hörer. Im Schriftlichen sind „hier" und „heute" von Schreiber und Leser verschieden. Der Leser kann also das „ich", „du", „hier" und „heute" des Schreibers nur verstehen, wenn er einen Bezugspunkt hat. Deshalb beginnt der Schreiber z. B. einen Brief mit der Nennung seines Namens, einer Orts- und Zeitangabe. So beginnt Lisa:

Lisa Müller *Köln, den 14. 1. 1997*

Liebe Steffi!
Hier ist es heute sehr kalt. Ich hoffe, dass du …

Steffi, die den Brief drei Tage später in München erhält, weiß nun, wer „ich" und „du" (auch: „Du") ist und was die Schreiberin mit „heute" (= 14. 1.) und „hier" (= Köln) meint. Etwas allgemeiner formuliert, ergibt sich: Der Schreiber muss in seinem Text erst einmal eine Situation sprachlich schaffen, auf die sich der Leser beziehen kann. Das verlangt Formulierungen, die im Mündlichen gar nicht nötig sind, weil die gemeinsame Situation ja gegeben ist.

3) Im Mündlichen sieht der Hörer nicht nur die Gestik, Mimik und Körperhaltung des Redenden, die ihm vielleicht Aufgeregtheit oder Entschlossenheit oder gar Ironie signalisieren, sondern umgekehrt sieht auch der Redende die Gestik, Mimik und Körperhaltung des Hörers, die vielleicht Verständnis oder Unverständnis ausdrücken. Außerdem kann der Hörer sehr schnell zum Redenden und der Redende zum Hörer werden. Es ist also im Dialog ein schneller Gesprächswechsel möglich, am deutlichsten zu greifen in Frage und Antwort. Die Antwort hat aber für den Fragenden nicht nur einen sachlichen Inhalt, sondern sie gibt auch einen Hinweis, ob der Hörende die Frage richtig verstanden hat. Wenn der Gefragte die Frage nicht richtig verstanden hat, kann er z. B., direkt nachfragend, sich vergewissern. Das alles fällt im Schriftlichen weg. Der Schreiber muss sich in seinen potentiellen Leser hineinversetzen. Er muss erahnen, was dieser verstehen kann, und daher hinreichend deutlich machen, was er sagen will. Dafür hat er aber auch die Möglichkeit, ungestört angemessen ausführlich zu schreiben. Im Gegensatz zum mündlichen Dialog entsteht ein in sich geschlossener monologischer Text.

4) Im Mündlichen sind Sprechen und Hören in der Geschwindigkeit synchron. Der Hörer hört gleichzeitig und im selben Tempo, wie der Redende spricht, ca. 125 Wörter pro Minute. Im Schriftlichen klafft beides weit auseinander: Schreiben – vor allem mit dem Stift – ist zehnmal langsamer als Sprechen, 10–20 Wörter/Min.; hingegen ist stummes Lesen wesentlich schneller als das Hören, nämlich 500 bis zu 1.000 Wörter/Min. (vgl. die Grafik).

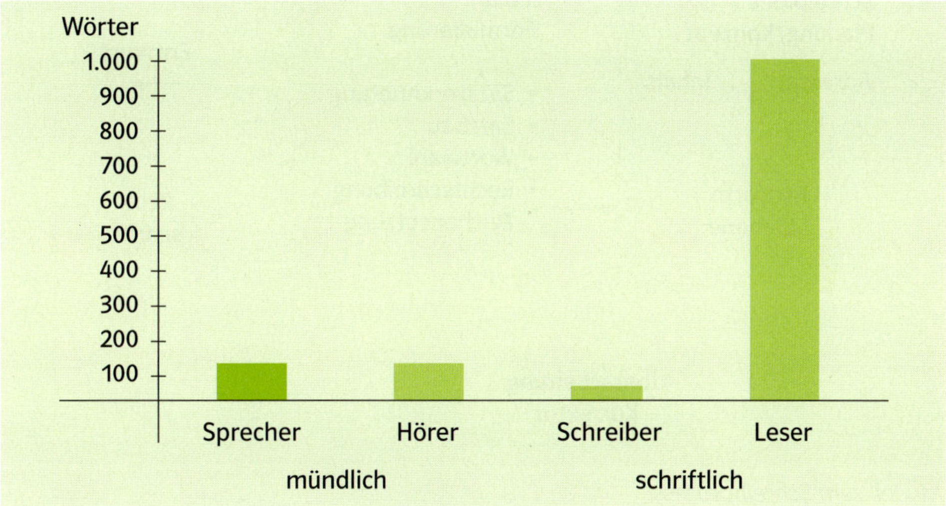

Anzahl der Wörter in einer Minute mündlich und schriftlich

Diese „unerträgliche Langsamkeit des Schreibens“ (Feilke) verlangt vom Schreiber, dass er seine Gedanken länger im (Kurzzeit-)Gedächtnis behält, um sie gemäß dem Schreibtempo zu formulieren. Die Formulierungen muss er bis zum Schreibende kontrollieren, damit er nicht aus der Konstruktion fällt. Der Leser hingegen muss lernen, all die schnell gelesenen Informationen zu ordnen, und er hofft dabei auf die Hilfestellung des Schreibers, der z. B. durch Kommata den komplexen Satz und durch Absätze den Text gliedert, so dass der Leser durch diese grafischen Signale leichter und schneller verstehen kann.

5) „Verba volant, scripta manent“, so heißt ein lateinisches Sprichwort: „Die Worte verfliegen, Texte bleiben.“ So schön es für jeden ist, das, was man schwarz auf weiß besitzt, getrost nach Hause tragen zu können, ebenso schwierig ist es für den Schreiber, den Text unter seinen Händen entstehen zu sehen. Der Text tritt dem Schreiber in der Produktion gegenüber, er verdinglicht sich. Der Schreiber kann das schon Geschriebene lesen, und er kann den angefangenen Text überarbeiten, ebenso kann er den fertigen Text als Entwurf ansehen und überarbeiten und erst Tage oder Wochen später eine Reinschrift anfertigen. Das ist im Mündlichen über punktuelle

„Reparaturhandlungen“ (Selbst-Korrekturen) nicht möglich. Während mündliche Kommunikation den Gesprächspartnern meist unbewusst leicht fällt, hat die schriftliche Kommunikation für den Schreiber meist einen bewussten Arbeitscharakter. Natürlich gilt das nicht für den Einkaufszettel, aber in der Regel dann, wenn ein komplexer ganzer Text entstehen soll.

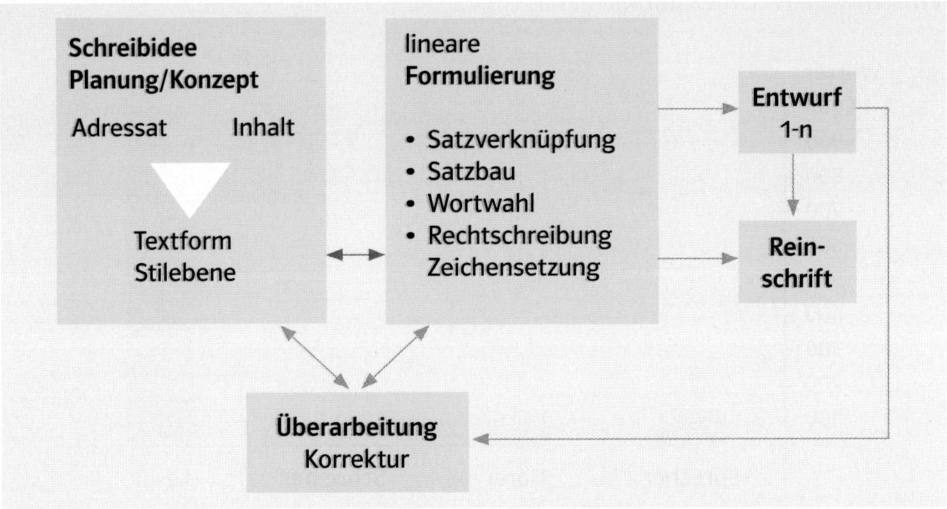

Modell zum Schreibprozess

Dieses einfache Modell zum Schreibprozess fasst die fünf Besonderheiten des Schreibens noch einmal zusammen. In ihm wird deutlich, dass die Rechtschreibung (einschließlich der Zeichensetzung) Teil des Formulierungsprozesses ist. Sie kann ferner beim Überarbeiten ebenso in den Mittelpunkt treten wie der Satzaufbau und die Wortwahl. Selbst wenn sie beim Formulieren routiniert, unbewusst abläuft, so tritt sie beim Überarbeiten ins Bewusstsein. Spätestens hier können die Schreiber nicht mehr allein der Intuition vertrauen, sondern müssen auf Rechtschreibwissen, d.h. Regeln, zurückgreifen oder aber ein Nachschlagewerk benutzen.

- Rechtschreibung „übersetzt“ also nicht das Formulierte in Buchstaben, sondern sie ist Teil der schriftlichen Kommunikation. Alle fünf Punkte weisen darauf hin, dass der Schreiber wegen des Verlusts der gemeinsamen Situation und des direkten Partners in seiner schriftlichen Kommunikation sehr um Verständnis und Verständnissicherung bemüht sein muss. (Wygotski nennt dies „die doppelte Abstraktion“ der schriftlichen Kommunikation.) Dazu gehört auch die Rechtschreibung! Auch sie muss dazu beitragen, dass der Leser klar, deutlich und rasch den zu übermittelnden Sinn entnehmen kann.

Da schriftliche Kommunikation nicht nur die räumliche Distanz zwischen Kommunikationspartnern überwindet – das tut schon das Telefon –, sondern auch die Aufgabe hat, Informationen, z. B. Gesetze, ästhetische, religiöse Texte, in der Zeit zu bewahren, ist die Rechtschreibung auch konservativer, traditioneller als die Lautung. Manchmal ändert sich die Lautung, aber die Schreibung bleibt konstant. Aus diesem Umstand können Störungen oder Umdeutungen in der Laut-Buchstaben-Zuordnung entstehen, z. B. [filaeçt] zu *vielleicht*. Der mhd. Diphthong [iə], geschrieben *ie*, wird nhd. zu einem langen [i:]. Aber das *e* fällt deshalb in der Schreibung nicht weg, sondern es wird als Dehnungszeichen für [i:] umgedeutet. Die Schreibung überwindet Raum und Zeit und damit auch die unterschiedliche Aussprache. Während diese von Flensburg bis Klagenfurt regional gefärbt ist (auch ohne dass man Dialekt spricht), ist die Schreibung neutral. Eine Normierung der Aussprache ist zwar gegen Ende des 19. Jhs. versucht worden, aber mit wenig Erfolg. Hingegen wurde im 19. Jh. die Vereinheitlichung der Rechtschreibung so weit vorangetrieben, dass sie 1902 für alle deutschsprachigen Staaten in einem Erlass ‚Regeln zur deutschen Rechtschreibung nebst Wörterverzeichnis' amtlich normiert werden konnte. Dieser Erlass wurde 1996 durch einen leicht veränderten Erlass ersetzt. Die immer gleiche Schreibung der Wörter und die verlässlich selbe Zeichensetzung erleichtern dem Leser die sichere und rasche Sinnentnahme; allerdings verlangt dies vom Schreiber, dass er die geltende Rechtschreibung auch ohne größere Abweichung anwendet. Die Verständnissicherung ist in der schriftlichen Kommunikation ziemlich einseitig zu Lasten des Schreibers geregelt. Er muss alles Erdenkliche tun für den Leser, d. h. auch richtig schreiben.

Wenn Rechtschreibung Teil der schriftlichen Kommunikation ist, bedeutet das für den Unterricht, das Rechtschreiblernen in engem Zusammenhang mit dem Schreiben und Lesen zu sehen.
Damit sind zwei Problemkreise verbunden:

1) In welchem Verhältnis steht die Konzeption und Formulierung des Gedankens zur Niederschrift?

Es geht dabei zum einen um die Gewichtung, zum anderen um die Reihenfolge. Konsens besteht darüber, dass das Formulieren des Gedankens, die Entfaltung eines Textkonzepts die höherwertige Fähigkeit ist, während die orthografische Fixierung ins zweite Glied tritt. Jedenfalls ist dies das Verständnis in den weiterführenden Schulstufen. In der Bewertung des Textschreibens tritt die Beherrschung der Orthografie deutlich hinter die des inhaltlich-sprachlichen Gesamtkonzepts zurück. Für den Schulanfang jedoch werden zumeist noch andere Prioritäten gesetzt: Das Verfügen über die Buchstabenformen und die Schreibweise der Wörter gilt als

Voraussetzung dafür, dass man notieren kann, was man denkt, was man schriftlich formulieren und mitteilen möchte.

Wenn man allerdings konsequent das Rechtschreiben als Teil der schriftlichen Kommunikation betrachtet, schließt die Teilhabe an Schriftlichkeit das Beherrschen der Kulturtechnik ein; dabei ist aber das Beherrschen der Rechtschreibung nicht Voraussetzung für Schriftlichkeit. Das mag zunächst paradox klingen, aber sowohl in der geschichtlichen Entwicklung wie bei dem kindlichen Schrifterwerb gibt es vielfältige Belege dafür:

(a) Das Mittelalter hindurch – bis zur Reformation und darüber hinaus – war die Autorschaft, also das Konzipieren eines Textes, von der Skriptorschaft, also dem Niederschreiben, personell getrennt. Der eine diktierte, der andere übte das Schreibhandwerk aus. Das gedankliche Schreibkonzept war die Voraussetzung für die Textproduktion (Ludwig 1996).

Ebenso gab es für die Kenntnis schriftlicher Texte, das Lesen, „semiliterarische Prozesse" wie den Vortrag (beim Bänkelsang) und das Vorlesen (Schenda 1981). Dass in der Entwicklung des Schulwesens beide Prozesse getrennt wurden, die Textkonzeption lange dem gelehrten Schulwesen vorbehalten war, das Beherrschen der Kulturtechnik für die Volksschule ausreichte, muss rückblickend als „Zwei-Klassen-Bildung" angesehen werden.

Björn, Februar Klasse 1

Rosalind
trinkt Tee. Sie will keine Milch.
Schaut auf die Katzenfamilie.
Sie ist eine Feuerkatze.
Dem Vater wachsen graue Haare.
Ende.
Rosalind.

(b) Kleine Kinder können Gedanken zu Papier bringen; sie können Kundigen etwas diktieren (also schriftlich formulieren – wie der Autor dem Skriptor) oder mit noch rudimentären Buchstabenkenntnissen komplexe Texte notieren. Das möchten wir mit zwei Beispielen erläutern.

Der Text von Björn erfüllt zwar nicht die Bedingung, dass er im normalen Lesetempo rezipiert werden kann, aber man kann ihn entziffern.

Besonders erschwerend für den Leser ist:

- dass keine Wortzwischenräume gelassen sind; einmal gibt es sogar eine Lücke im Wort (*ei ne*);
- dass Wortteile fehlen (*kei* statt *keine*);
- dass die Lautung verschriftet wird, so dass er beim Lesen nicht Schreibschemata nutzen, sondern die Textbedeutung wiederum nur über die explizite Lautung erschließen kann.

Aber Björn hat zu dem Bilderbuch von „Rosalind" eine eigenständige schriftliche Version formuliert. Der Text, der nur auf der Oberfläche unverbunden scheint – asyndetisch –, führt in drei Schritten, die das Verhalten und die Beziehung der Hauptfigur kennzeichnen, hin auf die zentrale Aussage: *Sie ist eine Feuerkatze*. Was das für das Gegenüber, den Vater, bedeutet, sagt der letzte Satz, der mit einer Inversion anschließt: *Dem Vater wachsen …*

Zum gleichen Zeitpunkt schreibt Torben einen Text zu einem anderen Bilderbuch, zu „Mausemärchen und Riesengeschichte".

Auch diesen Text kann man nicht ohne weiteres lesen; aber er macht nicht ganz so große Schwierigkeiten.

Die Feldmaus sucht Freunde.
Sie ist mutig. Sie hat vor nichts
Angst, nicht mal vor dem
größten Tier der Welt.
Rosinchen sucht Freunde. Egal, ob sie
groß sind oder so klein, wie sie ist.

Torben, Februar Klasse 1

Auch hier fehlen weitgehend Wortzwischenräume, aber die Wörter sind vollständig geschrieben – es fehlt nichts. Gegenüber dem Text von Björn enthält dieser mehr richtig geschriebene Wörter (z.B. *die, sie, wie, ist, der, nicht, sucht, Freunde*). Und er hat noch etwas Bemerkenswertes: Bei **fellt MAUS, *Demm, *sient* hat Torben eine Beobachtung, die er an geschriebenen Wörtern gemacht hat, nämlich dass manchmal Buchstaben verdoppelt werden, dass manchmal <ie> geschrieben wird, auf neue Wörter angewandt. Diese Wörter sind nun orthografisch falsch geschrieben, aber sie zeigen, wie sich Torben schon nach einem halben Jahr mit geschriebener Sprache auseinandersetzt, indem er „orthografische Elemente" verwendet. (Wir kommen darauf noch ausführlich zurück, s. Kap. 1.3.2, 1.3.4 und Kap. 3.1.1)

Auch Torben hat eine eigenständige schriftliche Version zu dem vorgelesenen Bilderbuch formuliert. Er stellt ein Thema in den Mittelpunkt, indem er die Aussage wiederholt: *Die Maus sucht Freunde.* Zunächst beschreibt er Rosinchen, im zweiten Schritt (nach der Wiederholung), wen sie sucht. Dabei durchzieht das Problem von Groß-Sein und Klein-Sein den gesamten Text: *nicht mal vor dem größten Tier ..., egal, ob sie groß sind oder so klein, wie sie ist*. Die Formulierung ist erstaunlich komprimiert.

Wenn bereits Schulanfänger nach einem halben Jahr oder noch früher eine Schreibidee formulieren können, stellt sich die Frage, ob sie im Unterricht nicht auch Gelegenheit dazu erhalten sollten. Für das Rechtschreiblernen kann daraus eine starke innere Notwendigkeit erwachsen. Denn die jungen Schreiber möchten ja, dass ihre Texte auch gelesen werden können. Und an den Schwierigkeiten der Leser erfahren sie den Sinn einer Normierung der Schreibung. Außerdem können sie beim Notieren Möglichkeiten der Beziehung von Lautung und Schreibung erkunden. Darin aber ist ein weiteres Problem enthalten.

2) In welchem Verhältnis steht das Rechtschreiblernen zum Lesenlernen?

Fast durchgängig galt das Lesenlernen als Voraussetzung für das Rechtschreiblernen. Nur wenige Pädagogen, denen es vor allem um die Eigenständigkeit des Lernenden ging, haben den umgekehrten Weg vorgeschlagen. So z. B. Maria Montessori (1918), wenn sie dem Kind Buchstaben aus Sandpapier in die Hand gibt und das Kind sie zu einem einzelnen Wort zusammenfügt; so z. B. Jürgen Reichen (1982), wenn er mit dem Lehrgang „Lesen durch Schreiben" Kinder mit Hilfe einer Buchstabentabelle transkribieren lässt, was sie sagen wollen. Wenn es nicht bei einzelnen Wörtern bleibt, sondern Texte erwartet werden, stellen sich dabei zwei große Probleme:

(a) Wer schriftlich formuliert – wie Björn –, hat große Not, wenn er Buchstabe für Buchstabe finden oder sogar aus einer Tabelle die Entsprechung zur Lautung erst noch herstellen muss. Das Schreiben geht so extrem langsam voran. Wenn es die einzige im Unterricht angebotene Möglichkeit ist, führt dies häufig zum Schreibverdruss.

(b) Der Verzicht auf die Begegnung und Konfrontation mit Schrift (beim Lesen) verzögert die Ausbildung (visueller) Schreibschemata, deren allmähliche Beherrschung eine beginnende Automatisierung befördert. Torbens Text enthält zwei Indizien dafür, dass er (visuelle) Schreibschemata auszubilden beginnt: die orthografisch korrekten Wörter, die entgegen der Lautung geschrieben sind, und – vor allem – die Versuche mit orthografischen Elementen.
Auf jeden Fall aber bedeutet die Betrachtung der Rechtschreibung und des Rechtschreibens als Teil der schriftlichen Kommunikation, dass es keinen Sinn macht,

wenn die Kinder im Unterricht zuerst mündlich formulieren (im Klassengespräch), was sie hernach aufschreiben sollen. Eine der vielen – schwer zu handhabenden – Antinomien besteht darin, dass Schreibanfänger auch in der Rechtschreibung (der geschriebenen Sprache) auf ihre Artikulation bzw. eine Abstraktion davon zurückgreifen müssen, so lange jedenfalls, wie ihnen keine Schreibschemata zur Verfügung stehen; dass sie aber schon als Anfänger Schriftlichkeit als Ausdrucksform gebrauchen und sich der orthografischen Norm annähern können.

Literatur zu 1.1: Gesprochene und geschriebene Sprache – mündliche und schriftliche Kommunikation

Augst, Gerhard/Faigel, Peter (1986): Von der Reihung zur Gestaltung. Untersuchungen zur Ontogenese der schriftsprachlichen Fähigkeiten von 13–23 Jahren. Frankfurt.

Dehn, Mechthild (1988): Kulturtechnik und elementare Schriftkultur. Zur Situation des Analphabeten. In: Norbert Oellers (Hrsg.): Germanistik und Deutschunterricht im Zeitalter der Technologie. Bd. 2. Tübingen, S. 224–240.

Habersaat, Steffi/Dehn, Mechthild (1998): Komplexität in Kindertexten – konzeptionelle Schriftlichkeit als Aufgabe für den Anfangsunterricht. In: Gudrun Spitta (Hrsg.): Freies Schreiben – eigene Wege gehen. Lengwil.

Koch, Peter/Oesterreicher, Wulf (1985): Sprache der Nähe – Sprache der Distanz. Mündlichkeit und Schriftlichkeit im Spannungsfeld von Sprachtheorie und Sprachgeschichte. In: Romanistisches Jahrbuch 36, S. 15–43.

Ludwig, Otto (1996): Vom diktierenden zum schreibenden Autor. In: Helmuth Feilke, Paul Portmann (Hrsg.): Schreiben im Umbruch. Stuttgart, S. 16–28.

Montessori, Maria (1918): Die Entdeckung des Kindes. Herausgegeben von Paul Oswald/Günter Schulz-Benesch. Freiburg 1969 (insbesondere S. 223–241).

Müller, Karin (1990): „Schreibe, wie du sprichst!" Eine Maxime im Spannungsfeld von Mündlichkeit und Schriftlichkeit. Eine historische und systematische Untersuchung. Frankfurt.

Reichen, Jürgen (1982): Lesen durch Schreiben. Wie Kinder selbstgesteuert lesen lernen. Zürich.

Schenda, Rudolf (1981): Alphabetisierung und Literarisierungsprozesse in Westeuropa im 18. und 19. Jahrhundert. In: Ulrich Herrmann (Hrsg.): Das pädagogische Jahrhundert,S. 154–168.

Weinhold, Swantje (2000): Text als Herausforderung. Zur Textkompetenz am Schulanfang – mit 296 Texten aus Klasse 1. Freiburg.

Wolf, Dagmar (2000): Modellbildung im Forschungsbereich ‚sprachliche Sozialisation'. Zur Systematik des Erwerbs narrativer, begrifflicher und literaler Fähigkeiten. Frankfurt.

1.2 Die Funktionsweise der deutschen Rechtschreibung

1.2.1 Die Lautung

Um ein Modell für das Schreiben der Erwachsenen zu entwickeln, müssen wir uns zunächst mit der Lautung beschäftigen.
Ein Kind spricht etwa ab dem ersten Geburtstag zunächst einmal einzelne Wörter. Wörter sind sprachliche Zeichen, bei denen ein festes Lautschema, d. h. eine feste Abfolge von Lauten, sich mit einer Bedeutung verbindet, z. B.

Mit etwa zwei Jahren verknüpft das Kind Wörter, z. B. [papa fa:ra:t], was so viel heißt wie ‚Papa fährt/holt das Fahrrad'. Mit der Zeit lernt das Kind die Grammatik seiner Sprache, so dass es mit 6 Jahren ca. 4.200 Wörter (aktiv) in Äußerungen gebraucht und ca. 20.000 (passiv) versteht.

Das Wort als sprachliches Zeichen ist damit dreifach bestimmt:

1) Es ist ein **Gegenstandszeichen**, d. h., ein Lautschema mit Bedeutung bezeichnet einen bestimmten Gegenstand oder Sachverhalt. /papa/ ist etwas anderes als /mama/ usw. Komplexe Wörter haben eine innere Bauform als Zusammensetzung oder Ableitung. Die Kinder durchschauen das etwa ab drei Jahren, wie viele Neubildungen (Neologismen) zeigen, z. B. **babyleicht,* ‚kinderleicht', **Lüger ‚Lügner'*, **Bestimmer ‚Chef'*, **Wegschickkarte* ‚Ansichtskarte'. Auch gelegentlich falsche Deutungen weisen auf die prinzipielle Fähigkeit hin, komplexe Wörter zu durchschauen. So meinte eine Dreijährige, als sie im Treppenhaus hörte, dass in einer Wohnung Weihnachtslieder gesungen wurden: *„In dem Haus klingt es ganz liederlich."*

2) Das Wort als sprachliches Zeichen ist ein **Unterscheidungszeichen**. Das heißt, jedes deutsche Wort ist aus einem Arsenal von 40 Lauten aufgebaut. Die Laute haben keine Bedeutung, sondern sie helfen Bedeutungen zu unterscheiden, z. B.

/**h** au t/ /h **au** t/ /h au **t**/
/**l** au t/ /h **eu** t/ /h au **z**/

Wenn Laute als bedeutungsunterscheidend gekennzeichnet werden sollen, stehen sie in Schrägstrichen /h/; in eckigen Klammern stehen Laute, wenn der Laut selbst gekennzeichnet werden soll. Bedeutungsunterscheidende Laute bezeichnet die Sprachwissenschaft als Phoneme, konkret ausgesprochene als Phone. Die Lautschrift ist dem Alphabet nachgebildet; es gibt aber einige Abweichungen und neue Zeichen (vgl. dazu die Hauptregel 2.1.1).

Aber nicht nur die Zahl der Laute (als kleinste Bausteine für Wörter) ist begrenzt, auch ihre Kombination folgt einer strengen Ordnung. Jedes Wort (außer einigen Interjektionen) hat mindestens einen Vokal. Vor dem Vokal stehen ein bis drei Konsonanten oder kein Konsonant im Anfangsrand, nach dem Vokal ein bis vier Konsonanten oder kein Konsonant im Endrand, z.B.:

Anfangsrand		Vokal		Endrand
Ø		*Ei*		Ø
K	*bei*		*an*	K
KK	*Brei*		*Arm*	KK
KKK	*Streu*		*Obst*	KKK
			Ernst	KKKK

In der Leseforschung werden diese Konsonantenfolgen (mit Vokal) Signalgruppen genannt.

Natürlich können sich Konsonanten des Anfangsrandes mit Konsonanten des Endrandes verbinden, z.B. KVK (*Tag*), KKVK (*breit*), KKKVK (*Strom*), KVKK (*Kult*), KVKKKK (*Herbst*). Das Maximum sind sechs Konsonanten in einem einsilbigen Wort KKKVKKK (*Strumpf*). Die Grafik (S. 26) zeigt die Baustruktur des (geschriebenen) Einsilblers. Viele Wörter können durch Endungen um einen (*s, t*) oder zwei (*st*) Konsonanten erweitert werden, z.B. (*des*) *Arms*, (*des*) *Strumpfs*, (*er*) *ruft*, (*er*) *greift*, *genäht*, *gelobt*; (*du*) *rufst*, *greifst*; *schönste*. (Vergleiche dazu den folgenden, dritten Punkt.)

Die Verknüpfung Anfangsrand + Vokal + Endrand bezeichnet man als Kern. Diesem Kern folgen bei zweisilbigen Grundwörtern nur wenige Wortausgänge:

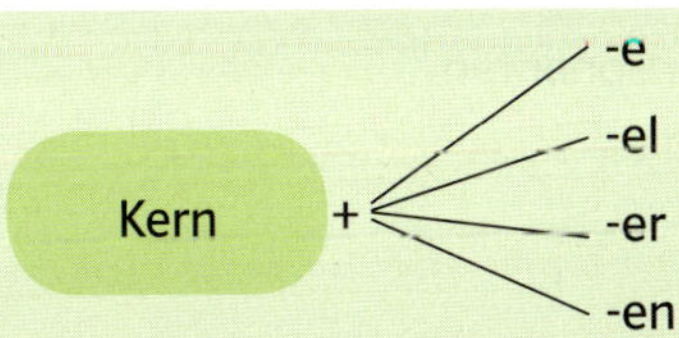

Knab/e	Gab/e
Hob/el	Heb/el
Wett/er	Läuf/er
Gart/en	gold/en

Anfangsrand **+ Vokal +** **Endrand**

Anfangsrand

ein Konsonant

b d g p t k f s sch j
w v z x h
r l m n

zwei Konsonanten

schr	schl	schn	schw	schm	sp	st
kr	kl	kn	qu			
gr	gl	gn				
br	bl					
pr	pl					pf
fr	fl					
dr						
tr						
			zw			
wr						

drei Konsonanten

pfr	pfl
str	
spr	spl

Vokal

a, e, i, o, u, ä, ö, ü, au, eu, äu, ei, ai

aa, ee, oo, ie

Endrand

ein Konsonant

b d g p t k f s sch j ß ch z x v h w
r l m n

zwei gleiche und verschiedene Konsonanten

rr	rl	rm	rn	rb	rp	rd	rt	rg	rk	rz	rf	rs	rsch	rch	rv
lr	ll	lm		lb	lp	ld	lt	lg	lk	lz	lf	ls	lsch	lch	lv
		mm		mb	mp	md	mt		mk			ms	msch		
				bb			bt								
					pp		pt		pk		pf	ps	psch		
						dd	dt								
							tt			tz		ts	tsch		
						gd	gt								
							kt		ck			ks			
							cht					chs			
							ft				ff				
					sp		st		sk			ss			
hr	hl	hm	hn												
							xt								

drei Konsonanten

rst	lst	mst	nst	pst	kst	bst
rft	lft		nft			
rcht	lcht					
rkt			nkt			
rnt						
rzt						
rks			nks			
rps	lps	mps				
rpf	mpf					

vier Konsonanten

rnst

Die Bauform des Einsilblers

Weniger häufig sind *-em*: *Atem*, *-ig*: *König*, *-ich*: *Teppich*, *-isch*: *Harnisch*, *-es*: *Kirmes* u. a. Diese Wortausgänge sind teilweise lautgleich mit Wortbildungsmitteln (Suffixen), wie z. B. in *Gab/e, Heb/el, Läuf/er, gold/en, laun/isch, silbr/ig.* Ebenso verhält es sich mit Wortanfängen und Präfixen, z. B. *ge/lingen – ge/frieren, be/fehlen – be/kränzen, ver/lieren – ver/arbeiten.* Dabei überlappen sich Wortaufbau und Silbenaufbau (vgl. 1.2.5).

3) Das Wort als sprachliches Zeichen ist ein **Feldzeichen**. Das heißt, das Wort bringt Eigenschaften mit sich, die seine Verwendung im Satz ermöglichen. Jedes Wort gehört z. B. mindestens einer Wortart an, z. B. *Pferd* und *Heu* sind Substantive, *fressen* ist ein Verb, *schwarz* ein Adjektiv. Man kann dann den Satz bilden: *Schwarze Pferde fressen Heu.* An diesem Satz wird schon deutlich, dass viele Wörter je nach Verwendung im Satz ihre Form verändern können durch Flexion: Substantive kann man deklinieren: *Pferd – Pferde, des Pferdes, den Pferden*; Verben kann man konjugieren, z. B. *ihr fresst, sie fraßen, gefressen*; Adjektive kann man deklinieren und steigern: *das schwarze Pferd, ein schwarzes Pferd; das Pferd ist schwärzer, das schwärzeste Pferd.* Wichtig für die Rechtschreibung ist dabei, dass sich beim Flektieren auch die Lautung verändern kann, z. B. durch:

- Auslautverhärtung: [pfe:rdə] – [pfe:rt] *Pferde – Pferd*
- Umlaut: [ʃvɛrtsɐ] – [ʃvarts] *schwärzer – schwarz*
- Ablaut: [frɛsən] fr<u>e</u>ssen – [frist] fr<u>i</u>sst – [fra:s] fr<u>a</u>ß

Hierher können wir auch die Verschmelzung zweier gleicher Laute bei der Ableitung oder bei der Flexion rechnen:
Verschmelzung: [ɛraeçən] *erreichen*,
[gro:s] *groß* – [grœ:ste] *größte* (groß+(e)ste)

Über alle diese Sachverhalte verfügt das Kind etwa ab dem fünften Lebensjahr, natürlich ohne sich dessen bewusst zu sein, so wie Erwachsene als Muttersprachler viele grammatische Regeln anwenden, ohne etwas über sie zu wissen. In Bezug auf die Sprache – und das gilt auch für die Lautung und Rechtschreibung – muss man (unbewusstes) **Können** von (bewusstem) **Wissen** unterscheiden.

Noch etwas auch für die Rechtschreibung Wichtiges muss hinzugefügt werden. Am Anfang des Spracherwerbs eignet sich das Kind die verschiedenen flektierten Formen getrennt an, später bezieht es sie aufeinander mit einer Grundform (Nenn-, Wörterbuchform). So können wir annehmen, dass als abstraktes Lautschema /pfe:rd/ gespeichert ist, aus dem dann mit Auslautverhärtung [pfe:rt] wird und ohne Auslautverhärtung [pfe:rd-ə] im Plural. Dies erklärt z.B. den typischen Rechtschreibfehler **meißte* als Produkt einer falschen Zerlegung: *mehr – *meiß+ste.*

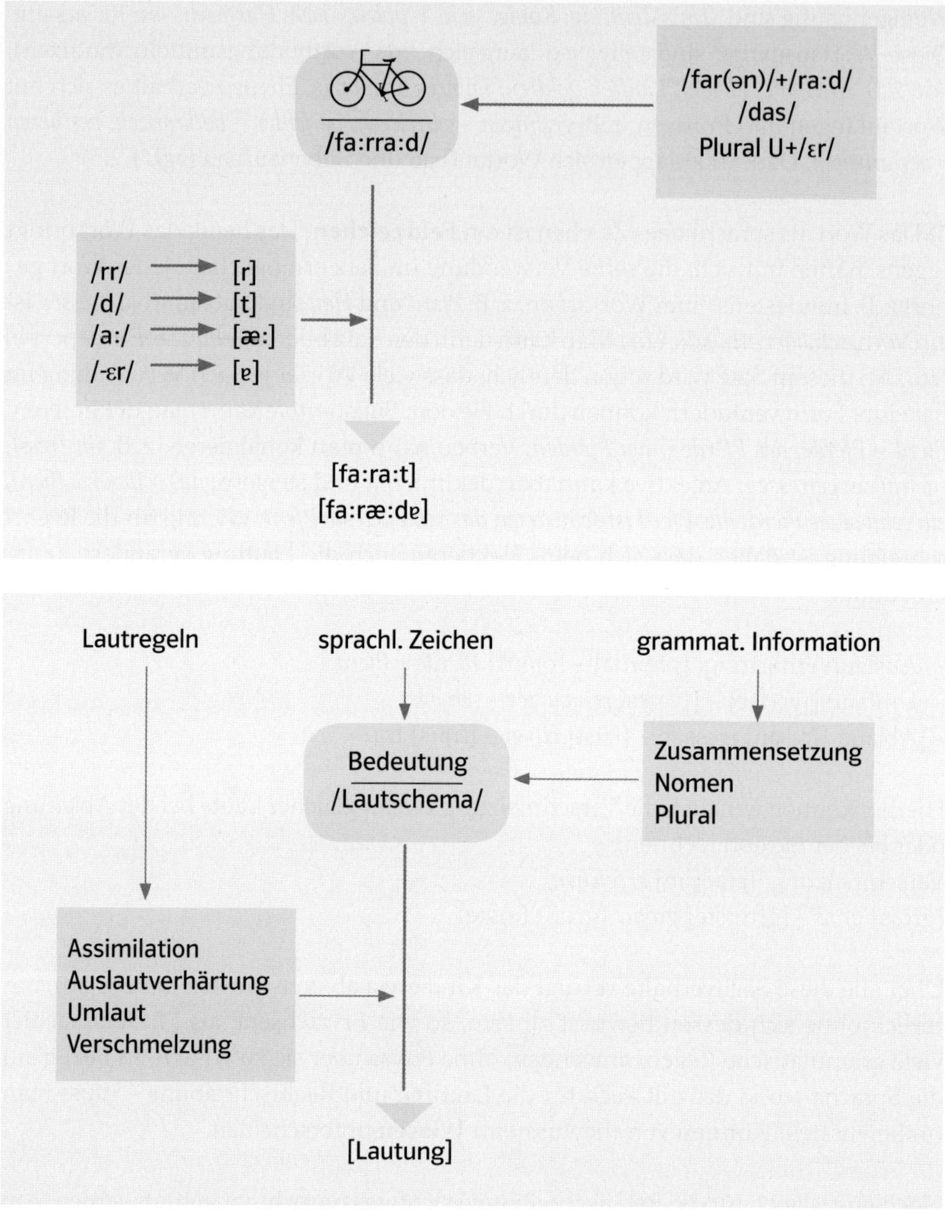

Modell: Der Prozess der Lautung (oben am Beispiel, unten abstrakt)

Versuchen wir jetzt in einem Modell (auf der vorigen Seite) zusammenzufassen, was das vorschulische Kind als unbewusstes Können beherrscht, und zwar an unserem Einleitungsbeispiel [fa:ra:t] (*Fahrrad*). Das bedeutet: Es gibt ein sprachliches Zeichen mit der Bedeutung ‚spezielles zweirädriges Fortbewegungsmittel' und dem abstrakten Lautschema /fa:rra:d/. Die grammatische Information weist /fa:rra:d/ als Zusammensetzung aus, bestehend aus dem Verb /fa:r(ən)/ und dem Nomen /ra:d/. Die Zusammensetzung ist ein Nomen und bildet den Plural auf /-ɛr/. Da /-ɛr/ den umlautfähigen Vokal immer umlautet, wird im Plural das /a:/ von /ra:d/ zu /æ:/, also /ræ:dɛr/.

Die Ausspracheregeln, die nun bei der Aussprache des gespeicherten Lautschemas /fa:rra:d/ greifen, sind folgende:

- Assimilation von /r/ + /r/ an der Zusammensetzungsfuge zu [r]
- die Auslautverhärtung von /d/ zu [t] [ræ:dɐ], [ra:dɛs], aber [ra:t]
- der Umlaut im Plural: /fa:rra:d/ mit U+/-ɛr/ ergibt [fa:ræ:dɐ]
- die Verschmelzung der Endung /-ɛr/ zu [ɐ] im Auslaut; vgl. [duŋklɐ] – [duŋklɛrə] (*dunkler – dunklere*).

Natürlich können wir nicht wissen, ob es tatsächlich das Lautschema in dieser Form im Kopf des Kindes oder Erwachsenen gibt, aber durch diese modellhafte Annahme lassen sich alle lautlichen Veränderungen erklären, die sich durch die Aussprache ergeben. Aus dem abstrakten (virtuellen) Lautschema können alle konkreten tatsächlichen Lautungen entwickelt werden.

1.2.2 Die Schreibung

Kommen wir nun zur Schreibung. Dabei verstehen wir unter Schreibung von vornherein eine grafische Kommunikation, die sich auf die Sprache bezieht, oder genauer, die Wörter (kleinste Bausteine) und deren Verknüpfung zu Sätzen visualisiert. Damit unterscheidet sich Schreibung von einer Landkarte oder von Verkehrszeichen, die ebenfalls eine visuelle Information geben, die aber nicht Wörter (und Sätze) grafisch wiedergeben. (Natürlich können wir diese Information auch in Worte fassen, aber das ist etwas anderes als „grafisch wiedergeben".)

Sollen sprachliche Zeichen grafisch wiedergegeben werden, so gibt es prinzipiell zwei Möglichkeiten gemäß ihrer doppelten Natur. Die Schreibung kann sich entweder auf ihre Funktion als Gegenstandszeichen oder als Unterscheidungszeichen beziehen. Das heißt, die grafischen Zeichen beziehen sich entweder direkt auf die

Bedeutung oder aber auf die Laute oder auf Silben, so dass sie indirekt die Bedeutung wiedergeben.
Dazu ein Beispiel: Das mündliche sprachliche Zeichen „drei" kann so dargestellt werden:

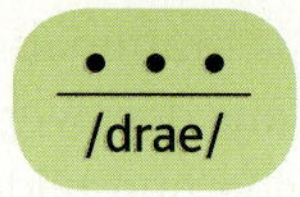

Wenn es verschriftet werden soll, so gibt es folgende Möglichkeiten:

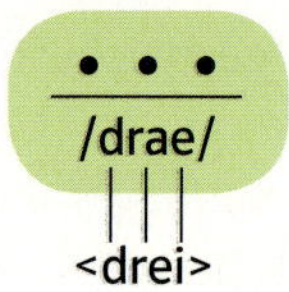

Buchstabenschrift

Begriffsschrift

In der Buchstabenschrift ruft die Schreibung die Lautung auf, und führt damit indirekt über die Lautung zur Bedeutung. In der Begriffsschrift ruft das Schriftzeichen, hier die Ziffer 3, die Bedeutung direkt auf, von dort aus kann der Leser dann auch die Lautung erschließen.

Beide Schriftformen mit vielen Übergängen und Sonderformen gibt es auf der Welt. Wir wollen kurz die Vor- und Nachteile bedenken. Begriffsschriften brauchen im Grunde so viele Schriftzeichen, wie es Lautzeichen (Wörter) in der gesprochenen Sprache gibt. Als Zwischenform ließe es sich so einrichten, dass nur die Grundwörter durch Schriftzeichen dargestellt werden, die Zusammensetzungen aber Additionen dieser Zeichen sind, so z. B. bei allen Zahlen ab zehn: *10, 23, 134*. Dieses Schriftsystem hat den Vorteil, dass sich das Schriftzeichen durch seinen unmittelbaren Bezug zur Bedeutung den Umweg über die Lautung erspart. Es ist ganz auf die Erfassungsfunktion für den (stumm) Lesenden abgestellt. Außerdem empfiehlt es sich als Schriftsystem für eine Sprache, welche über mehrere stark abweichende Dialekte verfügt. Bezogen auf unser Beispiel könnte <3> nach der Bedeutungserschließung als [drae] (*drei*), [trwa] (*trois*), [θri:] (*three*) lautiert werden. Als Nachteil ist festzuhalten, dass Schreiber und Leser über Tausende von Zeichen verfügen müssen. So gilt z. B. für die chinesische Schrift, dass ein Chinese zum Lesen der Tageszeitung ca. 2.000 Zeichen kennen muss; ein Gelehrter verfügt über ca. 4.000 Zeichen.

Eine Buchstabenschrift hat genau darin ihren Vorteil. Während die Begriffsschrift auf das Gedächtnis, das Memorieren, gründet, brauchen Schreiber und Leser in einer Buchstabenschrift im Idealfall nur so viele grafische Zeichen zu behalten, wie die Sprache Laute hat, aus denen die mündlichen Sprachzeichen aufgebaut sind. Das wären im Deutschen 40 Buchstaben (tatsächlich sind es nur 27). Der Rest ist im Gegensatz zum Memorieren nur Konstruktion. Der Vorteil dieser Lösung ist natürlich, dass der Leser und Schreiber nicht mit jedem neuen Wort sowohl ein Lautschema als auch ein Schriftzeichen lernen müssen. Hört der Schreiber zum ersten Mal [ruŋə], ein Teil des bäuerlichen Leiterwagens‘, so kann er das Wort auch schreiben: *Runge;* umgekehrt kann er aus dieser Schreibung die Lautung erschließen. In einer Begriffsschrift müsste er vielleicht IIIII lernen. Der Nachteil dieser Lösung ist, dass sie eine standardisierte Aussprache verlangt. So spricht der Verfasser dieser Zeilen [klɔgə] und müsste daher *kloge, Klogge* oder ähnlich schreiben, andere sprechen aber – eher standardsprachlich – [glɔkə] und würden *gloke, Glocke* oder ähnlich schreiben. Alle Lautabwandlungen – wie oben dargestellt – würden ebenfalls verschriftet, z. B. *Könich, Könige, köniklich.* Genau dies widerstrebt aber einem Prinzip des Sehens, das trotz der möglichen Links-rechts-Orientierung (Buchstabe für Buchstabe) auf Ganzheitlichkeit angelegt ist; d. h., eine konstante Grundform *König* auch in *König/e, könig/lich* (freilich mit kleinem *k*) beschleunigt das Lesen enorm. Kurzum, im Lesevorgang selbst liegt durch das Phänomen der Ganzheitlichkeit auch ein Zugang zur Begriffsschrift.

Nun lässt sich die Buchstabenschrift sekundär als Begriffsschrift etablieren, indem die durch Laut-Buchstaben-Zuordnung erzeugte lineare Buchstabenfolge als ganzheitliches Schreibschema aufgefasst und ebenso memoriert wird. Greifen wir auf das Beispiel *drei* zurück.

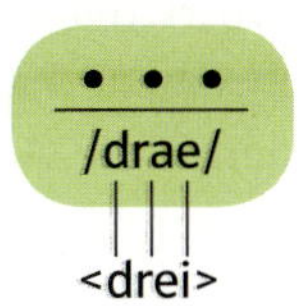

Das grafische Zeichen der reinen Lautschrift wird als Schreibschema in das sprachliche Zeichen aufgenommen, so dass aus dem zweiseitigen mündlichen sprachlichen Zeichen ein dreiseitiges wird:

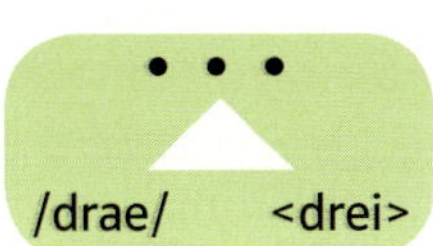

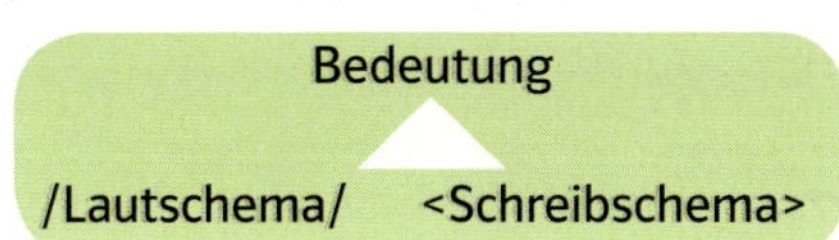

Die Konstruktion vereinigt die Vorteile beider Systeme, der Begriffsschrift und der Buchstabenschrift, in sich und schließt die wechselseitigen Nachteile aus:

Einerseits kann der Schreiber jedes Schreibschema aus dem Lautschema durch Laut-Buchstaben-Zuordnung erzeugen und umgekehrt. Die direkte Verbindung, die also in der Begriffsschrift zwischen /drae/ und <3> fehlt, ist nun gegeben.
Andererseits kann der Leser das Schreibschema direkt auf die Bedeutung beziehen, was in einer reinen Lautschrift nicht möglich ist. Umgekehrt kann derjenige Schreiber, der sich das Schreibschema gemerkt hat, das Wort schreiben, ohne Bezug auf die Lautung zu nehmen.

Beide Vorteile können sich natürlich nur entfalten bei einem stabilen Wechselverhältnis von Lautschema und Schreibschema; d. h. aber auch bei einer gleichermaßen standardisierten Aussprache und Schreibung.
Nebenbei wird schon deutlich, wieso die kontroversen Auffassungen vom Rechtschreiben: ‚phänomenorientiert' gegen ‚grundwortschatzorientiert' und vom Lesenlernen ‚synthetisch' gegen ‚analytisch' eben jeweils nur die halbe Wahrheit verkünden. In Wirklichkeit gehört beides zusammen: das **Konstruieren** (vor allem der Laut-Buchstaben-Zuordnungen) und das **Memorieren** (vor allem beim Ausbilden und Speichern von Schreibschemata).

1.2.3 Lautschemata – Schreibschemata

Sie werden an den Beispielen, aber auch an dem Gang der Argumentation schon bemerkt haben, dass die deutsche Rechtschreibung genau dieses „Mittelding" zwischen Lautschrift und Begriffsschrift darstellt. Die deutsche Rechtschreibung ist keine Lautschrift, aber das Geschriebene kann ohne große Mühe als Lautung wiedergegeben werden. Sie erfüllt damit die **Aufzeichnungsfunktion**. Die deutsche Rechtschreibung ist keine Begriffsschrift, aber die aus der Lautung aufgebaute lineare Buchstabenfolge kann als Schreibschema ganzheitlich erfasst werden. Sie erfüllt damit die **Erfassungsfunktion**. Vorschulische Kinder nähern sich auf beiden Wegen dem Schriftsystem. Sie schreiben lautgetreu, z. B. KINT, KINDA, aber andererseits visuell: ganzheitlich als Wortbild, z. B. CHRISTOPH, was lauttreu KRISTOF geschrieben werden müsste; oder als Beobachtung einzelner Schreibungen, wie bei **Demm* (*dem*), **sient* (*sind*); d. h., sie gebrauchen „orthografische Elemente".

Als Nachteil einer reinen Lautschrift haben wir oben schon erwähnt, dass sie durch die Lautregeln, die verschiedene Lautungen eines Wortes hervorbringen, auch verschiedene Schreibungen erzeugt, die der Konstanz des Schreibschemas zuwiderlaufen. Genau dieses wird nun durch die Rechtschreibung „ausgebügelt". Die Rechtschreibung bezieht sich nämlich gar nicht auf die Lautung, sondern auf das

Lautschema, **bevor** also die Lautregeln wirken. Dies wird schon an unserem Standardbeispiel deutlich, wenn wir die Schreibung *Fahrrad* mit der Lautung [faːraːt] und mit dem Lautschema /faːrraːd/ vergleichen. Die deutsche Rechtschreibung steht dem Lautschema näher als der Lautung. Im Plural *Fahrräder* mit der Lautung [faːræːdɐ] und dem Lautschema /faːrræːdɛr/ (aus /faːrraːd/ + /aː/ → /æː/ + /ɛr/) geht die Schreibung mit dem Buchstaben *ä* sogar über das Lautschema hinaus: sie hält mit dem *a* mit zwei Punkten das Schreibschema *-rad* konstant. Wir können dies als eine spezielle Schreibregel auffassen, analog zu den Lautregeln.

So wie ein Lautschema aus bedeutungsunterscheidenden Lauten, /Phonemen/, besteht, so besteht das Schreibschema aus bedeutungsunterscheidenden Buchstaben, <Graphemen>. Wir bezeichnen die Zuordnung der bedeutungsunterscheidenden Laute des Lautschemas zu den bedeutungsunterscheidenden Buchstaben des Schreibschemas als „Laut-Buchstaben-Zuordnung"; die Sprachwissenschaft nennt das auch Phonem-Graphem-Korrespondenz. Um es für die schulischen Kontexte einfacher zu machen, haben wir im Folgenden auf diese Terminologie verzichtet.
Wir können nun den Sachverhalt als Ergänzung zum Lautmodell folgendermaßen für das Beispiel [faːraːt] *Fahrrad* darstellen, wie es das Modell auf der folgenden Seite zeigt. Natürlich ist das für Sie ein sehr komplexes Modell, aber es tut gut, wenn Sie sich selbst einmal klar machen, was Sie alles können, wenn Sie so selbstverständlich schreiben, und was die Schülerinnen und Schüler alles lernen (sollen). Dieses Modell baut das Modell der Lautung (s. o. 1.2.1) analog weiter aus zu einem kombinierten Modell Lautung + Schreibung. Halten wir die Hauptpunkte noch einmal fest:

- Rechtschreibung stellt keine Beziehung zwischen der Lautung und der Schreibung her. Rechtschreibung ist keine Lautschrift.

- Rechtschreibung interpretiert vielmehr die Lautung auf der Basis eines abstrakten Lautschemas und stellt durch abstrakte Laut-Buchstaben-Zuordnungen ein abstraktes Schreibschema her.

- Lautregeln verwandeln das abstrakte Lautschema in die konkrete Lautung. Schreibregeln verwandeln das abstrakte Schreibschema in die konkrete Schreibung. In beiden Fällen spielen dabei grammatische Informationen, z. B. über die Wortstruktur (Zusammensetzung), über den Plural (mit Umlaut), eine Rolle.

- Es gibt Regeln, die sowohl bei der Lautung als auch bei der Schreibung vorkommen, z. B. der Umlaut, aber auch reine Lautregeln, z. B. die Auslautverhärtung: Sie hat keine Entsprechung bei der Schreibung. Andererseits gibt es Schreibregeln, die keine Entsprechung bei der Lautung haben, z. B. die Großschreibung der

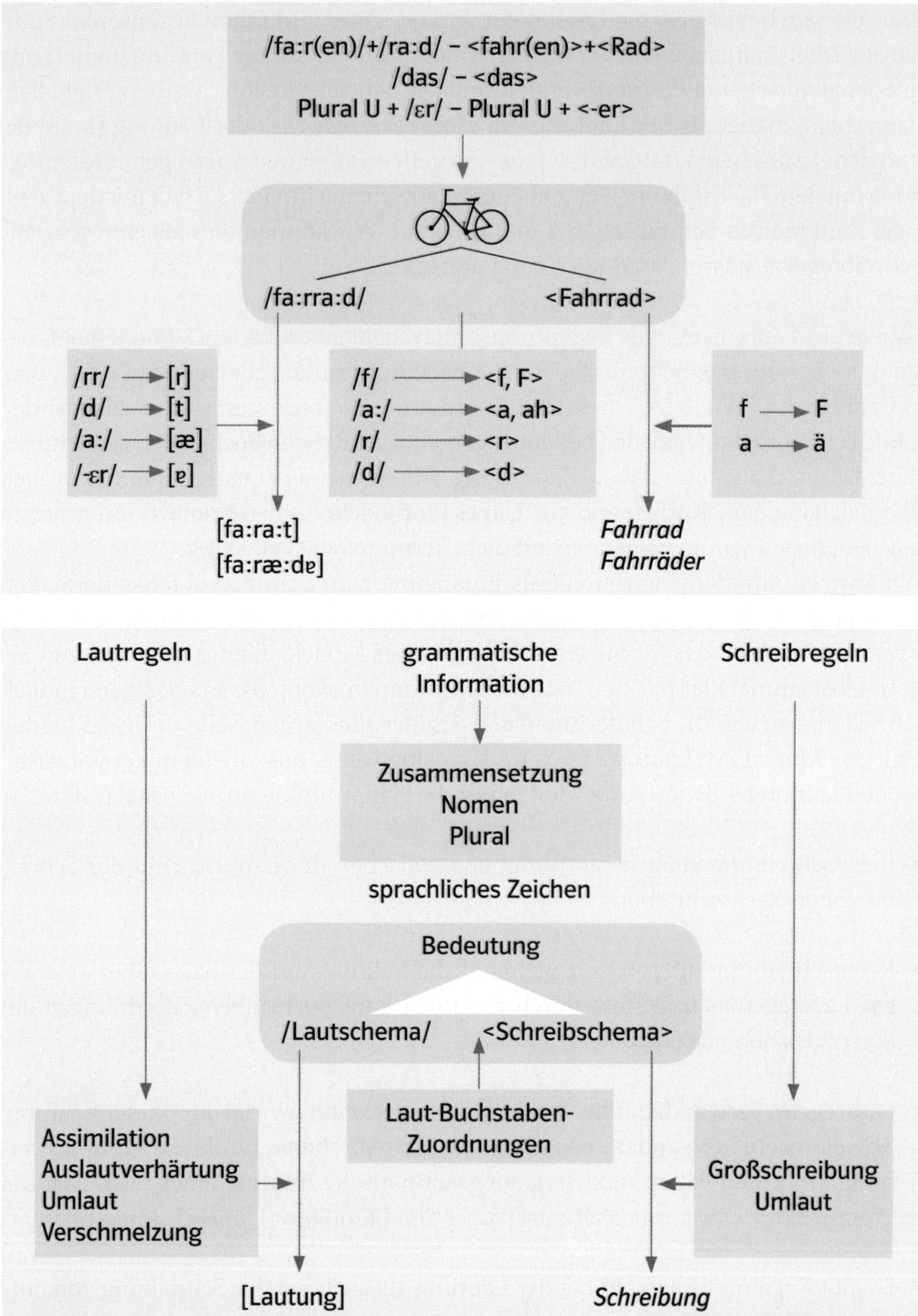

Modell: Der Prozess von Lautung und Schreibung (oben am Beispiel, unten abstrakt)

Nomen oder des Satzanfangs. Umstritten ist es z. B., ob die Lesepausen etwas mit der Kommasetzung zu tun haben.

- Alles in allem ist das Schreibschema nicht durch so viele Schreibvarianten realisiert wie das Lautschema. Wir haben das damit erklärt, dass der kompetente Schreiber und Leser ebenso über Schreibschemata verfügt wie der kompetente Sprecher und Hörer über Lautschemata. Die simultane Erfassung des Schreibschemas als Ganzheitlichkeit drängt jedoch auf seine unveränderliche Konstanz (s. Modell S. 34).

1.2.4 Gespeicherte Schreibschemata?

Genau dafür müssen wir aber im Folgenden noch den Beweis antreten, denn nach dem Modell kann man jede Schreibung aus dem Lautschema erzeugen und umgekehrt, so dass Schreiben und Lesen immer auch über das Lautschema führen können. Deshalb kann sich dieser Beweis für gespeicherte Schreibschemata auch nicht auf richtig geschriebene oder gelesene Wörter stützen, weil dabei immer der Weg [Lautung] → /Lautschema/ → <Schreibschema> → *Schreibung* maßgebend gewesen sein kann.

Darum ergibt sich der erste Beweis aus besonderen Schreibfehlern. Wenn ein Kind **vertig* mit *v* schreibt, so mag das gespeicherte Präfix *ver-* eine Rolle gespielt haben. Ebenso ist *sie *schaft es* als Fehler wahrscheinlicher als *du *schafst es*, weil **schaft* mit dem Suffix *-schaft* verwechselt wird. Eine Studentin hatte in einer Hausarbeit mehrmals **Defizieht* geschrieben, meinte aber *Defizit*. Generell: Fehler dieser Art lassen sich über ein gespeichertes Schreibschema erklären, das fälschlicherweise aktiviert oder dessen Aktivierung nicht unterdrückt wurde.

Manche Schreibungen lassen sich aus der Lautung gar nicht richtig erzeugen, und dennoch fällt es nicht auf, dass hier eine Ausnahme vorliegt, wenn sie nur aus der Lautung zu erzeugen wäre. *Und, ob, ab, Obst* usw. müssten wir eigentlich mit *t* bzw. *p* schreiben. Vorschulische Kinder tun dies auch in ihrem Zugriff Lautung → Schreibung. Aber **unt* verschwindet schnell, ohne dass es geübt oder als Ausnahme gelernt würde. Wem diese Wörter zu läppisch erscheinen, der mag an die vielen Fremdwörter denken, die er richtig schreibt, ohne einerseits die fremde Sprache (und deren Rechtschreibregeln) zu kennen oder andererseits ohne eine Abweichung in der Laut-Buchstaben-Zuordnung gespeichert zu haben, z. B. [krwa'sã] – *Croissant*. Andersherum müsste der Leser, wenn er den Regeln folgte, das Wort *Kamel* als ['ka:məl] lesen, aber er tut es nicht, weil das Lautschema /ka'me:l/ fest auf das Schreibschema <Kamel> bezogen ist.

Forschungen zur Rechtschreibdidaktik zeigen das überraschende Ergebnis, dass Jungen eher „Jungenwörter" und Mädchen eher „Mädchenwörter" richtig schreiben. Das zeugt von einer individuellen Aneignung der Wörter.

Aus der psychologischen Leseforschung kommen ganz starke Hinweise auf eine Ausbildung von Schemata. Bei Untersuchungen, welche die Schnelligkeit des Lesens messen, hat sich folgende Rangfolge ergeben: Grundwörter schneller als flektierte Wörter, schneller als mögliche Pseudowörter, schneller als willkürliche Lautverbindungen, z. B.

*Brand > Plans > *prans > *rpasn*

Dabei ergibt sich bei den Grundwörtern eine klare Korrelation zur Häufigkeit des Vorkommens: je häufiger, desto schneller. Diese unterschiedliche Lesegeschwindigkeit lässt sich nur als Wortüberlegenheitseffekt erklären. Dessen Grundlage ist die Speicherung von Schreibschemata. Gespeicherte Schreibschemata werden schneller erkannt als jede andere Form.

Schließlich gibt es Hinweise auf die Speicherung von Schreibschemata aus der Aphasieforschung. Aphasie bezeichnet einen pathologischen Sprachausfall durch Schädigung bestimmter Areale des Gehirns (z. B. durch einen Schlaganfall). Es gibt dabei, neben Totalausfällen, den partiellen Ausfall der Schreibfähigkeit. Dieser tritt in zwei Formen auf: Es gibt Patienten, die schreiben nur noch Lautschrift, selbst ihren Namen, z. B. *Kristof.* Andere Patienten können bestimmte Wörter, wie z. B. *Christoph,* richtig schreiben, aber keine einfachen unbekannten Wörter wie [ruŋə] *Runge.*

Es kann daher kein Zweifel bestehen, dass zur kompetenten Beherrschung der Rechtschreibung auch die Ausbildung und Speicherung von Schreibschemata gehört. Welche Schreibschemata das für jeden Einzelnen sind, ist nicht mit Sicherheit zu sagen. Die obigen Befunde aus der Lese- und Aphasieforschung weisen jedoch darauf hin, dass es vor allem häufige und persönlich bedeutsame Wörter sind. Es kann auch sein, dass Ausnahmen (im Sinne der regelgeleiteten Erzeugung) abgespeichert sind, vielleicht auch, weil sie durch den Rechtschreibunterricht bedeutsam wurden. Vielleicht ist es z. B. einfacher, gleich *Haar* als Schreibschema zu speichern, als es sich als eine Ausnahme mit *aa* zu merken. Ganz gewiss gehören die meisten grammatischen Wörter, auch Funktionswörter genannt, dazu. Von der Regel her betrachtet sind *ihm, ihn, ihr* ebenso wie *mir, dir, wir* Ausnahmen, aber schon ab der zweiten Klasse werden sie meist richtig geschrieben, ohne dass dabei das Bewusstsein von einer Ausnahmeschreibung vorläge. Wie viele Wörter gespeichert werden, darüber gibt es keine verlässliche Auskunft. Sind es Hunderte oder Tausende? Etwas gemildert wird dieses Unwissen, wenn man sich fragt: Sind es Wörter, Wortformen oder nur Wortstämme?

Die Lesetests zeigen, dass es normalerweise keine Wortformen sind, sondern Wörter in der Grundform (wie sie im Wörterbuch steht). Aber auch hier gibt es Ausnahmen. Die Form *gibt* zu *geben* ist auf jeden Fall eine rechtschreibliche Ausnahme nach den Regeln. Spricht man sie mit langem [i:], so müsste sie mit *ie* geschrieben werden, wie *ergiebig* zeigt; spricht man ein kurzes [i], so müsste das *b* verdoppelt werden analog zu *nehmen – nimmt*. Da Schreiber aber bei *gibt* im Allgemeinen nicht das Gefühl einer Abweichung haben, dürfte auch diese Form gespeichert sein. In derselben Weise dürften eine Fülle von Substämmen auf Grund des Ablauts, z.B. bei den starken Verben, als Schreibschemata gespeichert sein, z. B. *fließen – floss – der Fluss – die Flosse – das Floß*. (Vielleicht kommen *Flosse* und *Floß* aber auch nicht häufig genug vor.)

Wir möchten ausdrücklich darauf hinweisen, dass wir im obigen Text immer von Schreibschema und nicht von Wortbild gesprochen haben. Der Begriff „Wortbild“ ist durch die Gestalttheorie in die Debatte gebracht worden. Vor allem die Brüder Arthur und Erwin Kern haben aus der Gestalttheorie heraus Lesen und Schreiben von der Lautseite abgelöst. Die geschriebenen Wörter waren für sie Wortbilder mit einer bestimmten Gestalt, z. B. einem charakteristischen Umriss durch die Länge des Wortes, durch die Verteilung der Buchstaben mit ihren Ober- und Unterlängen. Sie haben daraus die ganzheitliche Lese- und Schreibmethode abgeleitet, und die 60er und 70er Jahre waren in Deutschland bestimmt von dem Streit um die rechte Methode: ganzheitlich gegen synthetisch.
Natürlich lässt sich nicht ausschließen, dass auch solche Gestaltphänomene von Figur und Grund eine Rolle bei der Speicherung und Reproduktion bzw. Wiedererkennung von Schreibschemata spielen; das ist aber u. E. nicht das Entscheidende. Essenziell ist: **Schreibschemata sind von links nach rechts geordnete lineare Buchstabenfolgen, deren innere Ordnung eine hohe Strukturverwandtschaft zu den Lautschemata der gesprochenen Sprache hat.** So ist das oben angeführte **prans* ein strukturell mögliches Laut- **und** Schreibschema, während dies bei **rpasn* für beide nicht zutrifft. Die Konsonantenkombinationen im Anfangsrand und Endrand – wie wir sie oben für die Struktur des Lautschemas besprochen haben – lassen sich weitestgehend auf Schreibungen übertragen. Gewisse Unterschiede ergeben sich durch Di- und Trigraphen, z. B. [ʃlauχ] – <Schlauch>. Wir wollen das aber hier nicht weiter verfolgen.

Schemata sind also nicht nur Wörter, sondern auch Buchstabenkombinationen. Wir sprechen in diesem Fall, nämlich wenn es keine Beziehung zur Wortbedeutung gibt, von **Mustern**. Und im Prozess des Erwerbs ist solche Musterbildung zunächst als Gebrauch **orthografischer Elemente** zu beobachten. Die Kinder notieren, was sie an Geschriebenem bemerkt haben, und bilden Analogien (s. Kap. 1.3.2). Strukturmuster spielen beim Schreiben und beim Lesen eine Rolle. Aber auch über das Wort hinaus kann es Muster geben als wiederkehrende Konstruktion. Wir werden das z.B. bei der Kommasetzung im Bezug auf *x sagt, dass* … kennenlernen (2.5.2).

Zum Schluss möchten wir noch darauf hinweisen, dass in dem Modell <Fahrrad> als Schreibschema mit großem <F> angegeben ist. Das heißt, Wörter sind in ihrer prototypischen Form angesetzt. Im Deutschen ist dies für das Substantiv die großgeschriebene Form. (Übrigens schreiben Kinder <Fahrrad> ganz früh mit großem <F>!) Hingegen müssen Substantivierungen, z. B. *das Nähen*, durch eine Schreibregel den großen Anfangsbuchstaben erzeugen, umgekehrt die Desubstantivierungen, z. B. *kraft des Gesetzes*.

Dass es richtig ist, normale Substantive als Schreibschema mit großem Buchstaben anzusetzen, ergibt sich daraus, dass sie auf Grund der Speicherung wesentlich weniger fehleranfällig sind als die Substantivierungen. Diese Differenz könnte nicht erklärt werden, wenn die Großschreibung generell durch eine Schreibregel erzeugt würde. Wenn Substantive im Inneren von Bindestrichschreibungen ebenfalls einen großen Buchstaben haben, z. B. *die Links-rechts-Kombination*, dann ist das ebenfalls der Schemaschreibung geschuldet.

1.2.5 Die Silbe

In neuerer Zeit betont die Forschung, dass auch die Silbe einen Anteil an der Rechtschreibung hat, d. h., bestimmte Erscheinungen wie die Doppelkonsonanz unterstützen grafisch die Einteilung des Wortes in Schreibsilben. Bei komplexen Wörtern, z. B. *Fahrräder* oder *Weihnachtsbäume*, fallen Silben- und Morphemfugen manchmal zusammen, manchmal liegen sie verschieden:

Schreibsilben:	*Fahr-rä-der*	*Weih-nachts-bäu-me*	*zie-hen*
Morpheme:	*Fahr/räd/er*	*Weih/nacht/s/bäum/e*	*zieh/en*

Wir werden bei der Darstellung der Rechtschreibregeln öfters auf die Silbe zurückgreifen; ganz klar natürlich bei der Worttrennung. Darüber hinaus ist die Silbe auch ein Hilfsmittel beim Schreiben: Komplexe Wörter kann das Kind in Sprechsilben zerlegen und so portionsweise das Wort sicherer schreiben, z. B. *Weih.nachts.bäu.me*. Unser Musterwort [fa:.ræ:.dɐ] im Vergleich zu *Fahr-rä-der* zeigt aber auch gewisse Unterschiede zwischen Sprechsilben und Schreibsilben.

In vielen Fällen zeigt die zweisilbige Form als **Stützform** die zu wählende Schreibung an, z. B. *ß*: *flie.ßen* (aber: *Häu.ser*), Dehnung in offener Silbe bei Schreibaussprache *se.hen*, Auslautverhärtung *Ta.ge* (aber: *Tag*), bei manchen Präfixen, z. B. *ver.reisen, zer.rinnen, er.reichen*, bei Schreibaussprache auch *ent/täuschen*, Doppelkonsonant *ken.nen*. Hingegen hilft die silbische Erweiterung nicht beim Umlaut: Zwar *Bäl.le – Ball*, aber du *fährst* wegen *fah.ren*.

Terminologisch ist es wichtig, Sprechsilbe, Schreibsilbe (= grafische Silbe) und Morphem zu unterscheiden (Zur Verdeutlichung kann man im letzten Fall auch von bedeutungstragenden Einheiten, von Sprachsilben, reden.):

Sprechsilbe:	*deu.tsche*
Schreibsilbe:	*deut-sche*
Morphem:	*deutsch/e*

(Zu weiteren Ausführungen vgl. 2.1.5)

1.2.6 Ein Modell der Rechtschreibung

Wenn nun sowohl Speicherung als auch regel- und ausnahmegeleitete Produktion möglich sind, wie lässt sich dann Schreibung als Schreibung der Erwachsenen modellieren?
Es gilt die Zwei-Wege-Theorie.

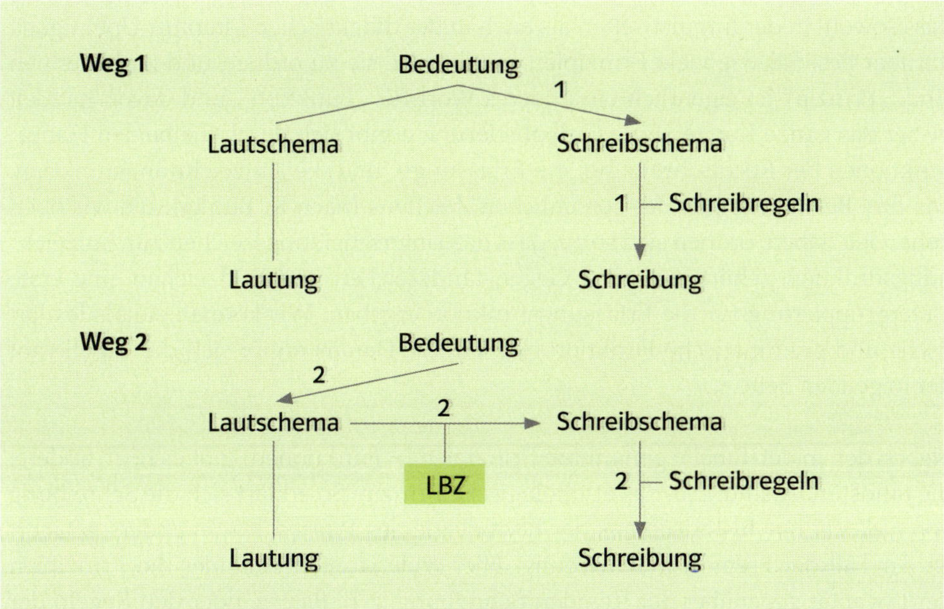

Modell: Zwei-Wege-Modell des Schreibens (und Lesens)

Dabei geht bei Weg 1 – wie auch sonst in der Sprache – Speicherung vor Produktion. Das heißt, muss der Schreiber ein Wort schreiben, so fragt er – bildlich gesprochen – zunächst in seinem Speicher an, ob dazu (oder wenigstens in Teilen) ein Schreibschema gespeichert ist. Liegt dies vor, so schreibt er dieses Schreibschema unter Beachtung der Schreibregeln. So würde ein gespeichertes *<ihm>* am Satzanfang großgeschrieben *Ihm*. Weg 2: Liegt kein Schreibschema vor, so muss der Schreiber über die Laut-Buchstaben-Zuordnungen (LBZ) aus dem Lautschema ein Schreibschema erzeugen und dann – wie oben – unter Beachtung der Schreibregeln niederschreiben. Die Skizzen auf Seite 39 verdeutlichen beide Wege.

Beide Wege können sich natürlich stützen. Ein niedergeschriebenes gespeichertes Schreibschema kann der Schreiber auf Grund der Laut-Buchstaben-Zuordnungen auf seine Stimmigkeit prüfen, so dass er z. B. die Schreibung *Frarrad* (Nr. 13 unseres Einleitungsbeispiels) als falsch aufdecken kann. Andererseits gibt es viele Schreiber, die im Zweifel ein Wort in zwei Varianten niederschreiben und dann, durch das Schreibschema geleitet, intuitiv wissen, welches die richtige Variante ist.

1.2.7 Die Prinzipien der Rechtschreibung

Es hat eine lange Tradition, die verschiedenen Aufgaben, welche die Rechtschreibung erfüllt, mit dem Begriff „Prinzip" zu bezeichnen, und es ist ein Gemeinplatz, dass sowohl in der linguistischen als auch in der didaktischen Literatur Uneinigkeit darüber besteht, wie viele Prinzipien es gibt, wie sie zu ordnen und zu benennen sind. „Prinzip" ist eigentlich ein anderes Wort für „Funktion", und davon handelt bisher das ganze Kapitel. Eine Grobgliederung ergibt sich durch die beiden Hauptfunktionen der Rechtschreibung: die Erfassungs- und die Aufzeichnungsfunktion. Die drei Bestimmungen des sprachlichen Zeichens (nach K. Bühler), die wir oben behandelt haben, ordnen sich so zu, dass das Unterscheidungszeichen zur Aufzeichnungsfunktion gehört, während Gegenstandszeichen und Feldzeichen eine erste Untergruppierung für die Erfassungsfunktion ergeben. Wir können sie als lexikalische und grammatische Funktion bezeichnen. Daraus ergibt sich die Tabelle auf der folgenden Seite.

Neben den in der Tabelle genannten Prinzipien (= Funktionen) gibt es noch andere, die randständig sind, z. B. das etymologische Prinzip: So erklärt sich die Schreibung von *vielleicht* nur historisch aus der Etymologie des Wortes. Etwas anders gelagert ist der Fall der Fremdwortschreibung. Hier widerstreiten einander die Prinzipien der Loyalität gegenüber der fremden Schreibung, z. B. *Bureau*, oder den Regeln der eigenen Orthografie, z. B. Büro. Es ist möglich, die verkürzten Schreibungen von *an*,

Aufgabe der Schrift	Funktion des Zeichens	Prinzip	Beispiel
I. Aufzeichnungsfunktion →	Unterscheidungszeichen		
	1. Lautfunktion	**Lautprinzip**	Laut-Buchstaben-Zuordnung
	2. Silbenfunktion	syllabisches Prinzip	Silbentrennung
	3. intonatorische Funktion	intonatorisches Prinzip	Fragezeichen
II. Erfassungsfunktion ↗	Gegenstandszeichen		
	4. Schemaschreibung	**Stammprinzip**	Umlaut a – ä
	5. Andersschreibung	Homonymieprinzip (Heterografieprinzip)	Saite – Seite
	6. semantische Funktion	Auszeichnungsprinzip	der Schiefe Turm von Pisa
II. Erfassungsfunktion ↘	Feldzeichen		
	7. grammatische Funktion	**grammatisches Prinzip**	Komma

Die Prinzipien der Rechtschreibung

bin, das, da, wo auf ein Prinzip der Sparschreibung zurückzuführen, man kann sie aber auch als regelmäßige Bildungen ansehen, wenn man die Regeln entsprechend formuliert. Dass man zwar *a, o, e* verdoppeln kann, nicht aber *i*, kann man mit einem ästhetischen Prinzip erklären, da ein *ii* geschrieben wie ein *ü* aussieht. Wenn die Möglichkeit eingeräumt wird, die Aufeinanderfolge von drei gleichen Buchstaben entweder durch einen Bindestrich, z. B. *Stoff-Fetzen*, oder durch Auslassung, z. B. *die Seen*, zu umgehen, dann kann das ästhetisch, aber auch durch das Stammprinzip erklärt werden.

1.2.8 Eigenregeln – Fremdregeln – Amtliche Normierung

Durch das obige Modell haben wir versucht zu beschreiben und zu veranschaulichen, über welche Fähigkeit ein Schreiber verfügen muss, der Deutsch richtig schreiben will. Als Kern hat sich herausgestellt, dass er einerseits produktiv Lautschemata in Schreibschemata verwandelt, indem er deren Lautfolge rechtschreiblich interpretiert und Schreibregeln anwendet, andererseits hat er aber auch schon fertige Schreibschemata gespeichert. Letztlich können wir nicht wissen, welche Wörter er erzeugt und welche er memorierend aus dem Kopf schreibt.

Obwohl wir nun schon so viel von Regeln geredet haben und jeder aus der Schule Rechtschreibregeln kennt, müssen wir mit allem Nachdruck feststellen, **dass niemand die Regeln kennt, die der Schreiber anwendet!** Manche Forscher sprechen daher gerne von den Regularitäten oder Eigenregeln der Schreiber, die den (Fremd)Regeln der Sprachwissenschaftler, der Lehrer, der Wörterbücher und des amtlichen Erlasses gegenüberstehen. Es gibt z. B. den Merkvers „Nach *l, n, r,* das merke ja, steht nie *tz* und nie *ck.*" Diese Merkregel möchte eine häufige Falschschreibung **Waltze, Wantze, Wartze* bzw. **welcken, wincken, wircken* verhindern. Offensichtlich verfolgen Kinder und auch manche Erwachsene eine (falsche) Eigenregel, die systematisch zu diesen und weiteren Falschschreibungen führt. Vielleicht haben sie auch falsche Konsonantengruppen (Muster) **lck, ltz* usw. aufgebaut. Nach den linguistischen Regeln ist die normale Zuordnung /k/ → <k> und /ts/ → <z>; *k* wird *ck*, bzw. *z* wird *tz* geschrieben, so viele Linguisten, nach kurzem Vokal; andere erklären *ck* und *tz* mit der Silbenfuge. Auf jeden Fall sind linguistisch *Walze* oder *welken* kein Problem. Das Beispiel macht also sehr deutlich, dass die Eigenregeln oder Muster, denen die Schreiber folgen, andere sein können als die (Fremd)Regeln, die Linguisten gemäß ihrer Theorien aufstellen.

Im Normalfall führen die Eigenregeln der Schreiber und die (Fremd)Regeln (und Ausnahmen) der linguistischen oder sprachpsychologischen Theorien zu denselben Schreibresultaten. Eine linguistische Theorie, die nicht die üblichen Schreibungen erzeugt, ist falsch. Man kann daher von Theorien fordern, dass sie zumindest beschreibungsangemessen (deskriptiv-adäquat) sind. Hingegen muss die Beschreibungsangemessenheit für die Regeln, die im Unterricht vermittelt werden, nicht vollständig gegeben sein. Es kann für den Lernprozess durchaus hilfreich sein, zunächst mit einer Faustregel zu arbeiten. Zum Beispiel: /i:/ wird meistens <ie> geschrieben. Allerdings ist eine Merkregel wie „Nach *u, o, a* steht häufig *h*" irreführend, da sie selbst dann quantitativ den Sachverhalt auf den Kopf stellt, wenn man sie nur auf die langen Vokale *u, o, a* bezieht. Uns ist keine sprachwissenschaftliche Beschreibung bekannt, die diese Merkregel stützt. Wir halten es nach dem quantitativen Befund auch für unwahrscheinlich, dass die kompetenten Schreibenden oder auch die Lernenden nach einer solchen Eigenregel vorgehen oder ein Muster ‚Vokalbuchstabe + *h*' aufgebaut haben. Die unterrichtliche Vermittlung kann sich einer bestimmten linguistischen oder sprachpsychologischen Theorie anschließen, d. h. diese kindgemäß didaktisieren. In der folgenden Skizze wird dies durch die gestrichelte Linie bezeichnet. Sie kann aber auch nach den Eigenregeln der Rechtschreibkompetenz forschen und diese unterstützen (s. S. 43).

Neben den Eigenregeln der Schreiber, den Beschreibungen der Linguisten und Sprachpsychologen in Theorie a, b, c ... und den verschiedenen didaktischen

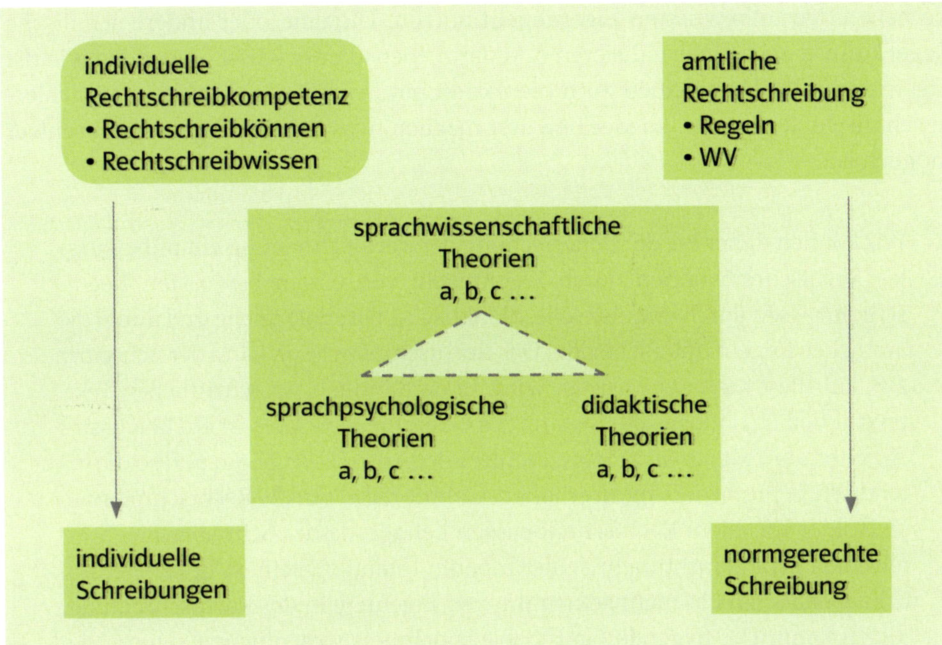

Verhältnis von individuellem Rechtschreibkönnen und amtlichen Regeln und die wissenschaftlichen Beschreibungen durch die Sprachwissenschaft, Sprachpsychologie und Didaktik (WV = Wörterverzeichnis)

Theorien (Lehrbücher) a, b, c … gibt es bei der Rechtschreibung noch etwas, was es sonst in der Sprache nicht gibt: eine **amtlich verordnete Normierung**. Ist sonst für alle sprachlichen Theorien der sprachlich kompetente Erwachsene das Maß aller Dinge, so ist es in der Rechtschreibung das amtliche Regelbuch. Ja, der Schreiber selbst kann und darf sich im kritischen Entscheidungsfall nicht trauen, auch er muss im amtlichen Regelbuch oder in einem daraus abgeleiteten Rechtschreibwörterbuch nachschlagen. Genauer formuliert: Der Schreiber muss nicht den einzelnen amtlichen Regeln folgen, es bleibt ihm überlassen, wie er das macht. Nur das Resultat, die normierte Schreibung, ist amtlich bindend. Auch die amtlichen Regeln sind nur eine Möglichkeit von vielen, die normierte Schreibung zu erzeugen. Sie können ebenfalls auf linguistische Theorien a, b, c, … Bezug nehmen. Deshalb müssen in der Schule auch nicht die (amtlichen) Regeln gelehrt werden. **Entscheidend ist die richtige amtliche, normgerechte Schreibung!**

Der Einzelne muss also schließlich seine individuellen Schreibungen (s. die Grafik S. 44 unten) zu normgerechten machen. Und der Unterricht unterstützt ihn dabei; leitet ihn dazu an: Die linguistischen, didaktischen und amtlichen Regeln lassen den Schreiber nicht unberührt. Er kann sich die eine oder andere Regel merken und sie neben den unbewussten Eigenregeln nutzen. Die eine oder andere schulische Regel kann er sogar internalisieren und dann ebenso unbewusst anwenden wie die Eigenregeln. Im Unterschied zu diesen kann ein Schreiber sich eine internalisierte schulische Regel aber wieder bewusst machen, was bei den Eigenregeln schwer möglich ist.

Wir können daher bei der Beherrschung der Rechtschreibung ein unbewusstes Rechtschreibkönnen durch Eigenregeln von einem bewussten Rechtschreibwissen durch linguistische, didaktische, psychologische und durch die amtlichen Regeln unterscheiden. Das Rechtschreibwissen kann der Schreiber z.B. aufrufen, wenn er unsicher wird. In dem Modell zur schriftlichen Textproduktion (1.1) gibt es die Instanz des Überarbeitens. Dies ist ein bewusstes Arbeiten am Text, um u. a. Schreibfehler aller Art zu korrigieren und so die intendierte Schreibwirkung zu erhöhen. Geht es dabei um die Rechtschreibung, so ist hier vor allem Rechtschreibwissen gefragt, da der Schreiber im Zweifelsfall ja gerade nicht mehr seiner inneren Intention, seinem Sprachgefühl, d.h. aber auch nicht mehr seinen inneren Eigenregeln der Rechtschreibung, folgen kann. Die folgende Grafik zeigt nochmals wesentliche Faktoren der individuellen Rechtschreibkompetenz auf.

individuelle Rechtschreibkompetenz

• unbewusstes implizites Können beim spontanen Schreiben	– Eigenregeln – Schreibschemata, -muster – Schreibstrategien
• bewusstes explizites Wissen beim Überarbeiten	– (wichtigste) Rechtschreibregeln – Merkwörter, -verse, Grundwortschatz – Prüfstrategien

Faktoren der individuellen Rechtschreibkompetenz

Damit ist das Fundament gelegt, auf dem die Regelbeschreibung (Kap. 2) aufbaut, das aber zunächst nun in seiner Entwicklung und den Formen der Aneignung zu betrachten ist.

Literatur zu 1.2: Die Funktionsweise der deutschen Rechtschreibung

Augst, Gerhard (Hrsg.) (1985): Graphematik und Orthographie. Neuere Forschungen der Linguistik, Psychologie und Didaktik in der Bundesrepublik Deutschland. Frankfurt.

Augst, Gerhard (1994): Linguistische und psycholinguistische Modellierungen einer orthographischen Kompetenz. In: Otmar Werner (Hrsg.): Probleme der Graphie. Tübingen, S. 25–49.

Deutsche Rechtschreibung. Regeln und Wörterverzeichnis (1996). Hg. vom Internationalen Arbeitskreis für Orthographie. Tübingen.

Eisenberg, Peter (1995): Der Buchstabe und die Schriftstruktur des Wortes. In: Günther Drosdowski (Hrsg.): Duden-Grammatik der deutschen Gegenwartssprache. Mannheim, S. 56–84.

Eisenberg, Peter/Günther, Hartmut (Hrsg.) (1989): Schriftsystem und Orthographie. Tübingen.

Kern, Arthur und Erwin (1954): Der neue Weg im Rechtschreiben. 2. Auflage Freiburg (1. Auflage 1935).

Kohrt, Manfred (1987): Theoretische Aspekte der deutschen Orthographie. Tübingen.

Maas, Utz (1992): Grundzüge der deutschen Orthographie. Tübingen.

Naumann, Carl Ludwig (1989): Gesprochenes Deutsch und Orthographie. Frankfurt.

Nerius, Dieter (Hrsg.) (2000): Deutsche Orthographie. Mannheim und Leipzig.

Riehme, Joachim (1981): Probleme und Methoden des Rechtsschreibunterrichts. Leipzig.

Stetter, Christian (Hrsg.) (1990): Zu einer Theorie der Orthographie. Tübingen.

Thomé, Günter (2000): Silbe oder Morphem. In: Heiko Balhorn, Heinz Giese, Claudia Osburg (Hrsg.): Betrachtungen über Sprachbetrachtungen. Seelze, S. 106–113.

1.3 Anfänge des Schreibens – Formen des Rechtschreiblernens

Aus der (psycho)linguistischen Betrachtung der Funktionsweise der deutschen Rechtschreibung haben wir schon Wichtiges über den Prozess der Aneignung erfahren, nämlich vor allem, was das komplizierte Verhältnis und Zusammenspiel von Lautschema und Schreibschema als Abstraktionen von Lautung und Schreibung betrifft und was den Zusammenhang von unbewusstem Rechtschreibkönnen (durch Eigenregeln) und bewusstem Rechtschreibwissen durch vermittelte Regeln betrifft. Diese Betrachtungsweise soll im Folgenden spezifiziert werden im Hinblick auf den Gesichtspunkt der Entwicklung und erweitert um Aspekte, die der Funktion des Schreibens und Rechtschreibens für den Einzelnen in seinen sozialen Bezügen gelten. Wenn wir die Anfänge des Schreibens betrachten, so interessieren uns die Fragen: Was löst das Interesse an Schriftlichkeit aus und was bringt und hält das Schreiben und Rechtschreiblernen in Gang? Für Lehrer und Lehrerin erscheinen uns Antworten auf diese Fragen wichtig, weil Unterricht – auch in den späteren Schuljahren und gerade da, wo die Lernhemmungen unüberwindlich zu sein scheinen – mit der Formulierung von Ansprüchen, in Aufgabenstellungen und Organisationsformen die personale und soziale Dynamik berücksichtigen und nutzen kann.

1.3.1 Schreiben als Medium der Kontaktaufnahme und Vergewisserung

Die meisten Kinder machen vielfältige Erfahrungen im Umgang mit Schrift – lange bevor sie zur Schule kommen: Sie sehen z. B. Erwachsene Zeitung lesen, sich Notizen machen, etwas beschriften, etwas ausfüllen; ihnen wird etwas vorgelesen, sie sehen sich Bilderbücher an, gemeinsam mit anderen oder auch allein; sie bemerken Schilder und Logos und erkennen sie wieder; sie haben Papier und Stifte, sie malen und kritzeln, zeigen ihre Schriftstücke vor und meist gewinnen sie damit Aufmerksamkeit und Zuspruch. Sehen wir uns die Funktionen ihres Schriftgebrauchs mit Papier und Stift genauer an:

Beispiele für Funktionen von Schrift und Schreiben aus der Zeit vor der Schule

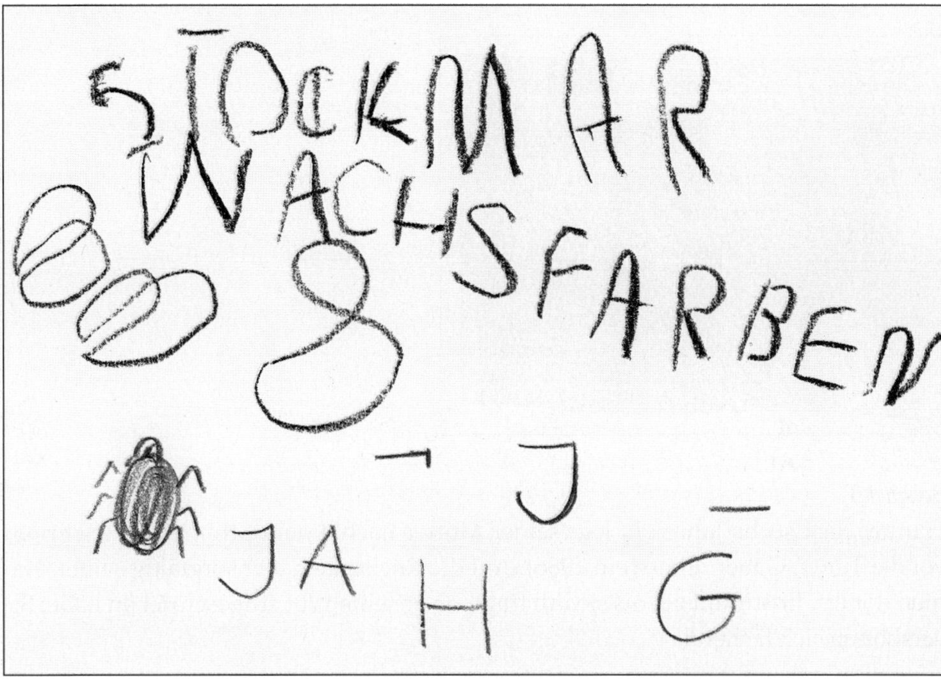

Beispiel 1
Sabine, vier Jahre alt, hat das in ihrem Zimmer von der Schachtel abgeschrieben. Sie bringt das Blatt den Eltern. Die lesen erstaunt, was da steht. Sabine ist zufrieden.

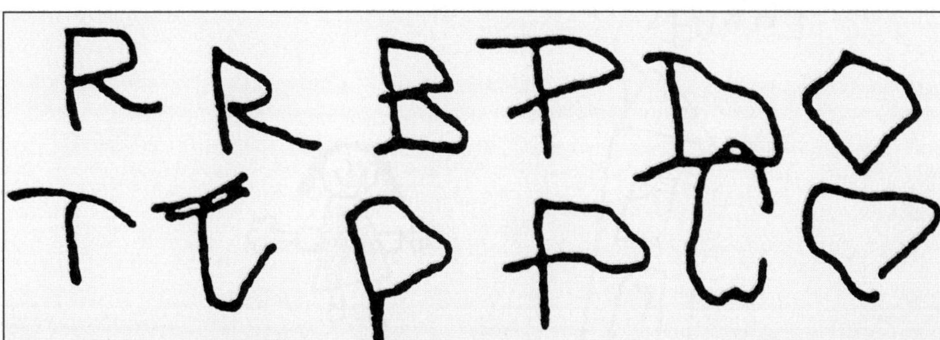

Beispiel 2
Jessie, vier Jahre alt, sucht sich am Frühstückstisch neben dem Erwachsenen einen Platz und notiert etwas auf einem Blatt (s. Temple u. a. 1982). Sie fordert den Erwachsenen auf: „Lies das." Der Erwachsene, von früheren Gelegenheiten wohl wissend, dass eine Weigerung mit dem Hinweis, sie habe nichts Lesbares geschrieben, keinen

Sinn hat, sagt: „Rrrbudow!“ Genau das wollte sie. Sie geht in ihr Zimmer, kommt bald mit weiteren Notierungen zurück.

Beispiel 3

Hannes, fast sechs Jahre alt, legt seiner Mutter nach einem Streit einen „Schrieb“ vor die Tür (s. Gaber/ Eberwein 1986). Auf die Rückseite hat er sorgfältig seinen Namen notiert. Er stimmt zu, als sie ihn fragt, ob er seine Wut aufgeschrieben habe. Sie versöhnen sich lachend.

Beispiel 4

Steffi, 5 Jahre alt, sieht öfter, wie ihre Eltern schreiben. Sie macht sich auch ein Heft aus mehreren gefalteten Blättern. Auf jede Seite malt sie eine Person – aus der Familie oder eine ihrer Freundinnen mit typischen Merkmalen wie Frisur, Haarfarbe, Kleidung. Und sie schreibt die Namen dazu. Den eigenen weiß sie aus dem Kopf. Neben einer Freundin steht LARUA. Auf die Frage, woher sie denn wisse, wie „Laura" geschrieben wird, antwortet sie: „Das hat sie mir selbst gesagt." Das Heft wird bei vielen Gelegenheiten gezeigt und betrachtet; vor allem die jüngere Schwester nimmt es immer wieder zur Hand, sucht die Seite, die ihr gilt, und fragt einzelne Namen nach: „(Was) steht da?"

Gemeinsam ist diesen jungen Schreiberinnen und Schreibern, dass sie das Ergebnis ihres Tuns zur Kontaktaufnahme, vor allem mit den Erwachsenen, nutzen. Sie betreten die Welt der Schrift auf verschiedene Weise:
Schreiben als Aneignung eines Gegenstandes – Schrift als Kopie des Vorgefundenen (Beispiel 1). Sabine interessiert sich nicht für die Zuordnung von Lauten zu Buchstaben; aber sie bringt für andere Lesbares zu Papier und nimmt daran teil.
Schreiben als Nachahmen einer Tätigkeit – Schrift als Fixierung von Lauten (Beispiel 2). Jessie hat offenbar Erwachsene etwas notieren sehen; sie ahmt diese Tätigkeit nach, gebraucht buchstabenähnliche Zeichen und weiß, dass die optischen Zeichen lautliche Entsprechungen haben; deshalb verlangt sie vom Erwachsenen zu „lesen", was sie geschrieben hat. Sprachliche Bedeutung zu formulieren, ist ihr (noch) nicht wichtig.
Schreiben als Geste – Schrift als Ausdruck (Beispiel 3). Hannes' „Gekrakel" mit seinem sorgfältig geschriebenen Namen auf der Rückseite versteht die Mutter als Ausdruck seines Zorns und seines Bedürfnisses, mit ihr darüber in Kontakt zu kommen.
Schreiben als Bezeichnen des Gemeinten – Schrift als visuelle Adaption von Vermitteltem (Beispiel 4). Steffi vergewissert sich ihrer Welt, indem sie sie zeichnet und bezeichnet. Sie weiß, dass die geschriebenen Wörter eine bestimmte Bedeutung haben, die definierte Zuordnung (die „Aufzeichnungsfunktion") aber interessiert sie (noch) nicht; die nicht normgerechte Platzierung des U in LAURA bemerkt sie nicht. Würde jemand beim Lesen stutzen, wäre das für sie vielleicht ein Anstoß, ihr Konzept von Schrift und Schreiben zu verändern, aber im Kontext dieses Heftes weiß jeder Kundige, dass die Freundin Laura gemeint ist.

Alle vier Kinder haben wesentliche Aspekte von Schrift erfahren und nutzen sie: das Zeichenhafte der Schrift (das man kopieren oder erinnern kann), die lautliche Entsprechung (die man zu Gehör bringen kann), den Aspekt der Bewegung (die man auch als gestischen Ausdruck übermitteln kann). Hannes und Steffi nutzen stärker die inhaltlichen Möglichkeiten von Schrift und Schreiben, die Konstitution von Bedeutungen; Sabine und Jessie beschränken sich eher auf Formales.

Das Schreiben hat in allen Beispielen eine starke personale und soziale Funktion. Der Stellenwert dieser Anfänge des Schreibens, die im Alltagsverständnis manchmal als bloße Kritzeleien abgetan werden, für das angeleitete Schreiben und das Rechtschreiblernen in der Schule wird offenkundig, wenn man damit die Lernsituation von Kindern vergleicht, denen in ihrer häuslichen Umgebung solche Erfahrungen mit Schrift fremd geblieben sind. Zugänge zur Schrift finden solche Kinder meist nicht am Schulanfang, sondern erst nach einem längeren Unterrichtsprozess, der für alle Beteiligten mühsam ist, weil die erwarteten Lehr-Lernerfolge sich nicht einstellen.

Beispiele für schwierige Zugänge zu Schrift und Schreiben in der Schule

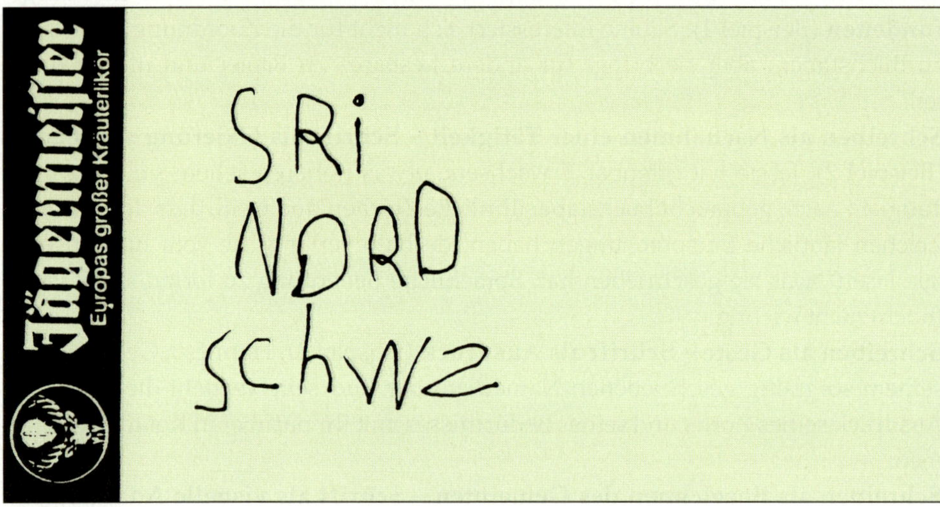

Beispiel 5
In Klasse 2 (November) gibt es Rätselrunden. Die Kinder schreiben Rätsel auf, die sie sich ausgedacht haben, und geben sie den anderen Kindern zum Raten auf. Christina möchte sich daran beteiligen. Sie hat mehrere Rätsel „skizziert" und kann sie der Lehrerin vorlesen: *Es kriecht in der Erde und ist schwarz.* (Das ist nicht der Maulwurf, wie die Lehrerin vermutet, sondern die Ameise!) Wenn Sie die Beziehung zwischen dem Gemeinten und dem Notierten genau untersuchen, werden Sie bemerken, dass alles, was auf dem Kneipenzettel steht, richtig ist! Es fehlt aber noch sehr viel. Die Lehrerin erkennt diesen Anstoß und kann ihn nutzen, indem sie für Christina den Text aufschreibt; diese nun markiert, was sie schon geschrieben hat und was noch dazugehört. Wir kommen auf S. 64/240 f. auf ihre Lernentwicklung zurück.
Christina findet erst einen Zugang zum Schreiben, als ein starkes persönliches Interesse angestoßen wird: Sie möchte mittun mit den anderen Kindern in der

Rätselrunde. Dass sie so die personale und soziale Funktion des Schreibens für sich erkennen und wahrnehmen kann, darin entspricht diese schulische Lernsituation denen, die wir bei den Beispielen aus der Zeit vor der Schule gezeigt haben.

Beispiel 6 (Abb. rechts oben)

Diesen Zettel legt Corinna der Lehrerin (im Januar von Klasse 1) auf den Schreibtisch. Corinna wiederholt das erste Schuljahr. Sie hat mit dem Schreibenlernen eigentlich noch nicht angefangen, entzieht sich immer wieder. Alles Interesse gilt Batman. Sie kennt und sammelt alles, was es dazu gibt. Aber Batman ist kein Inhalt schulischen Lernens. Schließlich gibt die Lehrerin ihre Abneigung gegen solcherart Medienkonsum auf und regt an, dass alle Kinder über ihre Lieblingsfiguren aus Literatur und Fernsehen schreiben können. Corinna schreibt ihren ersten Text. Über Batman.

Beispiel 7 (Abb. rechts)

Januar Klasse 1

Corinna kann im Text nun Wünsche und Projektionen „formulieren“ – ihnen eine Form in Wort und Bild geben, die in ihrer Ausdrücklichkeit für die Lehrerin überraschend sind. Sie löst Erstaunen bei den Mitschülern aus und findet Anerkennung. Und in den folgenden Wochen und Monaten schreibt sie weitere Texte von der Verwandlung Batmans in einen Bräutigam; von der Geburt „der“ Zwillinge – einen kleinen „Roman“. Auch auf Corinnas schulische Lernentwicklung kommen wir noch zurück.

Batman. Heiraten. Anrufen. Küssen Kerzen machen, das (will ich dich) fragen. – Januar – Klasse 1

Beide Kinder haben die Angebote des Unterrichts mehr als ein Jahr lang nur wenig genutzt; immerhin kennen sie einige Buchstaben, kennen die Aufzeichnungsfunktion der Schrift. Warum haben Christina und Corinna all die Informationen und Lernangebote nahezu spurlos an sich vorbeigehen lassen? Natürlich kann man das nicht mit Bestimmtheit wissen, aber man kann Konzepte und theoretische Konstrukte zur Erklärung heranziehen.

Lernprozesse beim Lesen und Schreiben beruhen auf Wahrnehmungsprozessen. In der Kognitionspsychologie wird Wahrnehmung nicht als passiv-aufnehmender, sondern als konstruktiver Vorgang definiert. Was jemand wahrnimmt, hängt ab von den kognitiven Schemata (Neisser), über die er verfügt.

1.3.2 Kognitive Schemata

Kognitive Schemata stellen Strukturen dar, die den Menschen befähigen, „bestimmte Aspekte seiner Umwelt eher zu bemerken als andere, ja überhaupt irgendetwas zu bemerken“ (Neisser).

So kann der geübte Schachspieler eine Spielkonstellation auf dem Brett rasch „wahrnehmen“, weiß, welches die nächsten Züge sein könnten, während jemand, der das Schachspiel nicht kennt, zwar auch die Menge und Anordnung der Figuren „wahrnimmt“, aber nichts über den Spielverlauf sagen und mit dem Wahrgenommenen nicht operieren kann.

Die Sinne „als Fangarme der Erkenntnis“ zu bezeichnen (Neisser) heißt, den produktiven Aspekt der Wahrnehmung betonen. Wahrnehmung beruht auf Aufmerksamkeit, auf gerichteter und ungerichteter.

Worauf sich die Wahrnehmung richtet, ist von den kognitiven Schemata, über die man verfügt, abhängig. „Weil wir nur sehen können, wonach wir zu suchen vermögen, bestimmen diese Schemata (zusammen mit der wirklich verfügbaren Information), was wahrgenommen wird. […] In jedem Augenblick konstruiert der Wahrnehmende Antizipationen bestimmter Arten von Information, die ihn dazu befähigen, sie aufzunehmen, wenn sie verfügbar werden.“ (Neisser 1979, S. 26) Und die Erkundungen sind bestimmt von den antizipierenden Schemata. Wenn nun die Information aufgenommen ist, verändert dies wiederum das kognitive Schema und so fort.

Diesen Zyklus hat Neisser in einem Modell dargestellt.

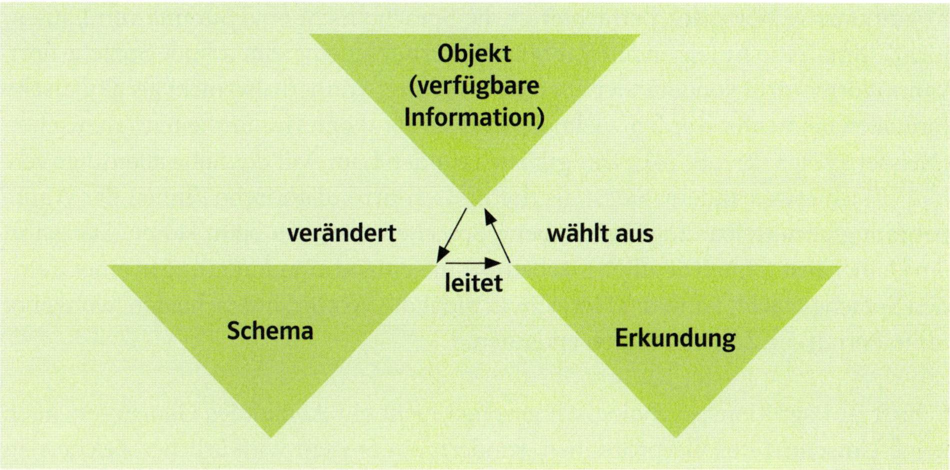

Der Wahrnehmungszyklus (Neisser 1979, S. 27)

Das Erkundungsverhalten ist natürlich in starkem Maße von den sozialen Kontexten abhängig, von dem, was sich als wichtig erweist für den Gebrauch der Wahrnehmung, man kann auch sagen: was sich als sinnvoll und nützlich erweist für die Verständigung mit anderen. Sabine, Jessie, Hannes und Steffi (Beispiele 1–4) haben, als sie in die Schule kommen, einen differenzierten Begriff von Schrift und Schreiben entwickelt, ein ziemlich differenziertes Schema, das nun ihre „Erkundungen" leitet und sie in den Stand setzt, die „Objekte" (die in der Schule im Lehrgang „verfügbaren Informationen") aufzunehmen und damit wiederum ihr kognitives Schema zu verändern und zu erweitern. Natürlich haben auch Christina und Corinna (Beispiele 5–7) Schrift gesehen, auf der Straße, im Fernsehen; aber sie haben sie nicht wahrgenommen; sie haben zwar auch die Wörter „Buchstabe" und „Wort" gehört, aber sie haben keinen Begriff davon. Und es ist für Lehrer und Lehrerin außerordentlich schwierig, in der Schulklasse solche Erfahrungsmöglichkeiten zur Ausbildung basaler kognitiver Schemata in Bezug auf Schrift und Schreiben zu schaffen.

Das Ziel des Unterrichtens ist auf die Veränderung der kognitiven Schemata gerichtet; aber sie sind direkter Instruktion nicht zugänglich. Für den Lehrer kommt es darauf an, „Objekte" bereitzustellen (das können für den Anfänger Wörter, Texte, Aufgabenstellungen, später auch Regeln sein, s. dazu Kap. 3), die den Lernenden herausfordern, und soziale Kontexte, die es für ihn lohnend erscheinen lassen, die Objekte zu „erkunden". Unterrichtlich möglich ist auch, Erkundungsprozesse unmittelbar anzustoßen, Neugier zu wecken, Probleme zu präsentieren, Fragen hervorzulocken. Dazu werden wir in Kapitel 3 Näheres ausführen. Hier beschränken wir uns vornehmlich auf die Perspektive der Lernenden.

Kognitionspsychologisch betrachtet ist die Sprache nicht eine Summe von Lauten, nicht einmal eine Aufeinanderfolge von Wörtern. Wer eine ihm fremde Sprache hört, kann Wörter nicht voneinander abgrenzen. Wörter können also nicht als akustische Einheiten betrachtet werden, vielmehr sind sie als „kognitive Einheiten" anzusehen (Neisser 1974, S. 233, S. 241). Das gilt auch für den Laut. Mit der Silbe allerdings verhält es sich etwas anders: Sie ist als rhythmisch-artikulatorische Einheit der Wahrnehmung unmittelbar zugänglich, beim Sprechen wie auch beim Hören. Das kann ein kleiner Test schnell deutlich machen. Wenn jemand eine Äußerung in einer fremden Sprache macht, kann der Hörer zwar nicht die Wörter unterscheiden, wohl aber (annähernd) die Zahl der Silben erkennen.

Schrift ist kognitionspsychologisch gesehen nicht ein Abbild des Gemeinten, auch keine Umschrift des Gesprochenen, sondern ein System willkürlicher Zeichen, in das neben den regelhaften Beziehungen zwischen Lautstruktur und Buchstabenfolge auch Wissen um die Wortbedeutung eingegangen ist, also eine Abstraktion von dem bei der Artikulation Wahrgenommenen. Wer noch nicht weiß, was Schrift ist, wird auch die Rede von Buchstaben und die Übung dazu nicht verstehen. Die Antwort auf die Frage „Was hörst du zuerst?" ist weniger ein auditiver als ein kognitiver Akt, denn sie setzt voraus, dass das Kind die Sprachform betrachten und sich vom Inhalt lösen kann.

Wenn wir nun eine Verbindung herstellen zwischen den psycholinguistischen Begriffen Lautschema und Schreibschema und dem kognitionspsychologischen Begriff des kognitiven Schemas, so lässt sich sagen, dass dieser als Oberbegriff für beide (und viele andere aus anderen Wahrnehmungsbereichen) verstanden werden kann. Der Wahrnehmungszyklus, wie ihn Neisser beschreibt, ist idealtypisch gemeint und kann als Folie dienen, um die konkreten Beobachtungen von Lernprozessen zu interpretieren (aber auch als Folie für die Begründung des Unterrichtskonzepts).

Für das Rechtschreiblernen ist zentral, wie das Verhältnis zwischen der gesprochenen und geschriebenen Sprache definiert wird. Wir haben ja bei der (psycho)linguistischen Beschreibung gesehen, dass es mehrere Möglichkeiten gibt, das Lautschema, die Abstraktion von der Lautung (in der Aufzeichnungsfunktion der Laut-Buchstaben-Beziehung), mit dem Schreibschema, der Abstraktion von der Schreibung (in der Erfassungsfunktion der Wortbedeutung), zu verbinden.

Für den Schreibanfänger ist dieses Spannungsfeld besonders kompliziert. Erst wenn basale Voraussetzungen für die Aneignung der Orthografie gegeben sind, wie wir sie an den Beispielen gezeigt haben, ist es sinnvoll, danach zu fragen, **wie – lernpsy-**

chologisch – die Verbindung von Lautschema und Schreibschema vorstellbar ist. „Erschreibt" sich das Kind neue Wörter, indem es seine Artikulation abhört und verschriftet, also phonetisch, oder folgt es bereits zu einem frühen Zeitpunkt der Abstraktion der Phoneme, schreibt also phonematisch (s. dazu 1.3.3)? Und welchen Stellenwert hat dafür das Abschreiben oder Lesen vorgegebener Wörter?

Welche kognitiven Schemata Schreibanfänger von der Rechtschreibung haben, lässt sich vor allem an den Schreibungen erkennen: an den richtigen und an den Falschschreibungen. Fehler sind nicht bloß falsch, nicht bloß zufällig, sondern selber regelhaft. An den Fehlern kann man – wie durch Fenster – erkennen, wie Kinder lernen. Welche Zugriffsweisen z. B. Schreibanfänger entwickeln, das möchten wir an Schreibungen aus den ersten zwölf Schulwochen ablesen, bei denen die Kinder keine unmittelbaren optischen Vorgaben hatten und auch nicht nachfragen konnten (hier Schreibungen Hamburger Kinder).

(1) *LAINE	(6) *AOt („Tor", von rechts nach links geschrieben)
(2) *RUICH	(7) *Mo („wo")
(3) *BUR	(8) *WDB („wunderbar")
(4) *GUD	(9) *LBFk („wo")
(5) *AARM	

Die ersten drei Schreibungen sind gut lesbar, besonders wenn man sie laut liest: Sie sind stark an der eigenen Artikulation der Schreiber orientiert. In (3) ist mit „R" der Buchstabe notiert, der in Bezug auf die Artikulationsstelle dem /χ/ am nächsten ist („Buch"). Das erkennbare kognitive Schema ist auf das Verhältnis zwischen Schreibung und Lautung gerichtet: Mit dem A in (1) kennzeichnet der Schreiber die in Norddeutschland übliche Aussprache von [ae] hin zu [a:], die Monophthongierung. Dass die Rechtschreibung sich auf die Standardlautung bezieht, weiß er noch nicht. Die Beispiele (4) und (5) zeigen das entgegengesetzte Verfahren. Die Kinder schreiben hier gerade nicht das auditiv Wahrgenommene auf, sondern beziehen ein, was sie an Geschriebenem beobachtet haben; sie bilden Analogien: die Verdoppelung von Buchstaben (5), das D in der Endstellung wie bei UND oder HUND (4).

Die Schreibungen (6)–(9) sind nicht ohne weiteres lesbar. In (6) entspricht die Schreibrichtung nicht unserer Norm (mit zusätzlicher Vokalisierung des /r/); (7) enthält eine Achsenspiegelung des W; (8) notiert – ganz rudimentär – nur die Silbenanfänge und lässt alles andere weg. (Diese Schreibung ist der von Christinas Rätsel ähnlich s. S. 50).

Den Schreibungen (1)–(8) ist gemeinsam, dass wir sie als regelgeleitet erkennen können (jedenfalls, wenn wir noch einige Zusatzinformationen erhalten); grundsätzlich davon unterschieden ist (9). Diese Schreibung erscheint uns diffus; wir können nicht rekonstruieren, wie sie zustande gekommen ist. Zum kognitiven Schema des Schreibers (9) gehört – wie bei Jessie (Beispiel 2) –, dass Schrift aus Buchstaben besteht, eine Relation zwischen optischen Zeichen und dem gemeinten Wort wird aber nicht hergestellt.

Diese Beispiele – es gab jeweils auch etliche Richtigschreibungen – zeigen zugleich die Spannbreite der Lernvoraussetzungen zu Schulbeginn. Man spricht – bezogen auf eine angenommene zeitliche Kontinuität des Lernens von Unterschieden zwischen zwei und drei Jahren. – Wie wir noch zeigen werden, können sich in der Schule die Lernentwicklungen in ihrem Tempo und der Entfaltung kognitiver Schemata durchaus stark verändern. Während man am Schulanfang solche Differenzen zumeist als Entwicklungsunterschiede betrachtet, spricht man in der Sekundarstufe von Leistungsunterschieden.

Wir haben bisher den Begriff des **kognitiven Schemas** in Bezug auf die Anfänge des Rechtschreiberwerbs erläutert. Wahrnehmungsvorgänge bestimmen aber natürlich auch die späteren Lernprozesse: **So verändert jede Einzelheit, die neu gelernt wird, das System des Gekonnten**. Wenn ein Kind bemerkt hat, dass das, was es auslautend als [a] wahrnimmt (z. B. bei [muta]), <er> geschrieben wird (z. B. bei *Mutter*), überträgt es dieses Wissen häufig auf lautlich verwandte Wörter, schreibt nun z. B. **Sofer* (statt *Sofa*); obwohl es zuvor das Wort bereits normgerecht notiert hatte. Solche **Übergeneralisierung** zeigt, dass das Rechtschreiblernen sich nicht in einer gradlinigen Annäherung an die amtliche Norm entwickelt und dass es deshalb auch nicht an Einzelphänomenen auszurichten ist, sondern an Strukturen. Anders gesagt: Einzelphänomene machen Strukturen offenbar – für den Lernenden wie für den Beobachtenden und den Lehrer. Falsch geschriebene Wörter, die zuvor bereits korrekt geschrieben worden sind, können durchaus einen Lernfortschritt markieren. Dafür noch einige Beispiele: Wer **Kiender* schreibt, hat in sein kognitives Schema übernommen, dass es neben dem <i> auch die Buchstabenfolge <ie> gibt; aber er hat die Funktion dieses orthografischen Elements noch nicht verstanden. (Vorausgesetzt für diese Analyse ist, dass die Schreibanfänger – als norddeutsche Sprecher – das /i/ kurz artikulieren.) Wer **Lammpe* schreibt, hat gelernt, dass Buchstaben manchmal verdoppelt werden, er gebraucht das orthografische Element zwar funktional (nach dem Kurzvokal), hat aber noch nicht seine Aufmerksamkeit auf den zweiten Konsonanten, das <p>, gerichtet. Wer **Sal* (statt *Schal*) schreibt, hat bemerkt, dass /ʃ/ manchmal als <s> notiert wird, die stellungsbedingten Varianten /ʃ/ in der Kombination mit /p/ oder /t/ aber kennt er noch nicht oder er hat sie nicht beachtet.

Man kann – auf der Folie von Neissers Wahrnehmungszyklus – nun annehmen, dass das Erkundungsverhalten dieser Schreiber bald dazu führt, dass sie differenziertere Annahmen darüber bilden, wann denn <mm> oder <s> für /m/ bzw. /ʃ/ oder <ie> für /i:/ geschrieben wird, und auf diese Weise ihre kognitiven Schemata weiter verändern.

In den oben dargestellten Fällen können wir die Erweiterung des kognitiven Schemas durch Eigenregeln beschreiben. Schwieriger ist die Analyse der Prozesse, wie Schreiber zur orthografischen Unterscheidung von Groß- und Kleinbuchstaben kommen.
Die Beobachtung, dass alle Schulanfänger, vor allem im ersten Halbjahr von Klasse 1, bei Aufgaben, die außerhalb ihres Lehrgangs stehen, fast ausnahmslos die Druckschrift zum Schreiben wählen (also auch dann, wenn sie im Unterricht stets Schreibschrift schreiben), lässt sich vielfach im Unterricht wiederholen. Sie kann zum einen als Beleg dafür gewertet werden, dass die Kinder Schreiben nicht als Imitieren und Kopieren von Vorlagen verstehen. Das belegt auch die Tatsache, dass sie große und kleine Buchstaben im Wort mischen; denn solche optischen Präsentationen sind ihnen auch außerhalb der Schule kaum begegnet. Dieses Phänomen verschwindet bei allen Kindern – ohne dass es der Belehrung bedürfte. Am Ende von Klasse 2 finden sich bei den Schreibungen keine Großbuchstaben innerhalb des Wortes mehr. Das heißt, dass die Anfänger sich zunächst nicht für die Funktion der Unterscheidung von Groß- und Kleinbuchstaben interessieren; sie richten ihre Aufmerksamkeit zu Beginn einfach nicht auf dieses Phänomen. Sie scheinen Groß- und Kleinbuchstaben wahllos zu gebrauchen. Vielleicht kennen sie auch nicht beide Formen; in Beispiel 8 (s. S. 63) kommt <t> überhaupt nur als Großbuchstabe vor; *M* und *m* dagegen sind bekannt, werden aber noch scheinbar wahllos z. B. bei dem Wort *Museum* (**moseoM, *MoseoM *Moseom*) verwendet. Manchmal schreiben die Kinder die Kleinbuchstaben auch gleich groß wie die Großbuchstaben (Beispiel 7, s. S. 51; das *n* in *heiraten*, das *m* in *machen*). Das lässt sich vergleichen mit dem Gebrauch der Schrift in Beispiel 2 und 4 (S. 47 f.): das Zeichen wird gebraucht, spezifische Aspekte der Funktion aber interessieren nicht, sie sind (noch) unbekannt, die Aufmerksamkeit ist (noch) nicht darauf gerichtet. – Dies kann man im Hinblick auf die quantitativen Möglichkeiten der Wahrnehmung verstehen: Es geht nicht alles auf einmal. (Das könnte ein Grundsatz auch für die Fehlerkorrektur des Lehrers werden! S. Kap. 3.) – Als erstes merken die Kinder dann, dass Großbuchstaben überhaupt nur am Anfang des Wortes vorkommen. Wann sie die Funktion der Unterscheidung von Groß- und Kleinschreibung wahrnehmen, ist bisher nicht systematisch untersucht. Die Entscheidungsfindung, ob nun der Anfangsbuchstabe groß- oder kleingeschrieben werden soll, wird viele Jahre beanspruchen. Grundschüler verwenden Großbuchstaben eine ganze Weile lang auch zur Kennzeichnung der semantischen Wichtigkeit (s. dazu Beispiel 8

(S. 63). Vielleicht untersuchen Sie selbst einmal die Schriftstücke von Björn und Torben (s. S. 20 f.) im Hinblick auf die Groß- und Kleinschreibung. Welchen Gebrauch erkennen Sie – auf welches Konzept bei dem Kind lässt das schließen?

Bei den Lernprozessen der fortgeschrittenen Schreiber interessiert vor allem die Schreibung komplizierter Laut-Buchstaben-Zuordnungen (z. B. die von <f> und <v>), die Schreibung von *dass*, die Großschreibung der Substantive und die Substantivierung, die Markierung von Satzstrukturen durch die Zeichensetzung usw. Aber diese entfalteten Vorgänge sind bisher nicht in gleicher Weise theoretisch und empirisch untersucht wie gerade die Anfänge des Rechtschreiberwerbs bis zum Ende der Grundschule (s. dazu 1.3.5).

1.3.3 Das Stufenmodell des Rechtschreiberwerbs

Die Beobachtung, dass das Rechtschreiblernen sich nicht willkürlich vollzieht, sondern erkennbaren Gesetzmäßigkeiten folgt und dass die Schreibungen regelgeleitet sind, die Eigenregeln der Kinder rekonstruiert werden können, wurde von Uta Frith (1985) zu einer theoretischen Konzeption des Rechtschreiberwerbs formuliert, und zwar in Korrespondenz zum Lesenlernen. Zunächst nimmt das Kind Geschriebenes wahr, erkennt es unmittelbar wieder, z. B. das Eis-Schild, das U-Bahn-Schild. Wenn das Kind bei dieser **logographemischen Strategie** eine gewisse Sicherheit erreicht, kann es das Gesehene auch aufschreiben. Häufig ist eines der ersten Wörter, das Kinder als Ganzes reproduzieren, der eigene Name. Wenn nun wiederum im Schreiben bei der logographemischen Strategie ein gewisses Niveau erreicht ist, wird das Kind auf die Zuordnung von Laut und Buchstabe aufmerksam und beginnt mit der **alphabetischen Strategie**, die natürlich sehr mühsam ist. Dass diese Strategie auch für das Lesen übernommen wird, kann man z.B. daran beobachten, dass das Kind ein Wort, das es bis dahin auswendig wusste, als Ganzes erkannt hat, nun mühsam zu entziffern beginnt. Wenn nun – wiederum beim Lesen – eine gewisse Tüchtigkeit im Gebrauch der alphabetischen Strategie erreicht ist, können allmählich orthografische Elemente erkannt und Wortbausteine (Signalgruppen, Morpheme, Silben) automatisch genutzt werden, also ohne den Umweg über die Laut-Buchstaben-Zuordnung. Und diese **orthografische Strategie** wird sodann auch beim Schreiben angewandt. (Siehe dazu das Modell S. 59).

Wir betrachten nun noch einmal die bisherigen Beispiele im Hinblick auf dieses Stufenmodell: Wenn Steffi (Beispiel 4, S. 48) alle Familienmitglieder und Freundinnen in dem Heft abbildet und bezeichnet, dann verwendet sie – in der Terminologie von Uta Frith – die logographemische Strategie. Dass sie *LARUA statt LAURA schreibt, ist hier wohl als einfacher Erinnerungsfehler zu deuten. Lernpsychologisch erscheint das nicht als derselbe Fehler wie in Klasse 3 **Farhat* (Bsp. 18, s. S. 9) statt *Fahrrad*. Auf der Oberfläche sind zwar Buchstaben in ihrer Reihenfolge vertauscht: Steffi hat noch keinen Zugang zur alphabetischen Strategie. Der Schreiber von **Farhat* aber hat nur mechanisch angewandt, was er vielleicht beim Lesen gemerkt oder als Fremdregel gehört hat, nämlich dass man *Fahrrad* mit *h* schreibt. Insofern wäre bei ihm dieser Fehler ein Indiz für eine beginnende orthografische Strategie.

	Lesen				Schreiben
1a	logographemisch	L1	↓		(symbolisch)
1b	logographemisch	L2	→	L2	logographemisch
2a	logographemisch	L3	↓	A1	alphabetisch
2b	alphabetisch	A2	←	A2	alphabetisch
3a	orthografisch	O1	↓	A3	alphabetisch
3b	orthografisch	O2	→	O2	orthografisch

Das Sechs-Stufen-Modell (U. Frith)

Zur alphabetischen Strategie kann man sowohl Christinas Rätsel (Beispiel 5), Corinnas Batman-Text (Beispiel 6) wie auch die Schreibungen 1–3, 6–8 rechnen; das sind Schreibungen, die von der orthografischen Norm ganz unterschiedlich weit entfernt sind: Dazu gehören sowohl rudimentäre, stark verkürzte Schreibungen, wie solche, die die Lautung – phonetisch orientiert – wiedergeben wie *LAINE und *BUR und auch phonematisch richtige Schreibungen wie *Heiraten, anrufen* (Beispiel 7).

Bei vielen Kindern nehmen die phonetischen Schreibungen im Verlauf des ersten Schuljahrs noch zu: als Verschriftungen gedehnten Sprechens, z.B. **redeher* (statt *Räder*), umgangssprachlicher bzw. dialektaler Lautung wie **Tolpe* (statt *Tulpe*; **Toam* statt *Turm*; bei norddeutschen Kindern), als Notierungen von Aspiration wie bei **Sofha* oder **Washe* (statt *Wasser*), als Bezeichnungen der Artikulationsstelle, wie bei **Larmpe* oder **Scharl* (statt *Schal*), wo das *r* eingefügt wird nach dem tiefliegenden Zungenvokal. Die Zunahme solcher Schreibungen lässt natürlich auch die Vermutung aufkommen, die Kinder seien – durch den Unterricht – angehalten zu genauem „Hören" nach der **falschen** Maxime „Schreibe, wie du sprichst".
Wenn Sie Corinnas Text (Beispiel 7) betrachten, finden Sie eigentlich alle Formen der alphabetischen Strategie, rudimentäre Schreibungen (**ma* statt *machen*; **bös* statt [*das will ich dich*]), Ergebnis gedehnten Sprechens (**Fragein*) und richtige Schreibun-

gen. Die orthografische Strategie (für die korrekte Schreibung von *küssen* und *Kerzen*) ist noch nicht erkennbar. Nach dem Stufenmodell entwickelt sie sich als letzte – die Beherrschung dieser Strategie reicht weit in die Sekundarstufe I; aber sie deutet sich bereits am Schulanfang an, z. B. bei *AARM (5) oder *GUD (4) oder bei **mid* (statt *mit*), **Schranck*; sogar in eigenwilligen Buchstabenformen wie **Hëft*.
Das Stufenmodell des Rechtschreiberwerbs ist in den letzten zwanzig Jahren vielfältig diskutiert, erweitert, differenziert und für Diagnoseverfahren und Unterrichtskonzepte genutzt worden. Wir wollen diese Diskussion hier nicht im Einzelnen verfolgen, sondern nur das Für und Wider darlegen:

1) Die Konzeption eines solchen Modells ist ein wesentlicher Beitrag dafür, Fehler nicht allein als Abweichung von der Norm zu betrachten, sondern als lernspezifische Notwendigkeit. Fehler gehören zum Lernen dazu, auch zum Rechtschreiblernen. Diese Erkenntnis hat für den Unterricht weitreichende Folgen.

Für die Lehrenden sind damit Fehler nicht nur Abweichungen von der Norm, die es am besten zu vermeiden, auf jeden Fall zu korrigieren gilt. Vielmehr sind Fehler Indikatoren für den Lernprozess. Sie zeigen den Lehrenden den Stand der inneren, kognitiven Verarbeitung. Insofern geht es nicht um Fehlervermeidung als „defensiv begründetes Lernen im Sinne von Holzkamp", sondern um Erkundungen als „expansives Lernen" (Balhorn u. a. 1997, S. 182).

2) Das Stufenmodell zeigt, wie die visuelle und die auditive Komponente beim Lernen miteinander verzahnt sind (bei den Übergängen von der logographemischen zur alphabetischen Strategie beim Schreiben, von der alphabetischen zur orthografischen beim Lesen). Von dieser Basis aus sind Lehrverfahren zu kritisieren, die das eine oder das andere absolut setzen; also die Ganzwortmethode, die die Kinder anhält, sich eine große Anzahl von Wortbildern lesend und schreibend einzuprägen und darüber (zu) lange Zeit einfach darauf wartet, dass sich die alphabetische Strategie entwickelt; und ebenso ein Lehrgang wie „Lesen durch Schreiben", der von Anfang an die Kinder auffordert, etwas mit Hilfe einer Buchstabentabelle aufzuschreiben, der also die alphabetische Strategie zu entwickeln sucht, ohne dass die Kinder zuvor und daneben Gelegenheit hätten, im Lesen logographemisch Bekanntes zu erinnern, und damit auch aufmerksam würden auf die Notwendigkeit, beim Schreiben orthografisch zu verfahren.

3) Man hat versucht, anhand eines solchen Stufenmodells Lernschwierigkeiten als Entwicklungsverzögerung zu beschreiben. Aber wenn z. B. in Klasse 3 Schüler noch rudimentär oder gar diffus schreiben – wie sonst Kinder in der Zeit vor der Schule oder am Schulanfang – so besteht doch ein grundsätzlicher Unterschied in der Menge

und Art der institutionell vermittelten Information und Verfahren, so dass die Leistung auch von den Betroffenen selbst als Abweichung von dem Können der anderen Schüler erfahren wird. Man hat in mehreren Untersuchungen zeigen können, dass die Schüler, die Schwierigkeiten beim Rechtschreiblernen haben, ihre Fähigkeiten wenig(er) flexibel einsetzen können und in neuen Situationen sich wenig(er) selbst zutrauen (zum Problem von Lernschwierigkeiten und Legasthenie s. ausführlich in Kapitel 3.1.6).

4) Unseres Erachtens kann ein solches Stufenmodell, das theoretisch konstruiert ist und in vielfältiger Weise auch zur Kennzeichnung von Schreibergebnissen taugt, nicht einfach als Legitimation für das Lehren herangezogen werden. Zwei Möglichkeiten, die wir für problematisch halten, berufen sich auf Stufenmodelle:

Die einen nehmen die Gesetzmäßigkeit des Lernens als Rechtfertigung dafür, dass sich Orthografieerwerb gleichsam naturwüchsig entwickele, dass Lehren dem Lernen nur nachzufolgen, es zu begleiten und zu unterstützen brauche.

Die anderen nehmen es als Rechtfertigung dafür, einen **bestimmten** Lernweg zu lehren. Das hätte zum Beispiel für Christina bedeutet, sie zunächst das vollständige Abhören und Verschriften aller Laute zu lehren, das phonetisch bzw. phonematisch genaue Verschriften, ehe man sie zur orthografischen Strategie meint führen zu können.

Beide Anwendungen des Stufenmodells als Basis für Lehrkonzepte gehen von einem 1:1-Verhältnis von Lehren und Lernen aus und führen unter Umständen zu starker Verlangsamung des Lernprozesses. In beiden Fällen wird den Kindern die Erfahrung des Anspruchs der Norm vorenthalten, die Auseinandersetzung damit. Im ersten Fall, weil es ganz ihnen überlassen bleibt, sie wahrzunehmen; im zweiten Fall, weil der Lernweg portioniert wird und damit ebenfalls die Wahrnehmung des Ziels verstellt sein kann. Wenn der Unterricht dagegen früh den Anspruch und die Möglichkeit des „Rechtschreibens" aufzeigt – ohne Sanktionen(!) –, können Kinder eigene Schreibziele für sich formulieren, die dazu beitragen, Richtigschreiben selbstständig zu erkunden und sich anzueignen. Wir haben gerade bei schwachen Schülern zwischen den verschiedenen Formen der alphabetischen und orthografischen Strategie bei entsprechenden unterrichtlichen Kontexten eine rasante Entwicklung beobachtet. Die führt jedoch nur ganz selten zu durchschnittlichen Rechtschreibleistungen. Wer am Ende von Klasse 2 schwach ist, bleibt es – gemessen am statistischen Durchschnitt – in der Regel auch, obwohl die individuellen Fortschritte immens sind.

1.3.4 Zugriffsweisen und Könnenserfahrung

Die Begrifflichkeit des Stufenmodells – logographemisch, alphabetisch, orthografisch – ist an den Zugriffsweisen von Schreibanfängern orientiert und benennt, was man auf der Oberfläche beobachten kann: das „Abschreiben", Adaptieren und Erinnern des Schriftzugs als Ganzen; das Herstellen einer Beziehung zwischen den einzelnen Lauten und den einzelnen Buchstaben des Alphabets und schließlich das allmähliche Beherrschen von „Regelhaftigkeiten" der Orthografie.

Wenn wir diese Terminologie auf den Prozess von Lautung und Schreibung und auf die Prinzipien der Rechtschreibung beziehen, dann zeigt sich zum einen, dass das Schreibschema sich möglicherweise schon in der logographemischen Phase vorbereitet, zum anderen, dass das Lautschema nicht vom orthografischen Schreiben (im Stufenmodell) getrennt ist, weil es die Wortbedeutung einschließt. Das *Lautprinzip* (z. B. die Laut-Buchstaben-Zuordnung) umfasst z. B. die Kennzeichnung von Kürze und Länge des Vokals, Phänomene, die im Stufenmodell dem orthografischen Schreiben zugeordnet würden. Zum orthografischen Schreiben gehört aber auch, das *Stammprinzip* zu beachten. Das ist in unseren Modellen jeweils dem anderen Pol zugeordnet. Das Stufenmodell will Prozesse beschreiben, unsere beiden Modelle wollen darüber hinaus Erklärungen anbieten, wie die Zugriffsweisen ineinandergreifen können.

Mit den Beispielen (1)–(7) haben wir versucht, Einblicke zu geben in die sozialen und emotionalen Bezüge des Schreibens und Rechtschreibens. Die Kinder haben mit den als Beispiel angeführten Schriftstücken jeweils auch bei ihren Adressaten (den Erwachsenen, der Lehrerin, den Mitschülern) Anerkennung gefunden und konnten mit sich zufrieden sein.
Wie die Zugriffsweisen sich verändern, möchten wir an zwei weiteren Schriftstücken von Corinna und Christina zeigen – auch im Hinblick auf die Könnenserfahrung und die Entwicklung der Leistung. (Weiteres dazu folgt in Kap. 3.)

Corinna (s. Beispiel 6 u. 7, S. 51) schreibt zehn Wochen nach dem ersten Text zu Batman den folgenden (es ist der vierte und letzte).

Anfang April (Klasse 1) „schafft“ Corinna ihren Protagonisten ins Museum. Die Geschichte ist abgeschlossen. Sie hat sich schreibend davon befreit. Die Figur interessiert sie nun auch in den medialen Bezügen (mit Stempeln und Aufklebern) nicht mehr.

Wenn man den Text im Hinblick auf die Rechtschreibung betrachtet, findet man etliche richtig geschriebene Wörter, darunter eins, das entgegen der Lautung notiert ist (*und, ins, mit, den*(!), *Auto, Haus, in, der, wir, da, aus*). Den Falschschreibungen liegt das Lautprinzip als Strategie zugrunde, Verkürzungen sind selten (*Zwillinge, steigen, ins*). Im standardisierten Rechtschreibtest (RST 1, zu Tests s. 3.3.3) erhält Corinna Ende Klasse 1 den Prozentrang 9, d. h., 91 % der Kinder aus der großen Stichprobe, auf die die Testwerte bezogen sind, sind in diesem Test besser. Aber sie hat Lesen gelernt. Sie hat ihre Lernverweigerung aufgegeben und mit dem Lesen und Schreibenlernen angefangen. In den Monaten zwischen Januar und Juni in Klasse 1 (die sie ja bereits wiederholt) hat sie Entscheidendes gelernt. Nach einem Lehrerwechsel in Klasse 2 kommt es erneut zu Schwierigkeiten. Corinna besucht ein Jahr später die Sonderschule. Dort fällt sie auf, weil sie gut lesen und schreiben kann.

Corinna und Batman und Robin wollen ins Museum. Fahren mit dem Auto. Die Zwillinge sind zu Haus. In der zweiten Straße sind wir angekommen. Da steigen wir aus. Gehen ins Museum.

Beispiel 8
April Klasse 1

Christina (Beispiel 5, S. 50) bleibt bis zum Ende der Grundschulzeit in der Klasse, wechselt dann zur Gesamtschule. In der letzten Woche in Klasse 4 schreibt sie den folgenden Text. Zu dieser Zeit wird ihre Rechtschreibleistung im standardisierten Test (DRT 4/5) als Prozentrang 6 gemessen, d. h., 94 % der Kinder aus der Stichprobe sind in der Rechtschreibung, wie sie der Test misst, besser, 5 % sind schlechter.

Die Kinder konnten sich unter mehreren Abbildungen von literarischen und Fernsehfiguren eine auswählen und dazu „etwas" aufschreiben (es ging also nicht um Nacherzählungen; die waren aber auch nicht ausgeschlossen).

Rotkäppchen möchte zur Oma. Die Oma ist krank. Sie soll für die Oma eine Flasche Wein und eine warme Suppe mitnehmen.
Die Mutter von Rotkäppchen sagt zu Rotkäppchen: „Geh nicht durch den Wald; da ist der Wolf." Und dann sagt die Mutter: „Tschüss."
Aber Rotkäppchen geht doch durch den Wald. Sie pflückt Blumen für die Oma. Und da kommt auch schon der Wolf. Sie hat Angst. Der Wolf fragt: „Wo willst du denn hin?" Sie sagt: „Ich will zu meiner Oma." „Steig auf meinen Rücken!"
Sie ist auf den Rücken gestiegen und dann hat der Wolf Rotkäppchen zur Oma gebracht. Da kam der Jäger und wollte den Wolf erschießen. Da hat das Mädchen gesagt: „Der Wolf ist nett." Und dann hat der Jäger den Wolf nicht erschossen. Und alles war gut.

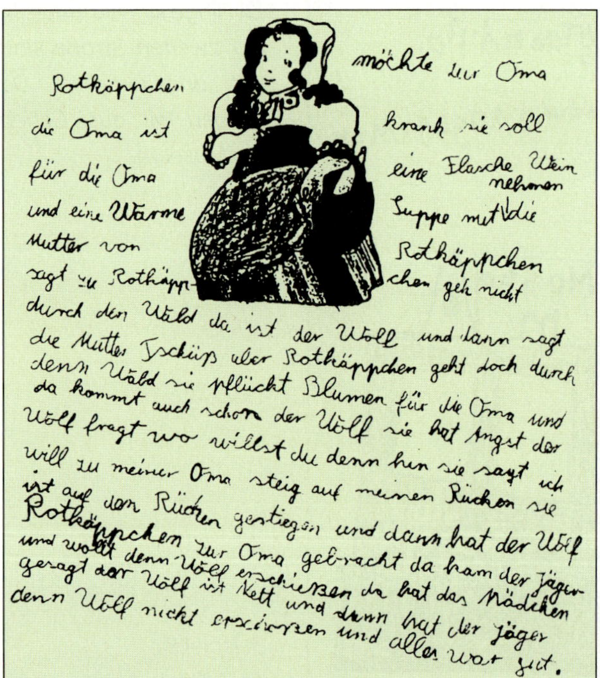

Beispiel 9
Juni Klasse 4

Ohne Abschrift ist der Text schwer zu lesen, weil er keinerlei Zäsuren setzt – außer den Punkt am Schluss – und keinen Unterschied zwischen der wörtlichen Rede der Figuren und dem erzählten Geschehen macht. Aber inhaltlich hat er eine klare Struktur.

Christina erzählt das bekannte Märchen auf neue Weise, fast so, als decke sie damit eine Tiefenstruktur auf. Oder ist es nur eine zeitgemäße Fassung? Bei Grimm warnt die Mutter das Kind „lauf nicht vom Weg ab". Den Grund nennt sie nicht, so erkennt Rotkäppchen die Gefahr nicht. In Christinas Text macht die Mutter ausdrücklich auf den Wolf aufmerksam. Trotzdem übertritt das Mädchen das Verbot. *Rotkäppchen geht doch durch den Wald.* Aber der Wolf ist anders als erwartet. „Der Wolf ist nett." Er bringt sie auf seinem Rücken zur Großmutter. Und auch der Jäger geht auf Rotkäppchens Argument ein. *Und dann hat der Jäger den Wolf nicht erschossen. Und alles war gut.* Christina schreibt eine Geschichte, die auf eigene Erfahrung trotz des Verbots setzt. Man kann den Text auch als Geschichte eines Vorurteils lesen, als gelungene Widerlegung eines Vorurteils, indem die Protagonistin ein Verbot übertritt und eine heikle Erfahrung macht.

Christina mischt bekannte Handlungselemente und neue. An zwei Stellen wird diese Spannung besonders deutlich: beim Auftreten des Wolfs und des Jägers. *und da kommt auch schon der Wolf* formuliert – als geteiltes Wissen – die Erwartung. *da kam der Jäger …* – auch dieser Handlungsschritt bleibt erhalten, obwohl es eigentlich kein Motiv mehr für ihn gibt: der Wolf ist ja nett; er wird in die neue Textkomposition eingefügt und gibt ihr die Pointe.
Im Rechtschreiben hat Christina zwischen November in Klasse 2 und Juni in Klasse 4 ungemein viel gelernt. Sie beherrscht auch schwierigere Laut-Buchstaben-Beziehungen (z. B. die Bezeichnung der Vokalkürze bei *Rotkäppchen, Suppe, Mutter, dann, kommt* – aber *kam*! – *will, alles, Angst*) und sie schreibt nach dem Stammprinzip richtig: *steigen – gestiegen, Wald, krank, sagt, fragt,* ebenso den Umlaut bei *Jäger.*

Ihre Fehler beziehen sich zum einen auf die Bezeichnung von Kürze und Länge: **erschoßen* ist vermutlich analog zu *erschießen* geschrieben; bei **wollt* hat sie das *e* ausgelassen (das ist vielleicht kein orthografischer Fehler, sondern eine umgangssprachliche e-Tilgung in der Aussprache); dreimal schreibt sie **denn* (statt *den*; aber sie notiert beide Wörter auch je korrekt: *in den Wald, auf den Rücken; wo willst du denn hin*); hier geht es vermutlich nicht nur um Doppelkonsonanz, sondern auch um die wechselseitige Störung verwandter Schemata *„den" – „denn"* (s. dazu 3.1.2).

Ihre Fehler beziehen sich zum anderen in zwei Fällen auf die Großschreibung: **Warme Suppe* (vielleicht ist das als Bezeichnung gemeint wie in einer bekannten Werbung und als falsche Analogie zur *Flasche Wein*). Mit **Nett* ist das inhaltlich wichtigste

Wort des Textes großgeschrieben. Wenn man diese beiden Fehler zusammensieht mit der unzureichenden Zeichensetzung, dann fehlt im Hinblick auf die Prinzipien der Rechtschreibung das grammatische Prinzip.

Auf welche Weise Christina in diesen zweieinhalb Jahren ihre Zugriffsweisen erweitert hat, so dass sie einen interessanten Text so weitgehend orthografisch korrekt aufs Papier bringen kann – diese Frage schließt die nach der Bildung von Eigenregeln und der Anwendung von Fremdregeln ein. Man kann beobachten, dass Christina sowohl über das Lautschema und die Laut-Buchstaben-Regeln wie vor allem über das Schreibschema zur richtigen Schreibung kommt. Die Zeichensetzung als Teil des grammatischen Prinzips hat sie (fast) ganz ausgeklammert. Wenn man die Befragung Erwachsener heranzieht, die die Zeichensetzung weitgehend beherrschen, nicht aber die Regeln als Gründe für ihre Entscheidungen nennen können, sieht man, dass auch hier Eigenregeln wirksam sind. Das schließt jedoch nicht aus, dass im Erwerbsprozess Fremdregeln gelernt und gewusst wurden und in der häufigen Anwendung zu Eigenregeln wurden, die im impliziten Können wirken, dem expliziten Wissen aber im automatisierten Schreibprozess nicht mehr zugänglich sind.
Bisher gibt es nur wenige Untersuchungen zum Erwerb der Zeichensetzung (s. Afflerbach 1997, Feilke 1998).

Verglichen mit Untersuchungen zum Schrifterwerb des Anfängers und zum Rechtschreibprozess in der Grundschule sind die Arbeiten zur Entwicklung des Rechtschreibens in der Sekundarstufe I zahlenmäßig immer noch gering. Dies sind die wesentlichen Ergebnisse in Bezug auf die Entwicklung des Könnens und im Hinblick auf die angewandten Zugriffsweisen und Formen des Rechtschreiblernens, wie sie aus den Richtigschreibungen und den Fehlern erschlossen werden können.

1.3.5 Integration: Rechtschreibdenken in der Sekundarstufe I

In einer Studie zu Art und Umfang der Rechtschreibfehler in 1951 Schülertexten von Klasse 2 bis 10 (Menzel 1985, also vor der Reform der Orthografie) ergab sich folgende Verteilung der Fehlerschwerpunkte: In der Laut-Buchstaben-Zuordnung wurden mit 45 % die weitaus meisten Fehler gemacht: dazu gehören mit 5 % (aller Fehler) die Schreibung des *h*, 3 % die Schreibung *i/ie*, 9 % die Schreibung von Doppelkonsonant nach Kurzvokal, 4 % die Schreibung der *s*-Laute – nur 0,5 % betreffen die reformierte Schreibung *ss* statt *ß* (*musst, Fass*); Fehler in der Groß- und Kleinschreibung nehmen mit 25 % den zweitgrößten Teil ein, die *das* – *dass* (*daß*) -Schreibung 9 %, die Flexionsendungen (*ich habe *ein Apfel*) 13 %, Getrennt- und Zusammenschreibung 8 %. Die Zeichensetzung wurde nicht untersucht.

Am Ende der Grundschule, also nach vier Jahren Unterricht, können die Kinder die weitaus meisten Wörter, nämlich im Durchschnitt etwa 85 %, normgerecht schreiben. Dieser Befund (Menzel 1985) hat sich seitdem immer wieder bestätigt (zuletzt Richter/Brügelmann 1994). Er gilt für ganz unterschiedliche Regionen (Stadt und Land, Nord- und Süddeutschland; in Ostdeutschland war er 1991 mit 87 % etwas höher). Die Mädchen sind den Jungen dabei durchgängig von Klasse 2 bis 9 im Durchschnitt überlegen (vgl. Bos u. a. 2003). Durchschnittswerte müssen allerdings auch im Zusammenhang mit den Leistungsdifferenzen gesehen werden: So können etwa 5 % der Kinder nur 6 von 10 Wörtern richtig schreiben und – statistisch betrachtet – lernen die Schüler am meisten dazu, die ohnehin schon viel können, die Rechtschreibleistung der schwachen Schüler bleibt schwach; sie stagniert. Außerdem weichen die Durchschnittsleistungen in den einzelnen Klassen ganz erheblich voneinander ab. Wer mit 82 % richtig geschriebener Wörter zu den leistungsstärkeren Schülern der einen Klasse gehört, ist in einer anderen Klasse vielleicht der schwächste Rechtschreiber (zu Lernschwierigkeiten s. Kap. 3.1.6; zur Leistungsmessung s. Kap. 3.3).

Insgesamt dokumentieren die Durchschnittswerte eine ungeheure Lernleistung der Grundschüler. Dies kann man auch als Beleg für den Erklärungswert des Zwei-Wege-Modells der Rechtschreibung ansehen: Die weitgehende Beherrschung der orthografischen Norm in kurzer Zeit schließt ein, dass die Kinder Wörter richtig schreiben aufgrund gespeicherter Schreibschemata – aber das allein würde nicht ausreichen – es sind zu viele Wörter (s. dazu die Diskussion zum Grundwortschatz Kap. 3.1.4). Daneben haben die Kinder auch Sicherheit gewonnen, ein Schreibschema aus dem Lautschema über die Laut-Buchstaben-Zuordnung zu erzeugen und dann unter Beachtung der Schreibregeln (z. B. den Satzanfang schreibt man groß) aufzuschreiben (vgl. Spiegel 1999, Thomé 1999, Scheele 2006).

Natürlich sind bei beiden Wegen auch Irrtümer und Fehlentscheidungen möglich. Die Beherrschung der Orthografie steigert sich bis zum Ende der Sekundarstufe noch einmal ganz erheblich: Am Ende von Klasse 5 werden durchschnittlich 90 % der Wörter richtig geschrieben, am Ende von Klasse 10 sind es durchschnittlich 95–97 %. Das heißt, dass sich die Falschschreibungen auf einen sehr kleinen Teil der Wörter beziehen – verglichen mit den richtig geschriebenen. Oder – bezogen auf die Menge der Fehler am Ende der Grundschule – kann man sagen: sie geht bis zum Ende der Sekundarstufe auf gut ein Viertel zurück.
Welches sind die Formen des Rechtschreiblernens in der Sekundarstufe I?

Am besten sind die Zugriffsweisen der Schüler im Hinblick auf die Laut-Buchstaben-Zuordnung untersucht, die ja auch den größten Teil der Fehler betreffen. Man betrachtet die Falschschreibungen dabei inzwischen nicht mehr nur als Indizien für die Entwicklung des kognitiven Schemas von Orthografie, sondern das Verhältnis zu den richtig geschriebenen im Verlauf der Zeit und im Vergleich der Entwicklung der Schreibweise von schwachen und leistungsstarken Schülern.

Das möchten wir an zwei Beispielen zeigen, (1) der Schreibung <f> bzw. <v> für /f/ (Eichler/Thomé 1995) und (2) an der Schreibung <i> bzw. <ie> für /i:/ und /i/ (May 1993).

(1) Es wird die Schreibung <f> für /f/ als korrekte Grundschreibung (*freundlich, fällt*), die Schreibung <v> für /f/ als korrekte Schreibung einer graphemischen Variante (*Verkäuferin, Vögel*) verstanden. Dagegen abgesetzt werden die beiden Falschschreibungen <f> statt <v> als abweichende Grundschreibung (**Ferkäuferin, *Fögel*) und <v> statt <f> als Übergeneralisierung einer Regel zur Schreibung der graphemischen Variante (**vreundlich, *vällt*; auch **vertig*).

In Bezug auf das Stufenmodell geht es also um den Übergang von der alphabetischen zur orthografischen Strategie – hier in der weiterführenden Schule – und um den Prozess, wie sich die Zugriffsweise ändert, wenn neue Informationen integriert werden müssen, insgesamt wie sich Eigenregeln und Fremdregeln im Schreibprozess verbinden:

Wenn Schüler die korrekte Schreibung von <v> für /f/ gelernt haben, z. B. bei *Verkäuferin* oder *Vogel,* dann hat das Auswirkungen auf das gesamte System der Schreibung von /f/.

Zunächst verfährt der Schüler wohl nach der Eigenregel: /f/ schreibe ich <f>, außer bei den Wörtern, die ich mit <v> kenne. Aber dann verfährt er nach dem Motto: <f> schreibe ich meistens, aber nicht immer. Nun nehmen die <v>-Schreibungen zu, z. B. bei **Vutterhäuschen, *Gevängnis*; gelernt wird dabei insbesondere die Kombination von /f/ und /ɛ/ und /r/ (*vergessen*) bzw. die von /f/ und /o/ und /r/ (*vorgestellt*). So kommt es zu Übergeneralisierungen bei **vortschrittlich, *vestgestellt, *vertig, *vreuen.* Bemerkenswert ist, dass das Wort *Fahrrad* in der dargestellten Untersuchung immer korrekt mit *F* geschrieben wird; ebenso *fährt, Felder, Maulwurfsfamilie.* Das ist ein Indiz dafür, dass die Schreibschemata dieser Wörter so gesichert sind, dass sie unberührt bleiben von diesem „Umbau" der Laut-Buchstaben-Zuordnungen.

Den letzten Schritt der Aneignung der Norm stellen nicht etwa die Richtigschreibungen schwieriger <v>-Schreibungen dar, sondern die **Rückverwandlung** von <v>-Schreibungen in <f>-Schreibungen. Das bedeutet, dass die Richtigschreibung von *fertig* auf ganz unterschiedlich angemessenen Eigenregeln beruhen kann: zum einen als schlichte <f>- für /f/-Schreibung; zum anderen als Ausnahmeregelung innerhalb des v-Regelkomplexes. Die Integration könnte sich so vollziehen. Für /f/ schreibe ich <f>, außer bei einigen bekannten Wörtern und bei Wörtern mit *vor* und *ver*; *fertig* aber gehört nicht zu dieser Gruppe; *fertig* schreibe ich mit <f>.

Wir haben hier den Erwerbsprozess des fortgeschrittenen Schreibers im Hinblick auf ein Phänomen, die f-Schreibung, dargestellt. Versuchen Sie nun einmal die Befunde mit Bezug auf den Wahrnehmungszyklus von Neisser zu interpretieren; dabei gelten die jeweiligen Schreibungen als Indizien für das Wahrgenommene und im kognitiven Schema Verarbeitete.

Als das schwierigste Wort in dieser Untersuchung hat sich das Wort *Fütterungsversuche* herausgestellt. Hier ist die geforderte <v>-Schreibung mitten im Wort, zudem ist es sehr lang; und der Anfangsbuchstabe mag die richtige Schreibung zusätzlich erschweren (Vorwirkungs-, Nachwirkungsfehler, s. 3.1.2). Solche komplexen Phänomene bilden einen Schwerpunkt in der zweiten Untersuchung, der von May (1993).

So hat sich (hier in Klasse 4) das Einzelwort *Verkehrsschild* (in Bezug auf den Wortteil *Verkehr*) als schwieriger herausgestellt als in dem Satz *Polizisten regeln den Verkehr.* Dasselbe trifft für den Wortteil *Fahrrad* in *Fahrradschloss* und als Wort für sich zu. Der Wortteil *Fahrrad* im Wort *Fahrradschloss* wird häufiger falsch geschrieben als *Fahrrad* als Einzelwort (diesmal jeweils in einem Satz diktiert).

(2) Untersucht man z. B. die Schreibung <i> bzw. <ie> für /i:/ zwischen Klasse 4 und 9, findet man dasselbe Phänomen wie zwischen <f> und <v> für /f/. Hier wird der Befund interpretiert, dass sowohl die leistungsstarken wie die schwachen Schreiber bei dem Wort *Bohrmaschine* <i> schreiben, während die mittleren <ie> notieren. Die schwachen verfahren nach der Eigenregel /i:/ als <i> zu schreiben, die fortgeschrittenen Rechtschreiber identifizieren den Wortteil *ine* als Fremdwortschreibung, während sich die mittleren an die Regel halten: /i:/ wird meistens <ie> geschrieben. Das richtig geschriebene Wort allein sagt noch nichts aus über die Zugriffsweise, die zu der Schreibung geführt hat.

Diese Interpretation wird z. B. durch die Analyse der Schreibungen von *Schiedsrichter* gestützt. Durchschnittlich 13 % der Schüler schreiben es Ende Klasse 4 richtig. Ende Klasse 9 sind es 99 %. Die häufigsten Falschschreibungen beziehen sich auf das /i:/ in **Schitsrichter*, **Schitzrichter*, **Schisrichter*, **Schizrichter*, dagegen sind **Schiezrichter*, **Schietsrichter*, **Schiesrichter* seltener. Das /i:/ ist eigentlich leicht zu erkennen. Aber:

Die Kinder können den ersten Wortteil vermutlich kaum sprachanalytisch fassen: ein Richter, der etwas entscheidet, etwas entschieden hat. Manche Schüler schreiben im Bedürfnis nach Sinngebung auch **Sitzrichter* oder **Schießrichter.* Entsprechend ihrer Artikulation, also einer ganz frühen Zugriffsweise, notieren die leistungsschwachen Kinder **Schisrichter* oder etwas vollständiger **Schitsrichter.* Wer **Schizrichter* notiert, bezieht sein Wissen ein, dass /ts/ <z> geschrieben wird. Wer dies weiß, kennt vermutlich auch die häufigste Schreibung von /i:/, nämlich das <ie>. Dass trotzdem mehr Kinder **Schitzrichter* und **Schizrichter* als **Schiezrichter* schreiben, liegt vermutlich daran, dass <iez> äußerst selten im Vergleich zu <itz> (*Witz, spitz, Sitz, Fritz, Blitz*) und <iz> (*Notiz, Indiz, Justiz*) vorkommt. Man kann darin ein Indiz für die Speicherung von Signalgruppen (vgl. 1.2.1) beim Schreiben sehen (hier ist es die Signalgruppe <itz>).

Dass so viele Kinder hier entgegen der Lautung schreiben (nicht das /i:/ als <ie> notieren), kann zum einen daran liegen, dass sie ab Klasse 4 überhaupt kaum noch auf ihre Artikulation zurückgreifen, weil sie wissen, dass das Verfahren nicht zur orthografisch korrekten Schreibung führt, zum anderen daran, dass sie mit der komplexen Rekonstruktion überfordert sind.

Mit dem Rückgriff auf Lautschema und Schreibschema lässt sich sagen: Der Wortteil *-richter* ist als Schreibschema gespeichert, der Wortteil *Schieds-* ist 10-Jährigen nicht im Schreibschema verfügbar; dem Lautschema ist er ebenfalls nicht zugänglich, solange die Wortbedeutung nicht erkannt wird. Erst wenn man die Wortbedeutung einschließlich der Motivierung des Wortes erkannt hat, kann eine Erfolg versprechende Laut-Buchstaben-Zuordnung erfolgen und das -s- in der Silbenfuge erkannt werden. Dieses eine Beispiel lässt eine Ahnung davon gewinnen, wie schwer das Rechtschreiblernen für mehrsprachige Kinder ist, denen die Unterrichtssprache nicht als Muttersprache zur Verfügung steht, und für Kinder, die ihr Weltwissen nicht analytisch auf die Sprachform beziehen mögen bzw. können.

Alles dies sind Vorgänge, über die der Schreiber operativ – im Vollzug des Schreibens – als implizites Können – verfügt. Nur ganz bedingt kann er auch analytisch über sie verfügen und sie als explizites Wissen formulieren. Die Frage, *was für einer ist der Schiedsrichter eigentlich, was tut er,* kann u. U. helfen – zusammen mit dem Weltwissen, dass es beim Fussball einen Schiedsrichter gibt, der zwar kein Richter wie im Gericht ist, der aber z. B. entscheidet, ob ein Tor gültig ist oder ein Elfmeter gegeben wird. Was er entschieden hat, gilt. Für den Unterricht heißt das, die Wörter nach ihrer Bedeutung zu befragen, wenn man nicht weiß, wie sie geschrieben werden; das heißt auch, die Komplexität zu reduzieren (s. S. 255–261).

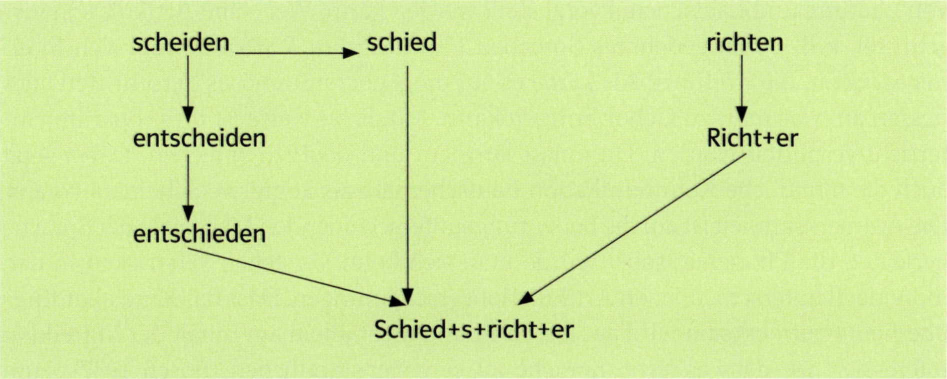

Was die Formen des Rechtschreiblernens betrifft, so zeigen die Untersuchungen, dass explizite Rechtschreibregeln eher von Mädchen angewendet werden (z.B. Satzregeln und Redezeichen), während Jungen sich eher wortspezifische orthografische Elemente merken (z.B. die bezeichnete Länge; Fehlerschwerpunkte sind Buchstabenformen, Oberzeichen, Satzschlusspunkte). Insgesamt scheinen Jungen flüchtiger, mit geringerem Interesse an der Orthografie zu schreiben. Da ihre Texte im Durchschnitt kürzer als die der Mädchen sind, haben sie allein aus diesem Grund auch weniger Erkundungs- und Übungsgelegenheit.

Noch ein Befund ist interessant (Richter/Brügelmann 1994); es gibt durchaus so etwas wie „Mädchen-" bzw. „Jungen-Wörter"; z.B. ist die Leistungsdifferenz zwischen Jungen und Mädchen bei *Tierärztin, Sekretärin* oder *Päckchen,* die als typische Mädchenwörter eingeschätzt werden, deutlich größer als bei *Polizist, Computer, Torwart* oder *Bankräuber,* die als typische Jungenwörter eingeschätzt werden. Bei *Schiedsrichter* ist diese Differenz aufgehoben. Gleich viele Jungen wie Mädchen schreiben das Wort richtig.

1.3.6 Implizites Können – explizites Wissen Wörter – Strukturen – Regeln

Die (psycho)linguistische Beschreibung (Kap. 1.2) und die hier dargestellten Befunde der Lernforschung korrespondieren miteinander: Die linguistische Rekonstruktion, wie eine richtige Schreibung zustande kommen kann zwischen Lautschema – Schreibschema – Regeln, kann bestätigt werden durch die Analyse der Fehler und der Richtigschreibungen im Verlauf des Aneignungsprozesses. Das Wesentliche ist, dass gesprochene und geschriebene Sprache, Mündlichkeit und Schriftlichkeit eine Verbindung eingehen. Dazu gehört auch die schwierige Frage, wie die Verbindung von Lautung und Lautschema vorgestellt werden kann. Wer seine Artikulation verschriftet, z. B. durch gedehntes Sprechen (*redeher* statt *Räder*), bewegt sich in einer Struktur, die irreführt: Als käme es auf möglichst minutiöses Verschriften alles dessen an, was man zu Gehör bringen kann. Möglicherweise ist dies sogar im Unterricht vermittelt worden: Du musst langsam und deutlich sprechen. Dabei setzt auch die mündliche Kommunikation Lautschemata als kognitive Schemata voraus. Die Aufmerksamkeit ist auf die bedeutungsunterscheidenden Merkmale der Sprache gerichtet, die Phoneme; sonst würde man sich beim Verstehen verstricken in den individuell unterschiedlichen Artikulationserscheinungen. Dass das Kind allerdings überhaupt aufmerksam wird auf die Form und nicht allein am Inhalt der Mitteilung interessiert ist, dass es lernt, Sprache zu vergegenständlichen (Bosch 1937), zum Gegenstand der Betrachtung zu machen, ist eine Voraussetzung **und** ein Ergebnis des Schrifterwerbs. Dazu kann die Schreibung hilfreich sein. **Indem geschriebene Wörter betrachtet, verglichen, geschrieben werden, indem man dazu spricht, bilden sich zu Wörtern Strukturen.**

Die Gesetzmäßigkeiten des Rechtschreiblernens sind als Ausdruck von **Regeln** zu verstehen, die sich die Schreiber gebildet haben, aber auch als Anwendung von Fremdregeln, z. B. über die Laut-Buchstaben-Zuordnung oder die Groß- und Kleinschreibung.

Dabei gehen implizites Können und explizites Wissen eine komplizierte Beziehung ein. Worüber die Schreiber unbewusst, operativ, im Vollzug des Schreibens verfügen, haben sie – vermutlich größtenteils – durch Eigenregeln erworben. Es ist dem expliziten Wissen, der ausdrücklichen Formulierung schwer zugänglich (ich habe ein Komma gesetzt, weil …). Dagegen kann die Fremdregel, das explizit Gelernte und dann im Vollzug des Schreibens Angewandte, lange Zeit leicht als Regel benannt werden. Das gekonnte Schreiben enthält immer explizite Elemente. Gerade weil Schreiben ein (teilweise) bewusster Prozess ist (der Schreibende nimmt Abstand von der Situation um sich herum; Schreiben stellt in ganz anderem Maße als Sprechen, das weitgehend unwillkürlich, situationsbedingt erfolgt, einen Willensakt dar [vgl. 1.1]), würde fehlendes explizites Wissen den Schreibenden ziemlich hilflos machen. Er setzt es vor allem beim Überarbeiten ein. Das kann ein eigener Vorgang nach dem ersten Niederschreiben sein; das Überarbeiten kann auch als Korrektur während des Schreibens erfolgen. Das Problem aber besteht darin, den „kritischen Fall" für die Anwendung der Regel zu finden. Wenn das explizit Gelernte im Laufe der Automatisierung zum impliziten Können wird, ist es auch leichter wieder analytisch zugänglich; es kann – mit einiger Anstrengung – benannt werden.

Die Aufgabe von Unterricht besteht nun durchaus nicht in erster Linie darin, Regeln oder Strukturen explizit zu lehren und durch Übung Sorge zu tragen, dass das Wissen automatisiert wird, sondern gleichwohl darin, den Schülern/Schülerinnen die Bildung von Eigenregeln nahezulegen, sie herauszufordern zu implizitem Können, z. B. durch besondere Wortauswahl, dadurch dass Zeit zum Schreiben zur Verfügung steht und die Schriftstücke Wertschätzung erfahren.

In Kapitel 3 wird es darum gehen, welche der im nächsten Kapitel ausgeführten Grundregeln eher als andere dem expliziten Wissen mit Aussicht auf Erfolg zugänglich gemacht werden können. Wenn man das Kapitel 2 ganz liest, wundert man sich an vielen Stellen, wie viele Regelungen man unbewusst beherrscht.

1.3.7 Exkurs: Selbsterfahrung beim Memory mit Schrift

Wir stellen Ihnen hier ein Tiermemory für Erwachsene zur Verfügung, das Dörte Arp, Ingeborg Wolf-Weber und Mechthild Dehn konzipiert haben und das sich in der Lehrerausbildung und -fortbildung bewährt hat; es empfiehlt sich ebenfalls für Elternabende am Schulanfang: wenn es darum geht, eine Vorstellung von der je eigenen Vorgehensweise bei der Schriftaneignung und von den Schwierigkeiten dabei zu gewinnen. Natürlich sind für Sie die Prozesse, die Sie an sich und den anderen beobachten, nur bedingt mit dem Schrifterwerb der Kinder vergleichbar, weil Sie ja bereits über eine Schriftstruktur verfügen, diese nur erweitern müssen; aber immerhin: Der kleine Aufwand lohnt sich.

Zuerst müssen Sie sich das Memory herstellen: Sie können dazu die Seiten 75 und 76 kopieren, möglichst auf Karton: Auf 10 Karten ist einseitig nur das Tier abgebildet, auf weiteren 10 Karten das Tier auf der einen und die Schrift auf der anderen Seite.

Wenn Sie die 20 Karten ausgeschnitten haben, legen Sie sie – gut gemischt – mit der Bildseite nach unten auf den Tisch. Der Strich unter dem Wort sollte zu Ihnen zeigen, weil Sie dann die Leserichtung (von links nach rechts) leichter nutzen können. Gespielt wird zu zweit (und möglichst nebeneinander sitzend). Eine dritte Person kann – beobachtend – die Prozesse verfolgen. Zuerst wird eine Karte ohne Schrift aufgedeckt, dann eine mit Schrift. Dabei können Sie und Ihr Partner sich Ihre „beginnenden“ Schriftkenntnisse zunutze machen. Wenn die Karten nicht zusammenpassen, werden sie wieder umgedreht (die Abbildung nach unten). Wer ein passendes Paar hat, kann es behalten. In jedem Fall ist dann wieder der andere an der Reihe. (Die Auflösung der Bezeichnungen finden Sie auf S. 74.)

Bei unseren Erprobungen bezog sich der Erfahrungsaustausch vor allem auf die folgenden Aspekte:

- Worauf haben Sie Ihre Aufmerksamkeit zuerst gerichtet (z. B. Wortlänge, Anfangsbuchstabe, Buchstabengruppen …)? Welche Namen waren leichter zu entziffern, welche besonders schwer?
- Wie haben Sie eine Information geprüft und im Folgenden angewendet (explizit oder implizit)?
- Welche Impulse (Erfolg – Misserfolg – Freude – Besorgnis – Erkenntnisgewinn) sind aus der Spielsituation zu zweit entstanden?
- Wie kam es zum Prozess des Hypothesenprüfens und Umstrukturierens, wenn eine vermutete Bezeichnung sich nicht realisieren ließ (z. B. Schmetterling – Tagpfauenauge)?
- Welche Buchstaben kannten Sie schon? – Wie haben Sie das bemerkt?
- Sind Sie eher Strukturen oder Regeln gefolgt?
- Haben Sie sich dem Spiel überlassen oder haben Sie versucht, systematisch vorzugehen?

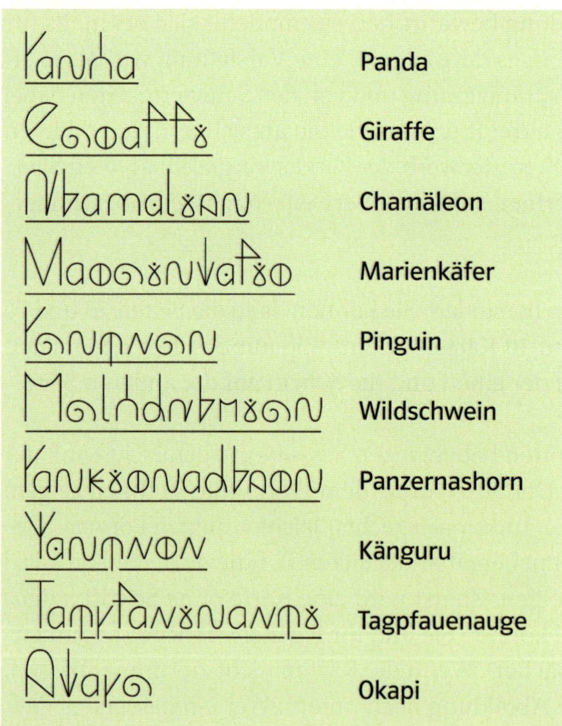

Die Probleme des Rechtschreiblernens sind solcher Selbsterfahrung schwerer zugänglich:

Versuchen Sie einmal, Ihren Namen in dieser Schrift zu notieren und einen einfachen Satz wie: *„Die Kinder spielen mit dem Ball"*.

Hier steht ja das Problem im Vordergrund, die richtige Buchstabenform zu finden. Welche kognitiven Prozesse des Wiederfindens, Erinnerns, Adaptierens, der Analogiebildung haben Sie dabei an sich beobachtet?

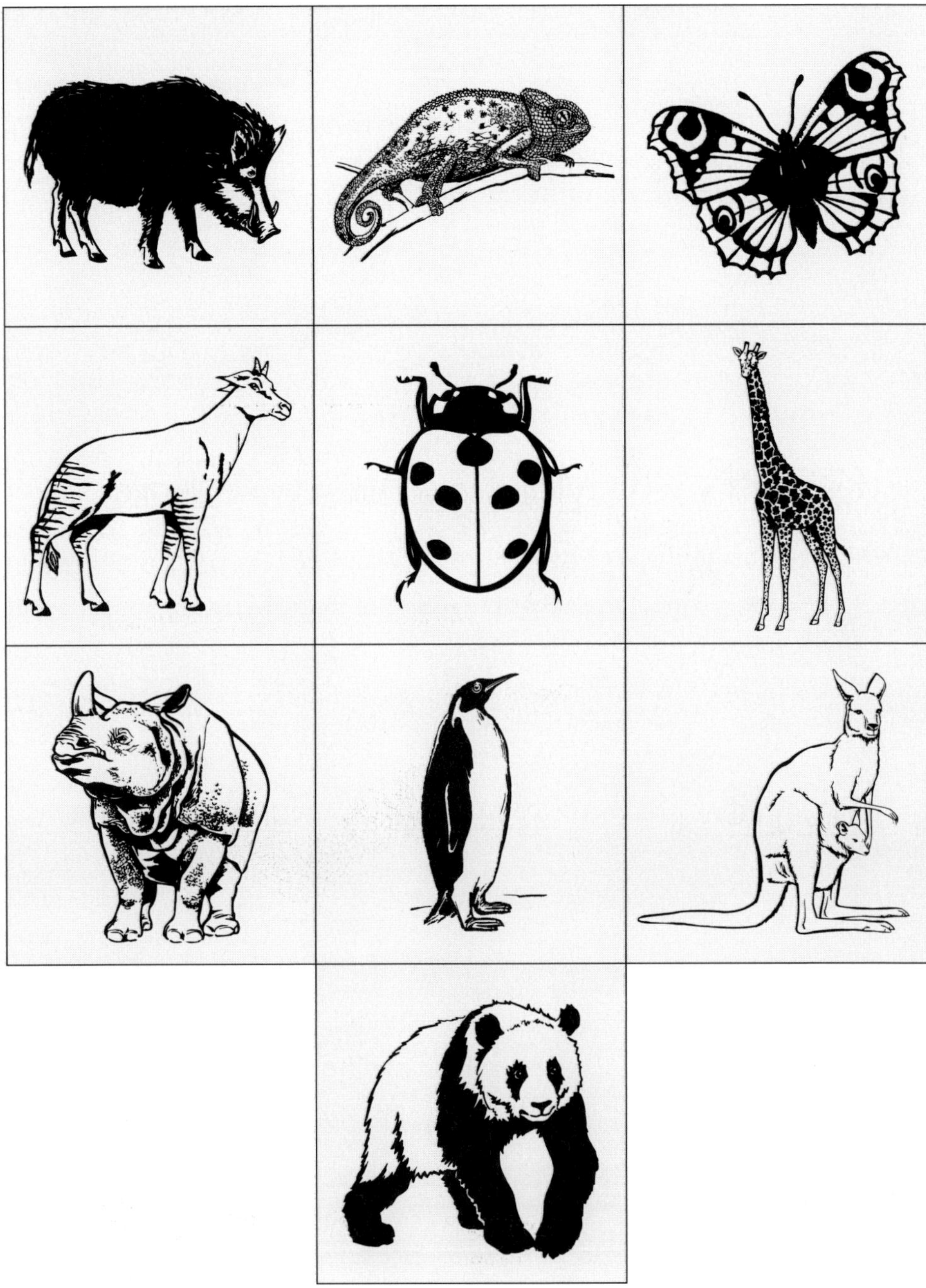

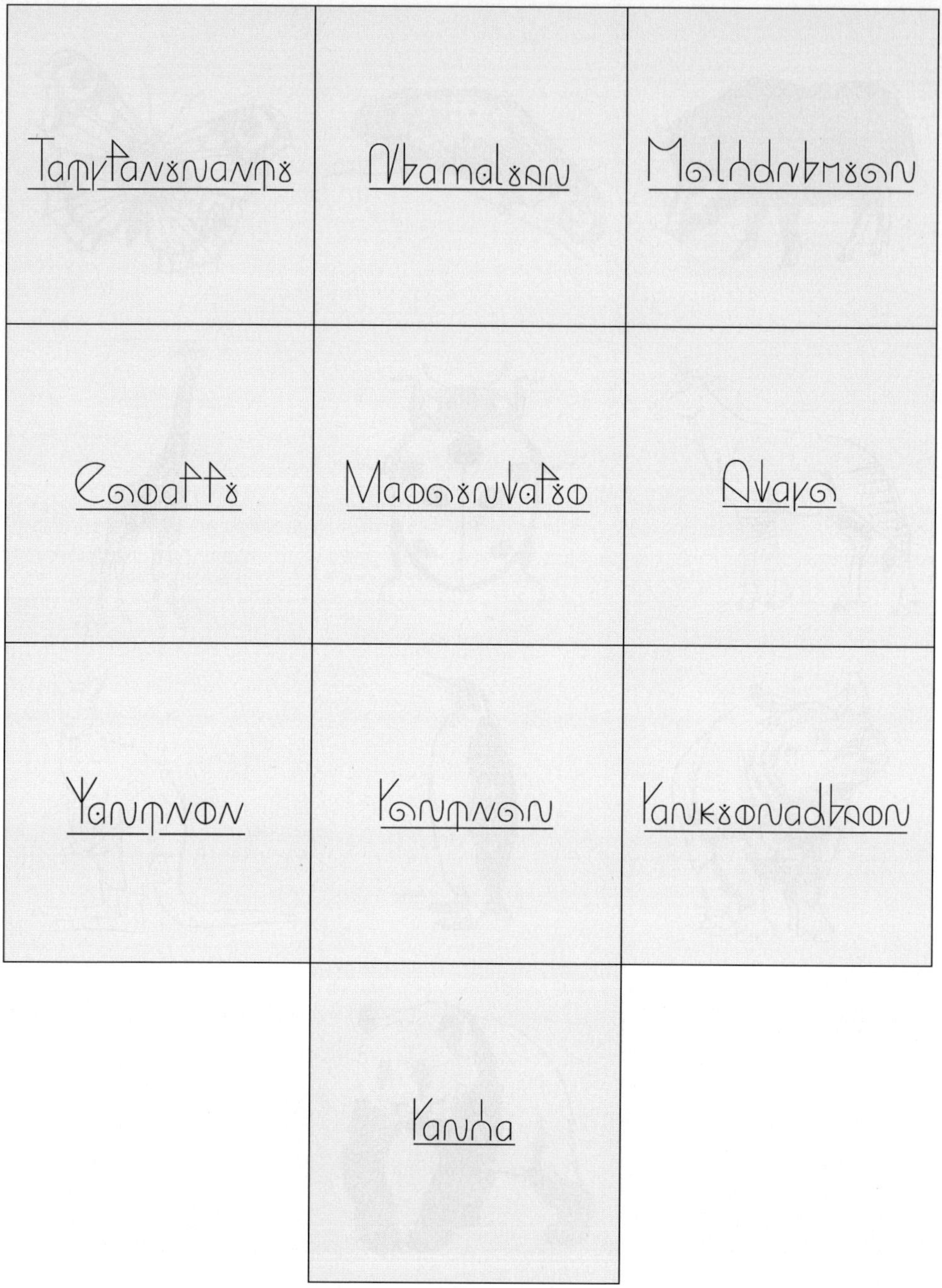

1.3.8 Zusammenfassung

Das Rechtschreiben ist mit dem Schreiben verbunden. Etwas für sich oder für Leser aufschreiben wollen, das einem wichtig ist, ist ein zentrales Motiv für das Rechtschreiblernen.

Die kognitiven Schemata für Schrift entwickeln sich bei den meisten Kindern in mehreren Jahren vor der Schule in sozialen Bezügen. Dazu gehört vor allem ein grundlegendes Zeichenverständnis, die Aufmerksamkeit für Schrift, die Erfahrung mit dem Gebrauch von Schrift, zumeist auch die Aneignung der Schreibrichtung und mit der Kenntnis einzelner Buchstaben auch ein Begriff davon.

Wenn Schulanfänger noch kein Interesse an Schrift und keinen Begriff davon entwickeln konnten, muss die Schule solche Schrifterfahrungen anbahnen. Das ist ein langwieriger Prozess, für den – gleichwohl – gerade die Könnenserfahrung zentral ist.

Unterschiedliche Zugriffsweisen bestimmen das Rechtschreiblernen von Anfang an: Besonders deutlich werden sie an den Fehlern. Wenn es um den Transfer des Gelernten geht (die Kinder also Wörter aufschreiben sollen, deren Schreibung ihnen noch unbekannt ist), herrschen zunächst Verschriftungen der eigenen Artikulation vor; aber daneben finden wir korrekte Schreibungen sowie Fehler, die orthografische Elemente enthalten. Das ist ein Indiz dafür, dass von Anfang an auch Schreibschemata gebildet (und u. U. falsch verallgemeinert – übergeneralisiert) werden.

Die Lernprozesse der Fortgeschrittenen (Sekundarstufe I) unterscheiden sich nicht grundsätzlich von denen der Anfänger. Hier verschränken sich die zwei Wege der Erzeugung der Schreibung, der über gespeicherte Schreibschemata und der über das Lautschema, die Laut-Buchstaben-Zuordnung und die Schreibregeln.

Für das Lehren ergibt sich – darin können Sachstruktur und Lernprozess zusammengeführt werden:

1. – und das ist das Wichtigste –: Rechtschreiben lernen Kinder und Jugendliche, indem sie viel schreiben! Dazu gehört auch das Überarbeiten von Texten.
Rechtschreiben ist ein Teil des Schreibens und Überarbeitens.

2. Rechtschreiben lernen Kinder und Jugendliche durch bewusste und unbewusste Einsichten in den Aufbau der Wörter und Sätze; u. a. anhand eines entsprechend ausgewählten Grundwortschatzes. Außerdem sind Sprachspiele und „Befragung der Wörter“ geeignet. Rechtschreiben ist ein Teil des Grammatikunterrichts, wenn er Einsichten in den Wort- und Satzaufbau vermittelt.

3. Rechtschreiben lernen Kinder und Jugendliche durch einen behutsamen Rechtschreibunterricht, der einerseits die Ausbildung und Speicherung von Schreibschemata auch zur Musterbildung fördert, andererseits den Wort- und Satzaufbau transparent macht. Grundregeln, ggf. auch Merkverse und -wörter, können helfen im Zweifelsfall zu einer richtigen Schreibung zu kommen.

Literatur zu 1.3: Anfänge des Schreibens – Formen des Rechtschreiblernens

Afflerbach, Sabine (1997): Zur Ontogenese der Kommasetzung vom 7. bis zum 17. Lebensjahr – eine empirische Studie. Frankfurt.

Balhorn, Heiko u. a. (1997): Werkzeuge zum Rechtschreiben. Überlegungen zum Lernen in der Sekundarstufe. In: Heiko Balhorn/Heide Niemann (Hrsg): Sprachen werden Schrift. Mündlichkeit – Schriftlichkeit – Mehrsprachigkeit. Lengwil, S. 181–197.

Bos, Wilfried u. a. (2003): Erste Ergebnisse aus IGLU. Schülerleistungen am Ende der vierten Jahrgangsstufe im internationalen Vergleich. Münster.

Bosch, Bernhard (1937): Grundlagen des Erstleseunterrichts. Neudruck Frankfurt 1984 (Arbeitskreis Grundschule).

Brügelmann, Hans (1983): Kinder auf dem Weg zur Schrift. Bottighofen (5. Auflage 1994).

Dehn, Mechthild (1985): Über die sprachanalytische Tätigkeit des Kindes beim Schreibenlernen. Diskussion Deutsch, Heft 81, S. 25–51.

Dehn, Mechthild (1990): Christina und die Rätselrunde – Schule als sozialer Raum für Schrift. In: Hans Brügelmann/Heiko Balhorn (Hrsg.): Das Gehirn, sein Alfabet und andere Geschichten. Konstanz, S. 112–124.

Dehn, Mechthild/Sjölin, Amelie (1996): Frühes Lesen und Schreiben. In: Hartmut Günther/ Otto Ludwig (Hrsg.): Schrift und Schriftlichkeit. Handbücher zur Sprach- und Kommunikationswissenschaft. Bd. 10. 2, S. 1141–1153.

Eichler, Wolfgang/Thomé, Günther (1995): „Innere Regelbildung im Orthographieerwerb im Schulalter“. Bericht aus dem DFG-Forschungsprojekt. In: Hans Brügelmann/Heiko Balhorn/Iris Füssenich (Hrsg.): Am Rande der Schrift, S. 35–42.

Feilke, Helmuth (1998): „Wie gut das/daß alles wächst" – Zur Konstruktion sprachlicher Struktur im Schriftwerb. In: Helmuth Feilke/Clemens Knobloch/Klaus Peter Kappest: Siegener Papiere zur Aneignung sprachlicher Strukturformen. Universität/Gesamthochschule Siegen.

Frith, Uta (1986): Psychologische Aspekte des orthographischen Wissens: Entwicklung und Entwicklungsstörung. In: Gerhard Augst (Hrsg.): New Trends in Graphemics and Orthografy. Berlin, S. 218–233.

Gaber, Holle-Katrin/Eberwein, Hans (1986): Ein Kind lernt schreiben. Stuttgart.

Günther, Klaus B. (1986): Ein Stufenmodell der Entwicklung kindlicher Lese- und Schreibstrategien. In: Hans Brügelmann (Hrsg.): ABC und Schriftsprache. Konstanz, S. 32–54.

May, Peter (1993): Vom Umgang mit Komplexität beim Schreiben. Herausbildung orthographischer Kompetenz als erweiterte Rekonstruktion sprachlicher Strukturen. In: Heiko Balhorn/Hans Brügelmann (Hrsg.): Bedeutungen erfinden – im Kopf, mit Schrift und miteinander. Konstanz, S. 277–289.

Menzel, Wolfgang (1985): Rechtschreibunterricht. Praxis und Theorie. Beiheft zu Praxis Deutsch, Heft 69/1985.

Naumann, Carl Ludwig (1993): Rechtschreibprobleme in der Sekundarstufe I. Diskussion Deutsch, Heft 132, S. 287–298.

Neisser, Ulric (1974): Kognitive Psychologie. Stuttgart.

Neisser, Ulric (1979): Kognition und Wirklichkeit. Stuttgart.

Ossner, Jakob (1996): Gibt es Entwicklungsstufen beim Aufsatzschreiben? In: Helmuth Feilke/Paul Portmann (Hrsg.): Schreiben im Umbruch. Stuttgart, S. 74–84.

Richter, Sigrun/Brügelmann, Hans (1994): Von der Grundschule in die Orientierungsstufe: Bruch oder Brücke in der Rechtschreibentwicklung? In: Dies. (Hrsg.): Wie wir recht schreiben lernen. 10 Jahre Kinder auf dem Weg zur Schrift. Lengwil, S. 215–220.

Richter, Sigrun/Brügelmann, Hans (Hrsg.) (1994): Mädchen lernen anders lernen Jungen. Geschlechtsspezifische Unterschiede beim Schriftspracherwerb. Bottighofen.

Röber-Siekmeyer, Christa (1999): Ein anderer Weg zur Groß- und Kleinschreibung. Leipzig.

Scheele, Veronika (2006): Entwicklung fortgeschrittener Rechtschreibfähigkeiten. Frankfurt/M.

Spiegel, Ute (1999): Förderung der Rechtschreibleistungen im 3./4. Schuljahr. Fallstudien zu Einführungen selbstständiger Lern- und Arbeitstechniken in den Unterricht. Augsburg.

Temple, Charles/Nathan, Ruth/Burris, Nancy (1982): The beginning of writing. Boston.

Thomé, Günther (1999): Orthographieerwerb. Qualitative Fehleranalysen zum Aufbau der orthographischen Kompetenz. Frankfurt.

Valtin, Renate (Hrsg.) (2000): Rechtschreiben lernen in den Klassen 1–6. Grundlagen und didaktische Hilfen. Frankfurt (Grundschulverband/Arbeitskreis Grundschule Bd.109).

Weingarten, Rüdiger/Günther, Hartmut (Hrsg.) (1998): Schriftspracherwerb. Hohengehren.

Wolf-Weber, Ingeborg/Dehn, Mechthild (1993): Geschichten vom Schulanfang. Weinheim.

2 Die Grundregeln der deutschen Rechtschreibung

Vorbemerkungen

In der folgenden Darstellung finden Sie nicht alle Regeln bis ins Einzelne, sondern eine Auswahl, die **Grundregeln**. Warum?

Vergleicht man die früher gültigen Regeln des Dudens mit dem, was in den Sprachbüchern gelehrt wurde, so ist der Unterschied eindeutig. Nicht alle Regeln, Ausnahmeregeln und Ausnahmeregeln von den Ausnahmeregeln waren Gegenstand des Rechtschreibunterrichts. Es hat immer ein heimliches Curriculum der wichtigsten Regeln gegeben. Das bleibt auch nach der Neuregelung von 2006 so. Manches ist zwar einfacher geworden, aber generell ist die amtliche Regelung, die ja auch die Belange der Drucker und Setzer berücksichtigen muss, zu umfangreich: sie muss für die Schule reduziert werden.

Jede Reduktion riskiert natürlich, dass die Kinder an den Rändern bestimmte spezielle Regeln und Ausnahmen nicht kennen und auch deshalb möglicherweise einige Fehler machen. Andererseits erhöht die Beschränkung auf die zentralen Regeln die Chance, dass die Schüler und Schülerinnen dann auch wirklich entsprechend den Regeln schreiben, denn Sie als Deutschlehrende wissen, dass jede Ausnahmeregel und erst recht jede Ausnahme von der Ausnahme die Anwendung der Grundregel schwächt. Außerdem erfassen die Grundregeln die allermeisten einschlägigen Fälle. So ist – um nur ein Beispiel zu nennen – die Großschreibung im Satzinnern zu über 90 % durch die eine Regel bestimmt: Substantive schreibt man groß. Nur wenige Prozent betreffen die Großschreibung z. B. von Adjektiven in Eigennamen, z. B. *Stiller Ozean*, oder Substantivierungen, z. B. *die Grünen*. Dasselbe trifft auch auf die Ausnahmen bei der Wortschreibung zu. So sind Wörter mit *ai* wesentlich seltener als mit *ei*. Unter den Ausnahmen selbst gibt es wiederum häufiger gebrauchte und selten gebrauchte. Auf Grund neuerer Auszählungen werden in dem folgenden Regelwerk nur die häufig geschriebenen als Merkwörter genannt. So sind z. B. *Kaiser, Mai, Saite* (auf der Geige), *Waise* (ohne Eltern) relativ häufig, während *Hai, Kai, Laie, Mais, Anrainer, Taifun, Lakai, Laich* seltener vorkommen. Wenn Sie diese zuletzt genannten Wörter nicht ausdrücklich mit den Kindern üben, so heißt das nicht, dass die Kinder sie auf jeden Fall falsch schreiben, denn manches lernen sie auch durch Lesen oder den Gebrauch in anderen Fächern, z. B. *Taifun* in Erdkunde.

Die Lehrregeln für den Unterricht sind nach der Schulstufe gestaffelt. Zunächst die für den Anfangsunterricht (S. 253) und die „Elementaren Regeln" für die Grundschule. (Vgl. die Kopiervorlage auf Seite 259 ff.) Dann die „Grundregeln" für die Sekundarstufe, also bis zum Ende der Pflichtschulzeit (S. 270 f.). Diese bilden die Basis für die folgende Darstellung.

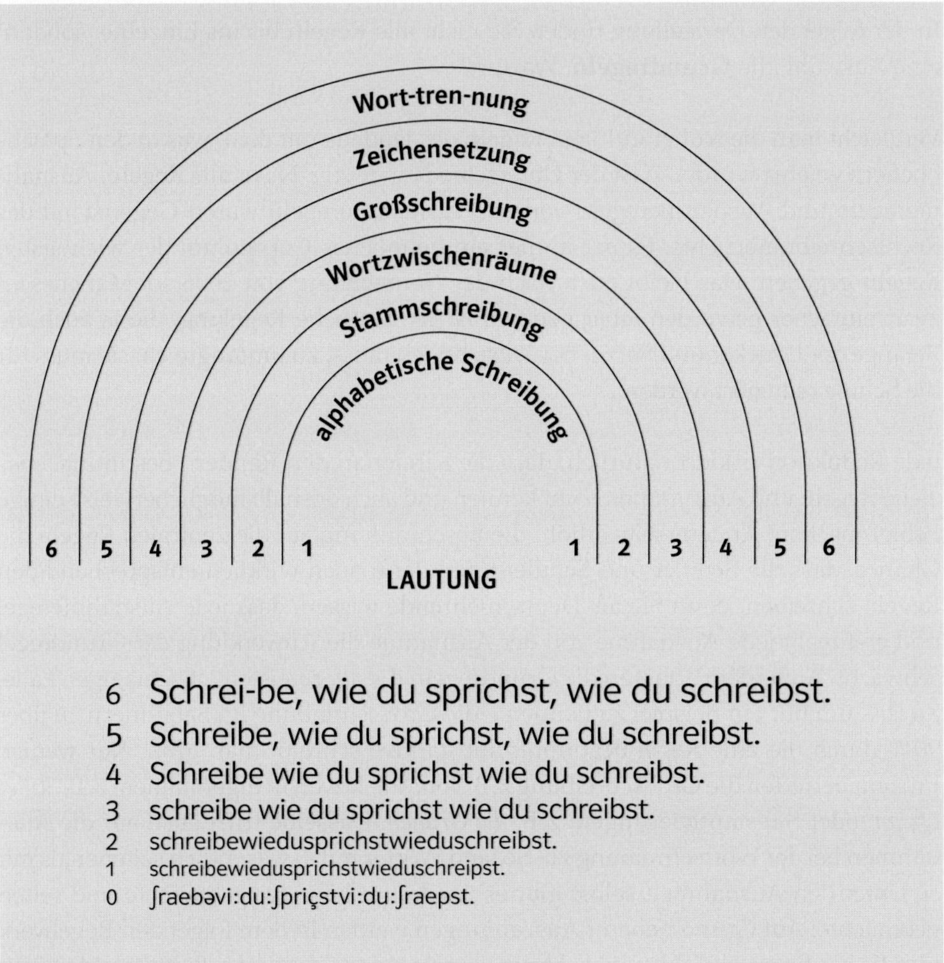

Das „Zwiebelmodell": Schichtung der Rechtschreibung

Der **Aufbau der Grundregeln** hält sich an den Aufbau des amtlichen Regelwerks (2006). Sie können sich – wie es auch die Grafik zeigt, die Rechtschreibung wie eine Zwiebel mit (diesmal) sechs Schalen vorstellen.

(1) Die Rechtschreibung basiert auf der Laut-Buchstaben-Zuordnung.
(2) Dabei muss man aber das Stammprinzip beachten, z. B. *du schreibst* mit *b*, obwohl ein [p] gesprochen wird.
(3) Der Lautstrom muss durch (Wort-)Zwischenräume in Wörter eingeteilt werden; das ist das Gebiet der Getrennt- und Zusammenschreibung.
(4) Der Satzanfang und bestimmte Wörter im Satzinnern werden großgeschrieben; das ist das Gebiet der Groß- und Kleinschreibung.
(5) Dann sind Satzzeichen zu setzen am Satzende und (falls notwendig) im Satzinnern.
(6) Schließlich gibt es noch den Sonderfall der Worttrennung, etwas, das im Mündlichen keine Entsprechung hat.

Es soll durch diese Reihenfolge von (1)–(6) weder gesagt werden, dass sich die Rechtschreibung so als Prozess im Kopf der Schreibenden vollzieht, noch dass sie sich historisch so entwickelt hat. So ist die Schreibung mit Wortzwischenräumen (3) wesentlich älter als die Nicht-Beachtung der Auslautverhärtung oder die besondere grafische Bezeichnung des Umlauts, die zur Stammschreibung (2) gehören. Allerdings nehmen im Laufe der Schriftgeschichte die nicht-lautbezogenen Anteile (2)–(6) an der Rechtschreibung zu, dies besonders, seitdem im Mittelalter das Lesen stumm wurde.

Man kann die erste Stufe auch als die alphabetische bezeichnen und sie den anderen Stufen als den orthografischen gegenüberstellen. Sie bewirken das, was die Rechtschreibung von einer Lautschrift unterscheidet. Jedoch wird sich gleich zeigen, dass sie selbst in der ersten Stufe keine wirkliche Lautschrift ist. Das haben wir als Lautschrift der Stufe (0) gekennzeichnet. Im Lernprozess der Anfänger ist es bis zur Stufe (1) oft schon ein langer Weg: *„schraebhewiduschbrichstwiduschraipst"* – das wäre mit der Orientierung an der Artikulation **ae *ai* (statt *ei*), mit der Kennzeichnung der Aspiration **bhe*, mit der Kennzeichnung **i* statt *ie* ein Beispiel für eine Zwischenstufe zwischen (0) und (1). (s. Kap. 1.3.3, 3.1.1)
Im amtlichen Regelwerk sind (1) und (2) als Kapitel über die Laut-Buchstaben-Zuordnung zusammengefasst. Wir unterscheiden hier, um die Lautfunktion von der Stammfunktion abzuheben. Hingegen haben wir den Bindestrich, der im amtlichen Regelwerk ein eigenes Kapitel hat, unter der Getrennt- und Zusammenschreibung mitbehandelt.

Im Folgenden sind die eigentlichen Regeln eingekastelt. **Sie können sie nacheinander als Grundregeln der deutschen Rechtschreibung lesen.** Diese eingekastelten Grundregeln sind in den fortlaufenden Text einbezogen, der den Aufbau der Grundregeln deutlich machen soll. Gelegentlich nennen wir alternative Regelformulierungen und geben – ausgehend von der Sachstruktur – erste unterrichtliche Hinweise.

Es sei nochmals deutlich darauf hingewiesen: Grundregeln ersetzen nicht das amtliche Regelwerk. Zum Korrigieren braucht man das amtliche Regelwerk oder ein Wörterbuch, das die amtlichen Regeln und Ausnahmen alle berücksichtigt, z. B. Duden, Wahrig.

Die Kapitel 2.1 bis 2.6 können Sie auch **punktuell lesen**, wenn Sie sich über bestimmte Regeln und ihre Begründung informieren wollen.

2.1 Die alphabetische Schrift: Laut-Buchstaben-Zuordnung

Es ist nach den bisherigen Darlegungen hinreichend deutlich geworden, dass das Deutsche eine Alphabetschrift hat, d. h., die Schreibung ist lautlich basiert oder – wie manche Sprachwissenschaftler sagen – lautlich fundiert. Dabei gibt es eine reguläre Zuordnung von (abstrakten) Lauten zu Buchstaben (Phonem-Graphem-Korrespondenz), die im Folgenden als Hauptregel (1) behandelt wird. Von ihr gibt es allgemeine regelgeleitete Abweichungen, z. B. *s* (statt *sch*) vor *p, t,* und Ausnahmen, z. B. *ai* (2). Besondere Probleme bereiten natürlich die Fremdwörter (3). Schließlich gibt es besondere Regeln und Ausnahmen zur Bezeichnung des langen und kurzen Vokals (4). Daraus ergibt sich der Aufbau:

(1) Die Hauptregel
(2) Allgemeine Abweichungen von der Hauptregel
(3) Besondere Abweichungen von der Hauptregel in Fremdwörtern
(4) Die Vokalquantität

2.1.1 Die Hauptregel

■ Grundsätzliches

Die Hauptregel – vgl. die folgende Seite – zur Laut-Buchstaben-Zuordnung beginnt sogleich mit einem Hinweis auf den **Wortaufbau**. Damit soll von Anfang an klargestellt werden: Die Rechtschreibung ist keine Lautschrift. Die Buchstaben geben abstrakte Laute (= Phoneme) wieder. Ganz gleich, ob man ein [ə] *laufen*, ein [ɛ] *Fell* oder ein [e] *l̠ebendig* spricht, der Buchstabe ist ein *e* für den abstrakten Laut (das Phonem) /e/. In der Rechtschreibung wird auch nicht der Unterschied zwischen dem *ich*-Laut [ç] *Licht* und dem *ach*-Laut [χ] *lachen* berücksichtigt, man schreibt immer *ch*. Dasselbe gilt für die verschiedenen *r*-Laute [r], [R], [ʁ], die im deutschen Sprachgebiet je nach der Gegend gesprochen werden.
Die Hauptregel bezieht sich ausdrücklich auf die **Standardlautung**. Manche sprechen auch von der Hochlautung. Damit sind zwei große Probleme verbunden.

Hauptregel

Laut-Buchstaben

Unter Berücksichtigung des **Wortaufbaus** gelten bei heimischen Wörtern und bei Fremdwörtern – bezogen auf die Standardlautung – folgende Zuordnungen zwischen abstrakten Lauten (Phonemen) und Buchstaben als Basis

für kurze Vokale:

/a/	a	*Stadt, Fabrik*	/ɔ/	o	*voll, Polizei*
/ɛ/	e	*essen, Tendenz*	/ø/	ö	*plötzlich, Börse*
/ɪ/	i	*finden, Institut*	/ʊ/	u	*Mund, Musik*
			/ʏ/	ü	*Stück, rüsten*

für lange Vokale:

/a:/	a	*Straße, Demokrat*	/o:/	o	*schon, Person*
/æ:/	ä	*Mädchen, Universität*	/ø:/	ö	*schön, Löwe*
/e:/	e	*leben, Kollegin*	/ʊ:/	u	*Mut, Natur*
/i:/	ie	(in heimischen Wörtern) *lieb, wiegen*	/ʏ:/	ü	*üben, Tür*
	i	(in Fremdwörtern) *Familie, Klinik*			

für Diphthonge:

/ae/	ei	*weit, reißen*
/aʊ/	au	*Haus, Auto*
/ɔy/	eu	*heute, neu*

für Konsonanten:

/b/	b	*bauen, Tabelle*	/m/	m	*machen, Thema*
/d/	d	*denken, Milliarde*	/n/	n	*nehmen, Juni*
/f/	f	*fragen, Familie*	/p/	p	*Platz, Republik*
/g/	g	*gehen, Paragraf*	/r/	r	*rufen, Artikel*
/h/	h	*halten, Alkohol*	/z/	s	*sehen, Position*
/j/	j	*Jahr, Januar*	/s/	s	*husten, smart*
/k/	k	*kommen, Diktat*	/t/	t	*tun, Oktober*
/l/	l	*liegen, elektrisch*	/v/	w	(in heimischen Wörtern) *wieder, wohnen*
				v	(in Fremdwörtern) *violett, Lokomotive*
/ʃ/	sch	*schreiben, Maschine*	/ks/	x	*Text, Hexe*
/x/	ch	*nicht, Technik*	/ts/	z	*ganz, Polizei*
/ŋ/	ng	*springen, Song*	/kv/	qu	*bequem, Frequenz*

(a) Die Standardlautung ist eine Idealnorm. Sie wird nirgendwo im deutschen Sprachgebiet gesprochen. Sie steht allerdings auf Grund ihrer Entstehung den norddeutschen Regionalsprachen näher. Vom Dialekt bis zum Standarddeutsch gibt es eine breite Übergangszone. Das ist ungefährlich, wenn sich die Lautvarianten innerhalb eines Lautschemas bewegen. So spricht man im Süden *Stephan* mit einem geschlossenen kurzen [e], im Norden mit einem offenen kurzen [ɛ], beides schreibt man *e*.

Schwierig wird es, wenn Lautunterschiede ganz verschwinden. So werden in einer Region zwischen Köln und Frankfurt /pf/ und /f/ nicht unterschieden, so dass *Pferd* wie *(er) fährt* am Anfang mit [f] gesprochen wird. Woher soll dann das Kind wissen, dass man das Tier mit *pf* schreibt?

Dasselbe Beispiel demonstriert auch noch, dass in manchen Gegenden immer ein langes, geschlossenes [e:] gesprochen wird, also auch in *(sie) fährt*. Manchmal ist die regionale (dialektale) Aussprache sogar der Schreibung näher als die Standardlautung, z. B. *starker Husten*:

norddt.:	[starkɐ hʊ:stən]
mitteldt.:	[ʃtarkɐ hʊ:stən]
süddt.:	[ʃtarkɐ hʊ:ʃtən]

In dem Beispiel entspricht die mitteldeutsche Aussprache der Standardlautung, die norddeutsche hingegen der Rechtschreibung. Diese Beispiele zeigen: Viele Kinder von Flensburg bis Klagenfurt müssen mit der Rechtschreibung erst die meist rechtschreibnähere Standardlautung lernen. Für sie gilt in diesem Punkt: Schreibe, wie du sprichst, wie du schreibst.

Der gesamte Sachverhalt lässt sich vielleicht so darstellen:

Oft ist den Menschen einer Gegend durchaus klar, dass ihre regionale Lautung von der Standardlautung abweicht, und sie verfügen über „Angleichungsformeln", z. B. schwäbisch [ʃt] im Wortinnern zu [st]: [haʃt] zu [hast] *Hast*. Manchmal gibt es sogar Überkorrigierungen (Hyperkorrektionen). So wissen die Koblenzer, dass sie oft [ç] sprechen, wo gemäß Standard [ʃ] gesprochen werden soll, und sie „übertreiben" es dann in [fiç ʊnt flaeç] *Fisch und Fleisch*. Ein Spottvers lautet: *„Mutter, bring gleich *Fleich auf den *Tich*, nicht **Fich*."

Als Lehrende sollten Sie sich daher Klarheit darüber verschaffen, welche regionalen Aussprachebesonderheiten die Rechtschreibung Ihrer Schüler beeinflussen können. Ein sehr gutes Hilfsmittel dazu ist die Reihe ‚Dialekt/Hochsprache – kontrastiv' (hg. von Werner Besch u. a.), in der für viele Regionen der alten Bundesrepublik je ein Bändchen erschienen ist, z. B. Niebaum: Westfälisch (1977), Besch: Alemannisch (1977), Zehetner: Bairisch (1977), Hasselberg/Wegera: Hessisch (1976), Ammon/Loewer: Schwäbisch (1977), Klein u. a.: Rheinisch (1978), Henn: Pfälzisch (1980).

(b) Aber selbst wenn wir jetzt die mehr oder weniger starke regionale Färbung der Lautung außer Acht lassen und von der Standardsprache ausgehen, dann ergeben sich noch Probleme. Die Lautung der Standardsprache (wie auch jede regionale Lautung) ist nämlich in Register geschichtet, je nach Sprechsituation. Es gibt die schnelle (allegro) im Dialog gebrauchte **Umgangslautung**, die langsamere (lento), monologische beim Vortrag oder beim Vorlesen gebrauchte Lautung, die – wenn normiert – **Standardlautung** heißt. Daneben gibt es Lautungen für spezielle Zwecke: die Explizitlautung, d. h. die je einzelne deutliche Aussprache eines Wortes – sie wird z. B. in Wörterbüchern angegeben und steht dem gespeicherten Lautschema nahe –; die **Überlautung**, eine meist zerdehnte überdeutliche Aussprache, z. B., um sich bei starken Nebengeräuschen verständlich zu machen. Beim Diktieren und oft in der Anfangsphase des Lesens kann man auch von einer **Schriftlautung** sprechen. Dazu als Beispiel *kennen*:

Umgangslautung	[kɛn̩]
Standardlautung	[kɛnən]
Explizitlautung	[kɛnɛn]
Überlautung	[kɛ:/nɛ(:)n]
Schriftlautung	[ke:n/ne(:)n]

In der Umgangslautung „verschluckt" das [n] des Stammes die Endung [ən] vollkommen, wie die Standardlautung dies zeigt. In der Explizitlautung wird das schwache [ə] oft zu [ɛ] aufgewertet. In der Überlautung werden oft die Vokale gedehnt und das Wort wird deutlich in Silben zerlegt. In der Schriftlautung werden genau die

Buchstaben gesprochen – oft mit übertriebener Dehnung und Silbeneinteilung –, die in der Schreibung vorkommen. Das Beispiel macht schon deutlich, dass sich die Schreibung nicht auf die normale Lautung bezieht. Das muss das Kind lernen! Man schreibt nicht, wie man normalerweise spricht, sondern nach der Lautform, wie man sie im Kopf hat, nach der Explizitlautung; interpretiert als Schriftlautung auf der Basis des normierten Standards:

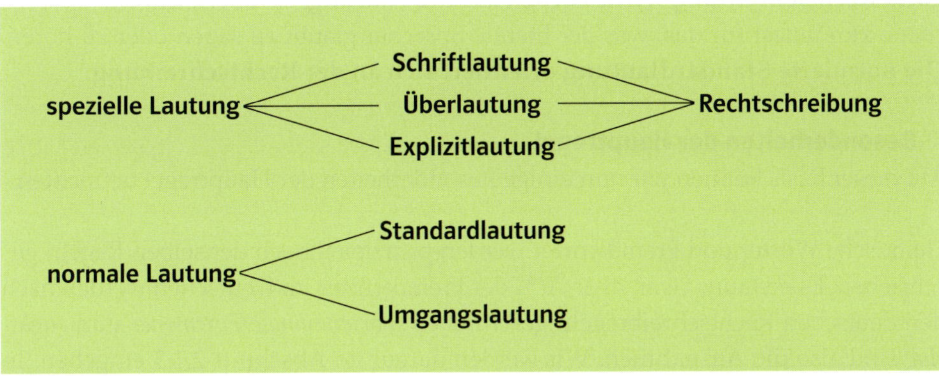

Schreibende Erwachsene hören meist genau jene Laute, die sie schreiben, z. B. ein [d] in *und* [ʊnt], d. h., ihre Lautvorstellung eines Wortes ist von der Rechtschreibung geprägt. **Das Kind muss mit dem Erwerb der Rechtschreibung diese schriftbasierte Lautvorstellung auch wiederum erwerben**, so dass ein zweites Mal der Satz gilt: Schreibe, wie du sprichst, wie du explizit schreibst. Es hilft auch oft nichts, genau hinzuhören. So hört man in *Hemd* zwischen dem [m] und dem [t] umso deutlicher ein [p], je langsamer man das Wort explizit ausspricht, denn um vom [m] zum [t] zu kommen, muss man die Lippen öffnen, was als Lautbewegung genau dem [p] entspricht. Damit Sie nicht denken, das sei übertrieben, wollen wir an einem anderen Beispiel zeigen, dass ein solcher Sprosslaut in die Aussprache und Rechtschreibung aufgenommen wurde: mhd. *eigenlich* wurde zu nhd. *eigentlich*, weil die Lautbewegung vom [n] zum [l] beim deutlichen Hinhören ein [t] erzeugt, das im 16. Jh. in das Wort in Aussprache und Schreibung aufgenommen wurde.

Die Schriftlautung, die das Kind anhand des Geschriebenen lernt, die Schreibaussprache, wird oft zur entscheidenden Stütze beim Lernen. Manche Rechtschreibdidaktiker nennen sie auch **Pilotsprache**.

Diese doppelte Abstraktion – einerseits von der regionalen Lautung zur normativen Standardlautung und andererseits von der normalen zur speziellen, metakommunikativ-bewussten Lautung – ist nur dann als Manko zu betrachten, wenn man Rechtschreibung als phonetische Umschrift betrachtet. Lauttreue – auf welcher Stufe auch immer – ist aber nicht das oberste Prinzip der Rechtschreibung. Diese Annahme verfehlt sowohl ihre kognitive Verarbeitung als grafisches Zeichensystem als auch ihre historische Funktion für die schriftliche (literale) Kommunikationsform. Rechtschreibung leitet sich daher nicht aus dem Gesprochenen ab, sondern sie interpretiert gesprochene Sprache im Rahmen eines selbstständigen grafischen Mediums, das sich für jede Sprache in seiner historischen Besonderheit herausgebildet hat. Ja mehr noch: **Rechtschreibung wirkt zurück auf die Lautung**, sie überformt das Gesprochene zumindest für das, was der literale Sprecher glaubt zu sagen oder zu hören. **Die normierte Standardlautung orientiert sich an der Rechtschreibung.**

Besonderheiten der Hauptregel

Auf dieser Basis können wir nun einige Besonderheiten der Hauptregel betrachten.

Heimische Wörter und Fremdwörter werden prinzipiell nach denselben Regeln geschrieben. Es erstaunt zwar, aber 70 % der Fremdwörter im Deutschen werden nach den deutschen Rechtschreibregeln geschrieben; *Portemonnaie/Portmonee* und *Nightclub* sind also die Ausnahmen. Wir werden darauf im Abschnitt 2.1.3 eingehen. In zwei Fällen ergibt die Hauptregel eine regelhafte Aufteilung in heimisch – fremd: bei /v/ zu *w wohnen*, aber *v violett* und langem /i:/ zu *ie lieb*, aber *i Kli̱nik*. In einem Fall ist die fremde Schreibung allein als regelmäßig angesetzt: /ks/ zu *x* steht in allen Fremdwörtern, z. B. *Text*, aber auch in heimischen Wörtern, z. B. *Hexe*, während die Schreibungen mit *ks* (*Keks*) und *chs* (*Fuchs*) die Ausnahme sind. Darauf hinweisen möchten wir noch, dass *c* in heimischen Wörtern regelmäßig nicht alleine vorkommt, sondern nur in Verbindung mit *k* (also *ck*) und *h* (also *ch*). Der Buchstabe *y* kommt in der Hauptregel überhaupt nicht vor.

In drei Fällen bezeichnen mehrere Buchstaben einen Laut: *sch, ch, ng*; in zwei Fällen werden umgekehrt zwei aufeinanderfolgende Laute durch einen Buchstaben wiedergegeben /ks/ *x* und /ts/ *z*. Ein Sonderfall ist das *qu* für /kv/, das die Deutschen von den Römern übernommen haben. *x, z* und *qu* schreibt man jedoch nur innerhalb des Stammes, während sonst die übliche Buchstabenfolge gilt, z. B.:

Hexe – *links, Klecks, tags*
Brezel – *stets, Rätsel*
bequem – *Backwerk, Tagwerk*

Die Tabellen zu den Vokalen zeigen, dass lange und kurze Vokale bis auf *ie* (in heimischen Wörtern) nicht rechtschreiblich unterschieden werden. Auf dieses Phänomen werden wir im Abschnitt 2.1.4 eingehen. Auffällig ist ferner, dass zwar *o/ö, u/ü* und „langes“ *a/ä* im Wechsel auftreten, jedoch fehlen in der Hauptregel „kurzes“ *a/ä* und *au/äu*; wir werden darauf in dem Abschnitt 2.2.2 zum Umlaut eingehen. Schließlich fehlt in der Hauptregel ganz der Buchstabe *ß*; für das stimmhafte /z/ und das stimmlose (scharfe) /s/ ist beide Male nur der Buchstabe *s* angegeben. Die spezielle Verwendung von *ß* wird im folgenden Abschnitt 2.1.2 besprochen.

Allgemeine Abweichungen von der Hauptregel

	R Schreibe immer:	
1	• ***n*** (statt *ng*) vor *k*	*denken – du denkst, sinken – sie sinkt, Punkt*
2	• ***s*** (statt *sch*) vor *p, t* am Wortanfang	*Spaß, Sport, Spiel, spitz, Stein, Stütze, Streit*
3	• ***ß*** nach langem Vokal oder Diphthong, wenn die zweite Silbe mit einem stimmlosen /s/ beginnt	*Stra-ße;* ebenso: *Fuß, Soße, Spaß, bloß, groß; fließen, schließen, schießen, gießen; reißen, heißen, beißen; (dr)außen* (aber: *aus), Strauß*
	Merke	
4	• *ß* steht auch in der einsilbigen Form, wenn es eine zweisilbige Form gibt.	*du reißt* (wegen *reißen*); ebenso: *er aß, er saß, er vergaß, das Maß, der Spaß, das Gefäß, der Gruß; süß; er ließ; heiß, weiß* (Farbe), *der Strauß;* auch: *ich weiß/du weißt;* Ausnahme: *aus*
5	• Manchmal wechseln langer und kurzer Vokal in derselben Wortfamilie.	*essen, er isst – er aß; fließen, das Floß – es floss, der Fluss; gießen – es goss*
6	• Hinweis: Es ist vielleicht günstiger, sich die wichtigsten Wörter mit *ß* einzuprägen.	Siehe oben Nr. 3 und 4.
	Ausnahmen (Merkwörter)	
7	• ***ai*** (statt *ei*)	*Kaiser, Mai, Saite* (auf der Geige), *Waise* (ohne Eltern)
8	• ***chs*** (nur in heimischen Wörtern)	*Achse, Büchse, Dachs, Fuchs, Luchs, nächste, Ochse, sechs, wachsen – Wuchs, das Wachs, wechseln*
9	• ***x*** (sehr oft in Fremdwörtern)	*Axt, Boxen, Experte, Existenz, extra, Hexe, Praxis;* aber: *Keks, Klecks* (vgl. 24)
10	• ***v*** (statt *f*) (nur am Wortanfang heimischer Wörter)	*ver-* (z. B. *Verkauf*), *von, vor, vordere; Vater, Vetter, Vieh, viel, vielleicht, vier, Vogel, Volk, voll* (aber: *füllen*)

2.1.2 Allgemeine Abweichungen von der Hauptregel

nk, sp/st, ai, chs, v

Ganz regelmäßig wird *n* (statt *ng*) vor *k* geschrieben, z. B. *sinken*, aber *singen*. Ebenso wird *s* (statt *sch*) vor *p, t* geschrieben, z. B. *Spaß, Stein*. Ausnahmen und damit Merkwörter sind Schreibungen mit *ai* (statt *ei*), z. B. *Kaiser, chs* (statt *x*), z. B. *Achse*, und *v* (statt *f*), z. B. *Vater*. Der Buchstabe *v* tritt damit zweimal auf: in Fremdwörtern für /v/, z. B. *Pullover*, und in heimischen Wörtern als Ausnahme für /f/, z. B. *Vogel*.

ß (statt s)

Besonders auffällig ist der Buchstabe *ß* (statt *s*). Er steht nur, wenn das stimmlose (scharfe) /s/ im Stamm alleine auf den langen Vokal oder den Diphthong folgt, z. B. *Straße, reißen*. Der Grund liegt darin, dass die Verteilung von stimmhaftem /z/ und stimmlosen /s/ teilweise vorhersagbar ist, so dass dann rechtschreiblich der Buchstabe *s* genügt. So ist *s* am Anfang heimischer Wörter immer stimmhaft, z. B. *Sonne*, aber auch bei den Suffixen *-sel* (*Streusel*) und *-sam* (*heilsam*). Folgt *s* alleine im Stamm nach kurzem Vokal, so ist es stimmlos, z. B. *Fass, lassen*. In Verbindung mit Konsonanten richtet sich *s* nach deren Eigenschaft, also stimmhaft *Hälse, Wirsing*, aber stimmlos *Husten, fasten, piepsen*. Das /s/ in Endungen ist ebenfalls stimmlos *du holst, des Fensters*. Rechnen Sie nach, so verbleibt noch eine Konstellation: alleine nach langem Vokal oder Diphthong. Genau da sind aber beide, stimmhaftes /z/ und stimmloses /s/, möglich. Hier kann man daher nicht, wie sonst überall, *s* schreiben, sondern *s* bezeichnet das stimmhafte /z/, z. B. *Hase, reisen*, und *ß* das stimmlose /s/, z. B. *Maße, reißen*. Erschwert wird die Bestimmung des stimmlosen /s/ nach langem Vokal oder Diphthong noch dadurch, dass [s] auch durch Auslautverhärtung (vgl. Abschnitt 2.2.1) entstehen kann, z. B. *Häuser* mit [z], aber *Haus* mit [s], ebenso *böse – Bosheit*. Es kommt nun noch hinzu, dass in einer Reihe von meist sehr häufig gebrauchten Wörtern die Vokallänge wechselt, so dass damit rechtschreiblich *ß* und *ss* wechseln, z. B. *essen – sie isst – er aß*. In Texten der 10. Klasse von 140.000 fortlaufenden Wörtern ergeben sich folgende Grundwörter, geordnet nach der Häufigkeit:

	nur mit *ß*		mit *ß* und *ss*
508	*groß*	310	*schließen – schloss*
118	*weiß*	255	*fließen – floss – Fluss*
107	*(dr)außen*	206	*wissen – (ich) weiß*
97	*heißen*	195	*messen – er maß/das Maß*
46	*stoßen*	91	*essen – aß*
32	*Straße*	26	*reißen – er riss/der Riss*
24	*Fuß*	18	*vergessen – vergaß*

	nur mit *ß*		mit *ß* und *ss*
17	*Soße*	15	*fressen – fraß*
9	*Gruß*	11	*schießen – schoss*
9	*süß*	9	*gießen – er goss/der Guss*
5	*Spaß*	6	*beißen – er biss/der Biss*
3	*bloß*	4	*genießen – genoss*
1	*Strauß*		

In der Schweiz, wo man statt *ß* immer *ss* schreibt, bleibt das grafische Schreibschema in diesen Fällen konstant, z. B. *essen – sie ass,* allerdings verliert *ss* dann die Möglichkeit, die Vokallänge zu kennzeichnen, vgl. *der Bus – die Busse,* aber *die Buße*/schweizerisch *Busse.*

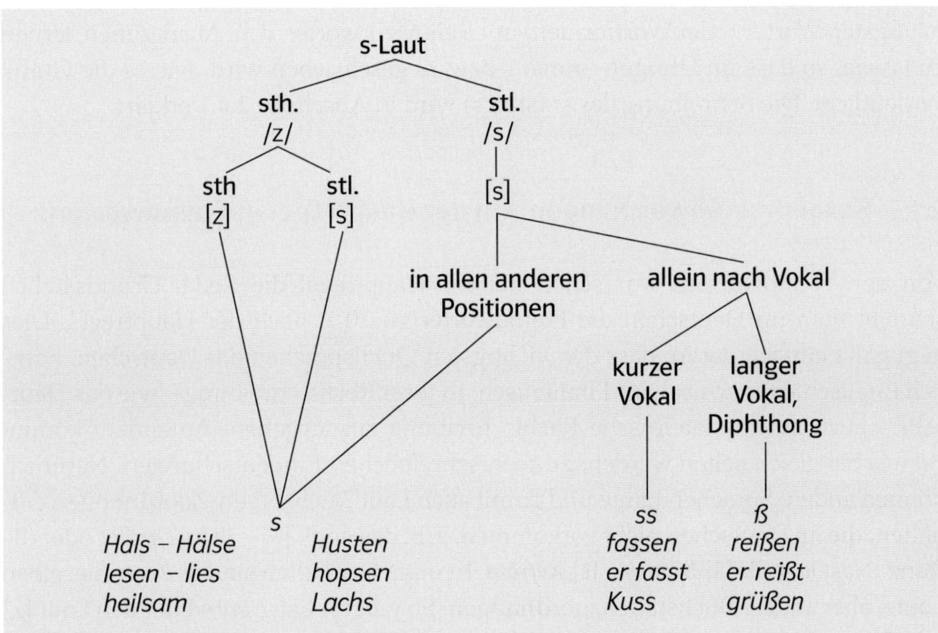

Modell: Schreibung von s, ss, ß gemäß Regeln

Die Regelformulierung 3–6 bringt nun noch die Silbe ins Spiel: „... wenn die zweite Silbe mit einem stimmlosen /s/ beginnt". Damit sind die Fälle der Auslautverhärtung sogleich ausgeschlossen: *Haus* [s] – *Häu-ser* [z]. Aber das Kind muss immer noch langen und kurzen Vokal sowie stimmhaftes /z/ und stimmloses /s/ unterscheiden. Da so viele Bedingungen für die Festlegung des *ss* erfüllt sein müssen, wie es die Grafik zeigt, und obendrein in einigen deutschsprachigen Regionen stimmloses /s/

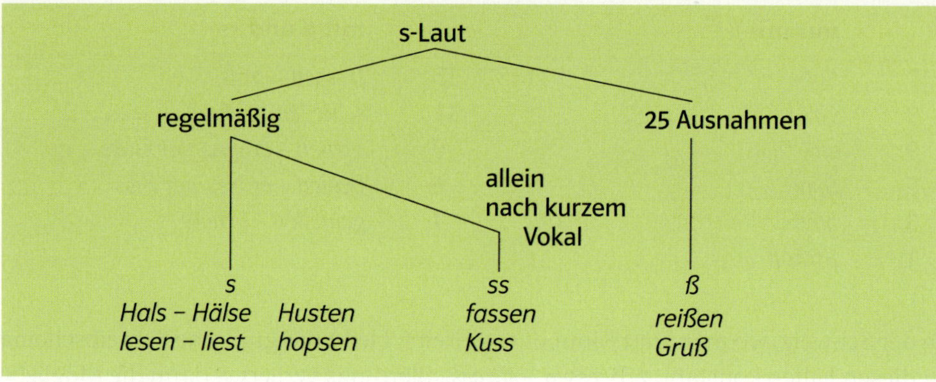

Modell: Schreibung von s, ss, ß mit ß als Ausnahme

und stimmhaftes /z/ gar nicht unterschieden werden, empfehlen wir Ihnen, die 25 häufigsten Wörter (oder Wortformen) mit *ß* als Merkwörter, d. h. Ausnahmen, lernen zu lassen, so dass im Übrigen immer *s* bzw. *ss* geschrieben wird, wie es die Grafik verdeutlicht. Die Schreibung des *ss* (statt *s*) wird in Abschnitt 2.4.1 erklärt.

2.1.3 Besondere Abweichungen von der Hauptregel in Fremdwörtern

Von den Fremdwörtern war schon bei der Hauptregel die Rede. Grundsätzlich schreibt man im Deutschen die Fremdwörter zu 70 % nach der Hauptregel. Dies liegt ganz einfach daran, dass die wichtigsten Quellsprachen des Deutschen, nämlich Englisch, Französisch und Italienisch, in ihrer Rechtschreibung – wie das Deutsche – auch auf die lateinische Rechtschreibung zurückgehen. Außerdem kommt es, wie Sie gleich sehen werden, zu rechtschreiblichen Eindeutschungen. Natürlich können andere Sprachen Laute und damit auch Laut-Buchstaben-Zuordnungen enthalten, die im Deutschen nicht vorkommen, z. B. das engl. [θ] – *th* in *Thriller* oder die franz. Nasale, z. B. [ã] *Branche*, [ɛ̃] *Refrain*. In manchen Fällen sind es zwar dieselben Laute, aber andere Buchstabenzuordnungen. So gibt im Lat. *c* entweder den Laut [k] oder [ts] wieder, z. B. fachsprachl. *Calcium*. Schließlich kann die fremde Sprache über Rechtschreibregeln verfügen, die im Deutschen unbekannt sind, z. B. der Wechsel *y – ie* beim Plural engl. Wörter auf *y*: *baby – babies*, oder den Wechsel von einfachem Konsonanten und Doppelkonsonanten, z. B. engl. *to job – jobbing*. Prinzipiell gibt es bei diesen Abweichungen zwei Möglichkeiten:
Entweder verhält man sich loyal zur fremden Schreibung; dies hat Vorteile für die internationale Kommunikation, z. B. *City, Calcium, Information*, und vermeidet, dass die Fremdsprachenlernenden zwei verschiedene Schreibungen lernen müssen, wie z. B. franz. *bureau* – deutsch *Büro*; oder aber man verhält sich loyal zur eigenen Spra-

che und integriert die Wörter rechtschreiblich. Dies begünstigt alle Schreibenden, vor allem aber die, welche die Quellsprache, z. B. das Französische, nicht schreiben können.

Die rechtschreibliche Integration kann prinzipiell auf zwei Wegen erfolgen, einmal durch eine veränderte **Schreibaussprache** oder durch eine **veränderte Schreibung**. Das engl. *boomerang* [bʊmərɛŋ] – deutsch *Bumerang* [bʊmərɛŋ] zeigt beides: engl. [ʊ] zu *oo* wird rechtschreiblich angeglichen deutsch [ʊ] zu *u* gemäß der Hauptregel, und engl. [ɛ] zu *a* wird lautlich angeglichen deutsch [a] zu *a*. Das engl. *strike* verliert sein „stummes“ *e*, und die engl. Zuordnung [ai] – *i* wird lautlich und rechtschreiblich [ae] – *ei* integriert, so dass (mit Großschreibung) *Streik* entsteht.

Welche Loyalität die Schreiber wählen, ist von Sprache zu Sprache sehr verschieden, teilweise schlägt darüber hinaus in einer Sprache das Pendel zu unterschiedlichen Zeiten verschieden aus. So haben die Deutschschreibenden um die Wende des 19./20. Jhs. stark integriert, seit etwa 1980 läuft eine gegensätzliche Bewegung, sogar mit Reintegration, z. B. engl. *cord* zunächst deutsch *Cord*, dann *Kord*, ab 1980 *Kord/Cord*. Die unterschiedliche Loyalität ist oft durch sprachfremde Erwägungen bestimmt, z. B. national(istisch)e Bewegungen forcieren die Integration; bildungsbürgliche Abgrenzung bevorzugt die fremde Form. In manchen Fällen bestehen Doppelformen: dies zeigt eine noch nicht abgeschlossene Integration an oder einen unterschiedlichen Gebrauch zwischen Fachsprache und Gemeinsprache, z. B. *Calcium – Kalzium.*

Die fremden Laut-Buchstaben-Zuordnungen der Grundregeln auf der folgenden Seite kommen einigermaßen häufig vor. An letzter Stelle sind einige stark abweichende Wörter genannt, die recht häufig in den Schüler- und Zeitungstexten stehen. Fremdwörter werden im Übrigen außerhalb des Rechtschreibunterrichts in den einzelnen Fächern (vor allem der Naturwissenschaften) als Fachwörter gelernt. Es ist darüber hinaus wichtig, die Schülerinnen und Schüler die häufigsten fremden Wortbildungsmittel zu lehren, so dass sie dann viele Wörter auf Grund des durchschauten Wortaufbaus richtig schreiben können. Auf den folgenden Seiten sind daher häufig auftretende fremde Präfixe und Suffixe genannt. So wird z. B. der Laut [ts] vor [i] + Vokal *t* geschrieben, wie die Wörter mit den folgenden Suffixen (u. a.) zeigen:

-ion	*Nation, Funktion, Produktion*
-ie	*Aktie, Familie, Serie*

Besondere Abweichungen bei Fremdwörtern		
Laut-Buchstaben	Es gibt keinen anderen Weg: Du musst dir die Schreibungen merken.	
	11 • *v* (statt *w*)	*Kurve, Pullover, Pulver, Sklave, Vene, Vase*
	Beachte den Aussprachewechsel:	*naive – naiv, Detektive – Detektiv, nervös – Nerv*
	12 • *c* (statt *k*)	*Café* (aber: *Kaffee*), *Camping, Clown, Computer, Cowboy, Calcium/Kalzium; Cousin* (aber: *Cousine/Kusine*), *Creme/Krem(e)*
	13 • ***ph*** (statt *f*)	*Alphabet, Katastrophe, Paragraph, Phase, Physik, Strophe* *-graph-, -phil-, -phon-, -phot-*
	Beachte: *-graph-, -phon-, -phot* in Alltagswörtern mit **f**	*Stenograf, Telefon, Foto(grafie), Paragraf*
	14 • ***rh*** (statt *r*)	*Rhabarber, Rhythmus*
	15 • ***th*** (statt *t*)	*katholisch, Mathematik, Methode, Rhythmus, These, Theater, Thema, Theorie, Therapie, Thermal(bad); Theke*
	16 • ***y*** (statt *i* oder *ü*)	*Analyse, Baby, Cowboy, hygienisch, Gymnastik, Lyrik, Physik, Psychologie, Symbol, Zyklus, Zylinder; dys-* (z. B. *dysfunkional*), *hyper-* (z. B. *hyperkorrekt*), *syn-* (z. B. *Synthese*)
	17 • Weitere wichtige Fremdwörter mit fremden Schreibungen	*Aids, Branche, Chance, Charakter, Chef, Chiffre, Chemie, Chlor, Christ, Engagement, Ingenieur, Interview, Jazz, Journalist, Kakao, Niveau, Orange, Orchester, Saison, Tour, Trainer*

Häufig belegte fremde Präfixe und Suffixe

In der folgenden Übersicht sind einige Präfixe und Suffixe häufig belegter oder fehleranfälliger Wörter in der 10. Klasse und bei Erwachsenen (Mannheimer Corpus) aufgelistet. (Speziell fachsprachliche Wörter, z. B. der Chemie, fehlen.)

Fremde Präfixe und präfixähnliche Wortanfänge

a(n)-	*anorganisch, ahistorisch*
anti-	*Antithese, Antikörper*
*ad-**	*Addition, Appell, Apparat, Aggression, Akkusativ, Assonanz*
di-	*Kohlendioxyd, Dioxin*
*dis-**	*Dissonanz, Differenz*
hypo-	*Hypophyse, Hypothek*
in-	*Inflation, inhuman*
*inter-**	*Interesse, international, Interview, Intelligenz*
*kon-/con-**	*Kontakt, Konkurrenz, Kongress, Konflikt, Konzert; Kollege, Kompromiss; Kombination, Kommentar, Koordination, Korrespondent, Koalition; Container*
milli-	*Million, Milliarde, Millimeter*
ob-*	*Objekt, Opposition*
prä-	*Präsident*
pro-	*Programm, Produkt, Projekt, Protest*
re-	*reduzieren, Reaktion, reagieren*
*syn-**	*Synthese, Symmetrie, Symbol*
trans-	*Transport*
uni-	*Universität*

* teilweise mit Angleichung des Konsonanten an den folgenden, z. B. ad-sonare zu Assonanz

Fremde Suffixe und suffixähnliche Wortausgänge

-a		*Thema, Firma, Klima*
-al	S m.	*General*
	A	*international, sozial, zentral, radikal, total*
	S n.	*Material, Kapital*
-an		*Propan*
-ant	A	*interessant*
	S m.	*Garant*
-anz-		*Bilanz, finanzieren, Substanz*
-ar	S	*Kommentar*
	A	*solidarisch, polar*
-är	S	*Sekretär, Militär*
	A	*primär, sekundär, tertiär*
-at	S	*Demokrat, Soldat, Kandidat*
	S	*Quadrat, Zitat*
	A	*privat*
-ation		*Information, Situation, Organisation, Delegation, Generation, Reaktion, Interpretation, Reparation, Indikation*
-eau		*Niveau*
-ee		*Idee, Armee, Kaffee, Komitee, Allee*
-ell		*aktuell*
-ement		*Engagement*
-ent	S	*Präsident, Korrespondent, Student, Patient*
	A	*konsequent*
-enz		*Tendenz, Konferenz, Konsequenz, Existenz, Konkurrenz, Differenz*
-er /e:/		*Premier*
-ett		*Kabinett*
-ette		*Zigarette*
-eur		*Ingenieur*
-id		*Oxid*
-ie /iə/		*Aktie, Familie, Serie, Linie*
-ie /i:/		*Industrie, Chemie, Energie, Theorie, Akademie, Therapie, Demokratie, Batterie, Kolonie*

S = Substantiv; A = Adjektiv; V = Verb

-iell	*offiziell, speziell, finanziell, funktionell, industriell*
-ieren	*regieren, diskutieren, finanzieren, informieren, notieren, dividieren, reagieren, reduzieren, passieren, produzieren, interessieren, kontrollieren, funktionieren, trainieren*
-ik	*Politik, Republik, Technik, Kritik, Musik, Physik, Mathematik, Fabrik*
-il	*mobil, stabil*
-in	*Medizin, Termin, Benzin, Vitamin, Glyzerin, Disziplin*
-ine	*Maschine, Margarine, Turbine*
-ion	*Million, Nation, Produktion, Diskussion, Position, Funktion, Kommission, Revolution, Koalition, Redaktion, Tradition*
-is	*Praxis, Basis*
-ismus	*Sozialismus, Journalismus, Imperialismus, Faschismus, Tourismus, Kommunismus*
-ist	*Kommunist, Sozialist, Journalist, Kapitalist, Tourist, Komponist, faschistisch* (zu: *Faschist*)
-istik	*Statistik*
-it	*Kredit, Satellit, politisch*
-ität	*Universität, Qualität*
-iv	*positiv, alternativ, Initiative, negativ, relativ, aktiv, passiv, konservativ*
-o	*Risiko, Tempo, Radio, Dynamo, Motto*
-ol	*Alkohol*
-on	*Neutron*
-or	*Professor, Autor, Direktor, Doktor, Kondensator, Generator, Faktor, rhetorisch, Katalysator, Motor*
-um	*Zentrum, Datum, Publikum, Museum, Stadium, Natrium, Aluminium, Petroleum, Ministerium*
-(t)ur	*Natur, Kultur, Struktur, Literatur, Figur, Temperatur, Karikatur*
-us	*Luxus, Globus, Rhythmus*
-y	*Baby*

2.1.4 Die Vokalquantität

Beim Kommentar zur Hauptregel wurde schon erwähnt, dass es im Deutschen keine je besonderen Buchstaben für lange und kurze Vokale gibt. Darin folgt die deutsche Rechtschreibung der lateinischen. Nun ist es so, dass in den meisten Fällen die Vokalquantität durch die lautliche Umgebung vorhersagbar ist, so dass dann die fehlende rechtschreibliche Bezeichnung kein Manko ist: Folgt auf den Stammvokal kein Konsonant im Stamm, so ist er lang: *da, wo, wie,* (*im*) *Nu*. Folgen mehrere verschiedene Konsonanten, so ist er kurz, z. B. *Wald, gerben, folgen*. (Hierzu gibt es einige standardsprachliche Ausnahmen wie *Erde, werden, Mond, fahnden, Husten.*) Unentschieden, Sie ahnen es schon, ist der Fall, wenn auf den Vokal im Stamm des Lautschemas nur ein Konsonant folgt, z. B. *fahl – Fall, Qualen – Quallen, rasen – Rassen*. Die rechtschreiblich angegebenen Beispiele machen nun schon deutlich, dass genau in diesem letzten Fall eine grafische Kennzeichnung erfolgt, und zwar:

- Die Kürze wird **regelmäßig** durch die Verdopplung des folgenden Konsonantenbuchstabens angezeigt: [falən] – *fallen.*

- Die Länge wird in deutschen Wörtern mit /i:/ **regelmäßig** durch *ie* angezeigt, sonst als **Ausnahmen** durch Verdopplung des Vokalbuchstabens oder durch das Dehnungs-*h.*

Dazu im Einzelnen:

Kurzer Vokal – Doppelkonsonantenbuchstabe

Wie schon bemerkt, ist die Verdopplung des Konsonantenbuchstabens regelmäßig. Dabei tritt die Besonderheit auf, dass *k* als *ck* verdoppelt wird, z. B. *Zucker.* Die Verdopplung gilt nun auch uneingeschränkt für /s/, z. B. *Fass – Fässer,* und die Konjunktion *dass. ch, sch* und *ng* werden nicht verdoppelt. Grafisch signalisieren sie durch zwei bzw. drei verschiedene Buchstaben schon die Kürze des vorhergehenden Vokals, was bei *ng* immer zutrifft, z. B. *singen,* bei *ch* und *sch* aber nur in den meisten Fällen, z. B. mit kurzem Vokal *lachen, mischen,* aber mit langem Vokal, der rechtschreiblich nicht angezeigt wird: *die Lache, Nische.*

Eine Besonderheit stellen in diesem Zusammenhang *x* und *z* dar, die ja die Folge zweier verschiedener Konsonanten wiedergeben: [ks] bzw. [ts]. Die Lautfolge [ks] steht regelgemäß nach kurzem Vokal, so dass es rechtschreiblich nicht notwendig ist, das *x* zu verdoppeln, um so die Vokalkürze grafisch anzuzeigen. Anders ist das bei der Lautfolge [ts]: der vorhergehende Vokal kann lang oder kurz sein, z. B. *sitzen,* aber *siezen.* Wie das Beispiel schon demonstriert, wird dies in der Rechtschreibung so beachtet, dass [ts] als alleinige Konsonantenfolge nach kurzem Vokal als *tz* geschrieben wird. In Fremdwörtern tritt auch *zz* auf, z. B. *Pizza.*

Hier ist nun die Stelle, an der wir das im theoretischen Teil behandelte Phänomen einordnen können, dass die Kinder und die nicht so sattelfesten Erwachsenen dazu neigen, auch nach *l, n, r ck* bzw. *tz* zu schreiben: **welcken, *Holtz.* Offensichtlich liegt hier eine Eigenregel vor, die vielleicht so lautet: Vor dem Vokal *k* bzw. *z*, nach dem Vokal *ck* bzw. *tz*. Das ist eine plausible Annahme, da *k* und *z* im Deutschen kaum direkt nach Vokal vorkommen.

In einigen Fällen fehlt die Doppelkonsonanz, z. B. bei manchen Funktionswörtern wie *an, im, bin, um* (aber *denn, wenn, dann, wann*). In ein paar Beispielen wird das Stammprinzip durchbrochen, z. B. *brennen,* aber *Brand; schwellen,* aber *Geschwulst; sämtlich, gesamt,* aber *zusammen*. Dies lässt sich auch als einschränkende Regel formulieren: Bei den nicht mehr produktiven Suffixen *-d, -t, -st, -s, -z* unterbleibt die Verdopplung. Manchmal ist der Wortaufbau auch schon verdunkelt, so dass in einem Fall sogar scherzhaft darauf hingewiesen wird: „*Kunst* kommt von *können.*"

Die Verdopplung betrifft den Stamm, in Fremdwörtern die betonte Silbe, z. B. *Galopp,* nicht jedoch die Nebensilbe, z. B. *freudige, dunklere.* Aber auch hier gibt es Ausnahmen: *tz* kommt auch in der Nebensilbe vor, z. B. *Stieglitz, Kiebitz.* Die Endungen *-in, -nis* (wie auch einige fremde) zeigen die Besonderheit, dass sie nur in der silbischen (erweiterten) Form Doppelkonsonanz haben, z. B. *Freundin – Freundinnen, Kenntnis – Kenntnisse.* Da bei *s* auch noch das Phänomen stimmhaft/stimmlos hereinspielt (s. o. Abschnitt 2.1.2), ist es klar, dass *des – dessen, wes – wessen* wechseln, weil anderenfalls [de:zən, we:zən] mit stimmhaftem [z] gelesen würde. Dies erklärt ferner, dass Doppel-*s* auch in der Nebensilbe (von Fremdwörtern) auftritt, z. B. *passabel* [pa'sa:bl], aber (stimmhaft) *Lasur* [la'zu:r]. Der Wechsel von einsilbigem einfachen Buchstaben und innersilbigem Doppelbuchstaben tritt auch auf bei *in – innen, er hat – sie hatte* und bei einer Reihe meist aus dem Englischen entlehnter Fremdwörter, z. B. *fit – fitter, Job – jobben, Pep – peppig.*

In allen diesen Fällen ist auffällig, dass die einsilbige Form mit einem Buchstaben, die mehrsilbige innervokalische mit Doppelbuchstabe auftritt. Dies hat einige Forscher dazu geführt, eine andere Erklärung für den Doppelbuchstaben anzugeben: Es geht darum, den Silbenaufbau anzuzeigen: Der Vokal in offener Silbe ist lang, z. B. [za:/gən] – *sagen,* in geschlossener Silbe kurz, z. B. [fin/dən] – *finden.* Wenn auf den Vokal nur ein Konsonant folgt, so sind zwei Silbeneinteilungen möglich, z. B. *surren* als [zʊ/rən] oder [zʊr/rən]. In der zweiten Variante bezeichnet man dies als den ambisyllabischen Konsonanten, der sich zu gleichen Teilen auf das Ende der ersten Silbe

Doppelkonsonantenbuchstaben (nach kurzem Vokal)

Laut-Buchstaben

18	**R**	Fällt die Silbenfuge in den Konsonanten, dann verdopple diesen Konsonantenbuchstaben.	*schrub-ben;* ebenso: *Widder, treffen, Bagger, wollen, kommen, können, klappen, irre, fassen, Mutter*
		Merke	*er trifft* (wegen *treffen*); ebenso: *der Griff, er will/wollte, der Fall, du stellst, Metall, du nimmst/er nimmt, du kannst, er fasst;* aber: *an, in/im, ich bin*
19		• Der Doppelbuchstabe steht auch in der einsilbigen Form, wenn es eine zweisilbige Form gibt.	
20		• Manchmal stehen Formen mit langem und kurzem Vokal in einem Wort nebeneinander.	*messen, er misst – er maß, das Maß; kommen, du kommst – er kam; treffen, du triffst – er traf; fallen, du fällst – er fiel*
	Ausnahmen (Merkwörter)		
21	•	Verdopplung, obwohl es kein zweisilbiges Wort gibt	*denn, wenn, dann, wann* *dass* (als Konjunktion) *Er weiß, dass ... Du sagst, dass ...* aber: *das Haus, das da steht ...*
22	•	***dt*** (statt *tt*)	*Stadt* (aber: *die Werkstatt*)
23	•	Einsilbig nur ein Buchstabe, zweisilbige Form mit Doppelbuchstabe	• *des – dessen, wes – wessen, in – innen, er hat – sie hatte* • *-in: Freundin – Freundinnen -nis: Ergebnis – Ergebnisse* • *er ist fit – sie ist fitter; Job – jobben, Bus – Busse* • *Brand – brennen, Geschwulst – schwellen, sämtlich/gesamt – zusammen*
24	**R**	Verdopple *k* zu ***ck*** und *z* zu ***tz***.	*kleckern – Klecks,* ebenso: *Knacks, strecken;* *sitzen Satz;* ebenso: *Platz, Hitze*
25		Merkvers: Nach *l, n, r,* das merke ja, steht nie *tz* und nie *ck*!	 *Hölzer, ganze, Herzen, welken, danken, Werke*
26	•	Ausnahmen (Merkwörter)	*zuletzt, jetzt, plötzlich*
27	•	Fremdwörter	*Million, Milliarde, parallel, Picknick, Pullover, Allee;* aber: *Hotel, Chef*

und den Anfang der zweiten Silbe verteilt. Bei Explosivlauten liegt die Grenze zwischen dem Luftanstau (der Implosion) und der plötzlichen Öffnung (Explosion), z. B. [pa/pə] oder [pap/pə]. Auf jeden Fall werden genau in diesen Fällen rechtschreiblich klare Verhältnisse geschaffen. Der Doppelbuchstabe *r-r* erzeugt optisch eine gedeckte Anfangssilbe [zur-], die damit die Kürze des Vokals in geschlossener Silbe anzeigt, also *surren*, aber *Sure*. Ebenso *Pappe*. (Vgl. S. 38f. zur Sprech- und Schreibsilbe.) Formuliert man, wie es die Eingangsregel 18 (vgl. S. 102) tut, den Doppelbuchstaben über die Silbenfuge, so muss man darauf hinweisen, dass wegen des Stammprinzips der Doppelbuchstabe auch in der einsilbigen (oft flektierten) Form erhalten bleibt, z. B. *fallen – er fällt, kommen – sie kommt, treffen – der Treff.*

Natürlich sind die Länge des Vokals und der Silbenaufbau miteinander „verwandt", wie schon die Redeweise zeigt, dass der Vokal in offener Silbe lang, in geschlossener Silbe normalerweise kurz ist. Ob man daher bei der Beschreibung des Doppelbuchstabens von der Länge des Vokals oder vom Silbenaufbau ausgeht, ist einerseits ein theoretisch-linguistisches Problem, andererseits eine Frage der methodischen Zweckmäßigkeit: Was verstehen Ihre Schülerinnen und Schüler Ihrer Meinung nach besser? Beide Beschreibungen „kämpfen" mit Ausnahmen, die sich in etwa die Waage halten, z. B. (R = Regel bzw. – = Ausnahme):

	Vokallänge	Silbenansatz
Fall – Fälle	R	R
Bräutigam-e	–	–
Nachtigall-en	R	R
Brombeere	–	R
Bollwerk	R	–
fuffzig	R	–
in – innen	–	–
an	–	R
denn	R	–
Job – jobben	–	–
Trupp – Truppe	R	R

Für den normalen Benutzer muss man noch in Rechnung stellen, dass die „kleinen" Wörtchen, wie *in, an, denn, wenn* (im Gegensatz zu *den, wen*), ohnehin als Schreibschemata gespeichert sind, so dass nur Substantive, Adjektive und Verben von der Regelalternative betroffen sind. Abgesehen von der linguistisch interessanten Alternative und der methodischen Zweckmäßigkeit halten wir es aber durchaus für erstrebenswert, in einer 10. Klasse oder in der Oberstufe des Gymnasiums an einer solchen Beschreibungsalternative zu demonstrieren, dass die Regeln der Rechtschreibung nicht naturwüchsig sind und auch nicht aus den Schreibprodukten abgelesen werden können. Sprachwissenschaftler können je nach theoretischem Ansatz den Sachverhalt verschieden beschreiben bei gleichem Schreibergebnis; es gibt eine historisch tradierte Beschreibung (hier nach Vokallänge), die aber allein darum nicht besser ist als eine neue (hier der Silbenansatz). Außerdem ist diese linguistische Beschreibung zu unterscheiden von den Eigenregeln der Kinder und Anwender, wie die oben erwähnten Schreibungen **welcken, *Holtz* zeigen. (Vgl. Literatur zu Kap. 1.2)

Langer Vokal

Folgt auf den Vokal im Stamm nur ein Konsonant, so ist – wie oben dargelegt – nicht vorhersagbar, ob der Vokal lang oder kurz ist. Da nun die Kürze in diesem Fall ziemlich konsequent durch den Doppelbuchstaben rechtschreiblich angezeigt wird, erübrigt es sich eigentlich, auch noch die Länge rechtschreiblich zu markieren, z. B. *Qualen – Quallen*. In der Geschichte der Rechtschreibung hat sich beides herausgebildet, die Dehnungsbezeichnung ist jedoch sehr inkonsequent.

Sie steht regelmäßig nur bei /i:/ als *ie* in heimischen Wörtern, z. B. *liegen*, mit einigen Ausnahmen wie *dir, mir, wir* (Schemaschreibung!) und (meist Lehnwörtern) *Bibel, Tiger, Liter* u. a. „*wider* ‚gegen' ist gegen ein *e*" (Merkspruch!) im Gegensatz zu *wieder* ‚nochmals, zurück'. Bei den Fremdwörtern, die normalerweise nur *i* zeigen, z. B. *Klinik*, hat sich bei der Endung *-ieren* erst Ende des 19. Jhs. die eindeutschende Schreibung durchgesetzt, z. B. *informieren, marschieren*.

Der zweite regelmäßige Fall ist das *h* in offener Silbe, wenn direkt ein Vokal, meist ein *e*, folgt, also *gehen, Höhe, froh(e), Ruhe – ruhig*. Gemäß dem Stammprinzip schreibt man dann auch *du gehst, sie geht, froh*. Die Schreibung **tuhen* statt *tun* beruht auf einer verständlichen, aber nicht sanktionierten Analogie zu *gehen, stehen*. Ein Wechsel tritt auf bei *ja – bejahen*, vergleichbar *in – innen*. Nun fällt auf, dass *fliehen, ziehen, Vieh, sie befiehlt* die Dehnung doppelt bezeichnen und dass dieses *h* auch gelegentlich nach dem Diphthong *ei* auftritt, z. B. *leihen, Reihe, Weihnachten* (aber *drei, frei, schreien*). Andere Diphthonge stehen nie mit *h*, wie *rau, schlau, blau; Reue, sich freuen, der Laie, Mai*. Manche Forscher unterscheiden daher dieses *h* von dem noch zu besprechenden in *Zahl, sehr* und sprechen hier von einem silbenmarkierenden *h* (im Gegensatz zum Dehnungs-*h*), das auch die Funktion hat, die drei aufeinanderfolgenden Vokale zu „trennen".

Langer Vokal

28	**Grundregel** Normalerweise kennzeichnest du die Länge **nicht** besonders.	*tragen, Taler, Monat, leben, Lob, wedeln, Schaf; er kam, Ton, Tor, groß, Wut; der, er, wer, wo*
29	Probe: Hat das Wort zwei Silben und endet die erste Silbe mit einem Vokal, dann ist der Vokal lang.	*tra-gen, Tä-ler, Mo-nat, lie-gen, Bee-re, fah-ren*
	Besondere Regeln	
30	• **ie/i**	
	R Langes /i:/ schreibst du in heimischen Wörtern mit ***ie***, in Fremdwörtern mit ***i***.	*liegen, spielen, (fallen-) er fiel, fliegen, hier, ziemlich, lieb, schließen; viel, die, wie, sie* *Familie, Klinik, Klima, Kilo, Benzin;* *-il (mobil), -id (Oxid)* *-ine (Apfelsine, Maschine)* *-ik (Kritik, Politik), -iv (aktiv)*
	Ausnahmen (Merkwörter)	
31	• heimische Wörter mit ***i***	*dir, mir, wir; Bibel, Igel, Tiger, Liter; wider*
	Merkspruch: *wider* ‚gegen' ist gegen ein *e*.	*wider, erwidern, Widerspruch, widerspiegeln*
32	• fremde Endungen mit *ie*	*-ie:* *Industrie, Energie, Chemie* *-ier:* *Papier, Klavier* *-ieren:* *informieren, regieren, interessieren*
33	• ***h***	
	R Beginnt die zweite Silbe mit einem /e/, dann schreibe den langen Vokal mit ***h***.	*gehen, sehen, stehen, Höhe, fliehen, frohe, nahe, Ruhe, ziehen* (aber: *zog*)
34	Merke: *h* steht auch in der einsilbigen Form, wenn es eine zweisilbige Form gibt.	*gehen – er geht, du gehst;* ebenso: *er sieht, steht, flieht, zieht; froh, nah;* aber: *bejahen – ja*

Langer Vokal

35	Ausnahmen: Einige Wörter mit *ei* + ***h***	*leihen, Reihe, Weihnachten* aber regelmäßig: *drei, frei, schreien*
	Ausnahmen (Merkwörter)	
36	Folgt dem langen Vokal ein *l, m, n* oder *r*, so schreibe manche Wörter mit ***h***.	Wichtige Beispiele sind: *ihm, ihn, ihr, ohne, sehr* *Bahn, erzählen, fahren, fehlen,*
37	Merke: *h* kommt meist nur in heimischen Wörtern vor. Da es mehr Wörter **ohne** *h* gibt, merkst du dir am besten die Wörter mit *h*.	*Gefahr, hohl (≠ holen), Jahr, Kohle, lehren (≠ leeren), Lohn, mahlen (Mühle, ≠ malen, Gemälde), mehr (≠ Meer), nehmen, Ohr, Rohr, Sohn, Uhr(werk) (≠ Ur(ahne)), Wahl (≠ Wal), wahr (≠ sein – war), wehren (≠ wer), wohl, wohnen, Zahl, Zahn*
38	Einmal *h*, immer *h*!	*mahlen – Mühle; Mehl – mehlig; befehlen – er befiehlt*
	Ausnahme: Doppelvokal	
39	• ***aa***	*das Paar Schuhe, ein paar Leute, Saal, Staat, Haar, Waage*
40	• ***ee***	*Beere, leer, Meer, Seele, Speer, Teer; Tee, Schnee, See, Kaffee*
41	• ***oo***	*Boot, doof, das Moor, Moos, Zoo*
42	Merke: Beim Umlaut steht nur *ä, ö*.	*Pärchen, Härchen; säen (Saat), Bötchen*

Im Übrigen ist die Markierung der Dehnung unregelmäßig. Es sind für die Lernenden Merkwörter, sowohl beim Doppelvokal *Paar, Beere, Boot* (der beim Umlaut – gegen das Stammprinzip – wieder verloren geht: *Pärchen, Bötchen*) als auch beim Dehnungs-*h*. Der Doppelvokal hat sich in einer Reihe von Fällen nur wegen der Wortunterscheidung gehalten, z. B. *Waage – Wagen, See – sehen, Moor – Mohr.*

Ein besonders interessanter Fall ist nun das Dehnungs-*h*, da es Ansätze zur Regelmäßigkeit zeigt, die aber nach je unterschiedlicher linguistischer Theorie auch unterschiedlich gedeutet werden. Stellen wir zunächst einmal fest, wann es **nicht** steht:

- in Fremdwörtern, z. B. *General*
- in Affixen, z. B. *(heil)bar, (acht)sam, Ur(wald)*
- in Funktionswörtern, z. B. *der, wer, wen*, aber *ohne, sehr*
- in Substantiven, Adjektiven und Verben, deren Stamm auf Explosiv- oder Reibelaut endet, z. B. *toben, wedeln, Strafe, sagen, Boje, Makel, Tropen, lesen, waten, Brezel,* aber *Fehde*
- in Substantiven, Adjektiven und Verben, die auf Nasal oder Liquid (*l*, m, *n*, *r*) enden, wenn *sch* vor dem Vokal steht, z. B. *Schale, Scham, schön, Schar*
- in Wörtern, die mit *t, qu, kl, kr, sp* anfangen

Bei dem letzten Fall wird die Regelsuche nun schon kritisch. Das ist zwar regelmäßig, betrifft aber nur ca. zehn Wörter. Etwas verallgemeinert hat dieser Fall jedoch eine hohe statistische Wahrscheinlichkeit (aber was hilft die Wahrscheinlichkeit dem Zweifelnden?):

- in Substantiven, Adjektiven und Verben, die auf Liquid enden, wenn zwei, drei oder vier Konsonantenbuchstaben vor dem Vokal stehen, z. B. *Strom, Strudel, schmal; Gral, Kran, Pram, Tran,* aber *Strahl, Strähne; prahlen*

Man kann die ganze Sache auch positiv formulieren und feststellen:

- Das Dehnungs-*h* steht, wenn überhaupt, bei heimischen Substantiven, Adjektiven und Verben, deren Stamm auf Nasal oder Liquid endet, z. B. *prahlen, zahm, Fahne, Ohr.*

Durch diese Formulierung sind etwa 500 Wortstämme betroffen, von denen ca. 200 ein Dehnungs-*h* zeigen und ca. 300 nicht. Eine Einschränkung gemäß der Menge der vorhergehenden Konsonantenbuchstaben von Null bis Vier – wobei ‚Null' eine hohe Wahrscheinlichkeit, z. B. *Ohr* (aber *Öl*), bedeutet, ‚Vier' eine niedere Wahrscheinlichkeit, z. B. *schmal* – erhöht die Zahl der regelmäßig mit *h* geschriebenen Wörter, aber alles in allem ist das alles wegen der vielen Ausnahmen wenig hilfreich. Wir raten daher, die Wörter mit *h* als Merkwörter zu speichern und damit von der Hauptregel auszugehen: Normalerweise wird (außer mit *ie*) die Dehnung nicht bezeichnet. Das Dehnungs-*h*, historisch hervorgegangen aus einem gesprochenen *ch*, vgl. heute noch *hoch – höher*, hat sich zwar im 15. Jh. herausgebildet, aber im Laufe der Jahrhunderte nicht voll entfalten können.

Diese historisch stecken gebliebene Schreibänderung macht es einerseits verständlich, dass manche Linguisten diesem *h* eine andere Deutung geben, andererseits sind die verschiedenen Alternativen aus demselben Grund auch schwer beweisbar. (Vgl. Literatur zu Kap. 1.2)

Manche sehen in dem *h* ein „Blickfang-*h*", das Stämmen mit keinem oder nur einem vorhergehenden Konsonantenbuchstaben mehr grafisches Gewicht verleiht, weil *m*, *n*, *r* einstufig sind und ein gedrucktes *l* nur ein Strich ist. Andere weisen darauf hin, dass viele zweisilbige Wörter auf *-el* (*Hebel*), *-er* (*Wetter*), *-en* (*Garten*), *-em* (*Atem*) enden. Das *h* im Stamm unterscheidet damit klar Stamm und Endung vor *-l*, *-m*, *-n*, *-r* und verhindert Lesestörungen, z. B. **Vererer* (*Verehrer*), **Lerer* (*Lehrer*). Wiederum andere erinnern daran, dass die Konsonantenkombination nach dem kurzen Vokal oft mit Nasal oder Liquid beginnt, z. B. *warten, Welt, Amt, Kind*. Ein eingeschobenes *h* macht dem Leser daher sofort klar, dass er im Stamm keine Konsonantengruppe zu erwarten hat, z. B. *fahren, fehl*. Schließlich kann man auch die Endungen *-s, -st, -t* mit einbeziehen und so konstatieren, dass – ohne Berücksichtigung der Stammgrenze – oberflächlich auf den Vokal zwei verschiedene Konsonanten folgen können, was dessen Kürze anzeigt, z. B. *die Last*, aber *lesen – ihr last*, oder das Verb *rasten* zu *Rast* mit kurzem [a], aber das Verb (*sie*) *rasten* zu *rasen* mit langem [a:]. Es könnte nun die Funktion des *h* sein, dass es in ähnlichen Fällen sofort klar macht: der Vokal ist lang, z. B. (*das*) *fahlste* (*Licht*). In manchen Fällen dient das *h* auch schlicht zur Wortunterscheidung, z. B. *Wahl – Wal, Mohr – Moor, leer – lehr*(*en*), *Meer – mehr*.

Wir können all diese interessanten Alternativen hier nur andeuten. Für das Lernen scheint uns – wie schon bemerkt – kein Weg an den Merkwörtern vorbeizuführen. Für die 10. Klasse oder die Oberstufe des Gymnasiums könnte es jedoch als Ergänzung zum Doppelbuchstaben interessant sein, die Reichweite der verschiedenen Alternativen einmal genau zu beschreiben.
Ein Letztes sei noch erwähnt, weil es uns zur nächsten Stufe führt. Es gilt die ‚Regel': Einmal *h* – immer *h*. So schreibt man (*sie*) *befiehlt* mit *h* wegen *befehlen*, obwohl das *ie* ja schon die Dehnung anzeigt. Ebenso schreibt man die Stämme mit Ablaut alle mit *h*, z. B. *fahren – fuhr, befehlen – befahl – befohlen*, oder alle ohne *h*, z. B. *gären – gor, frieren – fror, erkiesen – erkor*. Diese Regelung geht auf das Stammprinzip zurück.

2.1.5 Unterrichtliche Hinweise zur Laut-Buchstaben-Zuordnung

Aus dem ersten Teil wissen Sie, dass die Kinder von Anfang an Wortbilder und phonetische Schreibungen nebeneinander verwenden, so dass Schreiben eine visuelle und eine auditive Komponente hat. Beides gilt es zu stärken und auszudifferenzieren. Laute zu isolieren und Laut-Buchstaben-Zuordnungen herzustellen, sind die basalen Fähigkeiten, über die das Kind verfügen muss. Dabei ist es am Anfang sogar unbedenklich, wenn das Kind lautgetreu und dabei auch noch möglicherweise auf regionaler Basis schreibt. Es ist schon eine gewaltige Leistung, überhaupt Laute zu isolieren und mehrere solcher Laut-Buchstaben-Zuordnungen zu vollziehen. Es kommt darauf an, bald die Orientierung auf das optisch Vorgegebene zu richten: *Schreibe, wie du sprichst, wie du schreibst.* Damit wird das Lautliche nicht aus sich selbst differenziert, sondern mit Bezug auf das visuell Wahrgenommene. Längere Wörter ganz naiv in Sprechsilben aufzuteilen, kann helfen, sie zu Papier zu bringen oder gelesene Wörter als Sprechsilben zu markieren. Anfangslaute zu hören und Reime zu bilden, das können die Kinder etwa ab fünf Jahren; beides hilft, Laute und Lautgruppen zu isolieren auch mit Bezug auf das Geschriebene.

Vor allen orthografischen Besonderheiten gilt es – auf dieser Basis – die Differenz zwischen Umgangssprache und Standardsprache bewusst zu machen. Vielleicht kann man im Spiel einführen, gelegentlich mit der ganzen Klasse, wie der Pfarrer, die Ärztin, die Nachrichtensprecherin zu reden. Hier könnten Rollenspiele gut helfen. (Manchmal ist jedoch die Regionalsprache der Rechtschreibung näher als die Standardsprache, s. o. 2.1.1) Neben den regionalen Differenzen kommt es auf die monologische Lentoaussprache, d. h. langsamere Aussprache des Wortes an. Das einzelne isolierte Wort oder der Wortteil muss dem Kind vertraut werden. Gedichte, Abzählreime, Zungenbrecher und Verse langsam aufzusagen, das kann hier helfen. Beides, „Standardisierung" und Verlangsamung, können Hand in Hand gehen.

Und: Die Stärkung des Lautlichen muss sich bald mit dem Visuellen verbinden, einmal, indem das Kind immer wieder schreibt, Texte in allen Fächern und zu vielfältigen Anlässen, aber auch indem die visuelle, grafische Gestalt isolierter Wörter spielerisch in den Vordergrund tritt. Dazu sollten z. B. die Wörter – untereinander geschrieben! – nach den verschiedensten Kriterien auf- und abgebaut werden. Eine ähnliche Hilfe können Wortbilder wie

sein.

Bei all diesen lautlichen und grafischen Übungen und Spielen werden die Wörter in der richtigen orthografischen Gestalt benutzt, die sich als Schemata einprägen können und sollen, so dass der orthografische Schritt ganz unbewusst eingeleitet wird, dadurch dass die so gelernten Schemata orthografische Ausnahmen sind oder orthografische Regeln enthalten, die Anlass zu eigenaktiven Analogien geben. Indizien für den Beginn dieser Prozesse sind orthografische Elemente und Muster in den Schreibungen der Kinder (s. Kap. 1.3.2, 1.3.3, 3.1.1). Da können Fehler in Wörtern, die zuvor richtig geschrieben worden sind, durchaus Lernfortschritte anzeigen. Das Orthografische kann – wie 2.1.2 zeigt – regelhaft sein oder Ausnahmen enthalten. Für den Rechtschreibunterricht kann man also **Regelwörter/Denkwörter** und **Merkwörter** unterscheiden. Da Kinder in der Grundschule kaum Regeln verstehen und anwenden können, ist es günstig, von Modellwörtern auszugehen, die signalhaft für ein Rechtschreibphänomen stehen, z. B. *spitzer Stein* für *sp, st* oder *sin•gen* und *sin•ken* mit Syllabierung für *ng, nk*. Merkverse, wie der oben zitierte für ‚Konsonant + *k, z*' sind leicht anwendbar. Die Ausnahmen können nur als Schemata gelernt werden, ob nun Wörter mit *ai, chs, v,* Dehnungs-*h* oder Doppelvokal. Dabei können Merkverse, z. B. für die wichtigsten Wörter mit *v,* helfen. Es versteht sich von selbst, dass nur diejenigen Ausnahmen genannt werden, die für die Kinder kommunikativ wichtig sind. Erst in den höheren Klassenstufen (Sekundarstufe I) sollte die Vorkommenshäufigkeit in der schriftlichen Erwachsenensprache relevant sein. Ebenfalls in den höheren Klassen gilt es auch, bei den Schülern und Schülerinnen ein Gespür dafür zu entwickeln, dass in dem Wort ein rechtschreibliches Problem stecken könnte, so dass die Jugendlichen bei schwierigen Wörtern auch zum Wörterbuch greifen: Ein seltenes Wort, z. B. [vʊ:nə] ‚ein ins Eis gehauenes Loch': Schreibt man das mit oder ohne *h*? (Beides ist möglich.) Entwicklungsstudien (s. o.) haben deutlich gemacht, dass der Erwerb der Ausnahme(regel)n keineswegs gradlinig verläuft. Es gibt z. B. bei *v* statt *f* eine Reihe von Zwischenstufen.

Fremdwörter sollten in der Grundschule nur durch Schemaschreibung gelernt werden. In höheren Klassen können spezielle Schreibdifferenzen zwischen Englisch oder Französisch und Deutsch durchaus zum Thema werden. Erstaunlich ist, dass die Jugendlichen schwierige fachsprachliche Wörter in Physik, Biologie, Chemie, Informatik u. a. oft richtig schreiben. Im Vorgriff auf das folgende Kapitel sei hier schon erwähnt, dass es vorteilhaft ist, typische fremde Präfixe und Suffixe von Fremdwörtern zu analysieren und mit entsprechenden deutschen Wortbildungsmitteln zu vergleichen, z. B. *Inform-ant – Sprech-er, akzept-abel – annehm-bar, Isol-ation – Isolierung.* In der 8. bis 10. Klasse kann das Thema Internationalismen oder Europäismen so ganz nebenbei auch viel für die Fremdwortschreibung abwerfen. Fremdwörter, an denen ein Schüler immer wieder scheitert, kann er sich vielleicht durch die Schreibaussprache merken, z. B. *Por·te·mon·na·i·e.*

Ein besonderer „Rechtschreibhelfer" ist die Silbeneinteilung.
Wir nennen hier – auch schon vorausgreifend – einige Möglichkeiten:

– Doppelkonsonanz	*fal-len* ≠ *fah-len*
– Auslautverhärtung	*Kind* wegen *Kin-der*
– stimmhaftes s	*rei-sen* ≠ *rei-ßen*
– der R-Laut	*Fahrrad* wegen *Fah-rer*
– *ig* ≠ *lich* ≠ *isch*	*freudig* wegen *freudi-ge*
	freundlich wegen *freundli-che*
	diebisch wegen *diebi-sche*
– *tz* oder *z*	*sit-zen* ≠ *sie-zen*
– Verschleifung	*er-reichen, auf-fangen*

2.2 Das Stammprinzip – die Schemakonstanz

In der ersten Stufe ergibt sich für unser Beispiel folgende Schreibung:

schreibewiedusprichstwieduschreipst

In der zweiten Stufe geht es um **schreipst*, das regulär *schreibst* geschrieben wird. Was geht hier vor?

Bei der Erläuterung der Hauptregel (2.1.1) wurde erwähnt, dass unterschiedliche Laute, die keine Bedeutung unterscheiden, nicht in der Rechtschreibung berücksichtigt werden, z. B. die verschiedenen r-Laute oder die unterschiedlich realisierten ich- oder ach-Laute z. B. *Fächer* [ç] – [χ] *Fach*. Dasselbe gilt für die verschiedenen e-Laute, sei es nun ein kurzes [ɛ] wie in *Wendung* oder ein [ə] wie in *Gabe* oder ein [e] wie das erste in *lebendig*. Auch die Behauchung des [t] vor Vokal spielt keine Rolle, z. B. [tʰa:l].

Bei dem nun zu behandelnden Stammprinzip wird von dem Kriterium der Bedeutungsunterscheidung abgewichen. Obwohl /t/ ganz klar gegenüber /d/ Bedeutung unterscheidet, z. B. /va:den/ *Waden* – /va:ten/ *waten*, schreibt man [das ra:t] in *das (Fahr)rad* mit *d*. Andererseits führt man eine neue Schreibkonvention ein: Obwohl *die Wände* und *die Wende* gleich gesprochen werden, schreibt man den [ɛ]-Laut das eine Mal mit *ä*, weil es von *Wand* kommt, das andere Mal mit *e* (obwohl auch in dieser Wortfamilie ein /a/ vorkommt: *wenden – wandte – gewandt*).

Der Grund ist schon häufiger genannt worden: Das sprachliche Zeichen als Gegenstandszeichen soll nach Möglichkeit gleich geschrieben werden, selbst wenn es sich in der Aussprache durch Lautregeln ändert. Dies betrifft vor allem die kleinsten **bedeutungstragenden** Einheiten, also die Stämme, daher auch die Bezeichnung Stammprinzip, oder linguistisch Morpheme, daher auch morphematisches Prinzip genannt, denn es geht auch um Endungen, z. B. *-ig* in *König, Könige, königlich.*
Wichtig ist hier nun die Perspektive der Betrachtung. Ein Kind, das zunächst die Schreibung phonetisch angeht, muss z. B. in [ta:k] trotz [k] ein <g> schreiben, ein kompetenter Schreiber, der vom abstrakten Lautschema /ta:g/ ausgeht, findet das /g/ schon darin als Basis für die Schreibung vor (vgl. auch den Schluss von 2.2.7).

Im Einzelnen sind folgende Phänomene betroffen:
(1) Auslautverhärtung und *-ig*
(2) Umlaut
(3) andere Fälle
(4) Apostroph, Ergänzungsstrich, Abkürzungspunkt
(5) Ausnahmen zur Stammschreibung

Eine Umkehrung des Stammprinzips ist

(6) die Andersschreibung (Heterographie, Homonymiedifferenzierung)

Zwei Wörter (Stämme) verschiedener Wortfamilien, die zufällig gleichlauten, werden grafisch unterschieden, z. B. [saetə] als *Seite* (im Buch) oder *Saite* (auf der Gitarre).

Im Folgenden sind die sechs Fälle nacheinander abgehandelt.

2.2.1 Die Auslautverhärtung

Die Auslautverhärtung ist silbisch entdeckbar. Am Silbenanfang der zweiten Silbe spricht man in weiten Teilen des deutschen Sprachgebiets und nach der Standardlautung den stimmhaften Laut, in allen anderen Positionen den stimmlosen Laut. Man schreibt jedoch immer *b, d* bzw. *g*:

b:	*lo-ben*	*er lobt, du lobst, das Lob*
d:	*Rä-der*	*das Rad, Radwechsel*
g:	*ta-gen, Ta-gung*	*ihr tagt, sie tagte*
	Ta-ges, Ta-ge	*Tag, Tagtraum*

Auslaut b, d, g		
1 **R** Bei vielen Wörtern sprichst du ein stimmloses [p], [t], [k], aber du schreibst *b, d, g.*	*lieb* wegen *Liebe;* ebenso: *halb, Land, endlich* (zu: *Ende*), *täglich; ordnen* (zu: *ordentlich*); *jemand(en), du lobst, er lobt* wegen *loben*	**Stammschreibung**
Probe: Erweitere das Wort. Beginnt die zweite Silbe mit einem stimmhaften [b], [d], [g]?	*lie-be, hal-be, Län-der; Rän-der* usw. aber: *Piep – pie-pen; Rat – ra-ten*	
2 • Beachte die Wortbausteine *-ig* und *-iv.*	*richtig* wegen *richtige*, ebenso: *schwierig; Detektiv* wegen *Detektive*	
3 • Ausnahmen (Merkwörter)	*Adler, Erbse, hübsch, Krebs, Obst; ab, ob, irgend, und; Sub-(stanz)*	

Die Auslautverhärtung tritt auch auf bei:

s:	*Häu-ser, Hau-ses*	*das Haus, unbehaust*
	rei-sen, Rei-se	*du reist, gereist*

Deshalb muss der Schreiber bei der Verwendung von *ß* prüfen, ob die **zweite** Silbe mit einem stimmlosen [s] beginnt: *rei-ßen – er reißt*, aber *rei-sen – sie reist.*

Der Wechsel von [v] und [f] kommt vor allem bei der fremden Endung *-iv* vor:

v:	*Detekti-ve*	*Detektiv, des Detektivs*
	attrakti-ve	*attraktiv, attraktivste*

In manchen Fällen gibt es keine Erweiterungsmöglichkeit. Die Schreibung mit *b, d, g* ist nur historisch erklärbar, so ist *Adler* aus mhd. *edel aar* entstanden. Die Schreibenden müssen diese Wörter als Merkwörter lernen. Bei einigen ist das so selbstverständlich, dass es Sie wahrscheinlich überrascht, dass *und, ob* oder *ab* nicht so geschrieben werden, wie man sie spricht. Manchmal ist es auch nicht leicht, eine Erweiterung zu finden. Versuchen Sie es einmal mit *Reis*, aber *Grieß.*

In manchen Gegenden des deutschen Sprachgebiets, vor allem in Norddeutschland, und nach der Standardlautung wird das /g/, vor allem des Suffixes und der Endung *-ig*, nicht nur in ein [k], sondern zu dem Reibelaut [χ] verwandelt (spirantisiert):

-ig	*Köni-ge, Köni-gin*	*König, Königs, königlich*

Nach der Standardlautung ist *königlich* allerdings aus Gründen des Wohlklangs (Euphonie) [køniklіç] zu sprechen, um so die Aufeinanderfolge von zwei [ç]-Lauten zu vermeiden. Die [iç]-Aussprache hat nun den Nachteil, dass sie genauso lautet wie der Wortausgang *-ich*, z. B. in *Teppich, Rettich*, und dass sie lautähnlich ist mit [-iʃ] *-isch*, z. B. in *Harnisch.* Auch hier kann die Silbenprobe helfen: *Teppi-che* (allerdings hört man hier umgangssprachlich oft ein [g]) und *Harni-sche.* In Gegenden, in denen der Wechsel [g] – [k] – [ç] stattfindet, sollten Fälle wie *Teppich* Merkwörter sein.

In manchen Fällen lassen sich die Schreibenden verwirren, z. B. *der Tod, des Todes, tödlich, todunglücklich*, aber *tot, töten, der Tote, totschlagen.* Ebenso *das Ende – endlich*, aber *ent-* als Präfix, z. B. *entstehen.* Es gibt die klanggleichen fremden Suffixe *-and* (*Konfirmand*) und *-ant* (*Lieferant*) bzw. *-id* (*Oxid*) und *-it* (*Dynamit*).

2.2.2 Der Umlaut

Die Schreibung des Umlautes macht keine Probleme bei *o-ö* und *u-ü*, da auch das nicht umgelautete [ø] als *ö* und [y] als *ü* geschrieben wird, z. B.

	nicht umgelautet		umgelautet
ö	*plötzlich, Körper, fördern*	*ö*	*wörtlich, öfter, Völker*
	schön, hören, Löwe		*Höhe, töten, größer*
ü	*Stück, Glück, rüsten*	*ü*	*Gründe, Stürze, jüngste*
	üben, Tür, grün, süß		*führen, Grüße, Füße*

Dasselbe trifft eigentlich zu bei langem [æ:]:

ä	*spät, Universität, Sekretär*	*ä*	*zählen, Stäbchen, nächste*
	fähig, ähnlich, Mädchen		

Hier gibt es jedoch ein Problem wegen der Aussprache, da die standardsprachliche Unterscheidung von offenem langen [æ:] und geschlossenem langen [e:] in weiten Teilen des deutschen Sprachgebietes nicht gilt. Es ist wahrscheinlich so, dass in der Standardlautung genau dort [æ:] angesetzt wird, wo *ä* geschrieben wird. Es gibt jedoch trotz dieses Zirkelschlusses einen Trost für die Schreibenden: Es wird immer *ä* geschrieben, wenn Umlaut vorliegt, also *kam – käme, war – wäre*. Wenn /æ:/ und /e:/ nicht sicher unterschieden werden, müssen die Schreibenden sich am besten die Wörter mit langem /æ:/ ohne Umlaut als Merkwörter einprägen, also, wie oben schon genannt: *spät, fähig, ähnlich, Mädchen*. Besonders möchten wir auf die Wortausgänge (manchmal Suffixe) in Fremdwörtern hinweisen, z. B. *-är*: *Sekretär, primär, Militär* und *-ität*: *Qualität, Universität*. In manchen Fällen unterscheiden nur *ä* und *e* die Bedeutungen: *wägen – wegen, Bären – Beeren, Ähre – Ehre, säen – sehen*.
Es gibt auch den Wechsel „langes" *e-a* bzw. *a-e*, der aber kein Umlaut ist, z. B. *stehlen – stahl, sehen – sah; mahlen – Mehl, Trübsal – trübselig*.

Eine echte Stammschreibung liegt nur vor beim kurzen /ɛ/, das umgelautet *ä*, nicht umgelautet nach der Hauptregel *e* geschrieben wird, und beim /ɔy/, umgelautet *äu*, nicht umgelautet *eu*:

	nicht umgelautet		umgelautet
e	*essen, Ende, Herr, helfen, Chemie, Tendenz, Termin, Element*	*ä*	*länger, Länder, Ärztin, er lässt, du hältst, sämtliche* (zu *gesamt*)
eu	*heute, neu, Zeug, Feuer*	*äu*	*Verkäufer, träumen, häufig, du läufst, erläutern* (zu *laut*)

	Umlaut			
Stammschreibung	4	**R**	Schreibe ***ä*** (nicht *e*), wenn es in der Wortfamilie eine Grundform mit *a* gibt. Probe: Wie lautet die Grundform?	gebeugt: *Hände* wegen *Hand;* ebenso: *stärker, er lässt, sie hätte, am nächsten* abgeleitet: *Länge* wegen *lang;* ebenso: *Ärztin, Bäcker, zählen, Stäbchen*
	5	•	Ausnahmen (Merkwörter)	*Lärm, März, spät; Mädchen, Schädel -är (Sekretär, Militär), -ität (Universität)*
	6		Beachte: Kein Umlaut, wenn die Grundform auf /e/ lautet	*senden – sandte, wenden – wandte, rennen – rannte, schmecken – Geschmack*
	7		Hinweis: Du hast es beim langen Vokal einfach, wenn du in der Aussprache langes /ä/ und /e/ unterscheidest.	*wegen – wägen, Ehre – Ähre, Beeren – Bären, sehen – säen, geben -gäbe*
	8	**R**	Schreibe ***äu*** (statt *eu*), wenn es in der Wortfamilie eine Grundform mit *au* gibt. Probe: Wie lautet die Grundform?	*Träume* wegen *Traum,* ebenso: *du läufst* (laufen), *Käufer, käuflich, Häuser, Räuber*
	9	•	Ausnahmen (Merkwörter)	*sich täuschen, die Säule*

Die Umlautschreibung können Sie dadurch fördern, dass Sie im Grammatikunterricht oder im Unterricht zur Wortbildung diese Frage mitbehandeln: Wann tritt im Deutschen Umlaut auf?

- Plural: *Wald – Wälder, Band – Bände, Garten – Gärten, Haus – Häuser*
- 2./3. Singular: *halten – du hältst, sie hält; fallen – du fällst, er fällt; laufen – du läufst, er läuft*
- Konjunktiv II: *finden – du fandest – du fändest, ich bin – ich war – ich wäre, brauchen – sie brauchte – sie bräuchte*
- Steigerung: *stark – stärker, stärkste, alt – älter, älteste*
- Wortbildung: *lang – länglich, Länge; Verhalten – Verhältnis, backen – Bäcker, Arzt – Ärztin, Traum – träumen, Land – Ländchen, laut – läuten*

Der Umlaut hat immer die Richtung von der Nennform zur flektierten Form, z. B. *Band – Bände,* oder vom Grundwort zum abgeleiteten Wort, z. B. *Band – Bändchen.* Deshalb liegt (heute) kein Umlaut vor bei: *rennen – rannte, schmecken – Geschmack, schmelzen – Schmalz, senden – sandte, wenden – wandte.* Eine Regel für *ä* und *äu,* die sich nur auf die Wortfamilie bezieht, greift daher zu kurz!

Ausnahmen kann es nun in zwei Richtungen geben:

1. Es liegt ein Umlaut vor, aber man schreibt trotzdem *e*: *Eltern* (zu *alt*), *schwenken* (zu *schwanken*), *senken* (zu *sinken – sank*). Zu *äu/eu* gibt es hier keine Ausnahmen.

2. Es liegt kein Umlaut vor, aber man schreibt dennoch *ä* bzw. *äu*: *Lärm, März, ätzen, dämmern; sich täuschen, die Säule* (zu den Wörtern mit langem *ä* s. o.).

In beiden Fällen handelt es sich rechtschreiblich um Merkwörter.

Blicken Sie jetzt zurück auf die Behandlung des „langen" *ä,* so ist die Lernregel 4 nicht auf die Standardlautung bezogen, sondern auf die rechtschreibliche Gleichbehandlung: Umgelautetes kurzes /ɛ/ und langes /æ:/ schreibt man *ä,* jeweils mit Ausnahmen. Das ist für die Lernenden eingängiger.

2.2.3 Andere Fälle

Schon in der ersten Stufe der Laut-Buchstaben-Zuordnungen wurden einige Sachverhalte erwähnt:

- *x, z, qu* stehen für die Lautverbindungen nur innerhalb eines Stammes, also *Hexe,* aber *Klecks; Brezel,* aber *Rätsel* und *Quelle,* aber *Backwerk. x, z, qu* weisen also auf den Anfang oder das Ende eines Stammes hin; *ks, ts (c)kw* auf eine Fuge.

- Einmal *h,* immer *h: fahren – fuhr, befehlen – befiehlt, stehlen – stiehlt – Diebstahl, mahlen – Mehl – Mühle;* und analog *frieren – fror, gären – gor, malen – Gemälde.*

- Wenn man den Doppelkonsonanten silbisch erklärt, dann steht er wegen des Stammprinzips auch in der nichtsilbischen Form, also *du fällst, er fällt* wegen *fallen; der Kamm* wegen *Käm-me.*

- In der Schweiz entsteht eine grafische Morphemkonstanz bei *essen – ass, messen – mass/das Mass.*

- [fa:ra:t], aber *Fahrrad,* d. h., die Verschmelzung gleicher oder ähnlicher Konsonanten an der Zusammensetzungsfuge oder der Verbindung von Präfix und Stamm macht die Schreibung nicht mit. Vor allem die folgenden Präfixe und Partikeln sollten Sie Ihren Schülern nahebringen:

ab-	*abplatzen, abbauen*
an-	*annähern, annehmen*
auf-	*auffallen*
aus-	*aussehen*
ent-	*enttäuschen*
ein-	*einnehmen*
er-	*erreichen, erregen, erraten*
unter-	*Unterricht*
ver-	*verraten*
weg-	*weggehen*
zer-	*zerreiben*

So ganz nebenbei möchten wir darauf hinweisen, dass diese Verschmelzung natürlich auch bei Fremdwörtern auftritt, aber um es zu üben, sind die Wörter zu selten, z. B. *Addition, Attraktion, Differenz, korrekt, Symmetrie.*
Gelegentlich unterstellen Schreibende dem Wort einen Aufbau, der gar nicht gegeben ist. So ist die Falschschreibung **herrein* wohl auf eine falsche Zusammensetzung aus *her + rein* zurückzuführen, aber *rein* ist ja schon die Kurzform zu *herein.*

Umgangssprachliche Konsonantenerleichterung wird rechtschreiblich nicht befolgt, z. B. [dʊhɛlst] – *du hältst; (das) brennendste (Problem)* (aber *das verschwiegenste Plätz-*

chen): es klingt zwar gleich, aber das Partizip Präsens endet auf *-end*. Die Fehleranfälligkeit liegt hier darin, dass das oberflächliche Schreibschema *-enste* aus *-en* + *ste* ebenso möglich ist wie *-endste* aus *-end* + *ste*, beide klingen in der Aussprache gleich.

2.2.4 Apostroph, Ergänzungsstrich, Abkürzungspunkt, Bindestrich

Diese Regeln gehören gewiss nicht zum Kernbestand der Rechtschreibung, und deshalb möchten wir nur darauf hinweisen, dass der Apostroph, der Ergänzungsstrich und der Abkürzungspunkt anzeigen, dass an dem Schreibschema etwas ausgefallen ist:

- *Apostroph:* *'s = es (Er ist's = Er ist es)*
- *Ergänzungsstrich:* *ab- und zunehmen = abnehmen und zunehmen*
- *Abkürzungspunkt:* *Tel. = Telefon*

Apostroph, Ergänzungsstrich, Abkürzungspunkt				
10	**R**	Mit dem **Apostroph** zeigst du die Auslassung von Buchstaben an.	*'s ist schade (= es)* *D'dorf (= Düsseldorf)* *die Grimm'schen Märchen*	**Stammschreibung**
11	**R**	Mit dem **Ergänzungsstrich** zeigst du an, dass ein bestimmter Wortteil weggefallen ist.	*ab- und zunehmen, Haupt- und Nebeneingang, saft- und kraftlos*	
12	**R**	Mit dem **Punkt** zeigst du an, dass eine Abkürzung vorliegt.	*Tel. (= Telefon), z. B. (= zum Beispiel), usw. (= und so weiter)*	
	Ausnahmen:			
13	**R**	Als Wort gesprochene Abkürzungen stehen ohne Punkt.	*ICE [i:tse:e:] (= Intercityexpress), TÜV* [tüff] *(= Technischer Überwachungsverein)*	
14	**R**	Maße, Währungen stehen ohne Punkt.	*m (= Meter), km/h (= Kilometer pro Stunde* [hora]*), Hz (= Hertz), DM (= Deutsche Mark)*	

Auch der Trennungsstrich zeigt an: hier ist der Stamm oder das zusammengesetzte Wort noch nicht zu Ende.

Der Bindestrich (vgl. 2.3.5) grenzt Stämme deutlich voneinander ab: *Schwimm-Meister* (neben: *Schwimmmeister*); analog *3-fach* (neben: *3fach), A-Dur, Dativ-e.*

2.2.5 Ausnahmen zur Stammschreibung

Es gibt zur Stammschreibung eine ganze Reihe von Ausnahmen:
– *brennen – Brand, spinnen – Gespinst, Freundin – Freundinnen, Kenntnis – Kenntnisse, Job – jobben, packen – Paket, Zigarre – Zigarette*
– *Paar, Haar, Saat,* aber *Pärchen, Härchen, säen*
– *dunkel – dunkle, trocken – trocknen, Atem – atmen, wider – widrig;* aber *gehen, stehen,* obwohl man es meist einsilbig spricht. Hier hat auch der Fehler seinen Ursprung, dass Kinder oft **tuen* oder **tuhen* statt *tun* schreiben.
– *Spiegel – Spieg(e)lein* (aus *Spiegel + lein*) u. a.
– *du saust, faxt, sitzt, reißt.* Hier wird das *s* der Endung (vgl. *du nennst*) getilgt. Dies brauchen Sie nicht zu üben, da Kinder es intuitiv richtig machen.
– *der See – Seen, das Knie – die Knie, die Symphonie – Symphonien.* Hier fällt das Dehnungszeichen Doppelvokal oder (*i*+)*e* aus.
– *dennoch, Drittel, Mittag*: hier fehlt ein Buchstabe, *denn + noch* usw.
– Wechselt innerhalb einer Wortfamilie die Vokallänge, so ist deren Bezeichnung dem Stammprinzip vorgeordnet, z. B. *nehmen – du nimmst, genommen; kommen – du kamst – gekommen; gießen – goss, gegossen, der Guss; reiten – ritt, der Ritt.* Dies erklärt auch, warum bei Schülern der achten Klasse die fehleranfälligste Wortfamilie *kommen* ist mit den typischen, aber sinnvollen Falschschreibungen *er *kamm* oder *er *kahm.* Dasselbe gilt natürlich für den *e/i*-Wechsel, z. B. *geben – gibt, nehmen – nimmt, essen – isst.*
– *voll,* aber *füllen*
– fehlende Umlautbezeichnung (vgl. 2.2.2): *Eltern, schwenken* bzw. „vorgetäuschte" Stammschreibung: *Lärm, März* u. a. bzw. *Körper, Stück, ähnlich.*

2.2.6 Die Andersschreibung (Heterographie, Homonymiedifferenzierung)

Wenn stammverwandte Wörter (einer Wortfamilie) trotz Lautveränderungen gleich geschrieben werden, so liegt der Gedanke nahe, bei lautgleichen Stämmen **verschiedener** Wortfamilien wenigstens durch eine unterschiedliche Schreibung die semantische Unterschiedlichkeit sofort für den Lesenden grafisch deutlich zu

Häufige Andersschreibungen

Unterschiedliche Schreibungen bei gleicher Lautung sind sehr fehleranfällig. Man sollte zumindest in unteren Klassen solche Andersschreibungen nicht in Opposition üben; in höheren Klassen ist dies dann sinnvoll, wenn man eine klare Entscheidung treffen oder eine Gedächtnisstütze anbieten kann. In der folgenden Tabelle sind häufig auftretende Andersschreibungen aufgeführt.

(alt) – älter	*Eltern*
bis	*(beißen -) biss*
Brand	*(ge)brannt*
das	*dass*
denen	*dehnen*
(Ende -) end(lich)	*ent- (entlassen)*
fast	*(fassen -) fasst*
(Fell -) Felle	*(Fall -) Fälle*
viel	*(fallen -) fiel*
Graf	*- graph -*
(hassen -) hast	*(haben -) hast*
her	*Heer*
holen	*(hohl -) hohlen*
(sein) ist	*(essen -) isst*
lehren	*leeren*
(lesen -) liest – liest	*(lassen) -ließ – ließt*
malen; (ein)mal	*mahlen*
Mann	*man*
Meer	*mehr*
Name, nämlich	*(nehmen -) nahm – nähme*
Rad	*Rat*
Saal	*-sal (Schicksal)*
(schaffen -) schafft	*-schaft (Wirtschaft)*
(See-) Seen	*sehen*
setzen	*(Satz -) Sätzen*
seit	*(sein-) ihr seid*
Seite	*Saite*
statt, Statt	*Stadt*
Tod – tödlich	*tot – töten*
Uhr	*ur- (Urwald)*
ver- (verlieren)	*fertig*
Wal	*Wahl*
(sein -) war, Ware	*wahr*
weis(e), weisen – du weist	*weiß; (wissen-) ich weiß – du weißt*
wer	*Wehr*
wieder	*wider*
(werden-) wird	*Wirt*

Auch bei ähnlich klingenden und geschriebenen Wörtern kann es zu Verwechslungen kommen, z. B. *ihm – im, ihn – in*, Suffixe: *-lich* zu *-ig* zu *-isch, denn – den; bekleiden – begleiten, reisen – reißen, Fliesen – fließen.*

machen. Dabei werden abweichende Laut-Buchstaben-Zuordnungen ausgenützt, z. B. *h: hohl – holen, lehren – leeren, mahlen – malen, mehr – Meer, Uhr – Ur(ahne), Wahl – Wal, wahr – war, wehr(en) – wer, dehnen – denen*. Die Lesenden haben darin nur einen Vorteil, wenn sie die Bedeutung ganz fest mit dem jeweiligen Schreibschema als grafisches Zeichen verkoppelt haben. Sie müssen eben wissen, dass *Lärche* (mit *ä*) der Baum und *Lerche* (mit *e*) der Vogel ist. In früheren Jahrhunderten gab es noch wesentlich mehr Andersschreibungen, aber sie gingen von selbst verloren, z. B. *seyn* (Verb) und *sein* (Poss. Pron.), oder aber sie wurden zufällig abgeschafft, z. B. *Thon* (Erde) zu *Ton* durch die Reform von 1902, so dass es seitdem ebenso geschrieben wird wie *Ton* (Klang). Andererseits legte eine Verordnung 1929 fest, dass *Waage* mit zwei *a* zu schreiben sei, um es von dem Wagen grafisch zu unterscheiden.

Da die Verteilung der Schreibdifferenz rein zufällig ist, müssen sich die Lesenden, vor allem aber die Schreibenden diese Fälle als Merkwörter fest einprägen, und zwar in der Wortfamilie, z. B.: *mahlen – Mühle – Mehl – Müller,* aber: *malen – Maler – Gemälde.*

Manche Wörter sind auch nur teilweise lautgleich wie *(er) hemmt – (das) Hemd, tot – Tod, fast – er fasst, er fiel – viel, Mann – man, er schafft* – Suffix *-schaft.* Auch solche Fälle machen den ungeübten Schreibenden zu schaffen, weil ein Lautschema das falsche Schreibschema (oft unbewusst) aufruft. Bekannt ist das Pseudopräfix in **vertig* statt *fertig.* In der Tabelle auf der vorhergehenden Seite sind daher häufig auftretende Andersschreibungen angeführt.

2.2.7 Unterrichtliche Hinweise zum Stammprinzip – Befrage das Wort!

Das Stammprinzip verlangt von den Schreibenden, dass sie aus dem „Fluss" der Laut-Buchstaben-Zuordnungen heraussteigen und sich über die Wortstämme und die Endungen klar werden. Dass sie beim Auslaut die erweiterte Form, z. B. *Hand* mit *d* wegen *Hände,* bilden müssen, aber umgekehrt beim Umlaut von der erweiterten Form auf die Grundform, z. B. *Hände* mit *ä* wegen *Hand,* zurückgehen müssen, erfordert **die Fähigkeit, den Wortaufbau, die Wortstruktur zu durchschauen.**

Alle diese Fälle setzen natürlich voraus, dass die Schreibenden Wortverwandtschaften richtig erkennen. (Die Sprachwissenschaft spricht hier von einer synchronen etymologischen Kompetenz.) Gelegentlich kommt es zu anderen Deutungen, so, wenn ein Kind **Ziehgeuner, *Glassichthülle* (statt *Klar-*), **Schießrichter* schreibt. Da es in der Sprachgeschichte auch zu tolerierten Umdeutungen kommen kann, sind

in der Reform einige Wörter rechtschreiblich angepasst worden, z. B. *Quäntchen, Zierrat.*
Alles in allem fordert das Stammprinzip eine hohe Abstraktionsleistung von den Schreibenden, besonders vom Kind, die nur dadurch gemildert wird, dass es zur Rechtschreibfähigkeit gehört, Stämme und Wörter als Schreibschemata zu lernen. Wenn das Kind das fragliche Wort aufgrund einer Analyse der Wortstruktur schreibt, muss es das Stammprinzip erkennen. Das gilt auch, wenn es Wortteile als Schreibschemata gespeichert hat: wenn es sie zusammenfügt, muss es das Stammprinzip beachten. Das beste Mittel zur Festigung des Stammprinzips sind u. E. immer wieder Übungen (Spiele) zu Wortfamilien. Dabei können die rechtschreiblich neuralgischen Punkte wie Zusammensetzungsfuge (*Fahrrad*), Umlaut (*behände*), Auslaut (*todunglücklich*) implizit mit berücksichtigt werden. Ganz wichtig ist auch die Flexion der Wörter (Substantive, Adjektive, Verben). Bezeichnenderweise hat eine Fehlerstatistik gezeigt, dass die häufigsten falsch geschriebenen Wörter fast alle mit dem Ablaut der starken Verben zu tun haben, z. B. *kommen – kam*. Da dominiert die Laut-Buchstaben-Zuordnung (z. B. Langvokal) gegenüber dem Stammprinzip.

Wie das im Einzelnen abwechslungsreich und spielerisch geschehen kann, möchten wir Ihrer methodischen Phantasie überlassen, aber noch als ein kleines Beispiel hinzufügen, dass ich [G. A.] seit der sechsten Klasse weiß, dass man *Lärm* mit *ä* schreibt, weil meine Deutsch- und Französischlehrerin mir anlässlich eines Fehlers erklärte, dass es zu *Alarm* gehört.

Einige fehleranfällige Punkte seien besonders erwähnt.

- *ts* statt *tz*, z. B. *Rätsel* statt *Witz; ks, gs, cks* statt *x, chs*; z. B. *Koks, tags, Decks;*

- Konsonantenerleichterung: *du hältst* zu *halten; du kommst* zu *kommen;*

- ähnlich klingende Wortanfänge und -ausgänge: *Ende* vs. *ent-, tot* vs. *Tod; (verschwieg)enste* vs. *(blüh)endste; -lich, -ig, -isch, -ich: freundlich, freudig, neidisch, Teppich.*

- Ganz schwierig sind die Andersschreibungen. Hier sollten in den unteren Klassen wegen der Ranschburgschen Hemmung (vgl. 3.1.2) keine direkten konfrontativen Übungen stattfinden. In den höheren Klassen kann hier durchaus das Bewusstsein für eine Problemstelle weiterhelfen, z. B. [vi:dɐ] mit *ie* oder *i*? Das Phänomen *das – dass* sollte im Rahmen der Zeichensetzung thematisiert werden, vgl. 2.5.2 (2).

Das Verhältnis der ersten (alphabetischen) Stufe (Laut-Buchstaben-Zuordnung) und der zweiten (orthografischen) Stufe (Stammprinzip) gestaltet sich im Rechtschreiblernen verschieden. Am Anfang schreiben die Kinder einerseits alphabetisch, andererseits haben sie sich einzelne Schreibungen gemerkt. In der Grundschulzeit beginnt die orthografische Durchdringung und Ablösung der alphabetischen Schreibungen. Aber selbst Erwachsenen bleibt bei unbekannten Stämmen keine andere Wahl als die Laut-Buchstaben-Zuordnung. Sie ist die letzte Rückzugsbasis (vgl. auch den oft gehörten Hinweis: „Das schreibt man, wie man es spricht.").

Die orthografische Durchdringung der Schreibungen geht auf drei Ebenen vor sich:

1) Unbewusste Speicherung von Schreibschemata, vor allem häufiger Wörter, Morpheme und Buchstabenverbindungen, darunter auch Ausnahmen.

2) Bewusste Überarbeitung alphabetischer Schreibformen gemäß dem Syllabieren oder dem Stammprinzip, also z. B. Auslautverhärtung oder Umlaut. Das ist oft auch das Ziel rechtschreiblicher Übungen.

3) Automatisierung von Schreibprozessen, indem nicht mehr die alphabetische Schreibform überarbeitet, sondern abstrakt auf der Stufe der Lautschemata angesetzt wird (gemäß dem Modell in 1.2.3 und 1.2.6, 1.3.3). Dabei muss dann nicht – wie in 2) – die Auslautverhärtung rückgängig gemacht werden, sondern sie tritt rechtschreiblich gar nicht auf: /vald/ hat als Lautschema den Laut /d/, der zum Buchstaben <d> wird; ebenso liegt dem /ɛ/ in /vɛldɛr/ das /a/ von /vald/ zugrunde, daher sogleich <ä> (und nicht – wie in Stufe 2 *e* zu *ä*).

Ziel des Rechtschreiberwerbs sind alle drei Ebenen: 1 und 3 führen zur Routine und machen den Kopf frei für den Prozess des Formulierens. Die zweite Ebene setzt bewusstes Handeln voraus, das vor allem beim Überarbeiten von Texten aktiviert werden kann.

2.3 Die Getrennt- und Zusammenschreibung (= GuZ)

In der zweiten Stufe haben wir bisher folgende Schreibung erzeugt:

schreibewieduspricststwieduschreibst

Es wird sofort deutlich, dass ein solcher Text noch weitgehend dem Sprechen entspricht, dass er aber nur sehr schwer zu lesen ist. Schon im Lateinischen, das ja das direkte Vorbild für die deutsche Rechtschreibung ist, taucht der Wortzwischenraum auf. Dadurch grenzen sich die Wörter (Gegenstandszeichen) deutlich voneinander ab. Es wird so erst die ganzheitliche Erfassung möglich. Die Getrennt- und Zusammenschreibung (GuZ) ist daher ein Phänomen, das auf der Grenze zwischen dem Wortschatz, also der Bedeutung, und der Grammatik steht. Sie behandelt einen Spezialfall der allgemeinen Feststellung: Wörter werden durch Zwischenräume getrennt. Es geht um die Entscheidung, ob ein zusammengesetztes Wort oder eine Wortgruppe vorliegt. Im Allgemeinen ist das völlig klar, und wir würden uns sehr wundern, wenn jemand *Schreibewie* oder *wiedu* notieren würde. Aber wie ist es mit folgendem Fall:

Sie wollen da bleiben. ≠ *Sie wollen dableiben.*

Im ersten Satz ist *da* Adverb und ist ersetzbar durch *hier, dort*; im zweiten Satz liegt ein zusammengesetztes Verb *dableiben* vor, das Gegenteil wäre z. B. *weggehen, aufbrechen*. (Im ersten Satz ist *bleiben* betont, im zweiten *da*.) D. h.: Grammatik, Wortdeutung und auch die Betonung spielen eine Rolle.

Die Frage, was in schwierigen Fällen ein (zusammengesetztes) Wort (statt einer Wortgruppe) ist, hat schon ganze Generationen von Sprachwissenschaftlern beschäftigt. Wir können sie hier auch nicht lösen. In den allermeisten Fällen gehen die Schreibenden von einem intuitiven Verständnis aus, und sie haben keine Schwierigkeiten, *Haustür, Häuserblock* oder *Hochhaus* als je ein Wort anzusehen. Hier hilft ihnen auch die Grammatik, denn als Wortgruppe ist die *Haustür* eine *Tür ins Haus*, der *Häuserblock* ein *Block von (vielen) Häusern* und *Hochhaus* ein *hohes Haus*. Die Vertauschung der Substantive *Haus* und *Tür*

also A ins B zu (BA), ist typisch für die allermeisten Zusammensetzungen im Deutschen, so dass hier kein Zweifel über den Wortstatus möglich ist. Außerdem wird so das Entscheidende deutlich: **die Zusammensetzung ist eine verkürzte Wortgruppe**. Schwierig wird es genau dann, wenn die Elemente in der Wortgruppe und in der Zusammensetzung unveränderlich, d. h. ohne Verkürzung genau in derselben Reihenfolge stehen. Oft helfen auch hier grammatische Kennzeichen, z. B. ist in der Reihenfolge Adjektiv + Substantiv die Flexion des Adjektivs in der Zusammensetzung weggefallen: *ein hohes Haus*, aber **Hochhaus**. Betrachten wir einen anderen Fall:

stromabwärts
den Strom abwärts

Im zweiten Fall müssen *Strom* und *abwärts* getrennt geschrieben werden, da **den (stromabwärts)* keine sinnvolle Wortgruppe ist, *den* ist der Artikel im Akkusativ zu *Strom*. Verallgemeinernd lässt sich sagen, dass eine Abfolge der Elemente ABC dann eine Getrenntschreibung von B und C anzeigt, wenn A sich nur auf B, aber nicht auf (BC) als Ganzes bezieht. Dies ist hingegen z. B. der Fall bei:

sehr hilfsbereit
A B C

Es macht keinen Sinn, anzunehmen, dass *sehr* sich allein auf *hilfs* bezieht. (Außerdem kommt hier ein Fugenmorphem -*s* vor, das es bei dem Wort *die Hilfe* gar nicht gibt.) Oft kann das Hinzuziehen eines solchen Elements A auch die Probe sein:

Sie hat das Wort GROSS + GESCHRIEBEN.
(a) *Sie hat das Wort (sehr) groß geschrieben.*
(b) *Sie hat das Wort großgeschrieben.*

Im Fall (a) hat sie mit großen, weithin lesbaren Buchstaben geschrieben, sie kann *sehr, mittel, besonders groß* schreiben: alle diese Adverbien bestimmen *groß* näher, im Fall (b) hat sie mit großen Anfangsbuchstaben geschrieben, hier gibt es nur die Alternative groß oder klein, aber keine Abstufung, deshalb macht *sehr* keinen Sinn. D. h., die Schreibung macht die Wortbedeutung sichtbar.

Am selben Beispiel lässt sich auch ein anderes Kennzeichen demonstrieren: die Steigerung. Im Fall (a) ist es sinnvoll zu sagen: *Sie soll das Wort größer schreiben,* im Fall (b) geht das nicht.

Manchmal kommt ein Element auch gar nicht als selbstständiges Wort vor, so dass deshalb schon Zusammenschreibung angezeigt ist: *abhanden, vonstatten*: es gibt nicht *handen, statten*.

In vielen Fällen helfen solche Kriterien, wie die gerade erläuterten, und im Folgenden werden wir sie auch bemühen, aber sie helfen nicht immer.
Eine Möglichkeit ist, zu überlegen, was jeweils gemeint ist, wenn eine neue Gesamtbedeutung entsteht, gilt Zusammenschreibung. Das lässt sich oft auch an der Intonation prüfen.
Viele Zweifelsfälle kann man durch Nachschlagen im Wörterbuch lösen. Manchmal aber entscheidet die grammatische Funktion zweier Wörter, die im Text aufeinanderfolgen, darüber, ob sie voneinander getrennt oder ob sie zusammengeschrieben werden. So werden die aufeinanderfolgenden Wörter *BUS + FAHREN* im folgenden Satz getrennt geschrieben: *Wir wollen mit dem Bus fahren*. Zusammengeschrieben wird aber im folgenden Satz: *Leider wird das Busfahren immer teurer.* Der ganze Ausdruck ist substantiviert gebraucht (vgl. 2.4.2) und wird dadurch zu einer Zusammensetzung.

Die GuZ ist teilweise durch Regeln rekonstruierbar, teilweise beruht sie einfach auf rechtschreiblichen Festlegungen, z. B. schreibt man die *gleiche (Frage)* getrennt, *dieselbe (Frage)* zusammen; *insbesondere* zusammen, *vor allem* getrennt. Auf Grund/aufgrund(!) dieser Unsicherheiten ist die (gebildete) Öffentlichkeit recht tolerant gegenüber Fehlern auf diesem Gebiet.

Die meisten Erwachsenen wenden in diesem Bereich keine bewussten Regeln an, sondern verlassen sich auf ihre Intuition und ihr Gedächtnis, d. h. gespeicherte Zusammensetzungen oder feste Wortgruppen. Die Verzwicktheit der Regeln verschlechtert beim Lernen oft die Leistungen in diesem Bereich.
Die folgende Darstellung ist gegliedert nach der Wortart, die sich bei einer möglichen Zusammensetzung ergibt:

(1) Verben (z. B. *frühstücken, weggehen, fernsehen, heimgehen*)
(2) Adjektive und Partizipien (z. B. *taubstumm, freudestrahlend*)
(3) Substantive (z. B. *der Zweierbob, das Busfahren*)
(4) andere Wortarten (z. B. *stattdessen, diesmal, inmitten*)

2.3.1 Das zusammengesetzte Verb

Ob ein zusammengesetztes Verb (A+Verb) oder eine Wortgruppe A + Verb vorliegt, dafür gibt es zunächst ein klares Kriterium. Ist (A+Verb) in der gesamten Flexion in der Reihenfolge fest, d.h. untrennbar, dann wird es auf jeden Fall zusammengeschrieben (Regel 1):

(1) *Sie will frühstücken.* = *Sie frühstückt.*
Sie hat gefrühstückt.
Sie braucht nicht zu frühstücken.
Er sagt, dass sie frühstückt.

Aber:

(2) *Sie will wegfahren.* ≠ *Sie fährt weg.*
Sie ist weggefahren.
Sie braucht nicht wegzufahren.
Er sagt, dass sie wegfährt.

(3) *Sie will Auto fahren.* ≠ *Sie fährt Auto.*
Sie ist Auto gefahren.
Sie braucht nicht Auto zu fahren.
Er sagt, dass sie Auto fährt.

Bei nichttrennbaren Verben (1) stehen die Elemente **immer** in der Reihenfolge (A+Verb), auch beim normalen Aussagesatz: *Sie frühstückt, schlussfolgert, frohlockt, weissagt, durchbricht die Regel, übersetzt den Text.* Hingegen steht in (2) und (3) A einmal vor, einmal nach dem Verb: *wegfahren – sie fährt weg; Auto fahren – sie fährt Auto.* (Außerdem tritt in (1) das *ge* des Partizips und das *zu* beim Infinitiv vor A, in (2) und (3) zwischen A und B.)

Damit haben wir die Gruppe (1) eindeutig für die Zusammenschreibung festgelegt. Wir müssen nun noch weitere Kriterien heranziehen, um die Gruppe (2) als trennbare zusammengesetzte Verben von der Wortgruppe (3) zu unterscheiden. Die Regeln versuchen dies zu leisten, indem sie nach der Wortart von A in der Verbindung A + Verb vorgehen:

a. Verbzusatz
b. Adjektiv
c. Substantiv
d. Infinitiv

a. Ein Verbzusatz geht zurück auf eine Präposition (1), ein nicht selbstständiges komplexes Adverb (2) oder ein freies Adverb (3).

Bei (1) und (2) gilt immer die Zusammenschreibung. „zu“ kann auch einen Infinitivsatz einleiten: *Da ist nichts zu machen ≠ Du musst die Tür zúmachen; er versuchte die Tür zúzumachen*. Ist das (**erste**) *zu* betont, dann zusammen!

Beim freien Adverb (3) kann die Unterscheidung schwierig sein. Ist es betont, dann zusammen, liegt der Akzent auf dem Grundverb, dann getrennt. Ebenso kann als Probe dienen, ein Wort dazwischen zu setzen: wenn ja, dann getrennt, sonst zusammen:

Er kann wieder(gut) sehen.	*Ich freue mich, dich wíederzusehen.*
Sie wollte dabei (nicht immer) sitzen.	*Sie wollte nicht immer dabeísitzen.*
Wir wollen das zusammen machen.	*Er will das Heu zusámmenmachen.*

Manchmal gibt es lautgleiche untrennbare und trennbare Verben nebeneinander:

untrennbar	trennbar
Sie übersétzt das Buch.	*Sie wollen über den Fluss űbersetzen.*
Er muss die Aussage wiederhólen.	*Sie hat sich das geliehene Buch wíedergeholt.*

Der Akzent liegt hier bei untrennbaren Verben auf dem Stamm, bei trennbaren Verben auf dem Verbzusatz. Probleme mit der GuZ bestehen nicht.

Eine Besonderheit ist, dass der Verbzusatz + *sein* immer getrennt geschrieben wird, z. B. *Sie will da sein; Sie ist da gewesen; Sie ist da*.

In manchen Fällen ist der Verbzusatz lautgleich mit einem Adverb oder einer Partikel. Besonders fehleranfällig ist hier *zu* als Partikel zum Infinitiv oder als Verbzusatz (vgl. 6):

Partikel	Verbzusatz
Sie braucht nichts zu séhen.	*Sie kann dem nicht gut zúsehen.*

Da man ein Verb *zusehen* seinerseits in einer Infinitivkonstruktion mit *zu* gebrauchen kann, ergibt sich ein doppeltes *zu*:

Sie braucht nicht zúzusehen.

Zur Unterscheidung hilft sehr schön der Akzent „Ist *zu* oder das e r s t e *zu* betont, dann e i n Wort“ (Merkspruch!).

getrennt oder zusammen

	Untrennbare Verben	
1 **R**	Untrennbare Zusammensetzungen schreibst du stets zusammen.	*er vollendet es, er hat es vollendet; wenn er es vollendet; er versuchte es zu vollenden.* Ebenso: *frühstücken, schlussfolgern, wetteifern; frohlocken, langweilen, liebkosen, vollbringen, weissagen*
2	Beachte die Verbzusätze *durch-, hinter-, über-, um-, unter-, wider-, wieder* mit dem Ton auf dem Grundverb.	*Er durchbrícht die Regel. Sie übersétzt den Text. Sie umfáhren das Hindernis.* Ebenso: *unterschéiden, widerspréchen, wiederhólen* (noch mal sagen)
	Trennbare Verben	
3 **R**	Trennbare Zusammensetzungen schreibst du zusammen, wenn der erste Bestandteil unmittelbar vor dem Verb oder *zu* dazwischen steht. Im Folgenden findest du, was erster Bestandteil sein kann:	*das Wasser abstellen: er hat es abgestellt; wenn er es abstellt; er versuchte es abzustellen;* aber: *es stellt es ab*
4 •	Verbzusatz + Verb (1) formgleich mit Präpositionen, z. B. *ab-, an, auf-, aus-, entlang,* *hinter-,* *gegenüber-, wider-, zu-*	 *z. B. abfahren* *z. B. widerspiegeln*
	Beachte:	*Du musst die Tür zúmachen ≠* *Da ist nichts zu máchen.*
	(2) keine frei vorkommenden Wörter, z. B. *abhanden-, anheim-, fürlieb-,* *überhand-, umhin-, zurecht-*	 *z. B. abhandenkommen* *z. B. zurechtkommen*
	(3) formgleich mit Adverbien, z. B. *(ab)wärts-, (aus)einander-,* *heraus- ...,* *hinaus ..., voran ..., weg-, weiter, wieder-, zusammen-, zuvor-*	 *z. B. abwärtsgehen* *z. B. hinausgehen* *z. B. zuvorkommen*

Trennbare Verben		
5	Zur Unterscheidung von Adverb und Partikel achte auf den Akzent und die unterschiedliche Bedeutung.	*Mit der neuen Brille kann ich wieder séhen. ≠ Ich freue mich dich wíederzusehen.* *Wir können dabei (= bei diesem Tun) sítzen. ≠ Wir können dabéisitzen (= bei den anderen).* *Wir wollen zusammen (= gemeinsam) kómmen. ≠ Wir wollen zusámmenkommen (= uns treffen).*
6	Verbindungen mit *sein* schreibst du immer auseinander.	*da sein, weiter sein* *fertig sein*
	Beachte die unterschiedliche Bedeutung und Betonung:	
	getrennt:	*Wir wollen wieder* (= noch einmal) *kómmen.*
	zusammen:	*Wir wollen wíederkommen* (= zurückkommen).
	getrennt:	*Wir wollen zusammen* (= gemeinsam) *kómmen.*
	zusammen:	*Wir wollen zusámmenkommen* (= uns treffen).
	getrennt: zusammen:	*Da ist nichts zu máchen.* *Du musst die Tür zúmachen.*
	Faustregel: Ist das (**erste**) *zu* betont, dann zusammen.	*Er schaffte es nicht, die Tür zuzumachen.*

b. Beim Typ Adjektiv + und Verb ist es wohl am günstigsten, keine Regeln zu üben, sondern durch die Fülle von Beispielen den Sinn der Regel 7 deutlich zu machen, denn es geht um die Bedeutung der Wörter. Sie wurden zwar einmal aus dem Adjektiv und dem Grundverb gebildet, sind aber heute in ihrer Bedeutung idiomatisch. Manchmal gibt es auch in anderem Sinn die Wortgruppe:

Er kann gut schreiben. > < *den Betrag gútschreiben*
besser
flüssig
leserlich

Sie kann frei sprechen. > < *den Lehrling freísprechen*
eindringlich
ohne Manuskript

Die Regel 8 braucht man nicht zu üben, da sie eine Kann-Regel ist.

c. Substantiv + Verb: Hier gilt es laut amtlichem Regelwerk (2006) zwei Gruppen zu unterscheiden. Einmal erste Bestandteile, deren Wortartkategorie nicht eindeutig ist: *fehl-, feil-, heim-, irre-, kund-, preis-, wahr-, weis-, wett-*. Zum anderen einige Zusammensetzungen mit klar erkennbaren Substantiven; die Aufzählung in §34(3) ist abschließend: *eislaufen, kopfstehen, leidtun, nottun, standhalten, stattfinden, stattgeben, statthaben, teilhaben, teilnehmen, wundernehmen.* In der Distanzstellung bleibt die Kleinschreibung erhalten, z. B.

preisgeben	*er gibt preis*
kopfstehen	*sie steht kopf*

In allen anderen Fällen werden Fügungen aus Substantiv + Verb als Wortgruppe angesehen und daher getrennt geschrieben, z. B. *Schlange stehen, Klavier spielen, Rad fahren.*

d. Ist A ein **Infinitiv**, so wird normalerweise getrennt geschrieben (Regel 15): *Du kannst den Satz an der Tafel stehen lassen.* Dass bei *kennen lernen* und bei übertragener Bedeutung auch Zusammenschreibung möglich ist, muss nicht eigens geübt werden.

Adjektiv + Verb		
7 (1) Du schreibst zusammen, wenn sich eine neue Gesamtbedeutung ergibt.	*krankschreiben, jmd. freisprechen heimlichtun, (politisch) kaltstellen kürzertreten, richtigstellen schwerfallen (Mühe machen) heiligsprechen, fertigstellen*	getrennt oder zusammen
8 (2) Du kannst ein <u>einfaches</u> Adjektiv mit dem Verb zusammenschreiben, wenn das Adjektiv das Resultat benennt.	*blank putzen/blankputzen, glatt hobeln/glatthobeln*	
9 Hinweis: Bei komplexem Adjektiv gilt Getrenntschreibung.	*bewusstlos schlagen, blitzeblank putzen, dingfest machen*	
10 Dies gilt meist auch bei Adjektiven auf ig, -lich und immer bei -isch (vgl. aber 7)	*lästig fallen übrig bleiben kritisch denken*	
11 Ebenso bei Partizip + Verb	*gefangen nehmen, geschenkt bekommen, getrennt schreiben, verloren gehen*	

getrennt oder zusammen			
	Substantiv + Verb		
	12	Folgende Wörter schreibst du mit dem Verb zusammen: (1) *fehl(gehen), feil(bieten) heim(gehen) irre(werden), kund(tun) preisgeben, wahrnehmen weissagen, wetteifern*	 *Du kannst nicht fehlgehen.* *Sie will heimgehen.* *das Haus wahrnehmen* *Sie wetteifern um den Sieg.*
		(2) *eislaufen, kopfstehen leidtun, nottun standhalten, statt(finden) teil(nehmen), wunderneh-men*	*Sie will eislaufen/läuft eis.* *Das soll dir noch leidtun.* *Sie können standhalten.* *Er will nicht teilnehmen.*
	13	In allen anderen Fällen ge-trennt	z. B. *Auto fahren, Rad fahren, Angst haben, Feuer fangen, Maß halten, Schlange stehen*
	14	Hinweis: Bei Substantivierung jedoch zusammen (vgl. 26):	*Das Radfahren macht Spaß.* *Das Schlangestehen ermüdet.*
	Infinitiv + Verb		
	15	Infinitiv + Verb schreibst du normalerweise getrennt.	*liegen lassen, liegen gelassen, sitzen bleiben, spazieren gehen*
		Hinweis: Bei Substantivierung jedoch zusammen (vgl. 26):	*Das Spazierengehen macht Spaß.*

2.3.2 Das zusammengesetzte Adjektiv und Partizip

Partizipien können wie Adjektive als Attribut verwendet werden, wir können sie daher hier zusammen behandeln:

Adjektiv: *der Kampf ist hart – der harte Kampf*
Partizip: *der Kampf ist gewonnen – der gewonnene Kampf*

Als Hauptkriterium für die Bestimmung der Zusammensetzung gilt die Reduktion aus einer Wortgruppe:

Wortgruppe	>	Zusammensetzung
von Angst erfüllt		*angsterfüllt*
vor Freude strahlend		*freudestrahlend*
weich wie Butter		*butterweich*
taub und stumm		*taubstumm*
schwach durch das Alter		*altersschwach*
aufs Schwerste behindert		*schwerstbehindert*
mit dunkler Haut		*dunkelhäutig*

Teilweise ist dies noch mit einer Vertauschung der Elemente A und B verbunden, wie in *butterweich*, oder aber es erscheint ein in der Wortgruppe nicht vorhandenes Fugenmorphem wie in *altersschwach* oder ein Element kommt nicht selbstständig vor wie in *dunkelhäutig*.

Ist der zweite Teil ein Partizip, so erlaubt das amtliche Regelwerk (2006) beide Schreibungen (Nr. 21) ohne(!) semantische Differenzierung: *die allein erziehende/alleinerziehende Mutter, ein klein geschnittenes/kleingeschnittenes Gemüse.* Bei der Steigerung kommt es darauf an, ob die Endung -er/este an das Partizip kommt, dann zusammen, oder an das erste Adjektiv, dann getrennt, z. B.:

ein schwerwiegender Vorfall → ein schwerwiegenderer Vorfall
ein schwer wiegender Vorfall → ein schwerer wiegender Vorfall

Getrenntschreibung gilt auch, wenn der erste Teil erweitert ist: *ein besonders schwer wiegender Fall.*

Adjektive und Partizipien

getrennt oder zusammen

16	**R**	Den ersten Bestandteil schreibst du mit dem Adjektiv oder Partizip zusammen,	
17	•	wenn er für eine Wortgruppe steht.	*angsterfüllt* (= von Angst erfüllt); ebenso: *bahnbrechend, butterweich, fingerbreit* (aber: *zwei Finger breit*), *freudestrahlend, hitzebeständig, jahrelang* (aber: *viele Jahre lang*), *meterhoch* (aber: *viele Meter hoch*); *denkfaul, schreibgewandt; graublau* (= *grau und gleichzetig blau*), *taubstumm*
	Beachte:		
18	•	Oft mit Fugenelement:	*altersschwach, anlehnungsbedürftig, sonnenarm, werbewirksam*
19	•	Ein Bestandteil kommt nicht selbstständig vor.	*schwerstbehindert, blauäugig, großspurig, vieldeutig*
20	•	wenn der erste **einfache** Bestandteil den zweiten Bestandteil verstärkt	*bitter-* (*bitterböse, bitterernst*) ebenso: *brandneu, erzunglücklich, extragroß, hypergenau, stocksauer, supergut, ultrarechts, uralt*
21	•	Bei Partizipien sind beide Schreibungen möglich.	*den Rat suchenden/ ratsuchenden Bürger*
22	•	Bei der Steigerung ergibt sich: Bei der Erweiterung	*ein schwerwiegenderer Vorfall* *ein schwerer wiegender Vorfall* *ein sehr schwer wiegender Vorfall*
23	•	Partizipien	*abschreckend hässlich, blendend weiß, leuchtend rot; das Bild war gestochen scharf*

Ist B ein Adjektiv, so kommen als erstes Wort A nur Fälle von Verstärkung vor. Solche Verstärkungspartikel schreibt man, wenn sie nicht abgeleitet, d. h. also einfach sind, mit dem Adjektiv zusammen: *bitterböse, erzunglücklich, stocksauer, hypergenau*. Ist das zu steigernde Wort ein abgeleitetes Adjektiv auf *-ig, -isch, -lich* oder ein Partizip, so schreibt man getrennt: *riesig groß, abschreckend hässlich*. Nicht betroffen sind natürlich Adverbien wie *sehr, ganz, besonders* (*schön, hässlich, gewagt*).

Beide Schreibungen sind möglich, wenn *nicht* als erstes Wort (A) vorausgeht: *Die nichtöffentliche/nicht öffentliche Sitzung.*

2.3.3 Das zusammengesetzte Substantiv

Hier ist die Zusammenschreibung fast immer unproblematisch. In den meisten Fällen liegt in der Zusammensetzung eine Reduktion aus einer Wortgruppe mit Vertauschung der Elemente A und B vor, meist unter Weglassung grammatischer Wörter. So ist ein *Zweierbob* entstanden aus: *ein Bob für zwei Personen/Sportler*, also A + B zu (BA).

Durch die Substantivierung werden Wortgruppen mit Verb zu Zusammensetzungen:

Auto fahren > *das Autofahren*
sitzen bleiben > *das Sitzenbleiben*

Neben dem Normaltyp der Zusammensetzung gibt es auch Zusammenrückungen: *das Vergissmeinnicht, das Stelldichein*. Normalerweise steht aber hier ein Bindestrich: die *Mund-zu-Mund-Beatmung* (vgl. 2.3.5). Ein ähnliches Problem ergibt sich bei den Eigennamen: Zweigliedrige Verbindungen, bei denen A seinerseits ein Eigenname sein kann, schreibt man zusammen: *Europabrücke, Schillerstraße*, alle anderen mit Bindestrich, z. B. *Möbel-Franz* (vgl. 2.3.5).

getrennt oder zusammen

nicht

24 **R**	Getrennt oder zusammen kannst du Fügungen mit ***nicht*** schreiben.	*Die Sitzung ist nicht öffentlich/ nichtöffentlich. Das Messer ist aus nicht rostendem/nichtrostendem Stahl hergestellt.*

Zahlen

25 **R**	Zusammen schreibst du mehrteilige **Grundzahlen** unter einer Million sowie alle mehrteiligen **Ordnungszahlen**.	*dreizehn, neunzehnhundertsechsundneunzig; der siebzehnte Oktober, der zweimillionste Besucher* Aber: *eine Million Teilnehmer, zwei Milliarden fünfhunderttausend Menschen*

Substantive

26 **R**	Substantivische Zusammensetzungen schreibst du zusammen.	
	Substantive:	*Haustür, Haustürschlüssel* *Airbag, Zweierbob, Ichform*
	Substantivierungen:	*das Autofahren* (aber: *ein Auto fahren*), *das Sitzenbleiben, ein Ratsuchender, das Dasein* *das Stelldichein, das Vergissmeinnicht* (vgl. aber 37)
	Eigennamen:	*Europabrücke, Brennerpass, Glocknergruppe* (vgl. aber 39), *Bahnhofstraße, Drosselgasse*

2.3.4 Andere Wortarten

Bei den Zusammensetzungen, die als Ganzes Verben, Adjektive oder Substantive sind, ist in den allermeisten Fällen das letzte Element auch jeweils ein Verb (z. B. *heimzahlen*), Adjektiv (*bitterböse*) bzw. ein Substantiv (z. B. *Haustür*). Dies ist bei den ‚anderen Wortarten' nicht der Fall. So ist *zuhanden* kein Substantiv, obwohl das letzte Wort *Hand* zu dieser Wortart gehört. Hier handelt es sich meistens um erstarrte Fügungen, die das Kind im Spracherwerb als Ganzes lernt; sie sind trotz ihres oft reihenden Charakters meist nicht mehr konstruierbar. Das wird auch daran deutlich, dass gelegentlich veraltete Endungen auftreten, z. B. *zuhanden, vonstatten, inmitten, zurande, -seits* (*einerseits*). Nicht-Konstruierbarkeit und mangelnde semantische Durchsichtigkeit führen zur Zusammenrückung und damit orthografisch zur Zusammenschreibung. Die Übergänge sind jedoch fließend.

Das amtliche Regelwerk (2006) begnügt sich mit einer Liste von Wörtern für das erste oder zweite Element, z. B. Zusammenschreibung bei Bildungen mit *-dessen* (*indessen, infolgedessen, unterdessen, stattdessen*) oder mit *irgend-* (*irgendein, irgendjemand, irgendwer, irgendwann, irgendwie*). Es ist daher für die Schule das Beste, den Sachverhalt nicht bewusst zu lernen. Die getrennt und zusammengeschriebenen Fügungen müssen sich den Lernenden allmählich einprägen. Gerade in diesem Bereich ist Toleranz angesagt!

2.3.5 Der Bindestrich

Im amtlichen Regelwerk erhält der Bindestrich ein eigenes Kapitel C nach der GuZ, Kapitel B. Wir schließen ihn hier direkt an, weil er eine Sonderform der GuZ darstellt. Die Grundentscheidung ist zunächst einmal, dass das Wort eine Zusammensetzung ist. Der Bindestrich macht zusätzlich die Binnenstruktur der Zusammensetzung deutlich. Die Lesenden erhalten so eine ganz klare Hilfe, welche Leseirritationen gar nicht erst aufkommen lässt. Der Bindestrich geht also in seiner Funktion auf das Stammprinzip zurück (vgl. 2.2.4). Dies zeigt sich auch daran, dass die Substantive mitten im Wort nach dem Bindestrich großgeschrieben werden, z. B.: *Goethestraße*, aber *Heinrich-Heine-Straße; die Mund-zu-Mund-Beatmung* …

	Andere Wortarten	
getrennt oder zusammen	Es ist schwierig, Regeln anzugeben. Im Zweifelsfall musst du im Wörterverzeichnis nachschlagen.	
	R Zusammen schreibst du bei erstarrten Fügungen, vor allem	
	27 • mit dem **zweiten** Bestandteil:	
	-dessen	*indessen, infolgedessen, unterdessen, stattdessen*
	-dings	*allerdings, neuerdings, schlechterdings*
	-falls	*allenfalls, ander(e)nfalls, keinesfalls, schlimmstenfalls* (aber: *auf keinen Fall*)
	-halber	*umständehalber*
	-mal	*diesmal, einmal, zweimal, keinmal, manchmal* (aber: *dieses eine Mal, viele Male, einige Male*)
	-mals	*erstmals, letztmals, vielmals*
	-seits	*meinerseits, einerseits, and(e)rerseits,* (aber: *auf der anderen Seite*)
	-so	*ebenso, genauso, geradeso, sowieso, umso, wieso*
	-wegs	*geradewegs, keineswegs, unterwegs*
	-weise	*probeweise, klugerweise, schlauerweise,* (aber: *auf schlaue Weise*)
	-zeit	*derzeit, jederzeit, seinerzeit, zurzeit* (aber: *zur Zeit Karls des Großen*)
	-zeiten	*beizeiten, zuzeiten* (aber: *zu Zeiten Goethes*)
	-zu	*allzu, geradezu, hierzu, immerzu*

Andere Wortarten

28	• mit dem **ersten** Bestandteil:	
	bei-	*beinahe, beisammen, beizeiten*
	der-	*derart* (aber: *von der Art*), *dermaßen, derzeit* (aber: *zu der Zeit*)
	irgend-	*irgendein, irgendjemand, irgendwer, irgendwann, irgendwie ...* (aber: *irgend so ein*)
	nichts-	*nichtsdestoweniger*
	zu-	*zuallererst, zuerst, zuhinterst, zuletzt, zumindest, zunächst, zuoberst, zuunterst, (dir) zuliebe*
	so- (Konjunktion)	*sobald, sofern, solange, sooft, soviel, soweit, sodass/so dass*
	Beachte: Adverb oder Konjunktion:	*Du weißt so viel.* Aber: *Er kommt morgen, soviel ich weiß.* *Sie hat uns so oft besucht.* Aber: *Du kannst kommen, sooft du willst.*
29	• bei einigen erstarrten Fügungen aus Präposition + Substantiv (oft + Verb):	*abhandenkommen, anheimfallen (stellen), beiseitelegen, überhandnehmen, vonstattengehen, zugutehalten (kommen), zunichtemachen, zuteilwerden* Konjunktionen: *anstatt (dass/zu)* Präpositionen: *anhand des/der, anstatt, infolge, inmitten, zufolge*
	Hinweise	
30	• In manchen Fällen kannst du getrennt oder zusammenschreiben.	*außerstande/außer Stande sein, zumute/zu Mute sein, zurande/zu Rande kommen* usw.; *anstelle/an Stelle des, zugunsten/zu Gunsten des* usw.
31	• Normalerweise schreibst du getrennt.	*zu Ende gehen/kommen, zu Fuß gehen, zu Hilfe eilen, zu Wasser und zu Lande, zu Schaden kommen*

Bindestrich

getrennt oder zusammen

	R	Du musst einen Bindestrich setzen in Zusammensetzungen	
32	•	mit Einzelbuchstaben	*i-Punkt, n-Eck, A-Dur, b-Moll, T-Shirt, x-beliebig, y-Achse*
33	•	mit Abkürzungen	*D-Zug, Fußball-WM, UV-bestrahlt, Inf.-Büro (= Informationsbüro), Tgb.-Nr. (= Tagebuchnummer)*
34	•	mit Ziffern	*3-Tonner, 5-mal, 100-prozentig, 17-jährig, der 17-Jährige, 8:6-Sieg,* auch: *2-Mark-Stück, 800-Jahr-Feier, 400-m-Lauf, 2-Zimmer-Wohnung*
35	•	aus Einzelbuchstabe + *te*	*x-te, zum x-ten Mal, die n-te Potenz* aber: *das 25fache, 100%ig*
36	•	aus Zahl + *stel* oder *er-* + Nomen	*ein 100stel-Millimeter, die 61er-Bildröhre*
37	**R**	Wird eine Wortgruppe durch Substantivierung zur Zusammenrückung, musst du zwischen allen Bestandteilen Bindestriche setzen.	*das Entweder-oder, ein Sowohl-als-auch, ein Kopf-an-Kopf-Rennen, die Mund-zu-Mund-Beatmung, der Trimm-dich-Pfad, das Auf-die-lange-Bank-Schieben*
	R	In zusammengesetzten Eigennamen musst du einen Bindestrich setzen,	
38	•	wenn der zweite oder beide Teile Namen sind	*der Möbel-Schmidt, Herr Müller-Lüdenscheid* (aber: *Heulsuse*), *Frau Müller-Weber, Baden-Württemberg, alt-wienerisch*
39	•	wenn der erste Teil aus mindestens zwei Namen besteht	*Albrecht-Dürer-Straße, Heinrich-Heine-Platz* (aber: *Dürerallee, Heineplatz*); *Elbe-Havel-Kanal, Oder-Neiße-Grenze, Georg-Büchner-Preis;* ebenso: *Van-Gogh-Ausstellung*

Der Bindestrich hat **zwei Funktionen**:

Erstens dient er dazu, Zusammensetzungen mit Einzelbuchstaben, Abkürzungen und Ziffern schreiben zu können, so dass es nicht zu Leseschwierigkeiten kommt, wie z. B. bei *A-Dur, T-Shirt, x-beliebig, Fußball-WM* sowie *17-jährig, der 17-Jährige, 3-Tonner.* In diesen Fällen muss ein Bindestrich gesetzt werden.
Zweitens dient der Bindestrich dazu, besonders in mehrfach zusammengesetzten Wörtern, die einzelnen Bestandteile hervorzuheben und so das Lesen und Verstehen des Aufbaus der Zusammensetzung zu erleichtern, wie z. B. *Arbeiter-Unfallversicherungsgesetz, der dass-Satz, ein Kopf-an-Kopf-Rennen, die Heinrich-Heine-Straße.* Hier gibt es Fälle, bei denen ein Bindestrich gesetzt werden muss, und Fälle, bei denen er gesetzt werden kann.

Im Regeltext sind nur die Fälle angeführt, bei denen ein Bindestrich gesetzt werden muss. Ein weiterer Kommentar ist u. E. nicht nötig. Die (gebildete) Öffentlichkeit ist auch bei Fehlern zum Bindestrich großzügig.

2.3.6 Unterrichtliche Hinweise zur Getrennt- und Zusammenschreibung und zum Bindestrich

Die GuZ ist als unterrichtlicher Gegenstand nur etwas für die höheren Klassen, da neben der Prüfung von Intonation und Wortdeutung auch ein gerüttelt Maß an grammatischen Kenntnissen notwendig ist, um die Zusammenhänge bewusst zu durchschauen. Vieles lernen Kinder intuitiv, so z. B. die Zusammenschreibung von untrennbaren Verben, von Partikeln + Verb, von Substantiven, und es ist daher vielleicht besser, gar nicht daran zu rühren.

In anderen Fällen sollten klare **Faustregeln** präsent sein, z. B. stets **getrennt**:

• Infinitiv + Verb	*spazieren gehen*
• steigerbares Adjektiv + Verb	*rasch gehen*
• Adjektive auf *-ig, -lich* + Adjektiv	*schrecklich nervös*
• Wort + *sein*	*da sein*
• Substantiv + Verb	*Auto fahren*

Stets **zusammen:**

• Fugenmorphem	*hilfsbereit*
• verkürzte Wortgruppe	*freudestrahlend (< vor Freude ...)*
• Vertauschung	*Haustür (< Tür ins Haus)*

- ein Teil unselbstständig — *schnelllebig*
- nicht trennbares Verb — *er schlussfolgert*
- nicht steigerbares Adj. + Verb — *fernsehen*

Hier ist natürlich ein schwieriger Punkt die doppelte Funktion von *zu* als Partikel (*die Tür zúmachen*) und als Zeichen für die Infinitivkonstruktion (*da war nichts zu máchen*). Oben stehen dazu schon einige unterrichtliche Hinweise.

Bei den Zusammensetzungen zu den anderen Wortarten gibt es, außer analogen Reihenbildungen, z. B. mit *-dessen*: *infolgedessen, stattdessen, währenddessen* usw., keine Übungsmöglichkeiten. Zum Glück ist hier die Öffentlichkeit (auch wegen eigener Unsicherheit) sehr tolerant.

2.4 Die Groß- und Kleinschreibung (= GuK)

Auf der dritten Stufe haben wir die Wortzwischenräume eingeführt und dadurch eine ganzheitliche Erfassung der Wörter ermöglicht. Der kontinuierliche Lautstrom wird zerlegt:

schreibe wie du sprichst wie du schreibst

Nun kommt in der Schrift ein Weiteres hinzu, das es in der Lautung gar nicht gibt: große Buchstaben als markierte Varianten zu kleinen Buchstaben am Wortanfang (und gelegentlich im Wortinnern nach dem Bindestrich). Dadurch erhalten die Lesenden einen sichtbaren Hinweis auf:

- den Satzanfang
- das erste Wort einer Überschrift, z.B. *Haushoher Sieg*
- ein Substantiv
- Substantivierungen: andere Wortarten in der Funktion eines Substantivs, z.B. *das Auf und Ab*
- einen Eigennamen, z.B. *der Schiefe Turm von Pisa*
- eine besondere feste Fügung, z.B. *Königliche Hoheit*
- das Anredepronomen *Sie*, fakultativ *Du* in Briefen

Dabei gehören der Satzanfang und die frei stehende Zeile (Überschrift, Werktitel, Anschrift) näher zusammen. In beiden Fällen handelt es sich um Anfangsgroßschreibung (1). Die Großschreibung der Substantive und Substantivierungen ist hingegen grammatisch bedingt (2). Die Eigennamen werden als spezielle lexikalische Einheiten markiert und die festen Fügungen werden dann großgeschrieben, wenn sie eine eigennamenähnliche Funktion haben (3). Schließlich geht es bei der Großschreibung des Anredepronomens *Sie* um eine Andersschreibung (vgl. 2.2.6), verbunden mit dem Moment der Ehrerbietung (4). Daraus ergibt sich für das Kapitel zur Großschreibung folgender Aufbau:

(1) Anfangsgroßschreibung: Satzanfang und frei stehende Zeile
(2) Grammatische Großschreibung: Substantiv und Substantivierung
(3) Lexikalische Großschreibung: Eigenname und eigennamenähnliche feste Fügung
(4) Anredepronomen

2.4.1 Die Anfangsgroßschreibung: Satzanfang und frei stehende Zeile

Die Regeln zum Satzanfang 1–4 sind völlig unproblematisch und auch nicht besonders fehleranfällig. Vielleicht braucht man die dritte Regel über die Großschreibung nach Gliederungsangaben nicht zu den wichtigsten Regeln zu rechnen.
Wie schon angedeutet, ist die frei stehende Zeile (Überschriften, Werktitel, Anschriften; 5–8) ein Sonderfall des Satzanfangs. Werktitel und Bezeichnungen für Veranstaltungen – idealiter frei stehende Zeilen – kann man jedoch auch im Satzinnern gebrauchen, z. B. *Sie lasen Bölls Roman Wo warst du, Adam? Sie besuchten die Grüne Woche in Berlin.* Es ist möglich (und auch üblich), solche Werktitel und Veranstaltungsbezeichnungen auch anderweitig abzugrenzen, z. B. durch Kursivschrift oder Anführungszeichen, z. B. *Sie schickte einen Leserbrief an „Die Zeit“.* Werktitel und Veranstaltungsbezeichnungen stehen auch den Eigennamen nahe. Jedoch gilt hier nur Anfangsgroßschreibung, d. h. – im Gegensatz zu den Eigennamen –, es werden die Adjektive (außer in Anfangsposition) nicht großgeschrieben: *Sie lasen Kleists Der zerbrochne Krug.*

	Satzanfang			
groß oder klein	1	**R**	Das erste Wort eines Ganzsatzes schreibst du groß.	*Gestern hat es geregnet. Und heute? Komm hierher! Wann singt sie?*
			Das gilt auch	
	2	•	für die wörtliche Rede	*Sie riefen: „Hier!“ Er sagte: „Wir wissen es nicht.“*
	3	•	nach Gliederungsangaben	*3. Die Besitzerinnen und Besitzer von Haustieren sollen …* *§ 2 Die Volljährigkeit tritt mit der Vollendung des 18. Lebensjahres ein.*
	4	**R**	Folgt nach dem Doppelpunkt ein ganzer Satz, kannst du groß- oder kleinschreiben.	*Die Regel lautet: Würfelt man eine Sechs, dann … Haus und Hof: alles hatte er verloren.*
	Aber klein, wenn kein vollständiger Satz folgt.			*Er kaufte Äpfel: grüne, gelbe und rote.*

Überschriften, Werktitel, Anschriften

	R	Das erste Wort schreibst du groß bei	
5	•	Überschriften (z. B. bei einem Aufsatz)	*Hohe Schneeverwehungen behindern Autoverkehr; Mein Lieblingstier* *Keine Chance für Friedensgespräche*
6	•	Werktiteln aller Art	*Ein Fall für zwei* (Krimireihe) *Wo warst du, Adam?* (Roman) *Ungarische Rhapsodie* (Musikstück) *Bayerisches Hochschulgesetz*
7	•	Bezeichnungen für Veranstaltungen	*Internationaler Ärzte- und Ärztinnenkongress; Grüne Woche* (in Berlin)
8	•	Anschriften, Datumszeilen, Anreden und Grußformeln in Briefen	*Freitag, 1. März 1998* *Frau* *Ulla Schneider* *Rüdesheimer Straße 29* *D-65197 Wiesbaden* *Sehr verehrte Frau Schneider,* *die neue Rechtschreibung* *gilt ab heute und ...* *Mit freundlichen Grüßen* *Werner Meier*

2.4.2 Die grammatische Großschreibung: Substantive und Substantivierungen

Wenn man Substantive normalerweise groß-, aber gelegentlich auch kleinschreibt und Nicht-Substantive normalerweise klein-, aber gelegentlich auch großschreibt, so kann das Kriterium für die Groß- und Kleinschreibung nicht die Wortart sein. Will man dennoch von den Wortarten ausgehen, wie es das amtliche Regelwerk tut, **so muss man zweierlei unterscheiden: die Wortartzuweisung im Wörterbuch und den Gebrauch der Wörter im Satz**. Es ergeben sich folgende Beziehungen:

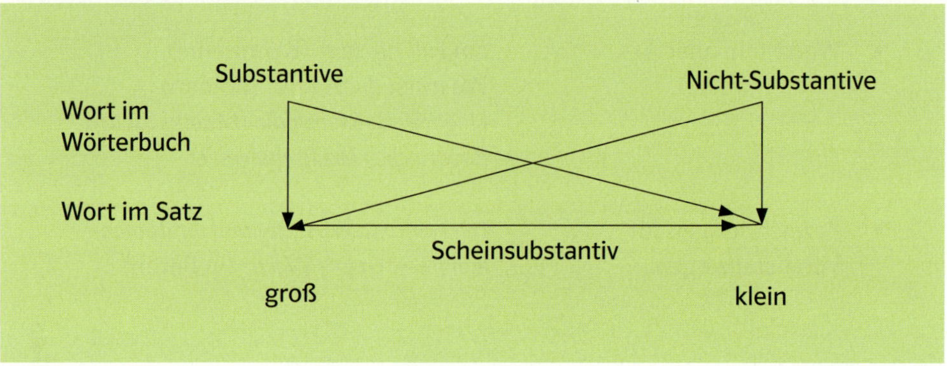

Daraus ergibt sich der Aufbau der Wortartgroßschreibung:

- Substantive und Desubstantivierung
- Substantivierung und Scheinsubstantivierung

Dazu im Einzelnen:

Substantive und Desubstantivierung

Die Großschreibung des im Wörterbuch als Substantiv eingestuften Wortes ist auch im Text das Normale, die Kleinschreibung als Desubstantivierung ist die absolute Ausnahme. Man kann nicht jedes Substantiv desubstantivieren, es gibt nur einige historische Fälle (vgl. 14–20):

- die Adverbien *angst, gram, leid, pleite, schuld + sein, bleiben, werden*
- die Substantive bei trennbaren Verben (vgl. 2.3.1), z. B. (*heimgehen*) *sie geht heim*
- Adverbien auf *-s, -ens,* z. B. *abends, rechtens*
- *ein bisschen, ein paar*
- Bruchzahlen auf *-tel, -stel,* z. B. *ein zehntel Millimeter, eine hundertstel Sekunde*
- acht Präpositionen, z. B. *dank, kraft + Genitiv*

Substantive

9	**R**	Substantive schreibst du groß.	*der Tisch, die Gabel, das Genie; drei Sandkästen, ihre Bluejeans*
		Hinweis: Viele Substantive erkennst du an den besonderen Endungen.	*Verständnis, Verantwortung, Freundlichkeit, Aktion, Neutralität*
			auf Abruf, in Bälde, im Grunde; etwas außer Acht lassen; Auto fahren, eines Abends, heute Mittag, gestern Abend; das Paar trat vor den Altar
		Auch Personennamen und geografische Eigennamen	*Gabriele, Markus, Goethe, Europa, Wien, Alpen*
		Das gilt auch	
10	•	für das erste Wort in Bindestrich-Substantiven	*der Trimm-dich-Pfad, das In-den-Tag-hinein-Leben, die X-Beine*
11		Ausnahmen: Abkürzungen, zitierte Wortformen und zitierte Einzelbuchstaben am Anfang	*die km-Zahl, der ph-Wert, der dass-Satz, die x-Achse, der i-Punkt*
12	•	für alle Substantive in Bindestrich-Zusammensetzungen	*der 400-m-Lauf, der Trimm-dich-Pfad, die Mund-zu-Mund-Beatmung Napoelon-freundlich, Formel-1-tauglich*

Desubstantivierung

groß oder klein

R	Klein schreibst du	
13 •	einige Adverbien, die neben den gleichlautenden Substantiven stehen: *angst, feind, freund, gram, klasse, leid, pleite, schuld, spitze* in Verbindungen mit *sein, bleiben, werden*	*Mir wird angst. Uns ist angst und bange. Die Firma ist pleite. Er ist schuld daran. Das ist spitze.* Aber als Substantive groß: *Ich habe Angst. Er macht Pleite. Ihn trifft keine Schuld.*
14	Bem.: Manchmal gibt es nebeneinander ein Substantiv und ein gleichlautendes Adjektiv.	*das fette Fleisch; Das Fleisch ist fett.* Aber: *Die Wurst hat viel Fett. Er isst Fett/fett.*
	Hilfe für den Zweifelsfall: Bei der Frage mit „Was?“, „Wer?“ groß „Wie?“ klein	*eine ernste Angelegenheit; Die Sache ist ernst.* > < *der Ernst der Lage; Er macht Ernst mit seiner Drohung. Das ist der rechte* (= richtige) *Zeitpunkt. Ist es recht, wenn ich jetzt gehe?* > < *Es ist sein Recht.*
15 •	folgende Substantive der trennbaren Verben: *haus-, heim-, irre-, leid-, not-, stand-, statt-, teil-, wunder-*	*Er geht heim. Sie hält stand. Viele nehmen teil.*
16 •	in andere Wortarten abgeleitete Wörter mit *-s, -ens*	*Sie trafen sich abends. Das Training ist immer donnerstags. Der Angeklagte wurde mangels Beweisen freigesprochen.* Aber: *Sie trafen sich am Abend/des Abends. Das Training ist am Donnerstag. Der Angeklagte wurde aus Mangel an Beweisen freigesprochen.*
17 •	*ein bisschen* (= ein wenig) *ein paar* (= einige)	*Er hatte ein bisschen geschlafen.* *Sie wanderten ein paar Kilometer.* Aber: *ein Bisschen* (= ein kleiner Bissen) *Brot; ein Paar Schuhe*

Desubstantivierung		
18 • Bruchzahlen auf *-tel* und *-stel* vor Maßangaben	*ein zehntel Millimeter; eine viertel Stunde; eine hundertstel Sekunde* Aber: *ein Zehntel der Zeit; ein Viertel des Umsatzes; um ein Fünftel größer*	**groß oder klein**
19 • einige Präpositionen, die neben den gleichlautenden Substantiven stehen: – *dank* – *kraft* – *laut* – *statt* – *an … statt* – *trotz* – *um … willen* – *zeit*	 *dank deiner Hilfe* *kraft des Gesetzes* *laut der Verordnungen* *statt der versprochenen Hilfe* *an Kindes statt* *trotz heftigen Widerstandes* *um der Gerechtigkeit willen* *zeit seines Lebens* Aber als Substantive groß, z.B.: *der Dank für seine Hilfe*	

Vom heutigen Standpunkt aus kann man nur konstatieren, dass diese Wörter lautgleich neben den Substantiven stehen. Bei einer exakten grammatischen Analyse machen diese Phänomene zwar keine Schwierigkeit, wohl aber den Lernenden, und dies deshalb, weil sie und die wenig schreibenden Erwachsenen offensichtlich überhaupt nicht gemäß einer grammatischen Analyse vorgehen, sondern nach drei Oberflächenphänomenen:

1. Bei Substantiven haben sie meist ein Schreibschema mit großem Anfangsbuchstaben aufgebaut und gespeichert. Deshalb fällt es ihnen auch schwer, *wunder* in: *es nimmt sie wunder* kleinzuschreiben.

2. Es gibt charakteristische Wortausgänge. Während *-heit, -ung, -ion* eindeutig Großschreibung hervorrufen und *-ig, -lich* Kleinschreibung, ist das Suffix *-s*, z. B. in *abends*, nicht trennscharf genug gegenüber dem Genitiv-*s*, z. B. *des Abends;* daher setzt sich hier fälschlicherweise das gespeicherte Schema *Abend* mit großem *A* durch.

3. Der Artikel, möglichst direkt vor dem Wort, hat eine Großschreibung auslösende Funktion. Er löst auch bei Nicht-Substantiven Großschreibung aus.

Substantivierung und Scheinsubstantivierung

Genau hier ist nun der Übergang zu den **Nicht-Substantiven** gegeben. Die Kleinschreibung der Nicht-Substantive, wie sie im Wörterbuch stehen, ist das Normale. Man kann aber – im Gegensatz zur Desubstantivierung der Substantive – jedes Nicht-Substantiv im Text **substantivieren**, d. h. in der Funktion eines Substantivs gebrauchen. Das amtliche Regelwerk (§ 57) nennt für das Erkennen der Substantivierung drei Kriterien (die natürlich auch für Substantive zutreffen):

- den Artikel: *der Delegierte*
- das vorhergehende oder folgende Attribut: *müde Delegierte des Parteitags*
- die Funktion als kasusbestimmtes Satzglied oder Attribut: *Man weiß, Delegierte sind weisungsgebunden.*

Gerade das Letztere ist in der syntaktischen Fundierung das entscheidende Kriterium; Artikel und Attribut(fähigkeit) sind nur mögliche Folgeerscheinungen. Dennoch, so denken wir, ist dieses Kriterium den Lernenden am fernliegendsten. In (21) wird daher der Artikel als wichtigstes Kriterium genannt, dann in (22) das Attribut und in (23) statt des Kasuskriteriums der hinzusetzbare Artikel; z. B. *denn (die) Delegierten sind weisungsgebunden; du sollst Gleiches (= das Gleiche) nicht mit Gleichem (= dem Gleichen) vergelten.*

Geht man so eindeutig von dem Artikel aus, dann führt er in einigen Fällen in die Irre, man spricht dann von **Scheinsubstantivierung**. Deshalb sind Fälle wie *ein jeder* (28) oder *viel, wenig* (29) Ausnahmen. Der Bereich der Scheinsubstantivierung ist durch die Neuregelung bedeutend vermindert worden, z. B. nun: *Es ist das Beste, …; im Großen und Ganzen; auf dem Trockenen sitzen* (auch in metaphorischer Bedeutung) oder durch Varianten „entschärft".

Viele Substantivierungen sind lexikalisiert, d. h., sie stehen im Wörterbuch, sie werden also nicht ad hoc gebildet: *die Delegierten, die Verlobten, die Grünen, die Gefangenen.* Für sie können wir daher auch ein Schreibschema mit großem Anfangsbuchstaben annehmen. Die Fehlerverlockung zur Kleinschreibung ist zumindest geringer als bei Ad-hoc-Substantivierungen.

Man muss den Vorgang der Substantivierung unterscheiden von der Nullableitung oder Konversion. Das heißt, manchmal stehen Substantive und Nicht-Substantive wortgleich nebeneinander:

Das Schwein ist zu fett.	*Allzu viel Fett ist ungesund.*
Das bankrotte Unternehmen	*Das Unternehmen macht Bankrott.*
Die stolze Mutter	*Der Stolz der Mutter*

Substantivierung		groß oder klein
20 **R** Andere Wortarten schreibst du groß, wenn sie wie ein Substantiv gebraucht werden. (Sie werden substantiviert.) Du erkennst es daran, dass		
21 • sich ein Artikel (*der, die, das, ein, eine*), Pronomen (*dieser, jener, welcher, mein, kein, nichts, alle, einige* u. a.) auf das Wort bezieht	*Sie bot ihm das Du an. Geh nicht mit einem Unbekannten. Das war ein langes Hin und Her. Wir wünschen dir alles Gute. Sie haben nichts Neues erfahren. Das ist etwas Gutes.*	
22 • ein Attribut (vorangestellt oder nachfolgend) sich auf das Wort bezieht	*Der Beschluss fiel nach langem Hin und Her. Fortgeschrittene in Französisch führten ein Theaterstück auf.*	
23 • ein Artikel oder Pronomen zu dem Wort hinzugesetzt werden könnte	*Du sollst Gleiches [= das Gleiche] nicht mit Gleichem [= dem Gleichen] vergelten. Man sagt, [die] Liebende[n] sind blind. Sie brachte eine Platte mit [etwas, viel] Gebratenem. Groß und Klein [= die Großen und die Kleinen] war auf den Beinen.*	

In einigen Fällen stehen sogar Adjektiv, Substantiv und Substantivierung nebeneinander:

Er ist kein übler Kerl. Das Übel … packen. So viel Übles …
Das Zimmer ist dunkel. Das Dunkel der Nacht. Etwas Dunkles …

In zwei Fällen führt diese Nullableitung zu Fehlerverlockungen: bei Farben und Sprachen:

Die Ampel steht auf Rot.
Er sagt es auf Deutsch. Er spricht deutsch/Deutsch.

	Scheinsubstantivierung	
groß oder klein	24 • Manchmal ist das zugehörige Substantiv nur ausgespart und steht im vorhergehenden oder folgenden Text.	*Der Verkäufer zeigte mir eine Auswahl von Blusen, die gestreiften [Blusen] gefielen mir am besten. Leih mir bitte einen Farbstift, ich habe meine [Farbstifte] vergessen.*
	25 • *am* + Superlativ schreibst du klein.	*Dieser Weg ist (steil – steiler –) am steilsten. Der ICE fährt am schnellsten.* Aber: *Der ICE ist der Schnellste.*
	26 • Präposition + nicht flektiertem Adjektiv in festen Wendungen schreibst du klein.	*Sie kamen von fern und nah. Die Mädchen hielten durch dick und dünn zusammen. Das werde ich dir schwarz auf weiß beweisen.*
	Aber wenn flektiert, sind beide Schreibungen möglich	*Wir konnten das Feuer von W/weitem beobachten. Der Termin steht seit L/längerem fest.*
	27 • Wenn es keine feste Wendung ist, gilt die Regel nicht.	*Die Ampel steht auf Rot* (Vgl.: *Das ist ein grelles Rot*). *Mit Englisch kommst du überall durch* (Vgl.: *Englisch/das Englische ist eine Weltsprache*).
	28 • *ein jeder, jeder* *die beiden, beide*	*Das muss (ein) jeder mit sich selbst ausmachen. Man muss mit (den) beiden reden.*
	29 • *viel (meisten), wenig, (der, die das) eine, (der, die das) andere* schreibst du immer klein.	*Das haben schon viele erlebt. Die meisten haben diesen Film schon einmal gesehen. Die wenigsten waren zufrieden. Alles andere erzähle ich dir später.*
	30 • Kardinalzahlen (Grundzahlen) unter einer Million schreibst du (auch mit Artikel) klein.	*Sie waren an die zwanzig. Der Abschnitt sieben fehlt im Text.*

Folgende Hinweise möchten wir noch für den Unterricht geben:
– Sie sollten **nicht** sagen: „Wenn ein Artikel davorsteht …“, **sondern** „wenn sich ein Artikel darauf bezieht …“. Das vermeidet Falschschreibungen wie **der Grüne hut.* Dann lässt sich auch besser der Fehlerverlockung vorbeugen in folgendem Satz (24): *Die Verkäuferin zeigte mir eine Auswahl von Blusen, die gestreiften gefielen mir am besten.* Lernende neigen dazu, *gestreiften* großzuschreiben wegen des vorhergehenden *die,* das sich aber elliptisch auf *Blusen* bezieht.
– Die Desubstantivierung behandelt zum Teil Fälle, die den Schülerinnen und Schülern auch von der Bedeutung her unbekannt sind, z. B. (19) *dank deiner Hilfe; kraft des Gesetzes.* Sie sollten so etwas nicht zu früh üben.
– Wenn man die Substantivierungen, die im Wörterbuch stehen, mit zu den Substantiven rechnet, die durch Schemaeinprägung gespeichert sind, dann machen die Ad-hoc-Substantivierungen im fortlaufenden Text gerade einmal drei Prozent aller Wortartgroßschreibungen aus. Lehrende wissen aber um die Verunsicherung der Kinder, wenn sie Großschreibung von Nicht-Substantiven einführen. Sie sollten u. E. dieses Phänomen nicht zu früh thematisieren.

2.4.3 Die lexikalische Großschreibung: Eigennamen und eigennamenähnliche feste Fügungen

Auch in den anderen Sprachen Europas, die die Großschreibung der Wortart Substantiv (und der Substantivierung) nicht kennen, werden die Eigennamen großgeschrieben. Jedoch ist das, was als Eigenname gilt, von Sprache zu Sprache verschieden; dasselbe trifft zu für das, was großgeschrieben wird.
Eigennamen aus einem Wort, z. B. *Gabriele, Goethe,* sind Substantive; ihre Großschreibung ist also doppelt gesichert. In mehrgliedrigen Eigennamen wird darüber hinaus das erste Wort (wie bei den Werktiteln, vgl. 2.4.1), jedes weitere Substantiv und – das geht über die Werktitel hinaus – jedes weitere Adjektiv großgeschrieben. Genau das Letztere ist aber im Schreibgebrauch nicht ganz fest, und so steht rechtschreiblich das *Museum für Deutsche Geschichte* neben der *Akademie für darstellende Kunst.*
Im amtlichen Regelwerk wird die Menge der Eigennamen durch Unterkategorien gegen die Gattungsbezeichnungen abgegrenzt. Wir nennen nur die Hauptüberschriften:

(1) Personennamen;
(2) geografische und geografisch-politische Namen;
(3) Eigennamen von Objekten unterschiedlicher Klassen, z. B. Sterne, Fahrzeuge, einzeln benannte Tiere und Pflanzen; Orden und Auszeichnungen;
(4) Eigennamen von Institutionen, Organisationen und Einrichtungen, Zeitungen u. a.

	Eigennamen	
groß oder klein	31 **R** Eigennamen schreibst du groß. Bestehen sie aus mehreren Wörtern, schreibst du • das erste Wort und • alle Substantive und Adjektive groß.	*Gabriele, Goethe, Wien, die Alpen* *Johann Wolfgang von Goethe; Elisabeth die Zweite von England; Klein Erna Am Tiefen Graben* (eine Straße); *die Vereinigten Staaten von Amerika; der Schiefe Turm von Pisa; das Museum für Deutsche Geschichte* (in Berlin), *die Gaststätte Zum Goldenen Anker, der Westfälische Frieden*
	32 **R** Ableitungen von Eigennamen auf *-er* schreibst du groß.	*die Berliner Bevölkerung; der New Yorker Marathonlauf*
	33 Hinweis: Alle anderen Ableitungen schreibst du nur dann groß, wenn sie Teil eines Eigennamens u. a. sind.	*die Westfälische Pforte; der Westfälische Frieden;* aber: *der westfälische Schinken, ein westfälischer Verein*

Die Grenze zwischen den Eigennamen und Gattungsbezeichnungen ist fließend. Wir raten daher, die Lernenden nicht mit Definitionen oder Gruppen von Eigennamen zu behelligen. Sie lernen viele Eigennamen und damit auch deren Schreibung in anderen Schulfächern kennen.

Interessant sind die Ableitungen von Eigennamen auf *-er* einerseits und *-isch* andererseits. Natürlich schreibt man solche Ableitungen groß, wenn sie wiederum Teil eines Eigennamens sind, z. B. *Thüringer Wald, die Westfälische Pforte.* Manchmal kann man es nicht genau wissen, ob z. B. die *Thüringer Wurst* und der *Westfälische Schinken* Eigennamen oder Gattungsbezeichnungen für ‚Wurst aus Thüringen' bzw. ‚Schinken aus Westfalen' sind. Nun ist das bei den Ableitungen auf *-er* kein Problem, denn sie werden erstaunlicherweise immer großgeschrieben, auch wenn eindeutig kein Eigenname vorliegt, z. B. *das Kölner (Fußball)tor; der New Yorker Marathonlauf.* Dies liegt u. E. an der Schemaüberlappung des nicht flektierten Adjektivs *Kölner* und der

Feste Fügungen (aus Adjektiv + Substantiv)				
33	**R**	Adjektive in festen Fügungen schreibst du normalerweise klein.	*einen italienischen Salat bestellen; der blaue Brief; das neue Jahr; die rote Karte bekommen; das schwarze Schaf in der Familie*	**groß oder klein**
		Manchmal ist Großschreibung auch möglich	*Rote Karte, Erste Hilfe, Schwarzes Brett*	
	Ausnahmen			
	R	Groß schreibst du Adjektive:		
34	•	in Titeln, Ehrenbezeichnungen, bestimmten Amtsbezeichnungen	*die Königliche Hoheit; der Erste Bürgermeister; der Technische Direktor; der Heilige Vater*	
35	•	in fachsprachlichen Bezeichnungen, z. B. der Tier- und Pflanzenwelt	*die Schwarze Witwe* (eine Spinne); *der Rote Milan; die Gemeine Stubenfliege*	
36	•	in besonderen Kalendertagen	*der Heilige Abend; der Erste Mai; der Weiße Sonntag*	

Herkunftsbezeichnung auf *-er* für eine Person: ein *Kölner, Dortmunder, New Yorker*. Bei *-isch* ist diese Doppelform nicht gegeben, denn es signalisiert eindeutig ein Adjektiv. Das Problem ergibt sich also nur bei *-isch*, z. B. *Westfälischer/westfälischer Schinken*. Wir raten aber dringend, dazu kein Übungsfeld zu eröffnen. Tun Sie es doch, so bedenken Sie, dass das *-er* in *westfälischer (Verein)* auf die Flexion zurückgeht, in *Kölner (Verein)* ist es ein Suffix.

Verwandt mit den mehrgliedrigen Eigennamen des Typs *Stiller Ozean* sind äußerlich **Fügungen aus Adjektiv + Substantiv**. In der Rechtschreibung vor 1998 herrscht hier ein ziemliches Durcheinander, da die Adjektive in echten Gattungsbezeichnungen mal groß-, z. B. **Schwarzes Brett*, und mal kleingeschrieben wurden, z. B. *schneller Brüter*. Nun gilt, dass das Adjektiv in echten Gattungsbezeichnungen normalerweise kleingeschrieben wird. Es bleiben jene Fügungen, die den Eigennamen nahe stehen, wo also die Großschreibung des Adjektivs als Auszeichnung empfunden wird. Dies trifft zu auf die Titel, Ehren- und Amtsbezeichnungen wie auf besondere Kalendertage und bestimmte historische Ereignisse. Die Großschreibung der fachsprachlichen Bezeichnungen, wie der Tier- und Pflanzenwelt, gilt je nach Festsetzung.

Wie tief verwurzelt das Gefühl ist, durch Großschreibung Ehrerbietung auszudrücken, geht auch daraus hervor, dass *Letzte Ölung* mit großem *L* geschrieben wird, obwohl es eindeutig eine – wenn auch kirchliche – Gattungsbezeichnung ist.

2.4.4 Das Anredepronomen

Das Anredepronomen *Sie* wird großgeschrieben.
Bei dieser Großschreibung der höflichen Anrede verbinden sich ehrende Auszeichnung und Andersschreibung (2.2.6) im Gegensatz zum *sie* der 3. Person Plural, z. B.:

Ich gebe Ihnen Ihr Buch.
Ich gebe ihnen Ihr Buch.
Ich gebe Ihnen ihr Buch.
Ich gebe ihnen ihr Buch.

Natürlich würde auch hier der Kontext höchstwahrscheinlich Klarheit schaffen, aber so wird grafisch sofort deutlich, wer gemeint ist.

Anredepronomen			
37	**R**	Das Anredepronomen *Sie* (und alle dazugehörigen Formen) schreibst du groß.	*Würden Sie mir helfen? Wie geht es Ihnen? Ist das Ihr Mantel? Können Sie sich umdrehen?*
38		Die Anredepronomen *du* und *ihr* und alle dazugehörenden Formen kannst du in Briefen auch großschreiben.	*Liebe Elisabeth, ich freue mich, dass du/Du mit deinem/Deinem Mann kommst. Bringt ihr/Ihr eure/Eure Hunde mit?*

In Briefen können die Anredepronomen *du* und *ihr* sowie die entsprechenden Possesivpronomen auch großgeschrieben werden. Das muss aber im Rahmen der Grundregeln nicht geübt werden. Die Schüler sollten allerdings darauf hingewiesen werden, in einem Schriftstück konstant *du* oder *Du* zu schreiben.

2.4.5 Unterrichtliche Hinweise zur Groß- und Kleinschreibung

In die vorhergehende Darstellung sind viele unterrichtliche Hinweise eingeflossen; deshalb hier nur eine Zusammenfassung.

1. Zum Satzanfang: Das ist allenfalls ein Problem in der Grundschule. Meist stellt sich die Großschreibung von selbst ein. Wichtig ist es zu zeigen, dass Satzschlusszeichen (des vorhergehenden Satzes) und Großschreibung des folgenden Satzes zusammenwirken (nach dem Motto: Doppelt genäht, hält besser!). Die Großschreibung von Werktiteln u. a. ist sicher erst ein Gegenstand der Abschlussklassen.

2. Die Großschreibung der Substantive und Substantivierungen ist im amtlichen Regelwerk und auch hier ganz stark auf die Artikelfähigkeit abgestellt. In der Grundschule reicht es vollkommen, die Großschreibung der echten Substantive zu lehren. Vieles prägt sich dabei durch Schemaschreibung ein. Bei der Erarbeitung der Wortart Substantiv muss am Anfang keine linguistisch einwandfreie Lösung stehen. „Gegenstände" oder „das, was man anfassen kann", das sind durchaus brauchbare Hinführungen. Ganz eindeutig machen Schüler auch in der Sekundarstufe mehr Großschreibungsfehler bei Abstrakta als bei Konkreta. Die Abstrakta kann man durch die typischen Suffixe *-heit, -keit, -schaft, -ion, -ität* u. a. ab der 5. Klasse am besten nahebringen. Die Artikelprobe kann sich zunächst einmal auf die im Satz vorhandenen Artikel beschränken, die sich auf das Substantiv beziehen; erst dann sollten auch (bei fehlendem Artikel) Einsetzproben gemacht werden. Ist der Artikel als Substantiv-Markierer fest verankert, dann kann das Problem und Phänomen der Substantivierung angegangen werden – **dies vor allem nicht zu früh!** Natürlich kommt es dabei auch zu Übergeneralisierungen, z. B. bei der Ellipse: *Ich mag diese Pullover, besonders den *Grünen.*

3. Die Eigennamen sind problematisch im Bezug auf die Anfangsgroßschreibung und die Großschreibung des Adjektivs. Vieles eignen sich hier die Kinder von selbst an, auch durch den Unterricht in Geschichte oder Erdkunde. In den Abgangsklassen sollte die Schreibung von Straßennamen u. a. thematisiert werden. Die großzuschreibenden festen Fügungen behandelt man am besten stillschweigend bei den Eigennamen mit.

4. Die Großschreibung des *Sie* und der flektierten Formen kann frühestens Ende der 4. Klasse thematisiert werden, da die Kinder erst in diesem Alter den Unterschied von *du/Sie* wahrnehmen und begründen können.

2.5 Die Zeichensetzung

Unser Beispiel, das uns durch alle Stufen der Rechtschreibung begleitet, hat nun die Form:

Schreibe wie du sprichst wie du schreibst

Natürlich sehen Sie sofort, dass noch die Satzzeichen fehlen. Aber sind sie nötig? Den obigen Satz haben Sie so oft als Beispiel gelesen, dass Sie ihn auch ohne Satzzeichen verstehen; aber wie ist es mit folgendem?

Ich habe zehn Finger an jeder Hand
fünf und zwanzig an Händen und Füßen

Dieser Kinderscherz macht in extremer Weise den Sinn der Satzzeichen deutlich. Im Mündlichen wird durch Pausen eine Gliederung möglich, und das Heben und Senken der Stimme weist auf Aussage, Frage oder Ausruf/Befehl hin. Beides fällt beim Schreiben weg. Im Schriftlichen, wo das Mitzuteilende nur noch durch Sprache „transportiert" werden kann, erhält der Satz als Gestaltungseinheit eine prominente Funktion. Sätze sind die Bausteine, aus denen schriftliche Texte aufgebaut sind. Sie müssen also deutlich voneinander abgegrenzt werden. Außerdem werden die Sätze oft komplexer, so dass Satzzeichen die Binnengliederung verdeutlichen können. Wenn Sie sich nun nochmals daran erinnern, dass die Lesenden beim stummen Lesen bis zu 1000 Wörter pro Minute erfassen, also achtmal schneller als die Hörer sind, dann ergibt sich daraus, dass die Schreibenden alles tun müssen, den Lesenden zu helfen, den Sinn des Textes rasch und sicher erschließen zu können.

Deshalb setzen die Schreibenden Satzzeichen ein, um den Satz und den Text zu gliedern.

Zum einen wird das **Satzende** gekennzeichnet durch

- Punkt
- Ausrufezeichen
- Fragezeichen

Zum anderen wird der **Aufbau des Satzes** verdeutlicht durch

- das Komma

Es kennzeichnet Aufzählungen, Teilsätze und Zusätze.

Schließlich gibt es **Textzeichen**, die kleinere oder größere Partien eines Textes kennzeichnen, z. B. den Absatz. Für die Grundregeln greifen wir hier nur

- den Doppelpunkt und
- die Anführungszeichen

heraus.

(Alle anderen Satzzeichen, wie Gedankenstrich, Spiegelstrich, Klammern, Semikolon, lassen wir im Bezug auf die Grundregeln weg.)

Damit ist der Aufbau des Abschnitts zu den Satzzeichen klar vorgegeben:
(1) Satzschlusszeichen
(2) Komma
(3) Textzeichen

2.5.1 Die Satzschlusszeichen: Punkt, Ausrufezeichen, Fragezeichen

Das normale Satzschlusszeichen ist der **Punkt**. Er trennt, verbunden mit der Anfangsgroßschreibung, deutlich **im fortlaufenden Text** einen Satz vom nächsten.

Nun ist im amtlichen Regelwerk wie auch in diesem Regeltext das Fachwort „Ganzsatz" statt „Satz" gebraucht. Was hat das zu bedeuten? Dies trägt dem Sachverhalt Rechnung, dass die Schreibenden oft bestimmen können, wo ein Ganzsatz endet und der nächste anfängt. In „Medea" von Christa Wolf steht z. B. ziemlich am Anfang:

> *Du hast mir damals jene winzige Linie in der linken Hand mit dem Fingernagel nachgezogen, du hast mir gesagt, was es bedeuten würde, wenn sie irgendwann einmal die Lebenslinie kreuzt, du hast mich gut gekannt, Mutter, lebst du noch.*

Natürlich wäre es hier auch möglich, statt eines einzigen Ganzsatzes durch Punkte vor jedem *du* drei Ganzsätze zu markieren und die letzten drei (oder vier?) Wörter als Frage in einem weiteren Ganzsatz abzuheben. Christa Wolf hat also selbst bestimmt, wo ihr Ganzsatz endet. Genau das soll dieses Fachwort deutlich machen. Natürlich ist damit das Setzen des Punktes nicht beliebig. Ein Punkt nach dem Wort *Fingernagel* würde uns als Leser doch sehr überraschen. Unter Beachtung syntaktischer Notwendigkeiten gibt es also gewisse stilistische Freiheiten.

Zeichensetzung

Punkt				
1	**R**	Am Ende eines Ganzsatzes setzt du normalerweise einen Punkt.		*Ich habe ihn gestern gesehen. Das Kind weinte, weil es den Schlüssel verloren hatte. Sie fragte, ob ich im Kino war. Alles klar.*
	R	Der Punkt fehlt		
	•	in frei stehenden Zeilen, z. B.		
2		Überschriften (in Zeitungen)		*Schneeverwehungen behindern Autoverkehr_*
3		Titeln von Gesetzen u. a.		*Bundesgesetz über den Straßenverkehr_*
		Grußformeln (z. B. in Briefen)		*Mit freundlichen Grüßen_* *Ihr Werner Meier_*
4	•	wenn der Ganzsatz mit der wörtlichen Rede endet		*Sie sagte: „Ich komme morgen."_* *Sie befahl: „Komm morgen!"_* *Sie fragte: „Kommst du morgen?" –*
Ausrufezeichen (statt Punkt)				
5	**R**	Am Ende von **nachdrücklichen** Behauptungen, Aufforderungen, Grüßen, Wünschen oder Ausrufen setzt du ein Ausrufezeichen.		*Ich habe ihn gestern bestimmt gesehen! Seht nur, wie schön die Aussicht ist! Ruhe! Zurücktreten! Kommst du hierher! Guten Morgen!*
6		Bemerkung:		
		• Das gilt auch für Überschriften, Titel.		*Das ist ja großartig!* *Kämpft für den Frieden!* *Endlich!*
		• In Briefen ist das Komma üblicher.		*Sehr geehrter Herr Schmidt,* *Ihr Schreiben vom ...*

Der Punkt fehlt in einer **frei stehenden Zeile**. Das ist logisch, denn das Ende des Satzes ist ja durch den restlichen Leerraum deutlich gekennzeichnet. Deshalb kann der Punkt auch fehlen, wenn eine Aufzählung mit Spiegelstrich u. a. und Absätzen einen Ganzsatz beschließt; z. B.:

Im Angebot sind:
– *Äpfel*
– *Birnen*
– *Pflaumen_*

Die wörtliche Rede gilt als Ganzsatz im Ganzsatz. Da sie am Ende des Ganzsatzes immer mit einem Satzschlusszeichen schließt, fehlt der schließende Punkt des Trägersatzes: *Sie sagte: „Ich komme morgen."_* Umgekehrt fehlt der Punkt in der wörtlichen Rede, wenn der Satz noch weitergeht: *„Ich komme morgen_", sagte sie. Sie sagte: „Ich komme morgen_", und fügte hinzu* … Ebenso fehlt der Schluss-Punkt, wenn der Satz anderweitig, z. B. mit einem Abkürzungspunkt oder dem Punkt für die Ordnungszahl, endet, z. B.: *In diesem Grab ruht Friedrich II.* Das ist keine Grundregel, wird aber erwähnt, um das Verfahren zu verdeutlichen.

Ein **Ausrufezeichen** (in Österreich: Rufzeichen) verleiht einer Äußerung einen besonderen Nachdruck. Daraus ergibt sich: Nicht jeder grammatische Befehlssatz muss mit besonderem Nachdruck versehen werden, dann fehlt auch das Ausrufezeichen, z. B. *Schlagen Sie Seite 130 auf.* Aber: *Schlagen Sie jetzt endlich S. 130 auf!* Da ein Ausrufezeichen mehr als nur das Satzende anzeigt, steht es natürlich auch in Überschriften.

Mit dem **Fragezeichen** charakterisiert man eine Äußerung als Frage. Dabei ist das Fragezeichen nicht an die grammatische Frageform gebunden, z. B.: *Er geht ins Kino?* Natürlich steht bei einer Frage auch das Fragezeichen in Überschriften.

Falls inhaltlich gefordert, stehen Ausrufe- oder Fragezeichen am Ende des Ganzsatzes, ganz gleich, mit welchem Satzzeichen die wörtliche Rede endet, z. B. *„Fragte er: „Kommst du morgen?"?"* Aber das gehört nicht zu den Grundregeln und wird hier nur erwähnt, um nochmals zu demonstrieren, dass Ausrufe- und Fragezeichen eine andere Funktion als der Punkt haben. Nur wenn sie an das Ende des Ganzsatzes kommen, übernehmen sie **zusätzlich** die Kennzeichnung des Schlusses mit.

Alles in allem lernen die Kinder die Satzschlusszeichen ohne Probleme. Fehlen sie, so ist eher Vergesslichkeit als Unwissen die Ursache.

Zeichensetzung	**Fragezeichen** (statt Punkt)			
	7	**R**	Am Ende einer Frage setzt du ein Fragezeichen.	*Hast du ihn gesehen? Du hast ihn gesehen? Er geht ins Kino? Genug?*
	8		Bemerkung: • Das gilt auch für Überschriften, Titel.	*Wer wird Weltmeister?*
			• Aber indirekte Frage:	*Sie fragten, wann das Spiel stattfindet.*

2.5.2 Das Komma zur Kennzeichnung des Satzaufbaus

Ein Minimalsatz besteht nach der Valenz-/Dependenzgrammatik aus dem Verb und dessen ausgefülltem Satzbauplan, z. B.

Der Gärtner bindet Rosen.

Diesen Satz kann man je nach der Redeabsicht anreichern mit adverbiellen Bestimmungen:

Der Gärtner bindet am Abend in seiner Gärtnerei Rosen.

oder Attributen:

Der fleißige Gärtner in der Bahnhofstraße bindet rote Rosen aus Holland.

Während *der Gärtner, Rosen* oder *am Abend* im ersten und zweiten Satz Satzteile sind, sind Attribute, wie *fleißige* oder *in der Bahnhofstraße,* Teile von Satzteilen. Natürlich können in einem Satz adverbielle Bestimmungen und Attribute gleichzeitig auftreten.

Nun gibt es drei weitere Möglichkeiten, den Satz anzureichern, die alle etwas mit dem Komma zu tun haben:

- die Aufzählung, Reihung von Elementen im Satz (1)
- die Ersetzung von Satzteilen durch Teilsätze (2)
- die Einfügung von Zusätzen (3)

Man kann die Möglichkeiten (2) und (3) auch zusammenfassen mit dem äußeren Hinweis darauf, dass in (1) ein einfaches Komma auftritt, also a, b, c, während in (2) und (3) im Satzinneren ein paariges Komma erscheint, d.h., der Teilsatz und der Zusatz werden in Kommata eingeschlossen, wenn der Trägersatz sie umschließt. Natürlich fehlt das eröffnende Komma, wenn der Ganzsatz mit dem Teilsatz oder dem Zusatz beginnt; und am Ende des Ganzsatzes ist das Satzschlusszeichen, z.B. der Punkt, höherrangig als das schließende Komma.

Betrachten wir nun die drei Kommafälle im Einzelnen.

Die Aufzählung (1)

Man kann Satzteile oder Attribute verdoppeln, verdreifachen usw., d.h. aufzählen, reihen:

Der Gärtner, die Gärtnerin und der Lehrling ...
Der Gärtner pflückt, schneidet und bindet ...
Der Gärtner bindet Rosen, Tulpen und Nelken.
Der Gärtner bindet morgens, mittags und abends Rosen.
Der fleißige, kluge und strebsame Gärtner ...
Der Gärtner bindet rote, gelbe und weiße Rosen.

In solchen Aufzählungen (oder Reihungen) steht ein Komma, wie die obigen Beispiele zeigen, wenn die Satzteile oder Attribute unverbunden gereiht werden. Steht jedoch ein additives Bindewort (eine Konjunktion), ist also die Aufzählung versprachlicht, z.B. wie in den obigen Beispielen mit *und*, dann ist das Komma nicht nötig.

Vorausgreifend können wir hier sogleich anfügen, dass man auch Prädikatsteile, Sätze, Nebensätze u.a. reihen kann:

Prädikatsteile: *Die Gärtnerin geht in den Garten, jätet Unkraut und pflückt Johannisbeeren.*

Sätze: *Der Gärtner jätet Unkraut, die Gärtnerin pflückt Johannisbeeren(,) und der Lehrling gräbt ein Beet um.*

(Dass vor *und* zwischen Hauptsätzen ein Komma stehen kann, gehört nicht zum Fundamentum.)

Nebensätze: *Sie sagte, dass sie in den Garten geht, (dass sie) Unkraut jätet und (dass sie) Johannisbeeren pflückt.*

Komma

Zeichensetzung

Nr.		Regel	Beispiel
	R	**Aufzählungen** grenzt du mit dem Komma voneinander ab. Das gilt für	
9	•	einzelne Wörter u. a.	*rote, gelbe, blaue und grüne Perlen; Häuser, Paläste und Wolkenkratzer; die Buchstaben a, b, c*
10	•	einzelne Satzteile (aus mehreren Wörtern)	*Sie tauschten rote Perlen, gelbe Perlen und grüne Perlen.*
11	•	Sätze aller Art	*Er geht in den Garten, jätet Unkraut und pflückt Johannisbeeren.*
12			*Er sagt, dass er in den Garten geht, dass er Unkraut jätet und dass er Johannisbeeren pflückt.*
13			*Er geht in den Garten, sie geht einkaufen und das Kind geht in die Schule.*
14		Bem.: Bei entgegensetzenden Wörtern, wie *aber, sondern, doch, einerseits … andererseits*, setzt du ein Komma.	*Sie wollte spazieren gehen, aber nicht zu spät. Sie war nicht böse, sondern traurig. Er war hart, doch gerecht. Einerseits freute sie sich über den Brief, andererseits machte sie sich Sorgen.*
15	R	Kein Komma setzt du, wenn die Aufzählungen durch *und, oder, entweder … oder, sowohl … als auch, weder … noch, beziehungsweise* usw. verbunden sind.	*Sie geht einkaufen und das Kind geht in die Schule. Entweder wir spielen Fußball oder wir gehen ins Kino.*
16	R	**Teilsätze** grenzt du mit dem Komma ab. Wird der Teilsatz umschlossen, so schließt du ihn mit Kommas ein.	*Als es Abend wurde, gingen sie nach Hause. Sein Wunsch, Karl zu treffen, erfüllte sich nicht. Er beeilte sich, um mich abzuholen.*

Bei entgegengesetzten Konjunktionen wie *aber, sondern, einerseits … andererseits* steht ein Komma, hingegen fehlt das Komma bei allen Konjunktionen, die in ihrer Bedeutung wie *und/oder* „funktionieren“, z. B.:

sowohl … als auch = *und auch*
weder … noch = *und auch nicht*
beziehungsweise = *oder*

Ist es fraglich, ob zwei Elemente gereiht sind, so hilft die *und*-Probe:

(a) *rote, gelbe und weiße Rosen = rote und gelbe und weiße Rosen*
(b) *verschiedene rote Rosen ≠ verschiedene *und rote Rosen*

Im letzteren Fall beziehen sich *verschiedene* und *rote* nicht gleichberechtigt auf *Rosen*, sondern *verschiedene* bezieht sich auf *rote Rosen* als Ganzes, also:

(a)
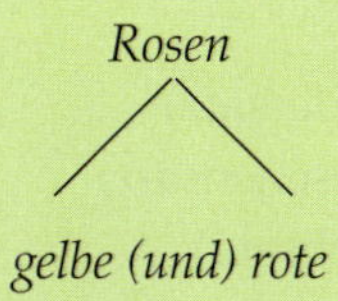

(b)
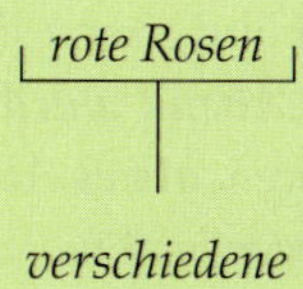

Manchmal ergibt sich eine unterschiedliche Bedeutung:

(c)
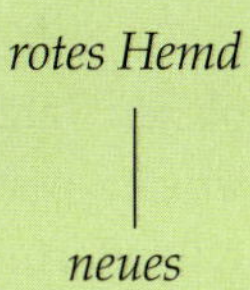

(d)
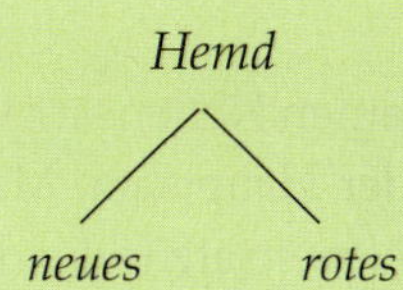

(c) *Er trug immer rote Hemden. Zu Ostern bekam er wieder ein neues rotes Hemd.*

(d) *Er war es satt, immer blaue Hemden zu tragen. Zu Ostern bekam er ein neues, rotes Hemd.*

Dieser Sachverhalt ist in manchen Fällen schwierig zu durchschauen, so dass Sie ihn nicht im Rahmen der Grundregeln thematisieren sollten.

Angemerkt sei noch, dass das Komma fehlen kann, wenn eine Aufzählung mit Spiegelstrichen u. a. und Absätzen gegliedert wird, z. B.:

Im Angebot sind:
*– Äpfel_*
*– Birnen_*
– Bananen

Hier ist nun auch die Stelle, wo durch reihende Kommata der obige Kinderscherz geklärt werden kann: *Ich habe zehn Finger, an jeder Hand fünf, und zwanzig an Händen und Füßen*. Dabei demonstriert das Komma nach *fünf*, dass *und* mit einem Komma stehen darf, wenn dadurch die Gliederung des Ganzsatzes deutlicher wird. Diese sinnvolle fakultative Regel ist jedoch nicht Teil der Grundregeln.

Der Teilsatz (2) (Nebensatz, Infinitivsatz, Partizipialsatz)

Man kann einen Satzteil durch einen Teilsatz ersetzen. Ist dies ein **Nebensatz**, so wird er vom Trägersatz durch ein Komma abgetrennt; schließt der Trägersatz den Nebensatz ein, so schließt man den Nebensatz auch in Kommas ein:

Am Abend *gingen sie ins Kino. =*	
Als es Abend wurde*, gingen sie ins Kino.*	(Vordersatz)
Sie gingen, ***als es Abend wurde****, ins Kino.*	(Zwischensatz)
Sie gingen ins Kino, ***als es Abend wurde****.*	(Nachsatz)

Gemäß der Stellung des Nebensatzes zum Trägersatz spricht man im ersten Fall vom Vordersatz, im zweiten Fall vom Zwischensatz, im letzten Fall vom Nachsatz.

Durch einen Nebensatz wird der einfache Satz zum komplexen Satz. Der Trägersatz ist oft der Hauptsatz. Man spricht dann von einem Nebensatz ersten Grades. Von einem Nebensatz (oder dem Teil eines Nebensatzes) kann wiederum ein Nebensatz abhängig sein: dann ist das ein Nebensatz zweiten Grades; und so fort.

0	*Wir hörten,*			
1		*dass das Schloss,*		*1648 erbaut wurde.*
2			*das fast verfallen war,*	

0				*musste er sich anstrengen.*
1	*Wenn er das Ziel,*		*erreichen wollte,*	
2		*das er sich gesteckt hatte,*		

Im Nebensatz steht das flektierte Verb normalerweise an der letzten Stelle:

Er sagte, dass sie morgen ***kommt****.*

In manchen Fällen kann der Nebensatz auch die Gestalt eines Hauptsatzes mit dem Verb an zweiter Stelle haben. Man spricht dann von einem verkappten Nebensatz:

Er sagte, sie ***komme*** *morgen.*

Jeder verkappte Nebensatz ist in einen normalen Nebensatz umwandelbar. Dabei tritt dann zutage, dass der Nebensatz auch an dem Einleitewort zu erkennen ist. Konjunktionen wie *weil, wenn, obwohl* leiten einen adverbialen Nebensatz (Angabesatz) ein; Relativpronomen (*der, die, das, welcher*) einen Attributsatz; und Fragepronomen wie *wer, was* und die Konjunktionen *dass, ob* einen Inhaltssatz (Objektsatz). Zu allen drei Fällen noch je ein Beispiel:

Sie gingen ins Kino, obwohl es regnete.

Das Kino, das aus den 30er Jahren stammte, war renoviert worden.

Wer zuletzt kommt, bekommt nur noch einen schlechten Platz.

Einleitewort und flektiertes Verb rahmen den Nebensatz ein.

Problematisch für die Lernenden ist natürlich, dass die Konjunktion *dass* und das Relativpronomen *das* lautgleich sind. Da das auch noch Artikel (*das Kino*) und Demonstrativpronomen (*sie weiss das*) sein kann, ist vom Schreibschema her gesehen *dass* die markierte Form. Im Erwerb tritt die Konjunktion *dass* jedoch wesentlich früher und häufiger als das Relativpronomen *das* auf. Grammatisch vertritt der Teilsatz mit *dass* ein Objekt, ist also immer auf ein Verb bezogen, hingegen vertritt der Relativsatz normalerweise ein Attribut, ist also auf ein Substantiv bezogen:

Sie kündigt ihre baldige Rückkunft an. > Sie kündigt an, dass sie bald zurückkommt.
Das gestrige Fax … > Das Fax, das (welches) sie gestern bekommen hat, …

Allerdings kann man das Verb, von dem ein *dass*-Satz abhängt, auch nominalisieren:

Die Ankündigung, dass sie bald zurückkomme, freute uns. Das Fax, dass sie morgen zurückkomme, erwies sich als Fälschung.

Sieht man von diesem schwierigen Fall einmal ab, so scheint es von der Sachstruktur aus vorteilhaft, die ***dass*-Konstruktion** mit Komma immer **als verbales Schema/ Muster** zu üben: Sie weiß/hofft/sagt/ … dass …

Die amtliche Kommaregelung bei **Infinitivsätzen** mit „zu" ist kompliziert. Es ist daher am besten, wenn die Grundregel beim erweiterten Infinitiv mit *zu* immer ein Komma fordert. Dabei gilt der Infinitiv mit *um zu, (an)statt zu, ohne zu, außer zu, als zu* auf jeden Fall als erweitert.

Er öffnete das Fenster, um frische Luft hereinzulassen. Sie packte, anstatt zu meckern, kräftig zu. Ihr fiel nichts besseres ein, als zu kündigen.

Er wurde beim Versuch, den Tresor zu knacken, erwischt. Er war stolz darauf(,) mitspielen zu dürfen. Lange auszuschlafen, das lässt sich nicht immer verwirklichen. Er hoffte inständig(,) seine Freundin zu treffen.

Im letzten Beispiel ist das Komma laut amtl. Regel § 75 E 2 fakultativ.
Beim nicht erweiterten Infinitivsatz kann das Komma fehlen:

Er wurde bei dem Versuch(,) zu fliehen(,) erwischt. Er war stolz darauf(,) mitzuspielen. Er hoffte inständig(,) zu gewinnen.

Das Komma bei den **Partizipialsätzen** ist fakultativ und gehört daher nicht zu den Grundregeln.

Zum Komma in der wörtlichen Rede vgl. 2.5.3.

Zusatz, Herausstellung, Wiederaufnahme, Einschübe (3)

Schließlich kann man jeden einfachen Satz noch durch Informationen anreichern, die man mehr oder weniger lose, unverbunden dem Satz hinzufügt, oft in ihn einschiebt. Etwas häufigere Fälle sind hier die Apposition und die nachgestellte Erläuterung:

Herr Daubig, ihr Sekretär, handelte sehr selbstständig.
Das Schiff kommt am Wochenende, und zwar am Samstag.

Feste Zusätze als Teil des Namens schreibt man jedoch ohne Komma:

Katharina die Große; Friedrich der Weise

Komma

	R	**Zusätze** oder **Nachträge** grenzt du mit dem Komma ab. Werden sie umschlossen, so schließt du sie mit Kommas ein. Dies betrifft:	
17	•	Apposition (Beifügung)	*Mein Onkel, ein großer Tierfreund, und seine Katzen leben in einer alten Mühle. Franz Meier, der Angeklagte, verweigerte die Aussage.* (Aber: *Der Angeklagte Franz Meier verweigerte die Aussage.)*
18		Bem.: Bei Wohnungs- und Datumsangaben kann das schließende Komma fehlen.	*Gabi Schmidt aus Berlin, Kurfürstenstraße 209, 3. Stock(,) gewann den ersten Preis. Die Tagung soll am Mittwoch, dem 14. November(,) beginnen.*
19	•	nachgestellte Erläuterungen mit *also, besonders, das heißt (d. h.), das ist (d. i.), genauer, insbesondere, nämlich, und das, und zwar, vor allem, zum Beispiel (z. B.)*	*Sie isst gerne Obst, besonders Apfelsinen. Ihr könnt mich besuchen, d. h. nur bis Sonntag. Wir erwarten dich nächste Woche, und zwar am Dienstag. Nächste Woche, nämlich am Dienstag, erwarten wir dich.*
20	•	angekündigte Wortgruppen	*Sie, die Gärtnerin, weiß das ganz genau. Wir beide, du und ich, wissen es genau. Sein größter Wunsch ist es, Pilot zu werden.*
21	•	Einschübe an ungewöhnlicher Stelle	*Er, ohne jede Kenntnis des Vertragsinhaltes, hat leider sofort unterschrieben. Er, statt ihm zur Hilfe zu kommen, sah tatenlos zu. Sie saß auf der Terrasse, ganz in Decken verpackt. Eines Tages, es war mitten im Winter, stand ein Reh in unserem Garten.*

	Komma		
Zeichensetzung	22	Bemerkung: Manchmal kannst du durch das Komma zeigen, dass du das, was in Kommas eingeschlossen ist, als Zusatz oder Nachtrag ansiehst.	*Seine Ausgaben(,) wie Fahrt- und Übernachtungskosten(,) wurden ihm ersetzt. Sein Wunsch(,) Pilot zu werden(,) ging in Erfüllung.*
	23 •	Anreden, Ausrufe u. a.	*Kinder, hört mal zu. Für heute sende ich dir, liebe Ruth, die herzlichsten Grüße. Danke, ich habe schon gegessen. Nein, das sollst du nicht tun.*

Von den anderen Fällen sei nur noch die Herausstellung erwähnt:

Liebe Eltern, morgen komme ich mit dem Abendzug an.
Morgen, liebe Eltern, komme ich mit dem Abendzug an.

Kombinationen von (1)–(3)

Natürlich können in komplexen Sätzen Reihungen, Nebensätze und Zusätze kombiniert auftreten. Es entstehen dann oft Satzperioden. Für die Grundregeln möchten wir nur auf zwei Phänomene hinweisen: Vor *und* kann ein Komma stehen, das aber nicht durch dieses *und* verursacht ist, sondern eine vorherige Wortgruppe abschließt, z. B. eine Apposition:

Mein Onkel, ein großer Tierfreund, und ich …

Dasselbe ergibt sich beim Relativsatz:

Mein Onkel, der ein großer Tierfreund ist, und ich …

Ferner möchten wir darauf hinweisen, dass in folgender Konstellation das eröffnende Komma vor dem Nebensatz fehlt:

Er schlich sich vorsichtig in sein Haus und_als er auf den Lichtschalter drückte, sah er den Einbrecher.

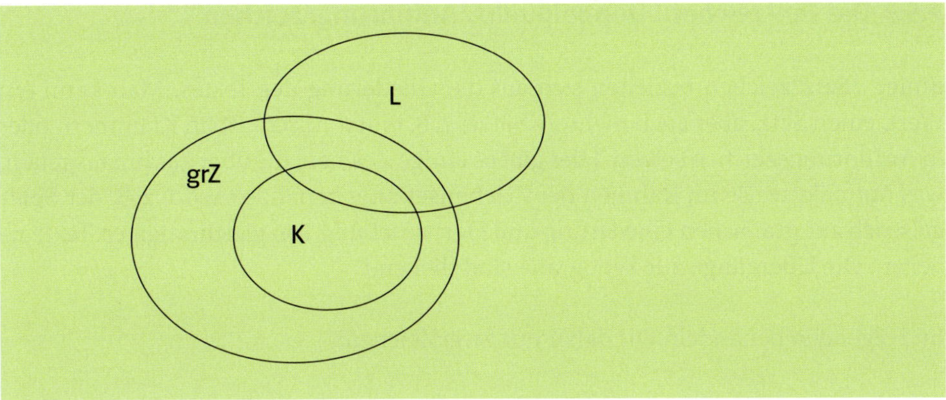

Modell: Verhältnis von grammatischer Zäsur (grZ), Lesepause (L) und Komma (K)

Das Komma ist historisch aus dem Pausenstrich erwachsen, es war also zunächst ein Zeichen zum Atemholen. Mit dem Stummwerden des Lesens entfiel diese Funktion. Da aber, wie dargelegt, die Sätze im Schriftlichen oft sehr komplex sind, erhielt das Komma mehr und mehr die Funktion eines grammatischen Gliederungssignals. Alle Kommata lassen sich heute grammatisch bestimmen. Das schließt jedoch nicht aus, dass viele Kommata mit Lesepausen zusammenfallen, zumal die Lesepausen auch durch die Kommata gesteuert werden und auch ohnehin schon größtenteils mit grammatischen Binnenzäsuren zusammenfallen. Idealtypisch, ohne dass dies etwas über die Mengenverhältnisse aussagt, lässt sich das Verhältnis von grammatischer Zäsur, Lesepausen und Komma durch drei sich überlappende Kreise darstellen (vgl. das Modell). Jedes Komma bezeichnet eine grammatische Zäsur, viele markieren gleichzeitig eine Lesepause; aber nicht alle grammatischen Zäsuren (z.B. der Infinitivsatz) erhalten ein Komma. Ebenso lässt sich das Zusammenwirken aus der Perspektive der Lesepause deuten: Nicht alle Lesepausen fallen mit grammatischen Zäsuren zusammen, nicht alle haben ein Komma, aber manche Kommata haben keine Lesepause zur Folge.

Neuerdings ist es auch in der sprachwissenschaftlichen Forschung wieder umstritten, ob die Kommata ausschließlich grammatisch bestimmt sind (z.B. Naumann 1989; Literaturangabe S. 45). (Aus dem Umstand, dass man sie vollkommen grammatisch beschreiben kann, darf man nicht schließen, dass deshalb ihre Funktion vollkommen grammatisch ist.) Wenn nun schon sprachwissenschaftlich die Verhältnisse nicht ganz geklärt sind, um wie viel schwieriger ist dann die Frage, ob die Lernenden am günstigsten mit dem „Pausenkomma“ anfangen sollen oder ob dies gerade der falsche Weg ist, wie Mareike in der 5. Klasse zu bestätigen scheint. In dem Satz: *„Ich finde eine Schule ohne Noten wäre wie eine Tafel ohne Kreide“* möchte sie nach Noten ein Komma setzen, „denn da muss eine Pause hin“.

2.5.3 Die Textzeichen: Doppelpunkt, Anführungszeichen

Einige „Satz"zeichen beziehen sich auf die Gliederung des Textes. Man kann ein Wort, einen Satz, aber auch mehrere Sätze, z. B. einen Abschnitt, in Klammern oder in Anführungszeichen setzen. Hier gibt es einige Zeichen, die über das hinausgehen, was normalerweise im Rahmen der Zeichensetzung behandelt wird, z. B. der Spiegelstrich zur grafischen Gliederung und Hervorhebung von gleichrangigen Texteinheiten. Die Übergänge zur Typografie sind fließend.

Im Folgenden behandeln wir daher nur zwei Zeichen:

- den Doppelpunkt zur Ankündigung
- die Anführungszeichen, vor allem in der wörtlichen Rede

Da die wörtliche Rede durch die Häufung von verschiedenen Zeichensetzungsregeln (Doppelpunkt, Anführungszeichen, Komma, Satzschlusszeichen) einen Sonderfall darstellt, behandeln wir diese zusammenfassend.

Der Doppelpunkt

Der Doppelpunkt dient zur Ankündigung. Das können einzelne Wörter, Satzteile, aber auch ein oder mehrere Sätze sein (zur Großschreibung nach Doppelpunkt vgl. 2.4.1). Deshalb ist der Doppelpunkt auch unter den Textzeichen eingereiht. Seine Hauptfunktion ist es, die wörtliche Rede, die ja auch mehrere Sätze umfassen kann, einzuleiten.

	Doppelpunkt		
Zeichensetzung		**R** Mit dem Doppelpunkt kündigst du an, dass etwas Weiterführendes folgt. Dies betrifft	
	24	• die wörtliche Rede	*Er sagte: „Ich komme morgen."*
	25	• Aufzählungen, spezielle Angaben	*Das sind die Monate ohne r: Mai, Juni, Juli, August. Nächste Gesangsstunde: Samstag um 11 Uhr. Latein: befriedigend*
	26	• Zusammenfassungen des vorher Gesagten	*Haus und Hof, Geld und Gut: Alles/alles ist verloren.* Zur Großschreibung nach Doppelpunkt vgl. groß oder klein 4. R.

Die wörtliche Rede

Syntaktisch betrachtet ist die wörtliche Rede ein Inhaltssatz (Objektsatz; vgl. 2.5.2 (2)):

Sie kündigte ihr morgiges Kommen an.
Sie kündigte an, dass sie morgen kommt.
Sie kündigte an: „Ich komme morgen."

Der Objektsatz ist die eigentliche wörtliche Rede, das Zitat; der Trägersatz (Begleitsatz) enthält ein Verb des Sagens oder Denkens. Der Trägersatz kann die wörtliche Rede vorweggehend einleiten, innerhalb der wörtlichen Rede stehen oder die wörtliche Rede abschließen:

Sie kündigte an: *„Ich komme morgen."*
„Ich komme", ***kündigte sie an****, „morgen."*
„Ich komme morgen", ***kündigte sie an****.*

Im Bezug auf die Satzzeichen gilt Folgendes:

– Die wörtliche Rede steht in Anführungszeichen, die wörtliche Rede eröffnend und schließend. Wird die wörtliche Rede durch den Trägersatz unterbrochen, so wird jeder Anfang und jedes Ende des Zitats durch Anführungszeichen markiert. Gehören mehrere Sätze zu einer wörtlichen Rede, so stehen nur am Anfang und Ende des gesamten Zitats Anführungszeichen:

Sie rief: „Dieser Mann hat die Frau überfallen. Er muss verurteilt werden. Das erwarte ich!"

– Kündigt der Trägersatz die wörtliche Rede an, so steht ein Doppelpunkt, ansonsten steht die wörtliche Rede mit Kommata wie jeder Objektsatz:

Sie kündigte an: „Ich komme morgen wieder", und verließ das Haus.
„Ich komme", kündigte sie an, „morgen wieder", und verließ das Haus.
„Wo warst du?", fragte die Mutter.
„Hau ab!", drohte der Wärter.

– Die wörtliche Rede gilt als Ganzsatz im Ganzsatz; das erste Wort wird daher großgeschrieben und sie behält ihre Satzschlusszeichen mit folgenden Besonderheiten:

Wörtliche Rede

Zeichensetzung		
	27 **Anführungszeichen:**	
	• Schließe die wörtliche Rede in Anführungszeichen ein.	*„Kommst du", fragte sie, „morgen?"*
	28 **Doppelpunkt:**	
	• Geht der Trägersatz voran, so setze einen Doppelpunkt.	*Sie fragte: „Kommst du morgen?"*
	29 **Komma:**	
	• Folgt der Trägersatz der wörtlichen Rede, so trenne ihn mit Komma ab.	*„Kommst du morgen?", fragte sie.*
	Ist er in die wörtliche Rede eingeschoben, so schließt du ihn in Kommata ein.	*„Kommst du", fragte sie, „morgen?"*
	30 • Geht nach der wörtlichen Rede der Satz weiter, so grenzt du die wörtliche Rede mit Komma ab.	*Sie fragte: „Kommst du morgen?", und fügte hinzu …*
	31 **Satzschlusszeichen:**	
	• Trägersatz und wörtliche Rede behalten ihre Satzschlusszeichen.	*Fragtest du: „Kommst du morgen?"?* *Befahl sie: „Komm morgen!"?*
	Ausnahmen:	
	32 Du setzt jedoch keinen Schlusspunkt nach der wörtlichen Rede, wenn der Satz weitergeht.	*Sie sagte: „Ich komme morgen_", und fügte hinzu …*
	33 Du setzt jedoch keinen Schlusspunkt nach dem Trägersatz, wenn der ganze Satz mit der wörtlichen Rede endet.	*Sie sagte: „Ich komme morgen."_* *Sie befahl: „Komm morgen!"_* *Sie fragte: „Kommst du morgen?"_*

- Folgt der wörtlichen Rede der Trägersatz, so fehlt der Punkt am Ende der wörtlichen Rede:

  „Sie können das Radio gleich mitnehmen_", sagte die Verkäuferin.
  Aber: *„Kann ich das Radio gleich mitnehmen?", fragte die Kundin.*

- Steht die wörtliche Rede am Ende, so fehlt der Schlusspunkt für den Trägersatz:

  Die Verkäuferin sagte: „Sie können das Radio gleich mitnehmen."_
  Die Kundin fragte: „Kann ich das Radio gleich mitnehmen?"_

2.5.4 Unterrichtliche Hinweise zur Zeichensetzung

Aus sprachwissenschaftlicher Sicht gehört die Zeichensetzung zur Rechtschreibung, sie ist kein zusätzlicher optischer Zierrat, sondern ebenso Teil der schriftlichen Kommunikation, wie Pausen und Intonation Teil der mündlichen Kommunikation sind. Es besteht daher kein Anlass, sie für den Unterricht geringer zu achten als die Getrennt- und Zusammenschreibung oder die Groß- und Kleinschreibung.

Da viele Erwachsene die Satzzeichen nach Gefühl richtig setzen, aber auf Befragen keine Regel angeben können, muss man davon ausgehen, dass sie ihren unbewussten Eigenregeln gefolgt sind, die sie mit oder trotz Zeichensetzungsunterricht als Kinder und Jugendliche ausgebildet haben. Aber auf jeden Fall wird derjenige Zeichensetzungsunterricht erfolgreich sein, der es den Lernenden ermöglicht, treffende Eigenregeln aufzubauen, die an das Können anknüpfen (vgl. Afflerbach 1997, Literaturangabe S. 78).
Natürlich kann eine grammatische Betrachtung der Ganzsätze auch zu einer besseren Kommasetzung vor allem beim Überarbeiten der Texte beitragen. Wichtiger aber scheint es uns, im Rahmen der Textproduktion an Sätzen zu arbeiten, d. h. Beweglichkeit in der Verknüpfung der kleinsten Aussagen zu erzeugen. Die Satzzeichen gehören dann wie selbstverständlich dazu. Probieren Sie für sich selbst oder mit Schülern z. B. einmal aus, auf wie viel Arten Sie die zwei kleinsten Aussagen miteinander verbinden können. Nur zwei Beispiele:

Auto

zu schnell fahren — *aus der Kurve fliegen*

Durch zu schnelles Fahren flog das Auto aus der Kurve.
Da das Auto zu schnell fuhr, flog es aus der Kurve.

Im Einzelnen dazu noch folgende Hinweise:

1. Die Satzschlusszeichen sind kein Problem. Der Punkt wird meist intuitiv gelernt. Fehlen Satzschlusszeichen, so liegt in höheren Klassen eher Vergesslichkeit vor als Regelunkenntnis.

2. Beim Komma ist die Erscheinungsform wichtig, sie kann unterrichtlich hilfreich sein:

• einfaches Komma	–	Aufzählung
• paariges Komma	–	Teilsatz (Neben-, Infinitivsatz)
	–	Zusatz

Kennzeichen und Arten der Teilsätze können Gegenstände des Grammatikunterrichts sein; es ist aber ebenso wichtig, ständig Umformungsübungen zu praktizieren, um so die Bauteile der Sätze intuitiv und implizit verständlich zu machen. Die Konjunktion *dass* und das Relativpronomen *das* sollten – zeitlich getrennt voneinander – im Satzrahmen geübt werden, so dass eine Strukturbildung ermöglicht wird.

3. Die wörtliche Rede sollten Sie mit all ihren Satzzeichen als Gesamtphänomen behandeln. Dabei kann der Trägersatz (mit dem Verb des Sagens) umformend unterschiedlich platziert werden. In der Sekundarstufe kann sich das z. B. verbinden mit einer Übung zum Wortfeld ‚sagen'.

Texte sind im Sinne Karl Bühlers gestaltete Sprachwerke. Das gilt nicht nur für poetische Texte, sondern für jeden Text. Gestaltung – und dazu gehört auch die Zeichensetzung – ist mühsam, aber sie macht Freude.

2.6 Die Worttrennung am Zeilenende

Die Worttrennung ist etwas, was es in der gesprochenen Sprache nicht gibt. Der Redestrom fließt ohne Begrenzung in der Zeit dahin; hingegen stößt das Geschriebene spätestens am Blattrand, normalerweise aber an der Zeilengrenze des Blattrandes ans Ende. Es ist üblich, dass dann auf der nächsten Zeile von links nach rechts weitergeschrieben wird. Der Wortzwischenraum bietet eine klare Möglichkeit des Zeilenwechsels. Man muss dann jedoch abschätzen, ob noch ein Wort auf die Zeile passt. Auf diese Weise entsteht am rechten Rand der so genannte Flattersatz, d. h. unterschiedlich lang ausgefüllte Zeilen. Will man keinen Platz verschenken, so könnte man theoretisch bis ans Zeilenende schreiben und dann, auch mitten im Wort, auf der nächsten Zeile weiterschreiben.

Die Worttrennung ist nun ein Verfahren, das diesen platzsparenden „Übersprung" auf die nächste Zeile ermöglicht und dabei die Leseverzögerung möglichst gering hält. Zunächst einmal weist der Trennungsstrich als grafisches Zeichen darauf hin, dass das Wort auf der nächsten Zeile weitergeht. Fällt der Trennungsstrich mit dem Bindestrich zusammen, so ist das kein Problem, da eine Morphemfuge eine bevorzugte, am wenigsten störende Trennstelle ist. Hier wird das Stammprinzip noch einmal sehr deutlich!

Die Trennstellen eines Wortes ergeben sich nun aus der Silbeneinteilung des Wortes. Der Vorgang des Trennens nimmt also Bezug auf eine Größe der gesprochenen Sprache: die Silbe. Sie wurde schon an einigen Stellen unserer Darstellung der Rechtschreibung relevant, z. B. beim silbenmarkierenden *h* oder bei der Beschreibung des Doppelkonsonantenbuchstabens nach kurzem Vokal. Eine Silbe besteht, wie im Grundlagenteil (1.2.1) erklärt, mindestens aus einem Vokal und möglicherweise einem oder mehreren Konsonanten davor (Anfangsrand) und/oder danach (Endrand). Dabei leitet sich die Silbe als Grundlage der Trennung nicht aus der Lautung, sondern dem Lautschema ab, wie z. B. [ge:n] → /ge:en/ → <gehen> deutlich macht.

Die Trennung setzt zumindest ein phonologisch zweisilbiges Wort voraus, und die Frage ist, wie sich die Konsonantenbuchstaben zwischen den beiden (die jeweilige Silbe konstituierenden) Vokalen auf den Endrand der ersten und den Anfangsrand der zweiten Silbe verteilen:

...	V	ø	V	...			
...	V	K	V	...			
...	V	K	K	V	...		
...	V	K	K	K	V	...	
...	V	K	K	K	K	V	... usw.

Darüber, ob das Zerlegen in Silben, das Syllabieren, eine einfache, natürliche Fähigkeit des Sprechens ist, die schon Kinder vor der Schule beherrschen, sind sich die Sprachwissenschaftler nicht einig. Auf jeden Fall ist für die Erwachsenen das Aufteilen in Silben rechtschreiblich überformt, d. h., sie syllabieren so, wie sie trennen – wieder einmal der bekannte Zirkelschluss. Manche Forscher lösen daher den rechtschreiblichen Vorgang der Worttrennung auch ganz vom Syllabieren und der Silbe ab und setzen ein „orthografisches Schreibsegment" an, um den grundlegenden Unterschied deutlich zu machen. (Im Rechtschreibunterricht wird für das Letztere auch der Ausdruck ‚Schreibsilbe' gebraucht.) Wir sehen hier davon ab, da sich Sprechsilbe und grafisches Schreibsegment aufeinander beziehen lassen und da es für die Lernenden von Vorteil ist, auf das Syllabieren zurückgreifen zu können. Grundsätzlich gilt aber, dass die Basis der Silbentrennung eine abstrakte phonologische Form ist.

Beobachtet man nun das Setzen einer Silbenfuge und damit einer möglichen Trennstelle zwischen zwei Vokalen, so kann man Folgendes feststellen:

(1) Liegt zwischen den beiden Vokalen auch eine Zusammensetzungsfuge, so ist diese auch die Silbenfuge und Trennstelle: *Haus-tür, Tee-ei, Week-end*. Dies gilt auch für die Fuge zwischen Präfix/Verbzusatz und Stamm: *er-reichen, über-setzen, Pro-nomen*; im Prinzip jedoch nicht für Endungen und Suffixe, obwohl es de facto oft der Fall ist: *freund-lich, Ei-er,* vgl. (2).

(2) Gibt es keine Zusammensetzungsfuge zwischen den Vokalen, dann kommt der oder kommen die Buchstaben für den letzten Konsonanten zwischen den Vokalen auf die folgende Zeile:

...	V	|	V ...	*Ei-er, na-iv*
...	V	|	KV ...	*Eu-ro-pa;* aber nicht **A-bend, *lau-e*
...	VK	|	KV ...	*Ber-ge, fäl-schen, Kin-der*
...	VKK	|	KV ...	*bers-ten*
...	VKKK	|	KV ...	*erns-te,*
...	VKKKK	|	KV ...	*ernst-lich*

1	**R**	Trenne Wörter am Zeilenende so, wie du sie beim langsamen Lesen in Silben zerlegst.	*Au-ge, Bau-er, na-iv, Mu-se-um, in-di-vi-du-ell, eu-ro-pä-isch, Ru-i-ne, Fa-mi-li-en, na-ti-o-nal; sin-ken, Ber-ge, fal-ten,; Ma-gnet/ Mag-net, Si-gnal/ Sig-nal; ab-strakt/ abs-trakt* *Haus-tür, Wall-fahrt, Fox-trott, Week-end, er-rei-chen, ent-täu-schen, über-set-zen, Pro-gramm, hi-nauf, wo-ran*
2	**R**	Einschränkung: In heimischen einfachen Wörtern setzt du **nur** den oder die Buchstaben für den letzten gesprochenen Konsonanten auf die folgende Zeile (selbst wenn du beim Sprechen auch andere Silbenfugen findest).	 *deut-sche* *Rad-ler* *kühns-te, erns-te* *wid-rig, knusp-rig* *stop-fen, imp-fen, Karp-fen* *Wit-ze* aber: *Mag-netismus* oder *Ma-gnetis-mus*
		Beachte besonders:	
3		• *ng*	*sin-gen, Zan-ge, In-go*
		Doppelkonsonant K-K	*ken-nen, Bag-ger, plap-pern, fas-sen*
		ch, sch	*la-chen, wa-schen*
		ck	*bli-cken, Zu-cker*
4		• Bei Fremdwörtern richte dich grundsätzlich nach der ersten Regel.	*In-te-res-se, He-li-kop-ter, Chi-rurg, Hek-tar, Re-cyk-ling-pa-pier* (auch: *Re-cy-kling-...*)
5		• Ein Vokalbuchstabe darf nicht abgetrennt werden.	*der laue Juliabend*

Zu beiden gibt es nun Besonderheiten:

Ist die Zusammensetzungsfuge dunkel, undeutlich, nicht erkennbar, so geht das Trennen nach (2) vor sich. Die Schreibenden brauchen sich also keine Gedanken über die Zusammensetzung schwieriger (meist) griech. oder lat. Fremdwörter zu machen, z. B. *In-te-res-se* (aus lat. *inter* + *esse*). Bei einigen heimischen Wörtern wird die Zusammensetzungsfuge entweder nicht erkannt oder beim Syllabieren nicht beachtet: *wo-ran, he-rab.* Jedoch ist in beiden Fällen auch die Trennung an der Zusammensetzungsfuge möglich: *Inter-esse, wor-an, her-ab.*

Kommen der oder die Buchstaben für die letzten Konsonanten auf die folgende Zeile, so wird *n-g* stillschweigend aufgeteilt: *sin-gen; ch, sch* und *ck* kommen auf die folgende Zeile: *la-chen, wa-schen, Zu-cker. x* und *z,* obwohl sie für zwei Laute stehen, kommen ebenfalls auf die folgende Zeile: *He-xe, Her-zen.* Der Doppelkonsonantenbuchstabe wird als „zweisilbig" (ambisyllabisch) angesehen: *kom-men, Hal-le.* Alle diese Fälle sollte man u. E. beim Lernen nicht problematisieren, sondern stillschweigend durch Beispiele einführen.

Die strikte Festlegung auf den letzten Konsonanten zwischen den beiden Silben hat etwas zu tun mit der Absicht der einheitlichen Normierung, denn bestimmte Konsonantenfolgen sind gesprochen auch oder sogar eher vor dem zweiten Konsonanten in Silben einteilbar; dennoch trennt man: *Rad-ler, deut-sche, kühns-te, wid-rig, knusp-rig, stop-fen, imp-fen.* Bei Fremdwörtern mit der Konsonantenfolge … K + (*l, n, r*) ist es jedoch auch erlaubt, zwei Konsonanten auf die folgende Zeile zu setzen, z. B. *Mag-net* oder *Ma-gnet.*

Es ist nicht oder wenig platzsparend, einen Vokalbuchstaben abzutrennen **A-bend, *lau-e;* das gilt auch in Zusammensetzungen: **Julia-bend.*

Alles in allem sollte die Worttrennung kein Exerzierfeld sibyllinischer Entscheidung und von Bildungsdemonstration sein. Deshalb reicht die Regel 1 vollkommen aus, selbst wenn sie in sprachwissenschaftlicher Analyse ein Zirkelschluss ist, d. h. im Prinzip die Worttrennungsregeln voraussetzt. Aber das scheint in weiten Teilen das Los der Rechtschreibung zu sein, so dass unser Satz, der uns von Stufe zu Stufe begleitet hat, bis zum Schluss gilt:

Schrei-be, wie du sprichst, wie du schreibst.

2.7 Schlussbetrachtung zum zweiten Teil

Wenn Sie diesen zweiten Teil ‚Wie funktioniert die Rechtschreibung?' nun von vorne bis hierher durchgelesen oder gar durchgearbeitet haben, so können wir uns gut vorstellen, dass Ihnen der Kopf schwirrt von den vielen Regeln, Unterregeln, Ausnahmen und Ausnahmen zu den Ausnahmen. Vielleicht sind Sie so verwirrt wie der Tausendfüßler, der – gefragt, wie er sein 523. Bein bewegt – völlig durcheinandergeriet und nicht mehr gehen konnte. Deshalb zum Schluss noch einmal die entscheidenden Punkte:

(1) Die Rechtschreibung ist kein Chaos, sondern sie hat eine klar geordnete, wenn auch schwierige Struktur. Sie ist daher lernbar und beherrschbar. Die Aneignung der Rechtschreibung kann durch Unterricht wesentlich unterstützt werden.

(2) Die Rechtschreibung ist keine Lautschrift, sondern auf der Basis von Laut-Buchstaben-Zuordnungen und von gespeicherten Schreibschemata werden dem Leser lexikalische und syntaktische Informationen grafisch vermittelt. Alle Regeln sind auf diese verschiedenen Funktionen (= Prinzipien) beziehbar.

(3) Der geübte Schreiber beherrscht in der Rechtschreibung das meiste unbewusst, ohne zu wissen, was er kann. Da aber Schreiben generell und dabei vor allem das Überarbeiten ein teilweise bewusster Vorgang ist, braucht der Schreiber neben dem Können auch ein Wissen über Rechtschreibung in Form von Regeln, Ausnahmelisten (Merkversen) und Strategien zum richtigen Schreiben. Es ist wahrscheinlich, dass das Können zum Teil ein automatisiertes Wissen enthält.

Rechtschreibunterricht heißt zu einem großen Teil, die Struktur der Sprache zu erschließen. Deshalb ist der Unterricht in Wortbildung und Grammatik immer auch implizit Rechtschreibunterricht. Die Komplexität der Rechtschreibung erfordert eine sachangemessene Reduktion des Stoffes. Deshalb geben wir für die Grundschule ‚Elementare Regeln' an (3.2.1) und für die Sekundarstufe haben wir den Aufbau der Rechtschreibung an den ‚Grundregeln' vorgeführt.

Die konkreten unterrichtlichen Hinweise konnten hier nur sehr knapp ausfallen. Da das Gelernte nicht einfach das Resultat des Gelehrten ist, können Sie als Lehrende am besten abschätzen, in welcher Lernsituation sich Ihre Schülerinnen und Schüler gerade befinden. Die ‚Grundregeln' helfen Ihnen und den Lernenden, die Sachlage zu erfassen, so dass sie darüber sprechen und Übungen verabreden können.

Literatur zu 2:
Die Grundregeln der deutschen Rechtschreibung

Das amtliche Regelwerk 2006 ist abgedruckt in:
Duden Deutsche Rechtschreibung. 24. Aufl. Mannheim 2006, S. 1161–1216.
Wahrig: Die Deutsche Rechtschreibung. Gütersloh 2006, S. 41–93.
Für die konkrete Arbeit sei immer wieder ein Blick in die Themenhefte der Fachzeitschriften empfohlen, z. B.
Praxis Deutsch 170 (2001) Rechtschreiben erforschen.
Praxis Deutsch 191 (2005) Zeichen setzen.
Praxis Deutsch 198 (2006) Orthografische Zweifelsfälle.
Deutschunterricht (Braunschweig) 2005, H. 3, Rechtschreiben

3 Zur Konzeption des Rechtschreibunterrichts

3.1 Passung von Aneignung und Vermittlung

3.1.1 Können – Lehren – Lernen

Das Verhältnis von Können, Lehren und Lernen ist komplizierter als im pädagogischen Alltagsverständnis angenommen: Danach wird das Lehren, der Unterricht, als Voraussetzung des Lernens betrachtet; das Lernen wäre also eine direkte Folge des Lehrens. Zu diesem Verständnis gehört auch die Annahme, der Unterricht könne gleichsam in einer Stunde Null beginnen, die Köpfe der Schüler und Schülerinnen könnten als Tabula rasa behandelt werden. In der Schule ist dieses Verständnis weit verbreitet, vor allem wohl deshalb, weil auf diese Weise die Organisation des Unterrichts leichter handhabbar erscheint: Scheinbar lernen alle Schüler, was gelehrt wird.

Für den Anfangsunterricht z. B. bedeutet das, einzelne Buchstaben oder Wörter „einzuführen", explizit zu lehren; später sind das u. a. Besonderheiten der Laut-Buchstaben-Beziehung und Schreibregeln, z. B. über die Großschreibung am Satzanfang, die Regeln der Substantivierung oder Desubstantivierung, die Zeichensetzungsregeln beim Infinitiv. Nun wissen wir aber aus der systematischen Analyse von Lernprozessen (s. Kap. 1.3), dass immer schon etwas gekonnt wird. Die Schreibanfänger haben alle schon Literalitätserfahrungen – allerdings mit ganz unterschiedlichen Inhalten und in verschiedenem Umfang; die fortgeschrittenen Schüler müssen das neu Gelernte in ihr vorhandenes kognitives Schema integrieren. Dabei kommt es wieder zu Fehlern, zu Umstrukturierungen (s. dazu insbesondere Kap. 1.3.5). Manchmal können Schüler und Schülerinnen Regeln und Verfahren benennen, sie haben ein explizites analytisches Wissen, aber es leitet sie nicht beim Schreiben, nicht einmal beim Überarbeiten, weil die Kinder im Vollzug (operativ) den „kritischen Fall" gar nicht erkennen oder weil sie von den Alternativen verwirrt sind (s. dazu 3.1.2) oder auch, weil sie eigentlich kein persönliches Interesse am Richtigschreiben haben oder weil sie in einer Stresssituation schreiben.
Sicherlich ist die Aufgabe, die der Lernende zu bewältigen hat, schwierig: Er muss das, was er schon kann, sein implizites Wissen und Können (seine jeweiligen kognitiven Schemata, seine Eigenregeln) mit seinen neuen Beobachtungen und dem, was ihm explizit im Unterricht vermittelt wird, verbinden, so dass er es beim Schreiben und Überarbeiten wirklich gebrauchen, anwenden kann. Dabei geht es um eine **Wechselbewegung zwischen dem, worüber der Schreiber unbewusst verfügt** (also operativ) **und dem, was er bewusst benennen und ausführen kann** (also

analytisch: das umfasst beides, das deklarative Wissen, z. B. *Den Satzanfang schreibt man groß,* – und das prozedurale Wissen: z. B. *Verlängere das Wort*). Das heißt für den Fortgeschrittenen, dass er sich im Vollzug z. B. im Hinblick auf die Großschreibung entscheiden muss bzw. erst einmal **bemerken** (seine Aufmerksamkeit darauf richten) muss, **dass es etwas zu entscheiden gibt**; für den Anfänger heißt das z. B., beim Textschreiben in Klasse 1 zu erkennen, dass er das Wort, das er sich bereits im Schreiblehrgang angeeignet hat, nun auch gebrauchen kann.

Wenn Sie Kap. 2 ganz oder in größeren Abschnitten gelesen haben, werden Sie sicher erstaunt sein, dass Sie so vieles richtig schreiben, ohne dass Sie diese Gesetzmäßigkeiten z. B. der Laut-Buchstaben-Beziehung benennen könnten. **Worauf es ankommt, ist, dass die Schüler orthografisch korrekt schreiben lernen.** Dabei spielt das implizite Wissen und Können eine entscheidende Rolle; die Rechtschreibregeln haben demgegenüber eher eine untergeordnete Rolle. **Für die Konzeption des Rechtschreibunterrichts kommt es also vor allem darauf an, Anforderungen/Aufgabenstellungen/Lernangebote zu formulieren und zu inszenieren, die die Bildung solcher Eigenregeln befördern, die zu richtigen Schreibungen führen und im Schreibresultat den amtlichen möglichst entsprechen.** Die einfache Relation jedenfalls, Fremdregeln führen zu bewusster Anwendung und Aneignung, Eigenregeln sind implizit, werden unbewusst angewandt, trifft so nicht zu. Wichtig für die Konzeption des Rechtschreibunterrichts ist, **ob und wie Lehrarrangements Einfluss nehmen können auf implizite Regelbildungsprozesse der Lernenden.**

Wir möchten an einem **Beispiel aus dem Anfangsunterricht** dieses komplizierte Verhältnis von Können, Lehren und Lernen darstellen und der Frage nachgehen, **wie sich bei den Anfängern Schreibschemata ausbilden.** Schreibschemata gehören wie die Lautschemata zu dem Bereich des Rechtschreibkönnens, der sich eher implizit entwickelt, dem expliziten Lehren unmittelbar weniger zugänglich erscheint. Dennoch – und das ist unsere These – hat das Lehrverfahren Auswirkungen auf die Art, wie Kinder Schreibschemata ausbilden: **Lehren kann zu implizitem Lernen führen, kann (und sollte) darauf angelegt sein, implizite Lernprozesse zu befördern.**

Sehen wir uns dazu an, wie in den theoretischen Diskussionen zum Rechtschreiberwerb und in der Schulpraxis dieses Verhältnis gesehen wird. Im Hinblick auf den Anfangsunterricht stehen sich seit mehr als 20 Jahren zwei Positionen ziemlich kontrovers gegenüber: Die eine behauptet, dass Schulanfänger Rechtschreiben lernen, nachdem sie das Lesen gelernt haben und indem sie abschreiben, was ihnen vorgeschrieben wird – so lange, bis sie über ein Repertoire verfügen, das für das Textschreiben als ausreichend erachtet wird. (So wird vielerorts immer noch verfahren.)

Diese Position geht von der Annahme aus, was explizit gelehrt wird, werde auch gelernt. Richtigschreiben bedeutete danach die Adaption von Mustern.

Die andere Position, die sich als fortschrittlich darstellt, gibt schon Anfängern Schreibmaterial und eine Buchstabentabelle an die Hand und fordert sie auf, ihre Gedanken, ihre Beobachtungen, ihr Wissen aufzuschreiben. Das Lesen lernen sie später. Diese Position setzt beim Können der Kinder an und gibt Gelegenheit, dieses implizite Können zu erweitern. Richtigschreiben wird als weitgehend naturwüchsiger Prozess gesehen, der mit dem Verschriften des beim Sprechen Wahrgenommenen beginnt (eigentlich also bei der Lautung). Lehren wird als Betreuung und Beratung dieses Prozesses verstanden.

Zwischen diesen Extremen gibt es viele Mischformen; eine ist: Die Kinder lernen lesen mit einer Fibel – sie haben daneben Gelegenheit, ihre eigenen Texte, so gut sie können, auf das Papier zu bringen. Eine andere beginnt mit dem gesamten Inventar einer Buchstabentabelle – setzt aber daneben nach wenigen Wochen das Lesen und das Schreiben vorgegebener Wörter, die sich die Kinder in der bestimmten Form aneignen sollen.

Während die erste Position behauptet, die besseren Rechtschreibleistungen zu erzielen, nimmt die zweite für sich in Anspruch, das Textschreiben besser zu fördern und angemessenere, vielleicht auch allgemein pädagogisch fördernde Lernmöglichkeiten zu eröffnen. Im ersten Fall wird davon ausgegangen, dass gelernt und schließlich gekonnt wird, was gelehrt wird (Lehren – Lernen – Können); im zweiten Fall ist das Können Ausgangspunkt, das Lehren folgt – in gewisser Weise – dem Lernen nach.
Wir möchten nun gern einen dritten Weg zeigen: **nämlich inwiefern durch Unterricht unbewusste Regelbildungsprozesse angestoßen werden können: Können – Lehren – Lernen.**
Wenn wir die Bedeutung des Unterrichts für die Ausbildung von Schreibschemata untersuchen wollen, legen wir das Zwei-Wege-Modell des Schreibens zugrunde (s. S. 39). Es leistet eine Verbindung von Mündlichkeit und Schriftlichkeit. Aber: was man beim Sprechen hört, was man spricht, die Lautung, hat keine direkte Verbindung zur Schreibung. Dazwischen ist das Lautschema gesetzt, die Transformation der Lautung im Hinblick auf die Bedeutung, d. h. die Phoneme als bedeutungsunterscheidende Zeichen.

Aber das Schema zeigt noch mehr, nämlich eine Verbindung zwischen impliziten und expliziten (bzw. unbewussten und bewussten) Formen der Aneignung: Das Lautschema und das Schreibschema sind dem bewussten Zugriff schwer zugänglich, also auch dem expliziten Lernen als direkter Folge expliziten Lehrens. Demgegenüber können sowohl die Laut-Buchstaben-Beziehungen wie auch die Schreibregeln explizit gelehrt werden und dieses (deklarative und prozedurale) Wissen kann der Lernende explizit wie auch implizit anwenden. Wenn bei Weg 1 des Modells – von der Bedeutung über das Schreibschema zur Schreibung – wie auch sonst in der Sprache **Speicherung vor Produktion** geht, dann ist natürlich besonders wichtig zu wissen, wie sich diese Schreibschemata ausbilden.

Wenn man diese Frage auf die Zeit vor der Schule bezieht, gehören zur Vorbereitung von Schreibschemata Literalitätserfahrungen, bei denen Kinder etwas abschreiben (Beispiele 1, 2, S. 47) und aufschreiben, was sie (visuell) erinnern oder wissen bzw. zu wissen meinen (Beispiel 4, S. 48). Wir haben ja bei der Betrachtung der Lernentwicklung bereits gesehen, dass sich die Kinder beim Schreibenlernen durchaus nicht nur an ihrer Sprechweise orientieren, sondern auch an der Schrift; sie analysieren vorgegebene Schreibweisen und fügen **„orthografische Elemente"**, die sie dabei beobachten, bei ihren Schreibversuchen ein (S. 21). Auch hier bringen die Kinder also ein „Können" schon in die Schule mit.

Wenn wir die Ausbildung von Schreibschemata im Anfangsunterricht untersuchen wollen, dann können wir zum einen die richtig geschriebenen Wörter betrachten. (Dass diese richtig geschriebenen Wörter aufgrund von Laut-Buchstaben-Zuordnungen zustande gekommen sind – also vom Lautschema her –, ist wegen deren Komplexität, die der Anfänger schwer meistern kann, unwahrscheinlich.) Zum anderen können wir bestimmte Fehler betrachten, nämlich die orthografischen Elemente, die die Kinder falsch anwenden. In den richtig geschriebenen Wörtern sind natürlich auch orthografische Elemente enthalten. Sie sind bei der Zählung der korrekt geschriebenen Wörter ja bereits berücksichtigt. Aber in diesen Fällen kann man nicht entscheiden, ob sie rein memorierend notiert worden sind oder über einen Akt der Regelkonstruktion. Das ist bei den falsch verwendeten anders: Kinder (hier Beispiele aus dem Textschreiben im Februar Klasse 1, s. Dokumentation 1994) haben beobachtet:

- dass manchmal für [f] <v> steht und schreiben nun **trivt, *dorvte, *schlaven, *vroie (freue);*

- sie haben beobachtet, dass [t] manchmal <d> geschrieben wird und notieren die Verbindungen so: **weggerand, *weind, *finded, *scheind, *suchd;*

- sie haben beobachtet, dass Buchstaben manchmal doppelt stehen und setzen dieses Wissen um: **Vatter* (vielleicht auch in Analogie zu *Mutter*), **prieff* (statt *Brief*), **KoMeen, *schneel* (statt *schnell*);

– sie haben <ie> für den i-Laut gefunden und schreiben nun, funktional und dysfunktional: **mier,* **miech,* **bies* (*bis*), **siech*.

Man kann wohl bei diesen Fällen noch nicht davon ausgehen, dass die Kinder eine orthografische Strategie im Sinne des Stufenmodells ausgebildet haben. Der Gebrauch der orthografischen Elemente ist eher episodisch, noch nicht systematisch. Wir haben nun die Zahl richtig geschriebener Wörter und die Zahl falsch gebrauchter orthografischer Elemente in Beziehung gesetzt zu dem Unterrichtskonzept. Dabei konnten wir uns auf eine Dokumentation von 500 Kindertexten aus **20 Klassen** stützen, die Schreibanfänger im **Februar** von **Klasse 1** zu Bilderbüchern bzw. Bildern geschrieben haben. Die auf der nächsten Seite folgende Tabelle enthält die entsprechenden Daten aus 8 der 20 Klassen, also von 154 Texten. (Merkmale des Textschreibens haben wir hier ausgespart, s. dazu Habersaat/Dehn 1998; Lit. zu 1.1.)

Zwei Klassen (20 und 6) haben einen Fibellehrgang zugrunde gelegt, d. h., die Kinder haben fast täglich mehr abgeschrieben und vorgegebene Wörter reproduziert als selbstständig Texte verfasst. Vier Klassen (19, 7, 5, 4) haben mit dem Lehrgang „Lesen durch Schreiben“ gearbeitet, d. h., sie haben im ersten Halbjahr von Anfang an mit Hilfe der Buchstabentabelle selbstständig Wörter und Texte geschrieben bis zum Zeitpunkt dieser Schreibaufgabe. Sie hatten aber kaum Leseunterricht, wenig explizite schriftliche Vorgaben. Zwei Klassen (18, 15) haben mit einer „Eigenfibel“ lesen gelernt, d. h., sie haben „Klassentexte“ gelesen und daneben selbst viel geschrieben mit Hilfe der Buchstabentabelle. – Die Klassen sind nach der Rechtschreibleistung am Ende von Klasse 2, gemessen mit dem Diagnostischen Rechtschreibtest, in eine Reihenfolge gebracht (Klasse 20 ist die in der Rechtschreibleistung beste Klasse, Klasse 4 die schwächste der hier betrachteten, s. Hüttis-Graff, Widmann 1996; unter den 7 schwächsten Klassen in der Rechtschreibleistung – von 20 – ist keine Klasse mit einer „Eigenfibel“; zu Tests s. 3.3.3).

(1) Um uns einen Überblick zu verschaffen, haben wir zuerst alle Wörter gezählt, die die Kinder geschrieben haben, d. h. auch die, die sie mehrmals notiert haben. Das Ergebnis ist sehr markant: Die Klassen, die im Unterricht explizit Möglichkeiten der Schriftorientierung erhalten, schreiben deutlich mehr Wörter pro Text (im Durchschnitt 22 Wörter pro Text – nach einem halben Schuljahr!) gegenüber den Klassen, die auf implizites Lernen mit Hilfe der Buchstabentabelle setzen (im Durchschnitt 10 Wörter pro Text) – mit jeweils einer Ausnahme (Klasse 19, Klasse 6). Die Klassen, die im Unterricht explizit Möglichkeiten der Schriftorientierung erhalten, sind zugleich die Klassen, die am Ende von Klasse 2 zu den leistungsstarken im Rechtschreiben gehören. Die, die diese Möglichkeit nicht praktizieren, gehören zu den leistungsschwachen (wiederum jeweils mit einer Ausnahme). Die

Klasse			Wortanzahl token		korrekt geschriebene Wörter[3]		orthografische Elemente falsch		DRT 1 Ø	DRT 2 Ø	DRT 3 Ø	WRT 4/5 Ø
	Lehrgang[2]	Textzahl	gesamt	Ø	gesamt	Ø	gesamt	Textzahl	PR	PR	PR	PR
20	F	22	524	22	363	16	23	10	53	67	66	47
19	R	21	419	20	152	7	10	7	46	50	48[4]	22
18	EF	21	491	24	313	15	13	9	50	49	52	49
15	EF	17	401	23,5	224	13	24	7	40	44	41	45
		81	1.835	22	1.052	13	70	33 = 40 % der Texte				
7	R	17	198	11,6	75	4,4	5	4	31	25	17	10
6	F	22	183	8,3	93	4,2	2	2	35	23	22	20
5	R	22	199	9	109	5	2	2	24	23	18	9
4	R	12	143	12	39	3,3	4	4	31	22	20	22
		73	723	10	316	4,3	13	12 = 16 % der Texte				

[1] Die Nummern geben die Rangfolge der 20 Klassen in der Rechtschreibleistung an, gemessen mit dem Diagnostischen Rechtschreibtest (DRT) 2; Nr. 1 hat die Klasse mit der schwächsten, 20 mit der besten Rechtschreibleistung im DRT 2; Schreibanlass sind Bilderbücher und Bilder: Klasse 20, 19, 4: Rosalind, das Katzenkind; Klasse 18: Mausemärchen – Riesengeschichte; Klasse 15: Bär und Tiger; Klasse 7: Dennis, das Monster; Klasse 6: Eichhörnchen (Dürer); Klasse 5: Regenbogenfisch; die Klassen gehören (nach der Zuordnung der Schulbehörde in Hamburg) zu „schwachen" Einzugsgebieten (Klasse 20, 19, 7, 6, 5) bzw. zu „mittleren" (Klasse 18, 15, 4).

[2] Nach Angaben der Lehrer/Lehrerinnen: F = Fibel; EF = Eigenfibel; R = Reichen (Lesen durch Schreiben)

[3] Großschreibung und Flexionen nicht berücksichtigt.

[4] Lehrerwechsel am Ende von Klasse 3.

Rechtschreiben beim Textschreiben (im Februar, Klasse 1)

Rechtschreibleistung der Klassen bleibt auch bis zum Ende von Klasse 4 ziemlich konstant. Welche Bedeutung die Lehrperson dabei hat, zeigt die Auswirkung des Lehrerwechsels in Klasse 19.

(2) Wer viel schreibt, schreibt vieles richtig. Das ist eine Umkehrung unserer Maxime: Rechtschreiben lernen Kinder und Jugendliche, indem sie viel schreiben (s. S. 77 f.): Die Klassen, die die meisten Wörter schreiben, schreiben auch viele Wörter richtig, nämlich im Durchschnitt 13 Wörter pro Text gegenüber 4,3 Wörter in den Klassen, die Texte mit wenig Wörtern schreiben. Dass sich Schreibschemata bei richtig geschriebenen Wörtern ausbilden können, liegt auf der Hand.

(3) Die wichtigste Beobachtung: Die Kinder, die optische Vorgaben erhalten, gehen damit produktiv um: Sie verwerten etwas, das sie beobachtet haben, und gebrauchen beim Schreiben orthografische Elemente in weit höherem Maß als die anderen, nämlich durchschnittlich in 40 % der Texte (gegenüber 16 % der Texte). Wer z. B. **schneel* geschrieben hat, ist im Februar von Klasse 1 auf ein Phänomen aufmerksam geworden, wird an anderen Wörtern anderes beobachten und so seine Eigenregeln modifizieren – durch die unterrichtlichen Vorgaben, mit denen er sich auseinandersetzen muss.

Das heißt, die Kinder experimentieren mit dem Beobachteten am neuen Fall – ein Prozess der Verallgemeinerung, der Abstraktion. Die Kinder haben implizit gelernt; z. T. sind in einzelnen Klassen auch Schwerpunkte zu beobachten, *d* statt *t* in Endstellung, bezeichnete Länge bei *i*: (auch wenn es sich um ein kurzes *i* handelt). Diese Befunde bedeuten auch: Es ist ein Irrtum, dass Kinder sich quasi zwangsläufig an ihrer Artikulation orientieren, wenn sie schreiben lernen. Wer schriftorientierte Fehler macht, hat seine Aufmerksamkeit auf Schrift gerichtet und ist im Prozess der Aneignung begriffen.

Diese Beobachtungen gelten für die mehrsprachigen Kinder noch in besonderem Maß: In den Klassen 20, 19, 18, 15 sind 132 Kinder mehrsprachig (durchschnittlich 33 % der Klasse), in den Klassen 7–4 sind es 164 Kinder (durchschnittlich 41 %). In der ersten Gruppe haben wir den falschen Gebrauch orthografischer Elemente in 13 Texten mehrsprachiger Kinder beobachtet, in der zweiten Gruppe nur in zwei Texten.

Wenn wir die Befunde kognitionspsychologisch interpretieren (s. Kap. 1.3.2), können wir sagen: Beim Lesen (bereits im 1. Halbjahr von Klasse 1) erkunden die Kinder aufgrund bestimmter Erwartungen Phänomene der Schreibung. Das verändert ihr kognitives Schema; sie notieren beim Schreiben orthografische Elemente. Diese wiederum führen zu weiteren Erkundungen, zur Auswahl der in der Schrift gegebenen Information und damit zur allmählichen Annäherung der individuellen Schreibung an die Norm (s. dazu Neissers Wahrnehmungszyklus, S. 53).

Man kann an diesen Klassen **Effekte des Lehrens auf unbewusste Lernprozesse** beobachten – in einem komplizierten Verhältnis:

- In den Klassen, in denen deutliche Schriftvorgaben gemacht werden (Klasse 20, 18, 15), schreiben Kinder in Texten mehr Wörter in freien Texten, mehr richtige Wörter und sie orientieren sich mehr an orthografischen Elementen als in den Klassen, in denen sie von Anfang an anhand einer Buchstabentabelle schreiben sollen, was ihnen in den Sinn kommt (Klasse 7, 5, 4).

- Aber: Der Lehrgang determiniert diesen Prozess nicht. Auch mit „Lesen durch Schreiben" können alle diese Phänomene beobachtet werden (Klasse 19). Und: Auch bei dem Gebrauch einer Fibel können alle diese Merkmale eingeschränkt sein (Klasse 6). Es kommt, so kann man vermuten, auf die jeweilige Modifikation im Unterricht an, auf die Schriftorientierung (s. dazu 3.2.1).

Sie können diese Effekte des Lehrens selbst beobachten, indem Sie die Beispieltexte von Björn und Torben noch einmal ausdrücklich miteinander vergleichen im Hinblick auf die Art der Richtig- und Falschschreibungen (s. S. 20 f.). Björn gehört zu Klasse 19, lernt Schreiben also weitgehend ohne Schriftvorgaben, Torben gehört zu Klasse 18, liest also von Anfang an auch Geschriebenes in der Eigenfibel der Klasse. Beide Kinder haben bis Ende Klasse 3 keine Lernschwierigkeiten mit der Orthografie. Torbens Rechtschreibleistung im Test (DRT 3) ist Ende Klasse 3 weit überdurchschnittlich (Prozentrang 76).

Die Tabelle lässt sich auch noch anders lesen:

Die durchschnittliche Rechtschreibleistung einer Klasse am Ende des ersten Schuljahrs verändert sich in den folgenden Schuljahren nicht wesentlich. Klassen mit einer im Durchschnitt guten Rechtschreibleistung bleiben gut, Klassen mit einer im Durchschnitt schwachen Rechtschreibleistung bleiben schwach.

In den untersuchten Klassen lässt sich ein deutlicher Zusammenhang beobachten zwischen der Rechtschreibleistung und der Menge der geschriebenen Wörter, der richtig geschriebenen Wörter und den produktiven individuellen Aneignungsprozessen, im Gebrauch orthografischer Elemente.

Wenn man, wie wir es hier getan haben, die Zahl der Wörter insgesamt, die Zahl der richtig geschriebenen Wörter und die der orthografischen Elemente als Indizien für die Ausbildung von Schreibschemata betrachtet, kann man zugleich sagen, dass die **frühe Ausbildung von Schreibschemata förderlich für die Rechtschreibleistung ist.**

Die eingangs beschriebene Kontroverse vereinfacht das Verhältnis von Können – Lehren – Lernen unzulässig. Wo explizit die Schriftvorgabe (mit einem Fibelwortschatz) gelehrt wird, adaptieren die Kinder das Gelehrte nicht einfach, sondern entwickeln eigenständig den angebotenen Zugriff und beginnen in für den Aneignungsprozess produktiver Weise zu experimentieren – jedenfalls dann, wenn ihnen mit dem Textschreiben dazu Gelegenheit gegeben wird. Das heißt, dass der Unterricht ihnen mit den Vorgaben eine Richtung anzeigt und eröffnet, in der sich das Probierverhalten als lernförderlich erweist. Demgegenüber ist das Probierverhalten in den Klassen, in denen keine solchen Schriftvorgaben vorhanden sind, sehr viel schwächer ausgeprägt. Man könnte sagen: Die Schreibanfänger „schmoren im eigenen Saft".

Unsere Frage ist, wie kann das Lehren Einfluss nehmen auf weitgehend unbewusste Lernprozesse, auf das implizite Können. Wir haben gesehen, wie der Unterricht den Aneignungsprozess beeinflusst, indem er Orientierungsrahmen gibt, hier Schriftvorgaben, die im Hinblick auf das theoretische Modell des Rechtschreiberwerbs sinnvoll erscheinen und die die Schüler herausfordern, ihre kognitiven Schemata, die zu dieser Zeit vorwiegend (aber nicht ausschließlich) an der Lautung, der Verschriftung der eigenen Artikulation orientiert sind, zu verändern: **von „Elementen" über Muster zu entfalteten Schemata.**

Im Stadium der Automatisierung gelten Schreibschemata als gespeichert. Die Befunde aus Klasse 1 zeigen, dass solche Speicherung im Prozess des Erwerbs nicht auf reiner Nachahmung, bloßer Kopie, beruht, sondern selbst produktive Momente der Verarbeitung enthält und zum Experimentieren und zu einem Erkunden führt, das sich wiederum an den Objekten, den Informationen des Unterrichts, erweisen muss.

Was bedeuten nun diese Beobachtungen und Überlegungen aus dem Anfangsunterricht für den Rechtschreibunterricht der Fortgeschrittenen?
Strukturierte Orientierungsrahmen unterstützen den Aneignungsprozess z. B. auch beim Lernen der regelhaften Setzung des Satzschlusszeichens. Wenn bereits in Klasse 1 alle Texte diese Zeichen enthalten, ist das eine Folie für den Einzelnen, diese Gesetzmäßigkeiten allmählich zu durchdringen. Und wenn dann – etwa in Klasse 3 – die Regel ausdrücklich gelehrt wird: *Setze einen Punkt …, ein Fragezeichen*

… usw. (s. Kap. 3.2.1), haben die Kinder vor allem beim Schreiben schon eigene Regeln gebildet, die sie nun mit den Fremdregeln konfrontieren. Sie haben anhand der vollständigen Zeichensetzung in den gelesenen Texten von Anfang an beim Schreiben manche Antworten auf ihre Fragen zur Zeichensetzung erprobt, für die sie nun eine explizite Regelformulierung erhalten.

Für die Großschreibung der Substantive gilt Ähnliches (s. 2.4.5). Während die Schreibanfänger zunächst scheinbar willkürlich Groß- und Kleinbuchstaben auch innerhalb des Wortes mischen (s. 1.3.1 und 1.3.2), notieren sie doch bald, etwa nach einem Schuljahr, Großbuchstaben nur noch am Wortanfang. Ihren eigenen Namen und Namen überhaupt schreiben sie stets groß; außerdem Wörter, die ihnen wichtig sind, wie z. B. **Schlafen* oder – hier noch in Klasse 4 – **Nett* (s. S. 64 f.). Auch die Großschreibung des Satzanfangs wird spätestens nach vier Schuljahren weitgehend beherrscht. Das Benennen expliziter Regeln (z. B. der amtlichen oder der aus Kap. 2) spielt dabei eine untergeordnete Rolle. Die Schreibweisen lassen sich unmittelbar ablesen. Im Verlauf von Klasse 2 scheinen die Kinder – so die Beobachtungen vieler Kolleginnen aus der Schule – allmählich ein Gefühl für Konkreta zu gewinnen. *Baum* oder *Schiff* schreiben sie z. B. eher mit großem Anfangsbuchstaben als *Angst* oder *Durst*; aber sie schreiben aus diesem Grund auch **es Donnerte*. Dies sind die ersten groben Hypothesen, die ihr kognitives Schema zur Groß- und Kleinschreibung bestimmen.

Für das Lehren ist es nun außerordentlich schwierig, in diese Begriffsbildung unmittelbar einzugreifen. Statt etwa den Kindern – vermeintlich ihrer Begrifflichkeit entsprechend – zu erklären, was man anfassen kann, schreibt man groß (konsequent wäre *Ofen* im Sommer groß-, im Winter kleinzuschreiben), sollte man sie eher nach ihren Begründungen fragen und sie mit Schreibungen konfrontieren, die ihrer Begrifflichkeit widersprechen, so dass sie neue Erkundungen anstellen müssen und allmählich zu einem angemessenen Begriff von Substantiv/Nomen kommen. Die Regel, Wörter, auf die sich ein Artikel, ein Possesivpronomen bezieht oder beziehen kann, werden großgeschrieben, können diese Eigenregeln erst dann sinnvoll erweitern, wenn die Schülerinnen und Schüler etwa in den letzten Grundschuljahren anfangen, mit grammatischen Bezügen operieren zu können, sonst schreiben sie **die Blaue Bluse* oder **die Armen leute*. Es empfiehlt sich, die Fähigkeit der Kinder zu grammatischen Operationen mit Wortformen früh als „Wörter befragen" oder „Wörter verändern" eher beiläufig und kontinuierlich als mit Sanktion von Fehlern zu praktizieren: z. B. den Umgang mit den Suffixen *-ung, -heit, -keit, -schaft, -nis* und das Nachdenken über ihre Funktion: *Was ist eine Verdünnung? Da wird etwas verdünnt, was flüssig ist, dünn bzw. dünner gemacht. – Was ist eine Krankheit? Die macht krank, den, den sie befällt. – Was ist eine Verstärkung, eine*

Mannschaft, was ist Fröhlichkeit, was Erziehung …? Wenn dann auch explizit die Regel gelehrt wird, dass diese Suffixe Substantive markieren, die Wörter also großgeschrieben werden, dann werden die Schüler sie umso eher beim Schreiben auch (implizit oder explizit) verwenden, je mehr sie dabei schon erkundet haben und je größer ihre Aufmerksamkeit für das Phänomen Groß- und Kleinschreibung ist. Im krassen Gegensatz dazu steht ein Lehr-Lern-Konzept, das – etwa in der Hauptschule in Klasse 7 – die besagte Regel „einführt", an Beispielen übt und in Form eines Diktates den Lern- (und den Lehr-)erfolg prüft. Die Schüler werden bereits kurze Zeit später diese Regel in ihren Texten nicht mehr beachten.

Für das Lehren also kommt es darauf an zu beachten, was schon gekonnt wird, um die Differenzierung der kognitiven Schemata durch strukturierte Vorgaben und Verfahren anzustoßen, das Erkundungsverhalten im Wahrnehmungszyklus zu verändern.

Zur Gestaltung der Lernumgebung gehört darüber hinaus die Gewährung ausreichender Zeiträume und die Bestimmung geeigneter Zeitpunkte (s. 3.1.2), außerdem auch die Auswahl von Modellwörtern des Lernens (s. 3.1.4); nicht zuletzt gehören dazu Formen der Kontrolle und Selbstkontrolle, die das Interesse am Richtigschreiben fördern und die Aufmerksamkeit des Lernenden – ausgehend von dem, was er immer schon kann – darauf richten, wie die Schwierigkeiten zu bewältigen sind (s. 3.1.8).

Gegenüber dem Weg 1 des Rechtschreibunterrichts (das häufige Abschreiben von Wörtern, später von Texten zum Zweck des Einprägens verbunden mit der schrittweisen Vermittlung von Regeln, entsprechend wird also das Lernen als Folge eines hierarchisch vom „Leichten zum Schweren" gestuften Lehrens betrachtet) und dem Weg 2 (nach dem die Kinder gleichsam naturwüchsig – wie das Sprechen – so auch das Rechtschreiben mit der Zeit lernen würden) möchten wir den Weg 3 empfehlen:

Aufgabe des Unterrichts ist, das jeweilige Können des Schülers zu konfrontieren mit einem auf die Sachstruktur gerichteten Orientierungsrahmen (Lehren), der die Lernenden im Vollzug der Tätigkeit des Schreibens (aber auch des Lesens) zu Erkundungen herausfordert. Die ausdrückliche Formulierung von Regeln im Unterricht trifft dann auf ein kognitives Schema, das das Phänomen bereits vielfältig in Form von Eigenregeln strukturiert. Wichtig dabei ist, dass solche Erprobungen mit dem Ziel des Richtigschreibens, die sich vor allem in den Fehlern zeigen, nicht sanktioniert werden.

Unterricht kann **Erkundungen** an orthografisch korrekten Schreibungen auch direkt herausfordern: *Was fällt euch/dir auf an der Schreibung (des Wortes, des Textes)?* Der Austausch der Beobachtung wiederum kann für den einzelnen Schüler ein Anstoß sein zu weiteren eigenen Erkundungen (Beispiele s. 3.1.4, 3.1.8). Außerdem geben solche Gespräche dem Lehrer Aufschluss darüber, welche Fremdregeln, welche Verfahren zu vermitteln sinnvoll erscheinen, welche Formen der Differenzierung geboten sind.

Daraus ergeben sich folgende **Maximen**:

- Eine wesentliche Aufgabe des Lehrens ist die Gestaltung einer Lernumgebung, die die Aufmerksamkeit der Lernenden auf das sachstrukturell Wichtige richtet, die Erkundungen anstößt, dazu auch direkt auffordert, die auf diese Weise die Ausbildung von Eigenregeln befördert, die in Auseinandersetzung mit der Norm entstanden sind.
- Diese Prozesse der Ausrichtung und Differenzierung des kognitiven Schemas erfolgen vor allem im Tun, im Vollzug des Schreibens; das reflektierende Sprechen sollte, wo immer das möglich ist, darauf Bezug nehmen.
- Die Regeln der amtlichen Normierung sollten erst dann an die Kinder herangetragen werden, wenn diese bereits Eigenregeln (anhand der korrekten Schreibungen) zu dem jeweiligen Phänomen gebildet haben. Unterricht sollte nicht Antworten auf Fragen präsentieren, die die Lernenden (sich) noch gar nicht gestellt haben.
- Das bedeutet: **Hoher Anspruch – ohne Sanktionen.**

3.1.2 Gesetzmäßigkeiten des Lernens: Ranschburg und kein Ende

Wir haben bisher vor allem die Richtung der Aufmerksamkeit und die Begriffsbildung im Wahrnehmungszyklus als lernpsychologische Grundlagen betrachtet und dargelegt, was das für die Gestaltung der Lernumgebung und für die Passung der Aneignung von Eigenregeln und Vermittlung von Regeln im Rechtschreibunterricht bedeutet. Nun gilt es, darüber hinaus allgemeine Gesetzmäßigkeiten des Lernens zu kennen und zu beachten:

(1) Die Ranschburgsche Hemmung: Das Problem mit dem Ähnlichen

Ein seit 100 Jahren erforschtes Gesetz gilt dem Verhältnis der Lerninhalte zueinander: „Bei gleicher Intensität und gleichem Gefühlswerth (sic) werden aus einer gleichzeitig (oder nahezu gleichzeitig) einwirkenden Menge von Reizen die einander unähnlichen bevorzugt, während die einander ähnlichen, (sic) beziehungsweise identischen auf einander hemmend einwirken", so fasst Paul Ranschburg 1902 (also vor der ersten Reform der Orthografe!) seine Befunde zusammen (S. 66 f.), die er an Zahlenreihen gewonnen und an sprachlichem Material (1905) bestätigt gefunden hat. Das Erlernen und Behalten eines Inhalts hängt „von der Qualität der **kurz vorher** im Bewusstsein vorhanden gewesenen, sowie der **bald hernach** eintretenden … Inhalte ab". Ähnliche Inhalte stören einander, weil sie „zu einem der getrennten Auffassung und Reproduktion gegenüber sich hemmend verhaltenden Ganzen" verschmelzen (1905, 124). Man weiß nicht mehr, welches Merkmal zu dem einen Teil, welches zu dem anderen gehört. Sicher kann jeder von Ihnen aus Erfahrung an sich selbst oder an Schülern dazu Beobachtungen beisteuern: *mit Bezug auf* – **in bezug auf* – so galt es bis zur Reform – und wurde immer wieder verwechselt (jetzt wird ja beides großgeschrieben); es gibt zahlreiche Beispiele von Verwechslungen gerade im Bereich der Groß- und Kleinschreibung.

Ein Blick in die Sprachbücher zeigt, dass es unzählige Aufgabenstellungen gibt, die Ähnliches einander gegenüberstellen und dabei das unterscheidende Merkmal hervorheben wollen: Das gilt im grammatischen Bereich für die „dass – das-Schreibung", im Bereich der Laut-Buchstaben-Zuordnung für die Bezeichnung der Vokalquantität, im Bereich der Einführung der Buchstaben für die Gegenüberstellung optisch (b-d, f-t, a-o) oder akustisch (/d/-/t/, /g/-/k/, /i/-/e/) ähnlicher Zeichen und für vieles mehr. Die Begründung für solche Gegenüberstellung ähnlicher Lerninhalte ist vermutlich darin zu sehen, dass analytische Fähigkeiten geschult werden sollen: „Lernen mit Einsicht" soll praktiziert werden. Dazu aber wäre erforderlich, dass **die kognitive Kontrolle über das Handeln möglich** ist. Dann nämlich kann der Lernende die Verwechslungen und Überlagerungen für sich handhaben. Diese Bedingung ist zum einen an einen bestimmten Entwicklungsstand gebunden, zum anderen kann die Sicherheit in dem einen der einander ähnlichen Bereiche die Unterscheidung der Gleich- und Verschiedenheiten stützen: Dazu gehört vor allem die Musterbildung, nämlich das Einzelne in immer größeren Einheiten oder vielfältigeren Kombinationen zu kennen und zu gebrauchen. Dazu zwei Beispiele:

- *er sagte, dass …; ich weiß, dass …; unter der Voraussetzung, dass …; sie vermuten, dass …; ich glaube, dass …* – in großem zeitlichen Abstand dazu den Gebrauch der Relativpronomen: *der Mann, der …; das Haus, das …; den Rock, der …; die Rose, die …;*

- *ein paar* in Verbindung mit *viele, wenige, einige, manche* und ohne Bezug darauf die Schreibungen *Liebespaar, Ehepaar, ein Paar Schuhe, ein Paar Socken, ein Paar Strümpfe* – wiederum im Zusammenhang für sich.

Erst wenn die jeweiligen Komplexe sicher gekonnt sind, ist eine Gegenüberstellung der – das Ähnliche unterscheidenden – Merkmale sinnvoll. Dann kommt es nicht zur wechselseitigen „Hemmung".

Ein der Ranschburgschen Hemmung verwandtes Phänomen betrifft die Ähnlichkeit von Lerninhalten in zeitlicher Abfolge; so wird ein zweites Gedicht besser in großem zeitlichen Abstand zu einem ersten gelernt. Auf eine Rechtschreibübung sollte nicht unmittelbar eine zweite folgen. Man spricht hier von „proaktiver bzw. retroaktiver Hemmung" – je nachdem, von welchem zeitlichen Standpunkt aus man die Schwierigkeit betrachtet. Und schließlich kann man die Gesetzlichkeit, die Ranschburg seinerzeit fand, auch als „Vorwirkungs- bzw. Nachwirkungsfehler" bei der Schreibung von Wörtern finden: *Ich finde das Bild *siehd langweilig aus* (Klasse 4). „*... und die Nüsse waren noch nicht gesammelt. Da war der Kaiser bösse, auch wegen den Blaßen an seinen Fü߀n.*" (Diktat Klasse 5)

Die Gesetzlichkeit der Ranschburgschen Hemmung taugt auch, das Phänomen des **Fehlers** erneut zu betrachten. Wir haben vielfältige Belege dafür genannt, die zeigen, welche produktive Funktion Fehler in der (jeweiligen) Erwerbsphase für die Erweiterung des kognitiven Schemas und für die Richtung der Aufmerksamkeit bei der Bildung von Eigenregeln haben: Fehler als lernspezifische Notwendigkeit. Im **Stadium der beginnenden Automatisierung** aber, bei der Annäherung der Eigenregeln und der Fremdregeln, bei der Übung also, sollten **Fehler** nach diesen Befunden möglichst **rasch korrigiert werden, um Hemmungen zwischen dem Richtigen und dem Falschen zu vermeiden.**

(2) Wider das Vergessen

Was die Schüler heute gelernt haben und richtig schreiben, beherrschen sie oft wenige Tage später nicht mehr. Auch hier ist die Kenntnis der Gesetzmäßigkeiten des Behaltens nützlich, die wie die Hemmung ähnlicher Lerninhalte zumeist schon zu Beginn des 20. Jahrhunderts erforscht worden sind:

- Das Gelernte wird umso besser behalten, je größer die „Erwartungsbereitschaft" (Odenbach) beim Lernen ist. In unserer Begrifflichkeit entspricht das der gerichteten Aufmerksamkeit und dem Erkundungsverhalten.
- Entscheidend für das Behalten des Gelernten ist der Zeitpunkt der ersten Wiederholung. Die Vergessenskurve fällt in den ersten Tagen stark ab. Daraus folgt, dass die Frage, ob die richtige Schreibung der Sicherung bedarf (s. S. 12), bejaht werden muss. Die Schüler müssen also das Wort – in unterschiedlichen Kontexten – richtig schreiben. Die Zahl der Übungen aber wird entscheidend reduziert durch Einsicht in die Struktur des Lerngegenstandes.
- Der Erfolg bei der Übung des Gelernten weckt neue Übungsbereitschaft; auch das ist ein Argument für die Vermeidung bzw. rasche Korrektur von Fehlern in solchen Lernphasen.

- Zum Lernen gehören Phasen, in denen nichts Neues aufgenommen werden kann: „Lernplateaus" (Roth). Hier bedarf der Schüler der Unterstützung im Blick auf das schon Erreichte, damit er nicht an sich zweifelt.
- Das explizite Wissen unterstützt das Lernen nur, wenn es flexibel eingesetzt werden kann (Weinert). Das gelingt besonders dann, wenn es sich um prozedurales (nicht bloß deklaratives) Wissen handelt, das möglichst selbstständig, aber auch systematisch erworben ist. Die Anwendung von Prinzipien erweist sich dabei als günstiger als die von Begriffen, Fakten und Regeln.
- Die „selbstwertbezogenen Gefühle" (Weinert) sind für die Lern- und Behaltensprozesse entscheidend. Die Schüler müssen sich zutrauen, die Aufgaben lösen zu können. Daraus folgt:

(3) Stress vermeiden

- Unter Zeitdruck vermindern sich die Leistungen (Helmke).
- Die Häufung von Schwierigkeiten erzeugt Stress. Wenn sich diese Häufung auf ähnliche Phänomene bezieht (Groß- und Kleinschreibung, Schreibung des langen Vokals, *dass – das*), kommt als zusätzliche Hürde noch die Ranschburgsche Hemmung hinzu.
- Eine lange Zeit andauernde Anspannung erzeugt Stress und reduziert die Leistungsfähigkeit. So mehren sich z. B. im letzten Drittel vom Diktat die Fehler z. T. um das Doppelte (in Relation zu den richtig geschriebenen Wörtern).
- Leistungsvergleich ist für schwache Schüler nicht lernförderlich, weil ihr Selbstwertgefühl davon nicht gestärkt wird.

Zeitdruck, Häufung von Schwierigkeiten, andauernde Anspannung und Leistungsvergleich sind aber typisch für die verbreitete Praxis des Diktatschreibens; im Hinblick auf Gesetzmäßigkeiten des Lernens ist das nicht zu rechtfertigen; zu Alternativen s. 3.3.2.

3.1.3 Ausgangsschriften – Formen der Annäherung

Bisher haben wir in diesem Buch das Rechtschreiben ausdrücklich nur in seinen inhaltlichen Bezügen (beim Textschreiben) und vor allem im Hinblick auf die Aneignung der Orthografie betrachtet. Aber das Rechtschreiben hat noch einen anderen Aspekt, der besonders zu Beginn der Grundschule wichtig ist: Mit welcher Schrift sollen die Kinder schreiben lernen? Diese Frage gilt der Form der Buchstaben, die auf das Papier kommen, und der Art ihrer Verbindung. Die Erfahrungen, die die Kinder im Vollzug des Schreibens machen (die Klarheit der Form betreffend, den Erfolg, nämlich das Verhältnis zwischen dem eigenen Anspruch und dem Ergebnis und das

Verhältnis zwischen dem schulischen Anspruch und dem Ergebnis), haben Folgen für ihren Begriff von Schreiben und damit auch für ihre Rechtschreibung.
Wenn auch seit langem darüber Konsens besteht, dass die Form eines solchen Alphabets nicht Ziel einer jeden Schülerschrift sein kann, sondern nur eine **Ausgangsschrift**, so wird doch die Diskussion über die „richtige" Ausgangsschrift häufig polemisch geführt. Derzeit stehen vier Formen zur Auswahl (s. Übersicht Ausgangsschriften rechts):

An erster Stelle nennen wir die **Schulausgangsschrift**, die seit 1968 in der DDR verbindlich war und seit 1990 auch darüber hinaus von Kultusministerien empfohlen bzw. vorgeschrieben wird. Sie entstand mit Bezug auf die Tradition der humanistischen Kursive (Tost 1992). Ihre Formen sind bei aller Einfachheit „halbspitz" (Ahlgrimm 1992). Das trägt sicher zum ästhetischen Reiz dieser Schrift bei, stellt jedoch an die Ausführung hohe Ansprüche.

In der Bundesrepublik wurde 1953 die **Lateinische Ausgangsschrift**, sanktioniert durch die KMK, eingeführt, um gegenüber der „Deutschen Normalschrift" (seit 1941 – mit der im Nationalsozialismus die über vier Jahrhunderte geschriebene „Deutsche Schrift" durch ein „lateinisches" Alphabet abgelöst wurde) die Formen zu vereinfachen und das Oval als Grundform zu betonen. Auf diese Weise sollte dem, was als „Schriftverfall" gekennzeichnet wird, nämlich den „Gummibandschriften" Heranwachsender (besonders der Mädchen) vorgebeugt werden.

20 Jahre später (1973) entwickelte der Arbeitskreis Schreiberziehung dazu eine Alternative, die **Vereinfachte Ausgangsschrift**. Sie vereinfacht noch einmal die Buchstabenformen, verlegt alle Verbindungen an die Mittellinie und vereinheitlicht die Bewegungsabläufe, indem sie „Drehrichtungswechsel" der Hand (z. B. beim *a* und *d*) und „Deckstriche" (z. B. bei *a, d, h*) vermeidet; damit soll eine Übereinstimmung zwischen Bewegungsablauf und Buchstabenform erreicht werden. Die Haltepunkte sollen möglichst nicht im einzelnen Buchstaben liegen. Mit dieser Art der Rhythmisierung soll auch eine Verbesserung der orthografischen Leistung erreicht werden (s. Grünewald 1992; s. dagegen Topsch 1996). Die Einwände gegen diese Schrift beziehen sich vor allem auf die Starrheit der Form, die für das Auge ästhetisch wenig Reiz hat.

Im Blick auf den Lernprozess der Schreibanfänger empfehlen die meisten Bundesländer die **Druckschrift** als Erstschrift bzw. sie schreiben sie vor (vgl. die Übersicht in Sjölin 2005). Das ist die Schrift, die die Kinder aus ihrer Umgebung kennen, die sie selbst als erste – vor und außerhalb der Schule – benutzen. Die Bewegungsabläufe sind einfach; vor allem ist jeder Buchstabe für sich abgesetzt, so dass die Motorik

Schulausgangsschrift (seit 1968)

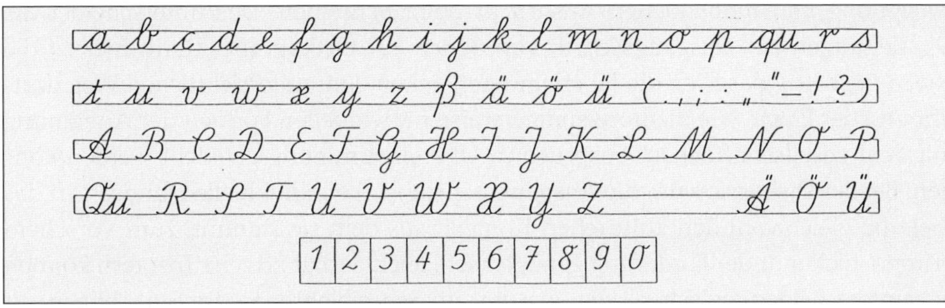

Lateinische Ausgangsschrift (seit 1953)

Vereinfachte Ausgangsschrift (seit 1973)

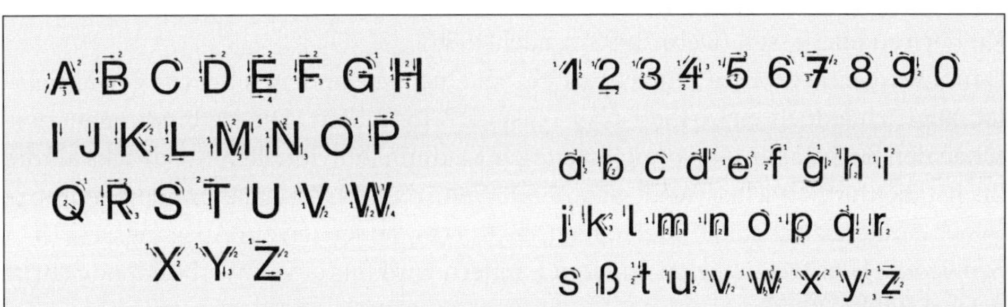

Druckschrift

immer neu beginnen kann. Ein weiterer Vorzug wird darin gesehen, dass die Anfänger nur **eine** Schrift (für das Lesen und das Schreiben) lernen müssen. Ein Problem besteht allerdings im Übergang von der Druckschrift zu einer der drei verbundenen Ausgangsschriften zu Beginn von Klasse 2 oder bereits etwas früher, weil dann die z. T. schon automatisierten Bewegungsabläufe neu koordiniert werden müssen.

Die Argumente für eine Entscheidung über die Schriftform, das Alphabet, betreffen die Spannung zwischen einer Norm, die ästhetischem Anspruch verpflichtet ist und sich in der Tradition der Schriftentwicklung über die Jahrhunderte weiß, einem Maßstab, der der leichten Lernbarkeit gilt, und der Freiheit eigenständiger Aneignung und individuellen Ausdrucks beim Schreiben. Das unterscheidet die Überlegungen zur Ausgangsschrift von denen zur Orthografie. Denn hier ist die Norm unstrittig das Ziel; die Überlegungen gelten dem unterrichtlichen Weg dorthin und der Frage, wie die notwendigerweise individuellen Formen der Aneignung mit dem gesellschaftlichen Anspruch in Übereinstimmung gebracht werden können. Bei der Diskussion um die Ausgangsschrift ist die individuelle Handschrift das Ziel, die gleichwohl den kulturellen Kontext, aus dem sie stammt, zum Vorschein bringt – nicht nur der Forderung genügen soll, leicht lesbar zu sein. Insofern können wir unterscheiden zwischen dem, was wir im Schreiblehrgang, im Sprachbuch auf dem Arbeitsblatt, als Lehrerschrift an der Tafel – also als optische Vorgabe – den Kindern vor Augen führen, und dem, was wir manuell von ihnen erwarten. Also: **einen hohen Anspruch präsentieren – aber keine Sanktionen ausüben,** wenn die Lernenden ihn motorisch nicht erreichen. Die Schrift sollte auf keinen Fall in gleicher oder auch in nur ähnlicher Weise normiert werden wie die Orthografie: Wie das Formulieren von Texten als gedankliche Konzeption hohe Freiheitsgrade, individuelle Ausdrucksmöglichkeiten enthält, so sollte auch das Herstellen des Textes auf dem Papier als Bewegungsvollzug individuelle Ausdrucksmöglichkeiten zeigen dürfen – auch bereits bei denen, die das Schreiben lernen.
Aus diesen Überlegungen entstand ein weiterführender Vorschlag für die Ausgangsschrift, nämlich in Klasse 1 eine unverbundene Schrift, die *Gleichstrich-Kursiv* (in ihrer Form als Schulausgangsschrift), zu lehren und die Verbindungen später den Kindern zu überlassen (Dehn 1993, s. auch 1986).
Damit wäre eine größere Einfachheit als bei einer verbundenen Schrift gewährleistet; zugleich jedoch ein ästhetischer Anspruch formuliert. Die Verbindungen zwischen den Buchstaben sind ohnehin stärker Medium individuellen Ausdrucks als die Buchstabenformen selbst (Andersch 1993). Wenn man die Alphabete anderer europäischer Länder betrachtet, findet man große Korrespondenzen zur Ausgangsschrift in Schweden. Hier wie in vielen anderen Ländern wird nur eine unverbundene Schrift gelehrt (Sjölin 2005).

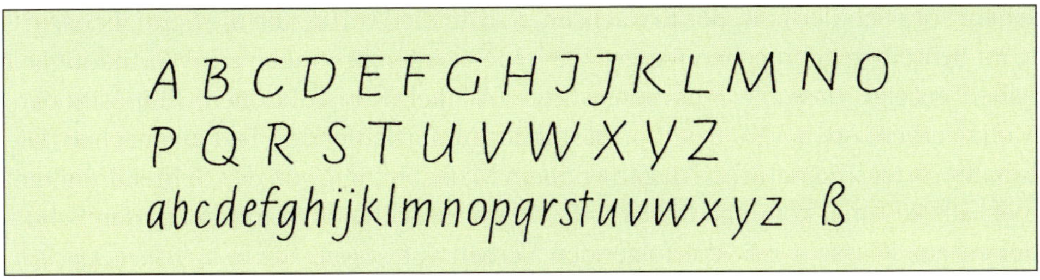

Vorschlag: Die Gleichstrich-Kursiv als Ausgangsschrift

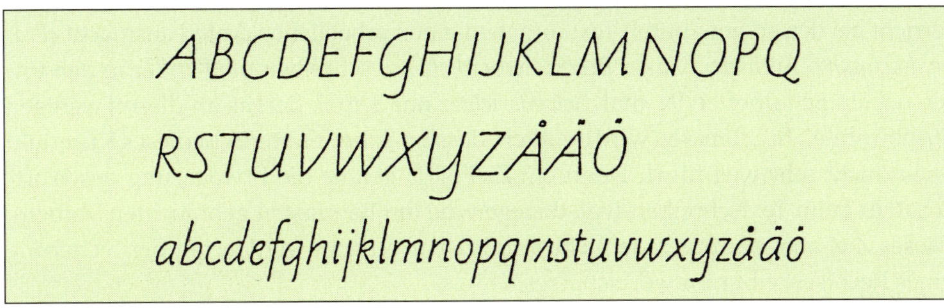

Ausgangsschrift in Schweden

3.1.4 Rechtschreibgrundwortschatz

Für den Anfänger erscheint das Richtigschreiben häufig als unabsehbar großes Feld. Wenn man Grundschulkinder aus den ersten Jahren fragt, was sie beim Schreiben noch lernen müssen, lautet eine häufige Antwort: *Noch mehr Wörter.* Und ähnlich schätzen auch erwachsene funktionale Analphabeten ihre Lernsituation ein. Den Lerngegenstand überschaubar zu machen, ist ein wesentliches Motiv für die Abgrenzung eines speziellen Schreibwortschatzes. Mit einer solchen **Lernhilfe** ist die Zusicherung für den Lernenden verbunden, *wenn du diese Wörter schreiben kannst, hast du ein wichtiges Ziel erreicht.* Für den Lehrenden ist die Grundlage dafür das Konzept, dass Lernende beim Wörterschreiben Strukturen erkennen und Eigenregeln bilden, so dass sie auf diese Weise auch für eine systematische Instruktion offener werden (s. 3.1.1).

Die Auswahl der Wörter eines Schreibwortschatzes ist vor allem von zwei Gesichtspunkten bestimmt: von der **Häufigkeit des Gebrauchs** und der **„Modellhaftigkeit" der Schreibung.** Mit beiden Kriterien aber sind vielschichtige Probleme verbunden: Wonach bemisst sich die Häufigkeit des Wortes? Gilt die geschriebene Sprache der Erwachsenen (z. B. ein Zeitungskorpus) als Orientierung oder aber der „Schriftwortschatz" der Schüler bzw. der Erwachsenen, d.h. die Wörter, die die Schreiber selbst beim Schreiben gebrauchen (August 1989)? Die Untersuchungen zur Worthäufigkeit haben gezeigt, dass die Funktionswörter (Artikel, Konjunktionen, Präpositionen, Modalverben) etwa 50 % des Wortbestandes im fortlaufenden Text ausmachen. Die Inhaltswörter sind natürlich in ganz hohem Maß abhängig von den Schreibinhalten: mehr als 200-mal kommen bei ca. 140.000 untersuchten Wortformen in den Schulheften aus Klasse 4 z.B. die folgenden Verben vor: *sagen, kommen, gehen, machen, geben, fahren, sehen, stehen, spielen* und die folgenden Substantive/Nomen: *Antwort, Rechnung, Kind, Tag, Mutter, Haus, Frage* (jeweils in abnehmender Häufigkeit; August 1989, S. 156). Man kann daran u.a. ablesen, dass das Schreiben im Mathematikunterricht bei den so genannten Textaufgaben einen erheblichen Anteil ausmacht (*Frage, Rechnung, Antwort*). Unser Beispielwort *Fahrrad* schreiben die Kinder in den untersuchten Schulheften 94-mal, *Schiedsrichter* nur 3-mal. Bereits an diesen wenigen ausgewählten Ergebnissen wird deutlich, dass im Schreibunterricht dieses Kriterium allein nicht sehr weit führt. Denn ein Ziel ist ja gerade die Erweiterung des Wortschatzes beim Textschreiben (vgl. dagegen die am häufigsten gebrauchten Verben). Dieses Ziel aber kann gerade nicht unmittelbar erreicht werden mit der Sicherung eines Rechtschreibgrundwortschatzes.

Das zweite Kriterium, die „Modellhaftigkeit" der Schreibung, kann im Unterricht lernwirksam werden, wenn die Wörter des Grundwortschatzes als Beispiele für andere betrachtet (*Tag – Tage / lag – lagen; Kind – Kinder / Wind – Winde*) und wenn sie im Hinblick auf ihre Bedeutung zusammen mit anderen behandelt werden, wenn also die „Wortverwandtschaft" untersucht wird (s. dazu die Lexem-Listen S. 207 ff.).
Wenn der Grundwortschatz lernförderlich sein soll, müssen natürlich darin Wörter vorkommen, die für die Lernenden **inhaltlich bedeutsam** sind, die sie auch für ihre Texte gebrauchen können. Außerdem ist zu überlegen, ob nicht **Fehlerschwerpunkte**, also spezifische Schwierigkeiten von einzelnen Lernenden oder von Lerngruppen, bei der Auswahl berücksichtigt werden könnten. Dann müssten z.B. *er kam, vielleicht, nicht* in eine solche Liste aufgenommen werden (Menzel 1985). In diesem Sinne könnten auch individuelle Fehlerkarteien als „Rechtschreibwortschatz" bearbeitet werden.
Der Streit in den 80er Jahren darüber, welche Wörter in einen Grundwortschatz aufgenommen werden sollen, erscheint im Hinblick auf diese vier Kriterien eher marginal. Seinerzeit haben einzelne Bundesländer (z.B. Bayern; in der DDR war ein Grundwortschatz selbstverständlicher Bestandteil des Unterrichts als alphabetisches Wörterverzeichnis in jedem Sprachbuch) verpflichtende Wörterlisten den Lehrplänen der Grundschule zugeordnet. Das ist zumindest in zweifacher Hinsicht problematisch: Zum einen gibt es nicht genug Spielraum für klassenspezifische oder individuelle Schwerpunktsetzungen, zum anderen – und das ist ebenso gravierend – wird

damit das Rechtschreiblernen auf ganz einfache Weise administrativ überprüfbar, so dass für den Unterrichtenden ein Sog entsteht, doch zumindest diesen Lehrstoff einzuüben. Ein damit nahegelegtes isoliertes Training aber ist im Hinblick auf die Funktion und den Stellenwert des Rechtschreibens für die anderen Lernbereiche des Deutschunterrichts nicht gerechtfertigt.

Wenn nach dem Stand des Wissens also derzeit klassenspezifische Listen am sinnvollsten sind, dann können für den Lehrer die folgenden Übersichten für seine Entscheidungen hilfreich sein.

Liste der häufigsten Fehlerwörter

(Menzel 1985, S. 14) Grundlage für die Auszählung waren 1951 Aufsätze aus Klasse 2–10.

1	*daß (1738)*
2	*dem (242)*
3	*einen (179)*
4	*einem (143)*
5	*denn (127)*
6	*das (127)*
7	*kam, kamen (123)*
8	*den (107)*
9	*ihm (100)*
10	*Sie (Anrede) (88)*
11	*zu + Infinitiv: zu essen usw. (88)*
12	*zu Hause (87)*
13	*dann (80)*
14	*war, waren, wäre, wären (74)*
15	*vielleicht (70)*
16	*ein bißchen (63)*
17	*nicht, nichts (62)*
18	*fiel, fielen (57)*
19	*mit + Verb: mitbringen usw. (56)*
20	*meist, meistens, die meisten (51)*
21	*ihn (50)*
21	*laß, laßt, läßt (50)*
23	*Angst (48)*
23	*hast, hatte, hätte usw. (48)*
25	*heran-, herein-, heraus- + Verb: herauskommen usw. (46)*
25	*seinem (46)*
27	*auf einmal (45)*
28	*meinem (43)*
28	*Mal, Male (43)*
30	*kriegen, kriegt, gekriegt usw. (42)*
30	*nächste, nächsten (42)*
30	*wollte, wollten (42)*
33	*muß, mußte, mußten (41)*
34	*widersprechen, erwidern (40)*
35	*zurück + Verb: zurückgeben usw. (38)*
35	*abends (38)*
37	*ver- (als Vorsilbe) (36)*
37	*ent- (als Vorsilbe) (36)*
39	*kaputt (35)*
39	*herein, heran, heraus (35)*
41	*Morgen (34)*
41	*irgendwo, irgendwie, irgendwas (34)*
43	*selbständig (33)*
44	*Ihr, Ihre (Anrede) (32)*
45	*ließ, ließen (31)*
45	*viel, viele (31)*
45	*wußte, wußten, wüßten usw. (31)*
48	*las, lasen (30)*
48	*weiß, weißt (30)*
48	*interessant, interessieren, Interesse (30)*

51	*ganz (29)*
51	*erschrak, erschraken*
51	*gucken, guckte usw.*
51	*können, konnte, könnte*
51	*kommt, kommst, gekommen*
56	*im (28)*
56	*wieder*
56	*außen, außer, außerdem*
59	*essen (27)*
59	*passieren, passiert*
59	*müssen*
62	*plötzlich (26)*
62	*größer, größte*
64	*nahm, nahmen (25)*
64	*spazieren, spaziert*
66	*Große, die Großen (24)*
66	*sie*
66	*wenn*
66	*und*
70	*da (23)*
71	*Tag, Tages (22)*
71	*Abend*
71	*Zeit*
71	*man*
71	*spielst, spielt*
76	*Spaß (21)*
76	*morgen*
76	*ziemlich*
76	*alle, alles*
76	*endlich*
76	*ihrem*
76	*kann, kannst*
83	*sagt, sagte (20)*
83	*Essen*
83	*meinen*
83	*seinen*
83	*bekam, bekamen*
83	*das Böse, der Böse, Böses*
90	*soll, sollst (19)*
90	*die beiden*
90	*Idee*
90	*Ende*
90	*draußen*
90	*Fahrrad, Fahrräder*
90	*dunkel + Adjektiv: dunkelblau*
90	*ging*
90	*Weihnachten*
90	*liest*
90	*rannte, rannten*
90	*keine*
90	*stellen, stellte, gestellt*
90	*diesem*
90	*einmal*
90	*erzählen, erzählt, erzählte*
106	*Gute, Gutes (18)*
106	*Weile*
106	*Leben*
106	*hinaus-, hinauf-, hinein- + Verb: hinaufgehen*
106	*sah, sahen*
106	*Schluß*
112	*ich (17)*
112	*Lehrer, Lehrerin*
112	*wir*
112	*wird*
116	*siehst, sieht*
117	*hier*
118	*nimmst, nimmt*
119	*zu Ende*
120	*hinterher*

(Die Fehlerwörter von Rangfolge 116 an sind eine Auswahl der Fehler mit Fehlschreibhäufigkeit 15 und 16.)

Klasse 4: Liste der häufigsten Wortfamilien (≥ 10) aus dem Schriftwortschatz (Augst 1989, S. 191)
Grundlage sind je 142.202 Wortformen von je 10 Schülern.

938	*fahren*	*264*		*angeben*	*14*
	Fahrrad	*94*	*555*	*Haus*	*223*
	Fahrzeug	*35*		*Hausaufgabe*	*133*
	führen	*33*		*Rathaus*	*15*
	Fahrt	*30*		*Krankenhaus*	*11*
	Fahrer	*21*	*554*	*sehen*	*253*
	Fahrbahn	*20*		*aussehen*	*46*
	überfahren	*15*		*umsehen*	*26*
	vorbeifahren	*13*		*Gesicht*	*26*
	Autofahrer	*10*		*ansehen*	*19*
722	*Wort*	*127*		*F/fernsehen*	*19*
	Antwort	*363*		*vorsichtig*	*19*
	antworten	*363*		*nachsehen*	*17*
	antworten	*51*		*V/versehen*	*11*
	Namenwort	*23*	*544*	*Tag*	*255*
	Tuwort	*14*		*Geburtstag*	*30*
	Wortfamilie	*14*		*Nachmittag*	*30*
	wörtlich	*13*		*Sonntag*	*22*
	Mittelwort	*12*		*Dienstag*	*19*
	Wiewort	*11*		*täglich*	*15*
	Wörterbuch	*10*		*Montag*	*14*
673	*nicht*			*Freitag*	*12*
662	*gehen*	*396*		*Mittagessen*	*11*
	Fußgänger	*24*		*Muttertag*	*11*
	spazierengehen	*19*		*Samstag*	*11*
	weggehen	*11*	*493*	*sagen*	*419*
	Gang	*10*		*untersagen*	*11*
	zurückgehen	*10*	*487*	*sitzen*	*106*
648	*kommen*	*408*		*setzen*	*62*
	ankommen	*36*		*Satz*	*51*
	mitkommen	*16*		*Aufsatz*	*15*
	vorkommen	*15*		*besitzen*	*15*
	hereinkommen	*10*		*Sessel*	*13*
621	*geben*	*296*		*Satzkern*	*12*
	Hausaufgabe	*133*		*einsetzen*	*11*
	Aufgabe	*25*	*450*	*liegen*	*171*
	ausgeben	*20*		*legen*	*74*
	abgeben	*19*		*zurücklegen*	*14*
	Ergebnis	*16*		*verlegen*	*13*

	anlegen	*12*		*darauf*	*23*
	auslegen	*10*		*damit*	*22*
	Lager	*10*		*dafür*	*11*
431	*stehen*	*224*		*dazu*	*10*
	entstehen	*38*	*359*	*Fall*	*34*
	aufstehen	*27*		*fallen*	*105*
	bestehen	*24*		*Wenfall*	*44*
	Stand	*13*		*Wemfall*	*35*
430	*S/schreiben*	*177*		*einfallen*	*12*
	Schrift	*34*		*hinfallen*	*11*
	beschreiben	*21*		*Werfall*	*11*
	Beschreibung	*15*	*357*	*machen*	*310*
	schriftlich	*15*		*mitmachen*	*10*
	verschreiben	*13*	*351*	*groß*	*296*
	vorschreiben	*12*	*351*	*so*	*258*
	aufschreiben	*11*		*sofort*	*55*
	Rechtschreibung	*11*		*sogar*	*14*
417	*Spiel*	*61*	*314*	*lang*	*178*
	spielen	*217*		*langsam*	*29*
	Spielplatz	*12*		*Länge*	*21*
	mitspielen	*11*		*lange*	*18*
415	*Frage*	*222*		*langweilig*	*10*
	fragen	*171*	*303*	*noch*	*293*
397	*rechnen*	*37*	*296*	*laufen*	*138*
	Rechnung	*307*		*verlaufen*	*15*
397	*Schule*	*122*		*zulaufen*	*10*
	Schüler	*65*		*entlaufen*	*10*
	Schuljahr	*13*	*287*	*Mutter*	*231*
	Schulhof	*12*		*Mutti*	*14*
	Grundschule	*11*		*Muttertag*	*11*
397	*Zahl*	*77*	*281*	*halten*	*89*
	bezahlen	*147*		*erhalten*	*28*
	Mehrzahl	*34*		*anhalten*	*23*
	Einzahl	*29*		*Behälter*	*14*
	zahlen	*20*		*Inhalt*	*13*
	zählen	*12*		*enthalten*	*11*
385	*Kind*	*269*		*behalten*	*10*
	Kinderzimmer	*17*	*280*	*nehmen*	*125*
	Kindergarten	*16*		*einnehmen*	*27*
364	*da*	*106*		*mitnehmen*	*15*
	danach	*33*			

Klasse 10: Liste der häufigsten Wortfamilien (≥ 10) aus dem Schriftwortschatz (Augst 1989, S. 255)
Grundlage sind je 142.202 Wortformen von je 10 Schülern.

988	*geben*	*346*
	Hausaufgabe	*181*
	Aufgabe	*75*
	Ergebnis	*51*
	abgeben	*39*
	ergeben	*35*
	Inhaltsangabe	*19*
	angeben	*17*
	aufgeben	*17*
	umgeben	*14*
	Umgebung	*14*
	angeblich	*12*
	zugeben	*10*
894	*sitzen*	*30*
	Gesetz	*57*
	Satz	*57*
	setzen	*34*
	besetzen	*26*
	Gegensatz	*24*
	Sitz	*24*
	ersetzen	*23*
	einsetzen	*21*
	Hauptsatz	*20*
	Relativsatz	*19*
	durchsetzen	*17*
	Besetzung	*15*
	Nebensatz	*15*
	zusätzlich	*15*
	absetzen	*12*
	Voraussetzung	*11*
	Besatzungszone	*10*
	Sozialistengesetz	*10*
	umsetzen	*10*
683	*stehen*	*168*
	entstehen	*183*
	bestehen	*94*
	Widerstand	*65*
	Stand	*30*
	Bestandteil	*26*
	Entstehung	*21*
	Gegenstand	*20*
	Innenwiderstand	*20*
	Aufstand	*19*
	Zustand	*18*
	Abstand	*15*
556	*stellen*	*65*
	Stelle	*52*
	darstellen	*50*
	Darstellung	*34*
	herstellen	*30*
	Stellung	*25*
	Nullstelle	*21*
	Vorstellung	*21*
	einstellen	*18*
	Einstellung	*15*
	Antragstellung	*13*
	feststellen	*12*
	vorstellen	*12*
	aufstellen	*10*
508	*groß*	*401*
	Größe	*26*
	vergrößern	*10*
	Stoff	*84*
	Wasserstoff	*56*
	Sauerstoff	*40*
	Kohlenstoff	*36*
	Kohlenwasserstoff	*27*
	Kohlenstoffatom	*19*
	Rohstoff	*15*
	Wasserstoffatom	*13*
	Stickstoff	*10*
488	*halten*	*71*
	erhalten	*60*
	enthalten	*56*
	Inhalt	*31*
	Inhaltsangabe	*19*
	behalten	*11*
	Erhaltung	*10*

	Flächeninhalt	*10*
	Haltung	*10*
487	*sehen*	*149*
	aussehen	*34*
	Fernsehen	*20*
	Sicht	*19*
	Gesicht	*18*
	Absicht	*16*
	ansehen	*15*
	sichtbar	*11*
	ersichtlich	*10*
	Kabelfernsehen	*10*
	Sehnerv	*10*
480	*Arbeit*	*106*
	Arbeiter	*72*
	arbeiten	*53*
	Arbeitsplatz	*24*
	Arbeitslosigkeit	*18*
	Arbeitskraft	*14*
461	*viel(e)*	*421*
448	*Zeit*	*161*
	Zeitung	*59*
	gleichzeitig	*33*
	Freizeit	*19*
442	*Teil*	*94*
	Bestandteil	*26*
	teilen	*23*
	teilweise	*20*
	Anteil	*19*
	Teilchen	*18*
	beteiligen	*17*
	verteilen	*14*
	Gegenteil	*12*
	Aufteilung	*11*
	Hauptteil	*11*
441	*gehen*	*130*
	Vorgang	*26*
	ausgehen	*24*
	eingehen	*24*
	begehen	*13*
	zurückgehen	*10*
421	*fahren*	*17*
	führen	*69*
	Durchführung	*35*
	Verfahren	*35*
	Führer	*30*
	einführen	*17*
	Einführung	*17*
	Führung	*11*
407	*kommen*	*239*
	vorkommen	*42*
	ankommen	*11*
388	*Wasser*	*190*
	Wasserstoff	*56*
	Kohlenwasserstoff	*27*
	Wasserstoffatom	*13*
374	*gleich*	*172*
	gleichzeitig	*33*
	vergleichen	*22*
	Vergleich	*18*
	Gleichung	*15*
364	*Haus*	*86*
	Hausaufgabe	*181*
	Haushalt	*18*
359	*ziehen*	*55*
	Beziehung	*38*
	beziehen	*17*
	entziehen	*14*
	anziehen	*12*
	Zug	*12*
	Anziehungskraft	*10*
	Bezug	*10*
346	*Kraft*	*134*
	Gewichtskraft	*33*
	Atomkraftwerk	*16*
	Arbeitskraft	*14*
	Atomkraft	*12*
	Anziehungskraft	*10*
337	*bauen*	*50*
	Aufbau	*54*
	Bau	*35*
	aufbauen	*28*
	anbauen	*13*
	abbauen	*12*
	Abbau	*11*

Wir möchten diese Listen hier nicht weiter kommentieren. Nur so viel: Bei Menzels Fehlerwörtern fällt auf, wie häufig Schreibschemata verwechselt werden (s. 3.1.2): *dass – das; einem – einen; denn – den; *kam(m) – *kahm (nahm) – kommen.* Was beobachten Sie im Hinblick auf die inhaltlichen Schwerpunktsetzungen in Klasse 4 und Klasse 10? Welche Schlüsse ziehen Sie für Ihren Unterricht und für die Konzeption eines Rechtschreibgrundwortschatzes? Ausdrücklich empfehlen möchten wir auch die Liste von Naumann (³1990); sie enthält für 2.000 Wörter Angaben über die Häufigkeit des Gebrauches (in der mündlichen und schriftlichen Kinder- und Erwachsenensprache), die Fehlerhäufigkeit und spezifische Schwierigkeiten der Laut-Buchstaben-Beziehungen.

Wenn man den Grundwortschatz als Lernhilfe betrachtet, hat er eine besondere Funktion für den Schreibanfänger und für schwierige Lernsituationen in späteren Schuljahren (z. B., wenn es Fehlerschwerpunkte gibt, die mit Modellwörtern bearbeitet werden sollen): Für den Lernenden ist der Umfang des Lerninhalts überschaubar, so dass er erfolgsgewiss werden kann. Und die Grundannahme der Lehrer ist, dass die Schreiber sich an Wörtern Strukturen und Eigenregeln bilden, so dass sie schließlich jeweils mehr können als bloß diese Wörter. Zum Schluss geben wir ein Beispiel für einen Grundwortschatz einer Schülerin aus Klasse 1, die große Lernschwierigkeiten hatte (Kruse/Wolf-Weber 1996, S. 57):

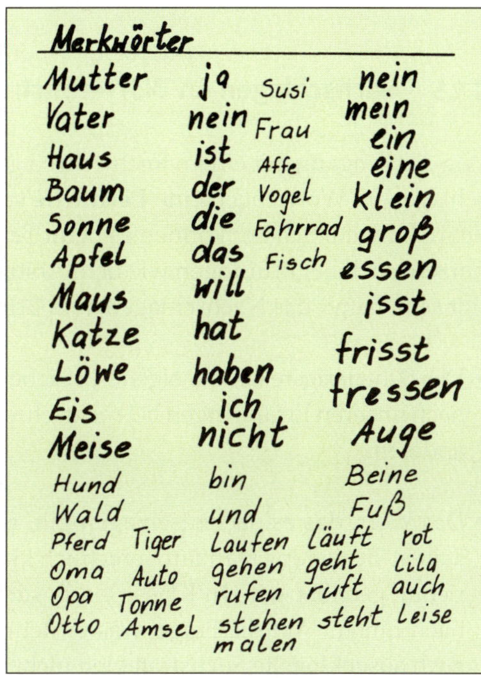
Merkwörter
Mutter ja Susi nein
Vater nein Frau mein
Haus ist Affe ein
Baum der Vogel eine
Sonne die Fahrrad klein
Apfel das Fisch groß
Maus will essen
Katze hat isst
Löwe haben frisst
Eis ich fressen
Meise nicht Auge
Hund bin Beine
Wald und Fuß
Pferd Tiger laufen läuft rot
Oma Auto gehen geht lila
Opa Tonne rufen ruft auch
Otto Amsel stehen steht leise
malen

Jennifers Merkwortliste

Diese Merkwortliste entstand zwischen Dezember und Mai von Klasse 1. Zu Beginn umfasste sie nur 10 Wörter. Man kann an der Liste deutlich einen inhaltlichen Unterrichtsschwerpunkt (Tiere) ablesen; diese Liste zeigt auch den Versuch der Lehrerin, Wörter gemäß ihrer Schreibung zu Gruppen zusammenzustellen. Dieser Rechtschreibgrundwortschatz enthält etliche Modellwörter, die über die alphabetische Strategie hinausgehen (*essen – isst, fressen – frisst, Hund – Wald – Pferd, laufen – läuft* usw.). Gegen Schuljahresende konnte das Mädchen 52 der Wörter orthografisch korrekt schreiben. Sie hat im Lernprozess jeweils die Wörter selbst unterstrichen, die sie sicher konnte; an der Zahl der Unterstreichungen wurde auch für sie selbst der Lernfortschritt augenfällig.

Die Arbeit mit einem Grundwortschatz schließt bestimmte Arbeitstechniken ein; sie betreffen den **Lernwillen** ebenso wie den spezifischen **Lerninhalt: Zielsetzung** (für einen größeren zeitlichen Rahmen, aber auch für den einzelnen Tag), **Abschreiben, Vergleich zwischen der Vorgabe und dem geschriebenen Wort** (Kontrolle – Selbstkontrolle), **Bestätigen des Erfolgs** bzw. **erneute Anstrengung.** Neben das Abschreiben tritt das Gruppieren von Wörtern gemäß ihrer Schreibung oder ihrer inhaltlichen Nähe, tritt vor allem das „Befragen von Wörtern" und der Austausch über die besonderen Merkmale und Schwierigkeiten der Schreibung.

3.1.5 Nachschlagen im Wörterbuch

Wie der Umgang mit einem Rechtschreibgrundwortschatz, so kann auch das Nachschlagen im Wörterbuch eine **Lernhilfe** sein: Das Wörterbuch enthält die richtigen Schreibungen. Schüler können es beim Textschreiben, vor allem beim Überarbeiten nutzen, auch bei Prüfungen wie dem Abitur. Aber es müssen etliche Hürden bewältigt sein, damit das Nachschlagen zum Erfolg führt.

- Das Schwierigste ist, die eigene Unsicherheit zu erkennen; diese Schwierigkeit ist nach unseren Erfahrungen bei rechtschreibschwachen Schülern eher größer als bei anderen.

- Das Wort, das es nachzuschlagen gilt, muss alphabetisch – in seiner Laut-Buchstaben-Beziehung standardsprachlich klar und morphologisch in seiner Wortform richtig gebildet sein. In Klasse 4 z. B. sucht ein Schüler eifrig bei „*N*" und blättert nach hinten. Auf die Frage, was er denn suche, sagt er: [ürgentwo]. Hier helfen auch ausgeklügelte Suchstrategien nicht weiter. Wie sollen die Schülerin aus Klasse 4, die **ummächtich* schreibt (statt *ohnmächtig*), der Schüler, der **Gentare* (statt *Gitarre*), der, der **unbidingt* (statt *unbedingt*), der **einmelig* (statt *allmählich*), der **Ihrgenntwann* (statt *irgendwann*) schreibt, die richtige Schreibung dieser Wörter im Wörterbuch finden?

Das Befragen der Wörter, das Gruppieren nach Morphemen, das Gliedern in Schreibsilben wird – als ständiges Arbeitsverfahren – diese Hürde (und auch die folgende) leichter überwindbar machen. Besonders groß sind hier (und im Folgenden) die Hürden für mehrsprachige Kinder (vgl. dazu die folgende Unterrichtsszene aus Klasse 3 aus: Dehn 1994, S. 152).

Zrobič

Martha ist vor einem halben Jahr aus Polen gekommen. Sie fragt die Studentin, ob sie ihr beim Überarbeiten ihres Textes helfen kann.

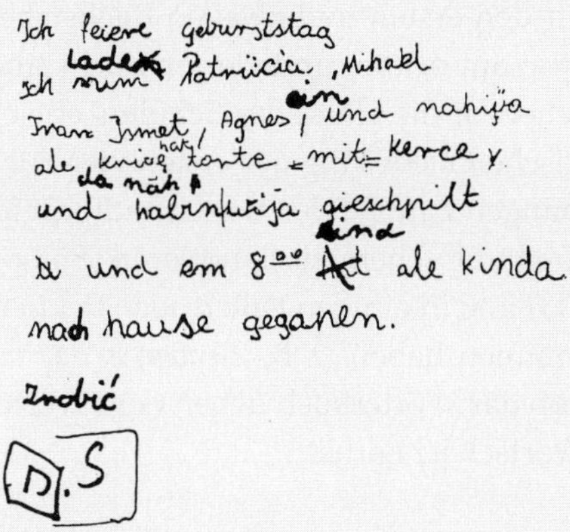

Entwurf

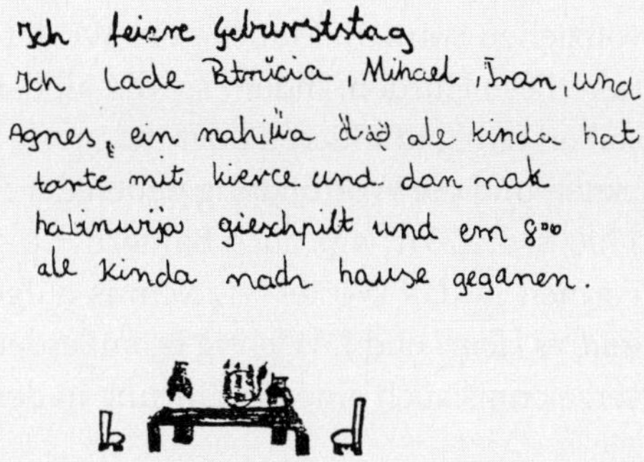

Abschrift

Die Studentin bespricht mit ihr die Fehler »einladen«, »sind« und »nach Hause«. Martha berichtigt selbst im Entwurf. Die Studentin hat ihr auch »habinwija« (»haben wir«) erläutert. Martha übernimmt diese Korrektur nicht.

St:	Guck mal, hier bei »sind« und »hause« hast du ein Z geschrieben, wenn es /s/ klingt. Kannst du mir ein polnisches Wort aufschreiben, das mit einem /s/ klingt?
Martha:	(überlegt, schreibt) Zrobič. Zrobič: machen, herstellen, produzieren
St:	Siehst du, im Deutschen wird bei einem /z/ immer das »s« geschrieben. In Polen schreibt ihr ein »z«, aber im Deutschen ist das /z/ (sehr weich und gedehnt gesprochen) immer ein »s«. Guck noch mal deinen Text an.

Martha verbessert »nach hause« und schreibt den Text noch mal ab.

- Zum Nachschlagen gehört, dass man die Grundform bilden kann; dass man also den *Blauhai* beim Hai sucht; *sie läuft* bei *laufen* (dann braucht man eigentlich nicht mehr nachschlagen!); *ich war* bei *sein* (wenn die Schreibung denn dort aufgeführt ist). Das erfordert viel Übung und setzt natürlich voraus, dass die beiden zuerst genannten Hürden überwunden werden können. – Das Mädchen in Klasse 3, das den Satz geschrieben hat: **Da wa ein Fuchs mit einem langen Schwanz* und nach der Schreibung von *Schwanz* fragt, wird auf den Fehler *wa* auch dann noch nicht aufmerksam, als sie aufgefordert wird, das Wort zu verlängern: *Ich war im Kino,* gibt die Lehrerin vor; *Wir wa'n im Kino,* ist die Antwort (s. Dehn 1994, S. 157).

- Wer die richtige Schreibung beim Nachschlagen finden will, braucht Alternativen für das Suchen: **Plechbücksen*, **wier*, **verzährt*, **gewimmel*. Die Alternative Groß-/Kleinschreibung spielt für das Suchen wenigstens keine Rolle.

- Und schließlich muss derjenige, der etwas im Wörterbuch finden will, das Alphabet sicher beherrschen; und zwar nicht nur den ersten und zweiten Buchstaben, sondern die alphabetische Ordnung z. T. bis zum dritten und vierten Buchstaben vollziehen können. Manche der Wörterbücher für die Hand des Schülers erleichtern diese Hürden, indem sie die alphabetische Gliederung der ersten vier Buchstaben farbig markieren oder indem sie Übungen zum Finden der Grundform anbieten und die Wortbildung neben der Schreibung schematisch notieren (Balhorn 1996, s. S. 273 ff., vgl. auch Balhorn u. a. 2003) und in einigen Fällen auch flektierte Formen in das Wörterverzeichnis aufgenommen haben (z. B. *ich war, er zog, wir sind, es klang*; ebd.). Wichtig ist außerdem, ob das Wörterbuch neben dem Wörterverzeichnis auch eine Einführung in den Wortschatz enthält.

Wie bei allen Fragen zur Konzeption des Rechtschreibunterrichts geht es auch bei der Auswahl eines Wörterbuchs und beim Umgang damit um eine Entscheidung zwischen der Schreibung je einzelner Wörter und der Bezugnahme auf Gesetzmäßigkeiten der Laut-Buchstaben-Zuordnung und auf Schreibregeln. Erwachsene beschränken sich im Gebrauch beinahe ausschließlich auf das Wörterverzeichnis und nutzen den Regelteil der Wörterbücher nicht (Augst/Schaeder 1991). Für Grundschüler scheint die systematische Hinführung zur Nutzung des Wörterverzeichnisses im Schülerbuch eine gute Form, ihnen Regelhaftigkeiten nahezubringen.

3.1.6 Lernschwierigkeiten – Rechtschreibschwäche – Legasthenie – funktionaler Analphabetismus

Schwierigkeiten gehören zum Lernen. Wir haben gesehen, dass die Lernenden zu neuen Erkundungen angestoßen werden, wenn sie Diskrepanzen zwischen ihren Erwartungen und den aufgenommenen Informationen bemerken, wenn also ihr Können nicht ausreicht, die Schwierigkeiten zu bearbeiten; dann müssen sie ihr kognitives Schema von der Rechtschreibung verändern. Insofern sind Lernschwierigkeiten konstitutiv für den Aneignungsprozess. Und das didaktische Prinzip der Konfrontation mit der Schwierigkeit (H. Roth) sucht solche Prozesse eigens zu provozieren: die Erweiterung des Könnens durch das Bewältigen von Schwierigkeiten. Ehe wir unsere Position weiter darlegen, gehen wir zunächst auf die Begrifflichkeit ein, wie sie sich im Schulalltag und in der Schuladministration in den letzten Jahrzehnten beim Sprechen über Rechtschreibung herausgebildet hat.

Der Rede von Lernschwierigkeiten liegt in der Regel ein anderer Begriff zugrunde: die **Abweichung von der Norm des Leistungsdurchschnitts.** Das bedeutet zunächst einmal, dass der eine Lehrer bei einem Schüler Lernschwierigkeiten konstatiert, wo die andere Lehrerin durchschnittliche oder sogar überdurchschnittliche Leistungen feststellt, gemessen am Durchschnitt der jeweiligen Klasse; wir wollen hier nicht näher ausführen, dass die Leistungsbreite der einzelnen Schulklassen – wie empirische Untersuchungen gezeigt haben – so weit auseinanderliegt, dass ein Schüler, der mit seiner orthografischen Leistung in der einen Klasse zu den drei schwächsten Schülern gehört, in einer anderen Klasse der beste Rechtschreiber wäre (vgl. Weinert, Helmke 1997). Diese unterschiedlichen Bewertungsmaßstäbe, was denn als durchschnittliche Leistung erwartbar wäre, werden durch Tests „objektiviert", die an repräsentativen Stichproben von mehreren tausend Schülern „geeicht" sind (s. 3.3).

X hat Lernschwierigkeiten bei der Rechtschreibung, meint nach diesem Verständnis also, *X lernt langsamer, macht mehr Fehler,* als man für sein Schulalter erwarten kann. Lernschwierigkeiten in diesem Bereich führen schnell zu „Schulversagen", weil Schreiben nicht nur im Deutschunterricht zentral ist (s. dazu die Häufigkeit des Wortgebrauchs *Frage – Rechnung – Antwort* in den Schulheften der Viertklässler, s. S. 207 f.) und weil eine Häufung von Rechtschreibfehlern den Gesamteindruck einer schriftlichen Arbeit (nicht nur im Deutschunterricht) bestimmen und zu verändertem Korrekturverhalten führen kann, werden bei schwachen Rechtschreibern deutlich weniger Fehler vom Lehrer übersehen als bei leistungsstarken Rechtschreibern.

Der Begriff **„Rechtschreibschwäche"** meint nicht nur eine besonders gravierende Lernschwierigkeit; er schließt auch ein bestimmtes Verständnis vom Lernprozess ein, nämlich das der Teilfertigkeiten: auditive, visuelle, rhythmische Wahrnehmung, Sprechmotorik, Wortschatz u. a. als hierarchisch gestufte Voraussetzungen für das Rechtschreiblernen. Man muss erst über das eine verfügen, um das andere erwerben zu können. Deshalb führt ein solches Verständnis von Schwierigkeiten im Förderunterricht zum Training eben der Teilfertigkeiten, für die eine Schwäche diagnostiziert worden ist (vgl. z. B. für den Schulanfang Breuer/Weuffen 2004).

Der Begriff **„Legasthenie"** wurde schon am Anfang des letzten Jahrhunderts geprägt (von P. Ranschburg 1928). Während er zunächst als Bezeichnung für eine „nachhaltige Rückständigkeit höheren Grades in der geistigen Entwicklung des Kindes" galt (Ranschburg), wurde er 1951 gerade als Begriff definiert, der die Differenz der Rechtschreibleistungen im Vergleich mit anderen schulischen Leistungen bezeichnet: „Legasthenie (ist) eine spezielle, aus dem Rahmen der übrigen Leistungen fallende Schwäche im Erlernen des Lesens (und indirekt auch des selbständigen fehlerfreien Schreibens) bei sonst intakter oder – im Verhältnis zur Lesefähigkeit – relativ guter Intelligenz", so die Schweizerin Maria Linder (1951, S. 97). Diese Definition bestimmte die wissenschaftliche Diskussion 25 Jahre lang. Als Maßstab für eine Bestimmung der Differenz galten neben oder anstelle der Intelligenz die übrigen Schulleistungen: Legasthenie als Diskrepanz zwischen Lese-Rechtschreibleistung und Leistungen in Mathematik und in den Sachfächern. Man begann nach besonderen Merkmalen der Fehler der Legastheniker zu suchen und kam z. B. auf Vertauschungen der Buchstabenreihenfolge und Achsenspiegelungen ihrer Form (*b, d; g, p; W, M*); man suchte nach Ursachen und fand z. B. eine unzureichende Integration der Leistungen der rechten und linken Gehirnhälfte (vgl. z. B. Schenk-Danzinger 1984) oder auch spezifische Sehstörungen. Prominente wie Albert Einstein, Hans Christian Andersen, Paul Ehrlich, Susan Hampshire galten als Legastheniker; damit war klar, dass die Schule die von solcher Störung betroffenen Kinder in besonderer Weise zu schützen und zu fördern hatte.

Wie aber sollten die Grenzen bestimmt werden? Konsens fand schließlich ein Maß, das einen Prozentrang >15 im Rechtschreibtest (s. 3.3.3) und einen Intelligenzquotienten von mindestens 85 umfasste. Kinder, für die diese Diskrepanz zutraf, waren von der Notengebung in der Rechtschreibung befreit, ihre Schwäche erfuhr besondere schulische Förderung. Es bildete sich ein Elternverein, der „Bundesverband Legasthenie" (gegründet 1974, vgl. www.legasthenie.net) mit verschiedenen Landesverbänden, der die Rechte der betroffenen Kinder zu schützen und durchzusetzen suchte. Die Angaben darüber, wie viele Kinder von Legasthenie betroffen sind, schwanken stark: zwischen weniger als 1 % (d. h., in jeder 4. Klasse etwa wäre ein solches Kind zu finden) und 10–15 % (d. h., in jeder Klasse sind es 2 oder 3), je nach Definition – und Interesse. Anzumerken bleibt, dass die Zahl der „Legastheniker" auch korreliert mit der Zahl der Beratungsstellen (Bühler-Niederberger 1991, 2006).

Gegen den Konsens wurde Mitte der 70er Jahre massiver Widerstand formuliert, vor allem mit drei Argumenten (vgl. Schlee, Sirch, Spitta; s. Naegele/Valtin [Hrsg.] [4]1997):
Die Messwerte sind nicht „objektiv". Je nachdem, welche Tests zugrunde gelegt werden, wird unterschiedlichen Kindern das Etikett „Legastheniker" zugesprochen.
Die Grundschule hat die Aufgabe der Grundbildung für alle Schüler, also auch für die, die nicht nur im Lesen und Schreiben schwach sind.

Die Attribuierung „Legastheniker" ist selber noch nicht lernförderlich, weil sie als Zuschreibung nicht gerade Anstrengungsbereitschaft und Interesse stärkt.

So beschloss die Kultusministerkonferenz (KMK) zuerst 1978 eine Empfehlung zur „Förderung von Schülern mit besonderen Schwierigkeiten beim Erlernen des Lesens und Rechtschreibens" (vgl. Naegele/Valtin 2003). Darin wird betont, dass es die Hauptaufgabe der Grundschule sei, durch Individualisierung und besondere Fördermaßnahmen (bis einschließlich Klasse 6) dafür zu sorgen, dass möglichst wenige Schüler gegenüber den Grundanforderungen des Lesens und Schreibens versagen. Der Unterricht soll sich „an den unterschiedlichen Lernvoraussetzungen, dem individuellen Lernverhalten und Lerntempo orientieren. ... Individualisierung wird vor allem durch differenzierende Maßnahmen wie Binnendifferenzierung und Förderunterricht erreicht". Kinder mit besonderen Schwierigkeiten im Rechtschreiben dürfen nicht allein deswegen vom Übergang an eine weiterführende Schule ausgeschlossen werden.

Die Haltung, die in den Empfehlungen der KMK von 1978 zum Ausdruck kommt, bestimmte auch die Forschung des folgenden Jahrzehnts: Immer wieder – auch in Abgrenzung gegen das Konzept der Teilleistungsschwächen – wurde versucht, Merkmale der Lernschwierigkeiten zu bestimmen (s. Dummer/ Brügelmann 1987). Es fiel auf, dass die Schreibungen älterer Grundschüler denen der Anfänger ähneln. So wurde „Rechtschreibschwäche im Kontext der Entwicklung" betrachtet (Scheerer-Neumann in: Naegele/Valtin 2003); dagegen spricht aber, dass im Vergleich zu den Anfängern ältere leistungsschwache Grundschüler zwar viele Angebote im Unterricht erhalten, nicht aber aufgenommen haben; dagegen spricht, dass sie insgesamt wenig flexibel mit Lehrhilfen umgehen, vor allem aber, dass sie ihre vorhandenen Fähigkeiten weniger nutzen, im Erkunden neuer Möglichkeiten weniger riskieren, weil sie sich nicht trauen und sich wenig zutrauen (vgl. Dehn 1990). Was das für unser Unterrichtskonzept bedeutet, wollen wir in 3.1.7 und 3.1.8 zeigen.

Die Empfehlung der KMK von 1978 wurde in den einzelnen Bundesländern unterschiedlich umgesetzt. Einige Bundesländer beharrten weiterhin auf dem Konzept der Teilleistungsschwäche. Die KMK (2003) hat darauf mit den „Grundsätzen zur Förderung von Schülerinnen und Schülern mit besonderen Schwierigkeiten im Lesen und Rechtschreiben" reagiert. Darin wird unterschieden zwischen der „individuellen Förderung der Schülerinnen und Schüler mit besonderen Schwierigkeiten im Lesen und Rechtschreiben" und „besonderen Unterstützungsprogrammen wie Intervallförderung oder Förderung in Zusatzkursen" für Schülerinnen und Schüler mit „erheblichen Schwierigkeiten beim Lesen und Rechtschreiben", ohne dass diese Unterscheidung von „besonderen" und „erheblichen" Schwierigkeiten inhaltlich bestimmt wird.

Neu ist, dass die Maßnahmen zur Förderung zeitlich erweitert werden: sie „sollten bis zum Ende der 10. Jahrgangsstufe abgeschlossen sein". Neu ist auch, dass bei der Leistungserhebung und Leistungsbewertung „Hilfen im Sinne eines Nachteilsausgleichs vorzusehen“ sind. Das bedeutet, dass den betroffenen Schülerinnen und Schülern bei Klassenarbeiten zum Bespiel mehr Zeit eingeräumt werden kann, dass sie zusätzliche technische und didaktische Hilfsmittel erhalten können und ihre mündliche Leistung stärker gewichtet wird, nicht nur in Deutsch, sondern auch in den Fremdsprachen. Während der Förderphase kann zeitweise auf die Bewertung von Klassenarbeiten verzichtet werden. Das gilt „in besonders begründeten Ausnahmefällen“ auch für die Zeugnisse, in Abgangs- und Abschlusszeugnissen allerdings nur dann, „wenn eine mehrjährige schulische Förderung unmittelbar vorausgegangen ist“. Den hohen Anforderungen an die Entscheidungen der Lehrer, ihre Diagnosefähigkeiten und die Fähigkeit zur Erarbeitung von Förderschwerpunkten und -plänen soll durch Lehrerbildung in allen Phasen Rechnung getragen werden.

Seit etwa 1980 trat in Deutschland und anderen westeuropäischen Industriestaaten (zuerst in England und den Niederlanden) ein Phänomen zutage, das mit der Schule zunächst nichts zu tun zu haben schien: der **funktionale Analphabetismus** (Ehling/Müller/Oswald 1981; Giese/Gläß 1984; Giese 1991).
In Zeiten wirtschaftlicher Rezession und zunehmender Armut wurden Menschen „auffällig“, bei denen „das Wissen und die Fähigkeit im Lesen und Schreiben (nicht ausreicht, um) gleichberechtigt an den gesellschaftlichen Aktivitäten (des) Kulturkreises teilnehmen zu können“, so die Unesco-Definition. Wer seinen Arbeitsplatz verlor, den er zuvor lange Jahre oder Jahrzehnte ausgefüllt hatte, war nun ‚nicht vermittelbar‘, weil seine Lese- und Schreibfähigkeiten für neue soziale Kontexte nicht ausreichten. Das schien eine plausible Erklärung; aber sie traf das Phänomen nicht eigentlich: Bei den Kursen, die vor allem von Volkshochschulen und im Strafvollzug angeboten wurden, meldeten sich zunehmend junge Leute, Schulabgänger, die die Schule gerade nach neun oder zehn Jahren verlassen hatten, ohne über die grundlegende Bildung zu verfügen und die deshalb auf dem Arbeitsmarkt und bei der Berufsausbildung keine Chance hatten. – Es stellte sich heraus, dass auch die anderen nicht etwa wegen Kriegswirren und anderer widriger Umstände das Schreiben nicht gelernt hatten; auch sie waren viele Jahre zur Schule gegangen.

Die Kursteilnehmer, die das Lesen und Schreiben zu ihrer persönlichen Sache machten, waren weitaus erfolgreicher als die, die die Kurse nur als verordnete Voraussetzung für die Berufsausbildung oder die Arbeitsvermittlung betrachteten. Solche persönlichen Zielsetzungen sind z. B.: „die Überschriften der Bildzeitung lesen können“ (um in der Frühstückspause mitreden zu können); „Bilderbücher den Enkeln vorlesen können“; „Angelbücher lesen können“ (das Ziel war zu hoch gesteckt; als der Betreffende merkte, dass er es nicht würde erreichen können, brach er die Teilnahme ab); „die Kinder bei den Schulaufgaben unterstützen können“.

Der Begriff des funktionalen Analphabetismus trägt also „der Relation zwischen dem vorhandenen und dem notwendigen bzw. erwarteten Grad von Schriftsprachbeherrschung" Rechnung (Hubertus/Nickel 2003, S. 719).
Derzeit kann man von etwa 4 Millionen betroffenen Bürgern in Deutschland ausgehen (Hubertus/Nickel 2003, S. 720). Die Zahl der Kurse, die zur Alphabetisierung angeboten werden, ist demgegenüber vergleichsweise gering: 2001 waren es in allen Bundesländern zusammen ca. 2.200, 2002 waren es 2.500; d.h. nur für eine vergleichsweise geringe Zahl der Betroffenen stehen solche Kurse zur Verfügung (vgl. Dehn 2004).

Die Problematik wurde international diskutiert, die Unesco, die Europäische Union, der Europarat und andere Institutionen (s. z. B. Ehling/Müller/ Oswald 1981) nahmen sich der Angelegenheit an – mit der Unterstützung der Betroffenen (z. B. durch Medienkampagnen, die auf die Kurse aufmerksam machten) und der Kursleiter (durch Schulung und Supervision) und mit Untersuchungen zu den Ursachen vor allem mit narrativ-autobiografischen Interviews (vgl. Döbert-Nauert 1985, Namgamlies u. a. 1990); als solche gelten u. a.:

- schwierige soziale Verhältnisse (wie instabile Familiensituation, Arbeitslosigkeit, Alkoholismus) als von Kindern erlebte Unsicherheit,
- eingeschränkte Erfahrungen im Umgang mit Schrift (die Kinder sehen niemanden lesen, ihnen liest niemand vor, sie verfügen nicht über Papier und Stift zum Malen und Kritzeln),
- in der Folge davon ein mangelndes Zutrauen in die eigenen Fähigkeiten, vor allem was Anforderungen betrifft, wie sie in der Schule gestellt werden (EG-Schlussbericht 1989, S. 5).

In den letzten 15 Jahren seitdem ist die Funktion der Migration stärker in den Blick getreten: Die im Herkunftsland erworbenen Schriftkenntnisse reichen oft für das Leben in den Industrieländern nicht aus – oder es hat dort keine Alphabetisierung stattgefunden.

Unzureichende Lesefähigkeiten von Schülern sind seit der ersten PISA-Studie (Baumert u. a. 2001) ganz massiv in das Bewusstsein der Öffentlichkeit und der Bildungspolitik getreten: Danach können 9,9 % der untersuchten 15-jährigen Schüler und Schülerinnen nicht einmal einfache Informationen einem Text entnehmen, weitere 12,7 % können nur dies, aber kein tieferes Textverständnis entwickeln; d. h. nahezu 25 % der untersuchten Jugendlichen verfügen nicht über die Fähigkeit, Lesestrategien anzuwenden, die über die einfachste Informationsentnahme hinausgehen (Baumert u. a. 2001, 103). Offensichtlich gelingt es in Deutschland nicht, die schwa-

chen Schülerinnen und Schüler so wie in anderen Ländern zu fördern. Die Leistungsunterschiede sind so groß und korrelieren so stark mit der sozialen Herkunft wie in keinem anderen Land (Baumert u. a. 2001, 106 ff.)
Gerade in Bezug auf die PISA-Studie werden derzeit große Anstrengungen (schulorganisatorische, unterrichtsmethodische) unternommen, um die Lesefähigkeit zu verbessern. Aber vielleicht ist dabei sowohl die Aufmerksamkeit und Achtsamkeit auf jedes einzelne Kind in der Klasse als Lerngruppe noch nicht differenziert und sensibel genug. Außerdem bleibt die politische Frage, die die Aktionen zur Alphabetisierung seit 1980 leitet, nämlich die nach dem Umgang der Gesellschaft mit den sozial Schwachen – die ganz grundsätzliche nach Selektion und Integration nach wie vor weitgehend unbearbeitet. Es hat mehr als 10 Jahre gedauert, bis die Öffentlichkeit und bis die Schulverwaltung und die Lehrer überhaupt akzeptieren konnten, dass funktionaler Analphabetismus nicht ein Problem vor und außerhalb der Schule ist, sondern dass er durch Nicht-Lernen und Verlernen zustande kommt, dass der jugendliche Kursteilnehmer einmal Schulanfänger war und im Schreiben unterrichtet worden ist. Für 2007 hat das Bundesministerium für Forschung und Bildung einen Förderschwerpunkt „Forschung und Entwicklung zur Alphabetisierung/Grundbildung Erwachsener“ eingerichtet und dafür für die nächsten fünf Jahre insgesamt 30 Mio. € bereitgestellt.

Schon 1993 legte die Bundesregierung auf Aufforderung des Bundestages ihren Bericht zur Bekämpfung des Analphabetismus vor; darin nehmen Maßnahmen zur Prävention einen großen Raum ein, u. a. ist der BLK-Modellversuch des Landes Hamburg genannt: „Elementare Schriftkultur als Prävention von Lese-Rechtschreib-Schwierigkeiten und Analphabetismus bei Grundschulkindern (1992–1995)“, in dem es darum ging, Zugänge zur Schrift zu erschließen statt Blockaden und Schwächen zu konstatieren und zu therapieren; den gesellschaftlichen Anspruch und den der Institution zu erfassen, die Verständigung zwischen Lehrer und Kind und damit auch das Selbstbild des Kindes in den Blick zu nehmen (Dehn/Hüttis-Graff/Kruse [Hrsg.] 1996; vgl. auch Hüttis-Graff/Widmann 1996, s. Lit. zu 3.1.1). Es konnte in dem Modellversuch gezeigt werden, dass es wesentlich einfacher ist, Lernschwierigkeiten beim Rechtschreiben in der Grundschule zu begegnen als in der Erwachsenenbildung: Rechtschreiben ist ein wesentlicher Inhalt des Lernens in der Grundschule, das Nicht-Lernen führt also zu Rechtfertigungs-, Erklärungs- und Zuschreibungsversuchen der Beteiligten; vielleicht aber sind der Schulanfang und die Jahre danach auch im Hinblick auf die Voraussetzungen der Lernentwicklung **die** „Zeit für die Schrift“ (Dehn 2006). Schwierigkeiten – aller Schüler – werden dabei als für das Lernen konstitutiv angesehen. Damit sind wir wieder am Anfang des Kapitels angelangt.

Dieser kurze **Überblick über die Geschichte der Begriffsdefinitionen zeigt deutlich, dass es das Phänomen der Lernschwierigkeit als solches nicht gibt, sondern dass immer bestimmte theoretische Fundierungen die Beobachtungen leiten, die zu Befunden führen und die Reaktionen auf das Beobachtete begründen** (vgl. als Beispiel für die Selbstsicht eines Betroffenen, eines „Legasthenikers", den differenzierten ironischen, zugleich ganz ernsten Bericht von Michael Stuewer 1995).

Erprobung: Diskussion um einen „Fall"

Damit Sie die Bedeutung der theoretischen Fundierung selbst erfahren können, geben wir Ihnen nun ein **Beispiel**: Die folgende **Bildbeschreibung von Philipp** aus Klasse 7 der Realschule ist von verschiedenen Wissenschaftlern analysiert worden. Der Anstoß ging von einer Forschungsgruppe aus, die ein Sprachpädagogisches Zentrum in Essen aufbaute (S. Birck, B. Schilling, B. v. Schwerin, s. u.); sie diagnostizierten zwar nicht Rechtschreibschwäche, wohl aber Dysgrammatismus, der sich auch in den Rechtschreibfehlern zeige und der Therapie bedürfe. Andere kamen zu einem ganz anderen Ergebnis, nämlich, dass der Text eine kohärente Tiefenstruktur hat, dass aber die Oberfläche dies verdeckt; deshalb müsse Philipp lernen, seine Texte zu überarbeiten.

Wir geben neben Philipps Bildbeschreibung und Vergleichstexten von anderen Schülern aus der Klasse Ausschnitte aus drei Analysen wieder (von Birck u. a., von Nussbaumer und Menzel; vollständige Fassung sowie 13 weitere Analysen in: August 1994).
Aufschlussreich ist u. E., Philipps Text zunächst einmal laut vorzulesen und eine fehlerfreie Fassung herzustellen (s. Abb. S. 223).

Philipps Bildbeschreibung

~~Bildbeschreibung~~

~~Im Hinter grund siet man ein (verletztes) Mädchen das auf einer Trage ligt sie ist mit einer grunen Decke~~

Klassenarbeit Nr 5
Bildbeschreibung

Im Hintergrund sicht man ein verleztes
mädchen das auf einr Trage ligt. ein Arzt
in weisen Anzug ~~vor~~ ~~de~~ versucht das
~~[illegible]~~ Kind in einen Krankenwagen zu
bringen. Um den ~~[illegible]~~ Unfalsort stehen
mehrere Schüler. Im Schulgebeude besser
gesagt im Sekretariat ist eine Sekritarin und
ein Kind ~~was~~ ~~das~~ ~~[illegible]~~ trägt. Die
Schülerin hat den ~~Telle~~ Telefonhörer in der
hand es siht so aus als sie gerade
~~den~~ versucht den Unfall zu beschreiben.
Die Anrufende hat braune Haare und ein
knall rotes ~~[illegible]~~ Gesicht. Es handelt sich
wole um ein Sportunfall weil das madchen
am Telephone eine blane Sporthose
und eine orange farbenes ~~[illegible]~~
Sporthemd trägt. Die darneben stehende
Sekritärin hat den elenbogen auf den
Tisch und hält vor Schreck die Hand
vor den Mund auch ihr ~~[illegible]~~ Gesicht
ist ganz rot Die Junge Frau trägt
eine roten mit weißen punkten

besetzen pollover. Die Dame hat
eine Brille und braune Hadre Auf
dem Tisch ist eine grüne unterlage
auf dieser liegen drei beschriftete
Blatter. ~~Sie gekrönt durch den~~ Durch
den grauen Bleistift oben drauf
werden sie gekrönt ~~gel~~ gegenüber
ist eine Stempelabflage mit 5 Stempeln.
Neben ihnen ligt ein blauer und ein
roter Filzstift An der Wand ist ein
Kalender der zeigt das an diesen
Tag der 15te ist Es sieht aus als
der Krankenwagen bald losfährt den
die ~~blau~~ blauleuchte ist noch an.

Bildbeschreibung

Im Hintergrund sieht man ein verleztes Mädchen das auf einer Trage ligt. Ein Arzt in weisen Anzug versucht das Kind in einen Krankenwagen zu bringen. Um den Unfalsort stehen mehrere Schüler. Sie warten bis der Krankenwagen entlich losfährt. Im Schulgebeude besser gesagt im Sekritariat ist eine Sekritarin und ein Kind. Die Schülerin hat den Telefonhörer in der hand es siht so aus als sie gerade versucht den Unfall zu beschreiben. Die Anrufende hat braune Haare und ein knall rotes Gesicht. Es handelt sich woll um ein Sportunfall weil das Mädchen am Telephone eine braune Sporthose und ein orange farbenes Sporthemd trägt. Die darneben stehende Sekritärin hat den elenbogen auf den Tisch und hält vor Schreck die Hand vor den Mund auch ihr Gesicht ist ganz rot. Die Junge frau trägt ein roten mit weißen punkten besetzten Pollover. Die Dame hat eine Brille und braune Haare. Auf dem Tisch ist eine grüne unterlage auf dieser liegen drei beschriftete Blatter. Durch den grauen Bleistift oben drauf werden sie gekrönt gegenüber ist eine Stempelablage mit 5 Stempeln. Neben ihnen ligt ein blauer und ein roter Filzstift an der Wand ist ein Kalender der zeigt das an diesen Tag der 15te ist. Es sieht aus als der Krankenwagen bald losfährt den die blauleuchte ist noch an.

Quelle: Bild entnommen © Wege zur Sprache, 7. Schuljahr. Schroedel Verlag GmbH, Hannover 1986.

Vergleichstexte anderer Schüler/Schülerinnen zur gleichen Aufgabenstellung

Im Vordergrund ist ein Mädchen das aufgeregt telefoniert, sie hat eine türkisfarbene kurze Hose und ein orangefarbenes T-Shirt an. Die andere Person wird warscheinlich die Schulsekretärin sein, die den Vorgang draußen vor dem Fenster beobachtet. Auf dem Schreibtisch der Sekretärin liegt Papier, 3 Stifte, eine Schreibunterlage und ein Stempelhalter. An der Wand hängt ein Kalender mit der Zahl fünfzehn. Der Fenstergriff steht nach rechts. Beide – Sekretärin und Mädchen (im Vordergrund) haben braune Haare, die Sekretärin hat eine Brille auf der Nase und eine rötliche Bluse mit weißen Punkten an, sie trägt noch gelbe Ohrringe. Auf dem Schulhof steht ein Krankenwagen, dessen Blaulicht leuchtet und dessen hintere Türen offenstehen. In den geöffneten Krankenwagen wird gerade ein braunhaariges Mädchen auf einer Trage mit einer grünen Decke und braunen Schnallen hineingeschoben und zwar von einem Sanitäter. Im Hintergrund sieht man eine Mauer mit Gittern die den Schulhof abgrenzt. Dort stehen noch sechs andere Schüler und Schülerinnen. Drei von den sechs Personen tragen blaue T-Shirts. Einer trägt ein gelbes T-Shirt, ein anderer ein rotes T-Shirt und noch ein anderer ein rosanes T-Shirt. Einer hat eine weiße Hose an, die anderen Hosen sieht man nicht, weil die Personen hinter dem Krankenwagen stehen.

(Stefanie R.)

Im Vordergrund des Bildes ruft aufgeregt eine Frau etwas ins Telefon. Sie trägt Sportkleidung und hat braune Haare. Eine andere Frau, die ein rote Bluse mit weißen punkten an hat, steht erschrocken und ratlos daneben. Im Hintergrund parkt ein Krankenwagen auf dem Schulhof. Die Sirene brennt noch und ein Arzt schiebt ein Mädchen mit braunen Haaren, die auf einer Trage mit grüner Decke und braunen Schnalen liegt, in den Wagen. Sie hat sich vermutlich etwas gebrochen. Viele Kinder stehen um dem herum. Auch sie haben Sportsachen an. Auf dem Schreibtisch der erschrockenen Frauen stehen Stempel, Formulare und Stifte. Ein Kalender hängt neben dem Fenster und auf ihm wird der 15. angezeigt. Der Krankenwagen ist gelb, hat auf Türen und Dach rote Kreuze und eine große blaue Sirene auf dem Dach. Den Schulhof grenzen Stahlzeune ab. Der Himmel ist blau und es sieht gar nicht so aus als wenn ein Unfall passieren würde.

(Björn B.)

Auf dem Bild sieht man ein Mädchen das gerade von einem Krankenwagen abgeholt wird. Das Mädchen mit den braunen Haaren hat sich beim Sport-Unterricht vermutlich das Bein gebrochen. Vorsichtig wird es in den Krankenwagen geschoben. Um den Krankenwagen herum, stehen ein paar Kinder mit versteinerter Miene. Im Sekretäriat ist ein Mädchen mit einen orangen Pullover und einer blauen Sporthose sie heißt Stefanie sie ist bei dem gestürzten Mädchen in der selben Klasse. Verzweifelt ruft Stefanie von dem Mädchen ihre Mutter an, um ihr zu erzählen was forgefallen ist. Neben Stefanie sitzt ihre Lehrerin. Sie hat ein rotes weiß-getupftes Hemd an. Sie hat braune Haare und auf ihrer Nase sitzt eine Brille. Sie schaut durch das Fenster um zu beobachten wie es ihr geht, dabei kratzt sie sich das Kinn. Sie stützt ihr Ellenbogen auf ein weißes Blatt Papier wo Stifte drauf liegen. Neben dem Blatt steht ein Stempelhalter mit 5 Stempeln. Der Arzt draußen trägt einen weißen Kittel. Das Mädchen wird jetzt gleich ins Krankenhaus gefahren. Hoffentlich ist es nichts Ernstes.

(Sebastian T.)

Im Vordergrund sieht man zwei Mädchen, die in einem Sekretariat einen Unfall durch ein Fenster beobachten. Das Mädchen mit dem orangenen T-Shirt und einer grün Turnhose telephoniert gerade mit jemandem. Das andere Mädchen mit der rot gepunkteten Bluse trägt eine rote Brille, beobachtet den Unfall sehr genau. Links oben an der Wand hängt ein Kalender der den 15.2. anzeigt. Im Hintergrund auf einem Schulhof sind viele Kinder vor einem Krankenwagen versammelt, in dem ein Mädchen auf einer Trage eingeliefert wird. Der Sanitäter mit dem weißen Kittel deckt das Mädchen mit einer grünen Decke zu. Da es ein Notfall ist leuchtet die Blaulichtlampe des Krankenwagens. Der Krankenwagen steht genau vor einem großen Eingangstor, das noch ein Stückchen auf steht.

(Vera S.)

I. Analyse: Dysgrammatische Symptome in der Schriftsprache

Aus: Birck u. a., 1994

(...) Im Vergleich zu vielen seiner Artgenossen fällt es Philipp deutlich schwerer, die Vielfalt von sprachlichen Regeln korrekt anzuwenden, die es in der deutschen Sprache gibt. Bestimmte Fehlerschwerpunkte sind dabei kaum auszumachen: Unsicherheiten bei der Groß- und Kleinschreibung und falsche Flexionsformen bei Präpositionen und anderen Wortarten finden sich ebenso wie Probleme mit der richtigen Schreibweise von kurzen bzw. langen Vokalen, Verwechslung von „das" und „dass", falsche Wortbildung bzw. Erfindung neuer Wörter, falsche Satzbildung, fehlende Satzteile usw. Auf den ersten Blick – so könnte man sagen – stellen Philipps schriftliche Äußerungen ein regelrechtes sprachliches „Chaos" dar. (...)

Fehler im Bereich der Lautverschriftung und Wortbildung

– Viele Fehler, die sich in unserem Beispiel finden, werden normalerweise dem Bereich der Rechtschreibung zugeordnet, etwa falsch geschriebene Wörter wie „Gebeude", „darneben", „entlich".

Solche Fehler lassen sich nun von zwei Seiten her beleuchten. Zum einen zeigen sie eine Schwierigkeit bei der Schreibung gleich- und ähnlich klingender Laute („äu"/„eu" bzw. „end"/„ent" klingen gleich, „dar" /„da" kann je nach Sprechweise ähnlich klingen). Zugleich muss dem Kind aber auch eine andere Fähigkeit fehlen, die unerlässlich ist, um das Laut-Buchstaben-Problem zu bewältigen, nämlich das Verständnis für die sprachliche Form der Wortbildung. (...)

– Schwierigkeiten bei der Identifikation von Wortarten innerhalb des Satzzusammenhangs zeigen sich besonders in Fehlern der Groß- und Kleinschreibung. Einige Beispiele aus Philipps Aufsatz: „die Junge Frau", „den elenbogen", „eine grüne unterlage", „die blauleuchte".

Philipp hat in seinem Text durchaus einige Substantive als solche erkannt und großgeschrieben. Angesichts der Fehlerhäufigkeit muss man aber davon ausgehen, dass er sehr unsicher ist, wenn er Substantive von anderen Wortarten unterscheiden soll. Die Erfahrung zeigt, dass sprachschwache Kinder auch in diesem Bereich über gewisse Unterscheidungskriterien verfügen, die sie aber nicht gezielt einsetzen können. So findet sich bei Philipp ein bei sprachlich schwachen Kindern in diesem Zusammenhang häufig anzutreffender Fehler, nämlich die Kleinschreibung eines Substantivs, wenn sich zwischen Artikel und Substantiv ein Attribut schiebt (sei es als selbstständiges Wort oder als Präfix). Fragt man nach der Ursache dieses Fehlers, so lässt sich vermuten, dass solche Wortkonstellationen das Kind verunsichern, wenn es entscheiden soll, ob es sich bei dem Wort um etwas Gegenständliches handelt oder nicht. Sofern ihm der substantivische Charakter des Wortes geläufig ist (etwa

bei Philipp: „Anzug"), stellt die Interjektion eines Attributs kein Problem dar. Ist er jedoch nicht geläufig, wird entweder die Kleinschreibung des Attributs übernommen oder aber das Attribut mit einem Substantiv verwechselt („die Junge frau").
Ein anderes Problemfeld, bei dem ein Verständnis sowohl von morphologischen Strukturen als auch von Satzstrukturen unmittelbar erforderlich ist, sei hier noch erwähnt, nämlich das der *grammatischen Kongruenz*. In unserem Aufsatz finden sich vor allem Fehler bei der Bildung von Flexionsformen: „ein Arzt in weisen Anzug", „sie trägt ein roten Pollover", „an diesen Tag".

Schriftsprachliche Defizite als Ausdruck dysgrammatischer Lernstörungen
Die skizzierten Fehlerbeispiele ersetzen natürlich keine umfassende Analyse. Sie können aber eine Vorstellung von einer schriftsprachlichen Leistungsstörung vermitteln, die im Wesentlichen durch Fehler auf der Ebene der Morphologie und der Syntax gekennzeichnet ist. Dabei sollte auch deutlich werden, dass nicht nur die gängige Unterscheidung von Rechtschreibfehlern und Grammatikfehlern bei der Erfassung einer solchen Problematik zu formal ist, sondern dass auch die einschlägigen Fehlerbereiche der Wort- und Satzgrammatik keine einander ausschließenden Sortierungskriterien darstellen, weil sie bei vielen Fehlern eng miteinander verflochten sind.
Zusammenfassend kann Philipps Text so als ein Beispiel für ein Erscheinungsbild sprachlicher Fehler angesehen werden, das auf eine massive Störung der grammatischen Kompetenz schließen lässt. Wenn dies der Fall ist, so stellt sich die Frage, inwieweit es sinnvoll ist, ein solches Fehlerbild als spezifischen Ausdruck einer Sprachstörung zu werten, die seit Jahren unter der Bezeichnung „Dysgrammatismus" in der mündlichen Sprache von Kindern erforscht wird. Die Vermutung, dass sich auch in der Schriftsprache von Kindern wie Philipp Symptome einer dysgrammatischen Lernstörung zeigen, liegt zumindest dann nahe, wenn man wie G. Knura von folgender Definition ausgeht:
„Dysgrammatismus … lässt sich allgemein kennzeichnen als die Unfähigkeit, das morphologische und syntaktische Regelsystem der Muttersprache altersgerecht zu erwerben und/oder zu gebrauchen." (Knura, G.: Grundfragen der Sprachbehindertenpädagogik. Handbuch der Sonderpädagogik Bd. VII. Berlin 1980, S. 24). (…)
Charakteristisch für Philipps Schriftsprache ist, dass sie in weiten Teilen als Verschriftung der unmittelbaren Gedankensprache bzw. der gesprochenen Sprache entsteht. Er „spricht" das Wort bzw. den Satz in Gedanken und schreibt diese Laut-/Satzvorstellung unmittelbar auf. Er „umgeht" also jene an die schriftsprachliche Äußerung gestellte Anforderung, die von einem kompetenten Schreiber mehr oder weniger selbstverständlich erfüllt wird, dass nämlich ein Gedanke, der schriftlich ausgedrückt werden soll, zuerst in eine den Normen der Schriftsprache entsprechende Form gebracht werden muss. Ein sicherer Schreiber weiß z.B., dass „man

nicht einfach so schreiben kann, wie man spricht", oder fragt sich beim Verfassen eines Textes, ob „man das so formulieren kann". Aber genau diese Überlegungen sind einem dysgrammatisch schreibenden Kind offenbar weitgehend fremd. Es hat jedenfalls eine sehr unklare Vorstellung davon, dass die schriftlichen Äußerungen seiner Gedanken gesonderte sprachliche Überlegungen erfordern, die beim gewohnheitsmäßigen mündlichen Sprachgebrauch nicht nötig sind, dass Sätze bei der schriftlichen Textproduktion nach bestimmten grammatikalischen Normen regelrecht „aufgebaut" werden müssen. (…)

Konsequenzen für eine außerschulische Förderung

Wenn man davon ausgeht, dass die Probleme von Kindern mit einer dysgrammatischen Schreibschwäche im Deutschunterricht kaum gezielt angegangen werden können, so erscheint aufgrund des bisher Gesagten die Durchführung außerschulischer Fördermaßnahmen notwendig. Da die einzelnen schriftsprachlichen Schwierigkeiten dieser Kinder auf ein mangelndes Bewusstsein von der Strukturiertheit der Sprache verweisen, bedeutet dies v. a., dass sich ein entsprechendes sprachliches Lernen (zunächst) nicht an den jeweils aktuellen Lerngegenständen oder -zielen des Deutschunterrichts orientieren kann, um diese zu „vertiefen" oder zusätzliche Übungsgelegenheiten zu schaffen. Obwohl es letztlich darum gehen muss, Kindern wie Philipp eine möglichst ebenso sichere praktische Beherrschung der einzelnen grammatischen Regeln zu vermitteln, wie dies bei seinen Mitschülern der Fall ist, liegt das zu lösende Problem – und darauf sollte mit den bisherigen Bemerkungen besonders hingewiesen werden – bei der Förderung dysgrammatisch schreibender Kinder tiefer. Die Voraussetzung für das Erlernen von Regeln der Wortbildung und des Satzbaus ist die Schaffung eines Verständnisses für den Aufbau der Sprache überhaupt.
Doch diese Schwierigkeiten sind wohl nicht zu umgehen, denn erst, wenn das betreffende Kind eine Vorstellung davon entwickelt, was eigentlich geschieht, wenn es Wörter zu Sätzen und ganzen Texten verbindet, kann es die einzelnen sprachlichen Normen von ihrem Sinn her erkennen und entsprechend einordnen.

II. Interpretation: Rechtschreibschwäche und sprachlich-textuelle Fähigkeiten

Aus: Nussbaumer, 1994

Die nachstehende Stellungnahme zur Deutung von Philipps Bildbeschreibung durch Birck/Schilling/von Schwerin haben wir auf dem Hintergrund einer längeren Auseinandersetzung mit Texten von Schülerinnen und Schülern im Rahmen eines Zürcher-Forschungsprojektes verfasst, in dem es uns um die Abklärung der Sprachfähigkeiten von Maturanden (Abiturienten) und Studienanfängern ging. (…)

Wir wollen im Folgenden zunächst von dem grafisch ‚normalisierten' Text und seinen Qualitäten reden. Warum tun wir das? (...)
Unserer Abkehr von der Defizitorientierung und unserer Hinwendung zu einer Orientierung an dem, was an Qualitäten vorhanden ist, liegen folgende Überlegungen zugrunde:
a) Wir analysieren Schreibprodukte und schließen von ihrer ‚Befindlichkeit' auf vorhandene oder nicht vorhandene Fähigkeiten. Das ist heikel: Wohl darf man einem Menschen, der eine bestimmte Leistung *zeigt*, eine Fähigkeit dazu attestieren, aber man darf nicht ohne weiteres einem, der eine bestimmte Leistung *nicht zeigt*, gleich auch die Fähigkeit dazu absprechen. Aus diesem erkenntnistheoretischen Problem ergibt sich, dass man ausgehen sollte von sich zeigenden Qualitäten und nicht von sich zeigenden Mängeln.
b) Wir sind darüber hinaus grundsätzlich der Meinung, dass – sowohl in rein analytisch-wissenschaftlicher wie vor allem auch in pädagogischer Absicht – Aussagen über irgendwelche Fähigkeiten von Menschen zunächst immer an dem ansetzen sollten, was diese Menschen können. Bezüglich Sprachfähigkeiten ist das besonders geboten, haben wir es doch hier mit einem außergewöhnlich breiten Begriff zu tun. (...)
c) Feststellungen von Mängeln sind grundsätzlich immer nur aussagekräftig, wenn man sie in Bezug setzt zu festgestellten Qualitäten. Allzu leicht bekommt der Mangel sonst in seiner Isolierung ein monströses Gesicht. (...)
Übrigens sollte man festgestellte Mängel in Philipps Text auch im Verhältnis zu ebensolchen Mängeln in Vergleichstexten werten. (...)
d) Sucht man danach, was jemand an Können zeigt, so kann man selbst in dem, was er augenscheinlich nicht kann, ein Können finden. Für Philipps Fehler heißt das: Es gilt, sich zu fragen, in welcher Beziehung diese Fehler Fehler sind. Sind es *systematische* Verstöße gegen die Zielnorm der heute gültigen und in der Schule angestrebten deutschen Schriftsprache? In diesem Fall wäre der einzelne Fehler hinsichtlich Philipps eigenem System kein Fehler; fehlerhaft wäre vielmehr Philipps System in gewissen Regelbereichen in Bezug auf das Zielsystem. Oder aber macht Philipp *unsystematisch* ‚Fehler', hat er also selber kein System? Ein solcher Befund wäre gewissermaßen gravierender, verstieße Philipp doch in diesem Falle gegen seine eigenen Regeln, wobei allerdings zu bedenken ist, dass das auch Ausdruck einer Entwicklung, einer eigenen Normunsicherheit, eines Ausprobierens – mithin einer für didaktische Eingriffe vielleicht gerade sehr fruchtbaren Lernphase sein könnte. (...)

Was ist gut an Philipps Text? Was kann Philipp?

a) Textkohärenz, Aufbau, Entwicklung, „Weg":

Abgesehen von einem etwas unvermittelten Einstieg bietet der Text einen klaren, deutlichen und einsichtigen „Weg". Auffällig ist, dass Philipp lediglich mit dem allerersten Satz auf das Bild als Bild Bezug nimmt (*im Vordergrund*), dass sich dann aber die im Bild dargestellte Situation gewissermaßen verselbstständigt: von *Vordergrund* und *Hintergrund*, von *oben/unten, rechts/links* ist nicht die Rede, vielmehr von *im Schulgebäude, besser gesagt im Sekretariat*. In den Texten der anderen SchülerInnen ist das teilweise anders. Eine Wertung scheint uns hier schwierig.

Die dargestellte Situation wird sehr gut, beobachtungsgenau und in der Abfolge überzeugend eingefangen: Die Beschreibung setzt ein mit dem Hintergrund, in dem sich der Auslöser für das zeigt, was im Vordergrund dargestellt ist. Nach vier Sätzen, die das Wesentliche sagen, wechselt Philipp zum Vordergrund, wobei die Sätze (5) bis (7) sehr geschickt die Verknüpfung mit dem Hintergrund leisten. Entsprechend dem Bildaufbau verweilt Philipp deutlich länger beim Vordergrund. Mit den Sätzen (14) bis (17) ufert Philipps Beschreibung fast etwas aus. Sehr geschickt kehrt Philipp mit dem Schlusssatz auf die Hintergrundszene zurück und bringt den Text zu einem gelungenen Abschluss, indem er die statische Bildbeschreibung gleichsam mit der Vermutung über ein künftiges Ereignis dynamisiert.

Durch den ganzen Text ist beschreibendes Präsens durchgehalten, das der Aufgabenstellung angemessen ist. Inhaltlich überzeugend und sprachlich gut markiert sind vorsichtige Versuche der Deutung dessen, was Philipp auf dem Bild sieht.

Insgesamt scheint uns Philipps Text, was die Textanlage und -durchführung als „Weg" betrifft, teilweise klar über den Vergleichstexten zu liegen.

b) Satzweise thematische Entfaltung; Umgang mit Implizitheit/Explizitheit:

Der Text bietet an keiner Stelle auch nur das geringste Verstehensproblem (sieht man ab von der rezeptionserschwerenden, jedoch niemals rezeptionsverhindernden Graphie). (…)

c) Rezipientenführung durch zusätzliche textuelle Mittel:

Neben der erwähnten guten Markierung von Deutungen als Deutungen fällt als besonders rezipientenführendes Mittel eine ausgesuchte Kohäsionsleistung auf: z. B. *ein Kind – die Schülerin – sie – die Anrufende – das Mädchen; oder: die Sekretärin – ihr Gesicht – die junge Frau – die Dame; oder: auf dem Tisch – eine grüne Unterlage – auf dieser – oben drauf – gegenüber – neben ihnen – an der Wand.* Hier wird an Verweisung und an räumlicher Orientierung viel versucht und meistens gelingt der Versuch. Einige wenige Stellen sind etwas fragwürdig (*ein Kind – die Schülerin; die Frau – die Dame; gegenüber*), dass es diese Fragwürdigkeiten aber gibt, ist Folge davon, dass etwas gewagt wird.

d) Adäquater Einsatz von Sprachmitteln:

An Philipps Text fällt eine gute, reiche und zumeist präzise Wortwahl auf (*Trage,*

Sekretariat, knallrot, Sportunfall, orangefarben, einen roten, mit weißen Punkten besetzten Pullover, beschriftete Blätter, Stempelablage, Blauleuchte). Einige Inhaltswörter sind nicht optimal gewählt *(versucht (?) das Kind in einen Krankenwagen zu bringen; sehen wir den Unfallort?; steht die Sekretärin? die Blätter werden durch den grauen Bleistift gekrönt).* Teilweise sind diese Unstimmigkeiten deutlich die Folge des Versuchs, es besonders gut zu machen. *knallrot* und *orangefarben* sind gelungene Adjektivbildungen; *orangefarben* kann sogar eine geschickte Strategie sein, der Schwierigkeit der Flexion von *orange* auszuweichen.
Der Satzbau ist angemessen komplex, abwechslungsreich in Konstruktion und Wortstellung, was dem Text eine auffällige Leseflüssigkeit verleiht. Bei aller gefälligen Flüssigkeit zeigt der Text hingegen kaum Merkmale von Sprechsprachlichkeit; er ist im Gegenteil recht schriftsprachlich.
e) Fehler:
Entgegen dem Eindruck, den die Graphie hinterlässt: Der Text ist sprachsystematisch weitgehend korrekt. (...)

Philipps Schwierigkeiten mit der Graphie

Philipps Text zeigt eine für sein Alter ungewöhnlich hohe Dichte von Graphie-Fehlern, von Verstößen gegen die Regeln der Satzzeichensetzung und der Wortschreibung.

a) Interpunktion:

- Philipp verwendet in seinem Text einzig den Punkt als Satzzeichen. Er setzt insbesondere keine Kommas. Das ist für sein Alter sicher ungewöhnlich.
- Zu den Satzbegrenzungen: Philipp macht an fünf Stellen kein Satzgrenzsignal, wo man eines erwartet. Davon sind aber unseres Erachtens lediglich zwei Stellen unbedingt mit Punkt zu interpunktieren (15/16 und 17/18); an einer der Stellen wäre ein Doppelpunkt (6/7) und an einer ein Semikolon adäquater (10/11); an einer Stelle (in 14) ist sogar nur ein Komma möglich. Dies kann man so interpretieren: Philipp beherrscht nicht einfach die Satzabgrenzung nicht – wo für ihn ein Satz neu anfängt, schreibt er übrigens konsequent groß –, vielmehr schreibt er ansatzweise (wenn auch nicht konsequent) in *Perioden.* Diese schließt er bis auf zwei Stellen ab; intern gliedert er sie hingegen nicht.
- Auffällig ist, dass Philipp vor allem gegen das Textende hin Satzgrenzsignale nicht setzt, also von kürzeren Sätzen zu Perioden übergeht, während er am Textanfang sehr viel stärker interpunktiert. Das könnten wohlbekannte Ermüdungserscheinungen sein.

b) Wortschreibung:
Es ist hier nicht der Platz für eine ausführliche Fehlerbesprechung. Wir beschränken uns auf folgende Punkte:

- Die Substantivgroßschreibung ist überwiegend richtig; Fehler kommen in fünf Einzelfällen und einem Kombinationsfall (*Junge frau*) vor. Philipp schreibt insbesondere in Fällen, wo der Substantivstatus nicht so leicht einsichtig ist, durchaus korrekt groß: *in weißem Anzug, die Anrufende, vor Schreck.* Die Substantivgroßschreibung ist also sicher vorhanden, aber noch ungenügend kontrolliert.
- Markierung von Langvokalen: Philipp schreibt zweimal – und damit konsequent – *ligt,* was durchaus eine lautgetreue Schreibweise sein kann. Den Infinitiv schreibt er *liegen*; diesen spricht man sicher lang. Philipp schreibt inkonsequenterweise einmal *siht* und zweimal *sieht.* Er schreibt aber andere Langvokale korrekt: *mehrere, losfährt, Telefonhörer, ihnen*. Philipp schreibt *woll* statt *wohl*: Der Fehler ist Indiz dafür, dass Philipp um die Problematik der Stelle wusste, dass er aber die falsche Problemlösung (Schärfung statt Dehnung) gewählt hat – ein bekanntes Phänomen.
- Philipp schreibt konsequent *Sekritariat, Sekritarin* etc. mit <i>; so spricht er es wahrscheinlich auch. Er schreibt einmal *Sekritarin* mit <a>, und zwar in der Folge von *Sekritariat,* ebenfalls mit <a>; das zweite Mal schreibt er *Sekritärin* mit Umlautzeichen: Ansatz zu einem morphologischen Schreibprinzip, das Birck et al. bei Philipp in den Fällen von *entlich, Schulgebeude, Unfalsort* (neben *Unfall, Sportunfall*) gerade vermissen?
- Philipp schreibt *verleztes* ohne <tz>, aber er schreibt auch korrekt *Filzstift, besetzt.*
- Philipp schreibt *das* für *dass* und *den* für *denn*: Das sind Fehler, die uns ständig unterlaufen (wohl einfach, weil das Schriftbild des jeweils gerade nicht passenden Wortes so stark ist), Fehler, die wir uns ständig gegenseitig in unseren Texten verbessern (wir haben das Glück, gute Korrektoren zu haben!). Niemand wird doch behaupten, wir würden den Unterschied zwischen *das* und *dass,* zwischen *den* und *denn* nicht kennen.

III. Interpretation: Können – Nicht Können

Aus: Menzel, 1994

Wer die Rechtschreib- und die schriftsprachliche Formulierungsfähigkeit eines Kindes einzuschätzen sich vornimmt, muss das, was ihm auffällt, die Fehler nämlich, in Beziehung setzen zu dem, was ihm möglicherweise weniger auffällt, dem Richtiggeschriebenen. Diese Fähigkeit lässt sich nämlich nur ganz unzureichend bemessen an der Menge der produzierten Fehler in einem selbst geschriebenen Text, da dieser ja wortreich, voller seltener und schwieriger Wörter und Wortbildungen und syntaktisch differenzierter Sätze sein kann – oder, bei durchaus gleicher Länge, in Wortwahl und Syntax undifferenziert. Rechtschreib-, Interpunktionsfähigkeit und Grammatizität lassen sich kennzeichnen als das Vermögen, möglichst viele verschie-

dene Wörter in möglichst komplexen Sätzen mit angemessener Interpunktion richtig zu schreiben.
Wer Unrichtiges, aus welchen Gründen auch immer, nicht in Bezug setzt zum Richtigen und Gekonnten eines Textes, muss zu zweifelhaften oder gar falschen Einschätzungen gelangen. (…)

Groß-/Kleinschreibung
Philipp verwendet in seinem Text 49 Nomen (tokens), darunter 40 verschiedene (types). Von diesen sind 6 falsch kleingeschrieben: *hand, elenbogen, frau, punkte, unterlage, blauleuchte,* und eines ist falsch großgeschrieben: *Junge (frau).* Dem kleingeschriebenen *hand* steht ein richtig geschriebenes *Hand* gegenüber; der kleingeschriebenen *frau* eine richtig großgeschriebene *Dame;* der *unterlage* eine *Stempelablage;* den *elenbogen – Haare, Gesicht, Mund* usw. Unter den Nomen kommt eine Reihe nominalisierter Verben vor: *Trage, Anzug, Telefonhörer, Anrufende, Schreck, Stempelablage* sowie Abstrakta wie *Unfall* usf.; sie alle sind richtig großgeschrieben. Das Fehlschreibungsmuster *Junge frau* gehört zu den häufigsten auf dem Gebiete der Groß- und Kleinschreibung überhaupt: es ist durch den Artikel und/oder durch die Semantik motiviert (vielleicht wollte Philipp hier das Jungsein besonders hervorheben). Jedenfalls stehen auch hier der Falschschreibung mehrere Richtigschreibungen gegenüber: *ein verletztes Mädchen, ein roten mit weißen Punkten besetzten Pollover.*
Die Fähigkeit von Philipp, Nomen (selbst Nominalisierungen) als solche zu erkennen und richtig zu schreiben, ist im Großen und Ganzen gut ausgebildet. Von einer „sehr unsicheren" Unterscheidungsfähigkeit kann bei ihm nicht die Rede sein. Es sind nicht „einige Substantive als solche erkannt", es ist vielmehr die überwiegende Zahl der Nomen richtig geschrieben; und über das, was der Schreiber „erkannt" hat, lässt sich angesichts der nicht-systematischen Falschschreibungen nur spekulieren. Die Fehler dürften, wie die vielen und anspruchsvollen Richtigschreibungen zeigen, mit hoher Wahrscheinlichkeit jedenfalls, eher durch Lässigkeit und Flüchtigkeit (ist dieser Text überarbeitet oder wenigstens noch einmal durchgesehen worden?) motiviert sein. Die Doppelschreibung *hand – Hand* weist weniger auf grammatikalische Unsicherheit hin als vielmehr auf Lässigkeit und Flüchtigkeit; gleiches gilt für *frau – Dame, unterlage – Stempelablage.* Dysgrammatismus? Mit Sicherheit nicht!
Da ein mangelndes Wissen bei Philipp nicht zu erkennen ist, wäre seinen Fehlern wahrscheinlich durch Musterbildungsübungen wie *eine junge Frau* und durch erhöhte Aufmerksamkeit bei der Überarbeitung und Korrektur auf diesem Gebiet beizukommen.

Flexionsendungen

Philipp verwendet in seinem Text 28 Nomen im Dativ/Akkusativ; 11 im Dativ, 17 im Akkusativ. Darunter sind drei mit falschen (Akkusativ statt Dativ) und zwei mit fehlenden Flexionsendungen. Die Vermeidungen des Dativ-m (übrigens niemals des femininen Dativ-r) und die Auslassungen des Akkusativ-n gehören zu den häufigsten Fehlern in der Fehlerstatistik schlechthin. So gesehen fällt Philipps Text nicht im geringsten aus dem Rahmen. Es ist sogar festzustellen, dass Akkusative wie *in einem Krankenwagen, um den Unfalsort, vor den Mund* und der komplexere *durch den grauen Bleistift* die richtigen Flexionsendungen erhalten haben. Die grammatikalische Unterscheidungsfähigkeit ist also vorhanden. Die fünf Fehler sind in sich von unterschiedlicher Art: Kompliziert ist, selbst für viele Erwachsene, die Kombination *in weißem (im weißen) Anzug;* ebenfalls *ein(-en) roten mit weißen Punkten besetzten Pollover.* Man beachte, dass im letzten Falle außer bei *einen* alle Flexionsendungen stimmen!

Ohne Zweifel: Hier herrscht Unsicherheit! Nach den Ergebnissen meiner Forschungen aber lassen sich die meisten dieser Fehler damit erklären, dass das Dativ-m (anders als das Dativ-r!) in gesprochener Sprache auch hochlautend Sprechender kaum zu erkennen ist und dass die meisten Akkusativ-n beim Sprechen ‚verschluckt' werden, so dass viele Kinder kaum eine Möglichkeit haben, diese Endungen auditiv-analytisch in ihren Sprachgebrauch einzufügen. Da es sich hierbei also nicht um eine unausgebildete Grammatizität, sondern um ein undifferenziertes Analysevermögen handelt, kommt man solchen Fehlern vor allem durch Hör-, Sprech- und anschließende Schreibübungen bei. – Dysgrammatismus also auch hier nicht, wie die vielen richtigen Kasusrealisierungen zeigen!

Interpunktionsfehler

Philipp gliedert seinen Text in 19 Sätze (wenn man einen neuen Gedanken als Satz fasst). Er setzt 14 Punkte. Nach den übrigen (teilweise abgeschlossenen) Gedanken fehlt das Satzzeichen. Er belegt also 14-mal, dass er durchaus ein Bewusstsein davon besitzt, was ein Satz ist. Die übrigen fünf Sätze sind als solche zu bezeichnen, bei denen ein Gedanke mit einem zweiten verbunden wird: *Sie hält vor Schreck die Hand vor den Mund (./,) auch ihr Gesicht ist ganz rot* usw. Dass bei solchen Gedankenverbindungen jegliches Satzzeichen fehlt, ist natürlich für den Leser ein erhebliches Manko. Man kann aber wohl nicht daraus schließen, dass Philipp noch kein ‚Satzgefühl' besitzt. Er denkt hier semantisch und will möglicherweise den Punkt als markierenden Gedankenabschluss gar nicht setzen.

Warum zudem sämtliche Kommas fehlen (nämlich 13), ist schwieriger zu deuten. Philipp verwendet neun Haupt-/Nebensatzgefüge (dazu eine kleine Aufzählung, einen Einschub und eine Hauptsatzverbindung); er besitzt also durchaus die Fähigkeit zum differenzierten Gebrauch von Satzgefügen. Am Fehlen sämtlicher Kommas lässt sich, anders als dies an falsch gesetzten Kommas möglich wäre, nicht ablesen, ob hier eine Gliederungsunfähigkeit vorliegt oder unzulängliches Regelwissen oder mangelnde Leserbezogenheit.

In allen Schüleraufsätzen vom 3. bis 10. Schuljahr werden 41,6 % der Kommas nicht gesetzt. Die Interpunktion ist damit das größte Schreibproblem überhaupt. Je komplexere Satzgefüge Schülerinnen und Schüler verwenden, umso mehr Interpunktionsprobleme haben viele von ihnen. Die Komplexität korrespondiert also nicht mit der Interpunktierungsfähigkeit. Daraus ergibt sich, dass die Verwendung komplexer Sätze wenig zu tun hat mit der Anwendung entsprechender Normen der Interpunktion. Vermeidungsstrategien sind selten zu erkennen.
Als mögliche Gründe für die Auslassung der Kommas kann ich aus meinen Ergebnissen der Interpunktionsforschung Folgendes anführen:

1. Bei der Vermittlung der Kommasetzung ist in zu geringem Maße so etwas wie ‚Kommasensibilität' ausgebildet worden bzw. ist in zu geringem Maße zum Setzen von Kommas ermutigt worden.
2. Die Regeln der Kommasetzung sind nicht hinreichend bekannt; die Kommasetzung ist nicht intensiv genug geübt worden.
3. Die Regeln der Kommasetzung sind bekannt und auch geübt worden, die Kommas werden aber, da sie vor allem im Hinblick auf Leser zu setzen sind, im ichbezogenen und inhaltsorientierten Schreibprozess einfach vergessen.

Das Setzen von Kommas ist methodisch bis heute in zu hohem Maße von Einsichten in grammatische Beziehungen, statt in die sinnliche Wahrnehmung von Zweigliedrigkeit und die Pausierung bestimmt – und das zu einem Zeitpunkt, zu dem Kinder kognitiv zu Ersterem noch kaum imstande sind. Ich erkläre mir daher die vielen Fehler auf diesem Gebiet überhaupt und die Fehler Philipps insbesondere damit, dass unterrichtliche Mängel bei der Vermittlung der Interpunktion bestehen; dass vor allem Kinder, die zur kognitiven Erfassung der Regeln noch kaum imstande sind, nicht durch andere Mittel (Hören, Sprechen, Umstellproben von Nebensätzen usf.) zur Kommasetzung motiviert werden. Es mangelt den meisten Kindern (übrigens auch Studenten), die zu wenig Kommas setzen, nicht am Gebrauch von Satzgefügen, sondern an der Anwendung von Regeln und dem Mut zum Setzen von Kommas.

Weitere Fehler
Unsicherheitsschreibungen und Mehrfachrealisierungen liegen vor bei *ligt – liegen, siht – sieht, verleztes – besetzten, Sekritarin – Sekritärin, Telefon – Telephon, Unfallsort – Sportunfall*; die Schemata sind hier noch nicht gesichert oder der Text ist nicht genau genug bearbeitet worden oder es handelt sich schlichtweg um Flüchtigkeiten.

Dialektal bedingte Fehlschreibungen sind sicherlich *woll, Pollover* und *am Telephone*; eine Überbetonungsschreibung ist *darneben*. Solche Fehler sind vor allem durch deutliches und gliederndes Sprechen und durch Hörübungen zu beheben. Gute Erfahrungen haben wir auch mit dem (verpönten) Buchstabieren gemacht. (…)

Der Text Philipps weist darauf hin, dass es sich um einen Schreiber handelt, der in Bezug auf Wortwahl und Syntax recht differenziert zu schreiben imstande ist und sich keiner Fehlervermeidungsstrategien bedient. Ein Teil der Rechtschreibfehler (32 bei 130 verschiedenen Wörtern und 211 Wörtern überhaupt) beruht sicher auf der Tatsache, dass Philipp, zunächst inhaltlich orientiert, auf Orthografie und Interpunktion beim Schreibprozess wenig geachtet hat und nachher (jedenfalls ist es nicht zu erkennen) seinen Text nicht noch einmal durchgesehen hat. Es handelt sich hier um sogenannte ‚Flüchtigkeitsfehler' oder richtiger ‚Inhaltsbefangenheitsfehler': *Sekritarin, hand, Unfalsort, Blatter,* … Ein anderer Teil der Fehler beruht auf mangelnder Wortschemakenntnis: *Schulgebeude, …;* ein dritter Teil höchstwahrscheinlich auf unzureichender Aussprache und mangelnden auditiv-analytischen Fähigkeiten: *Sekritariat, darneben,* … Die Anzahl der Fehler insgesamt ist für einen Schüler dieser Altersstufe und Schulart sehr hoch. Einige Fehler (*verlezt, entlich, ligt, siht*) gehören zum Fehlerprofil wesentlich jüngerer Schüler. Die meisten anderen sind aber auch auf dieser Altersstufe noch häufig anzutreffen. Unzulängliches grammatisches Wissen und mangelndes Wortbildungsvermögen bestimmen jedoch den Text mit seinen Falsch- und Richtigschreibungen nicht in einem solchen Maße, dass von einer systembedingten Unfähigkeit auf diesen Gebieten gesprochen werden kann. Das alles besagt nun nicht, dass grammatisches Wissen und, vor allem, Erproben (die Unterscheidung der Kasus, die Kenntnis der Nebensatzsignale, das Verkürzen und Verlängern von Wortformen) nicht dazu beitragen könnten, Rechtschreib- und Interpunktionsfehler zu vermeiden; doch scheint mir dieser Schüler keiner besonderen Übung dieser Art, die über das heute selbstverständliche Maß hinausgeht, zu bedürfen. Für ihn wären vielmehr andere Übungen, Ermutigungen – und die Motivation, einen Text auf mögliche Leser hin mit (zeitlicher) Distanz zu überarbeiten, wie ich sie oben angegeben habe, vonnöten.

3.1.7 Beispiele für die Formulierung eines Anspruchs ohne Sanktion

Was heißt das nun im Einzelnen, vom Können auszugehen, das Lehren darauf zu beziehen, um das Lernen anzustoßen? Wir beginnen mit Beispielen aus dem Anfangsunterricht; betrachten zuerst jeweils die Aufgabenstellung, sodann die Verständigung zwischen dem, der lehrt, und dem, der (etwas) lernen soll.

(1) Das ist zu lang für Milch

Gegen Ende der Vorschulklasse (die Situation ließe sich auch auf die Zeit nach dem Schulanfang übertragen) beschäftigen sich viele Kinder mit Schrift. Lese- und Schreibunterricht im engeren Sinn haben sie noch nicht erhalten. Einige „lesen", was sie auswendig wissen, andere „schreiben" oder malen zu zweit auf einem großen „Leeren Blatt" (DIN A1). Bernd ist besonders eifrig dabei: Er sieht sich in der Klasse nach Wörtern um, die er abschreiben kann. Auf seinem Blatt steht Margarine; er hat es von einem Rezept abgeschrieben, das in der Klasse hängt (Dehn 1994, S. 79). Als die Lehrerin bei ihm steht, sagt er: „Da steht Milch."

L: *Was steht da?*
Bernd: *Milch.*
L: *Nein, da steht nicht Milch.*

Bernd guckt verunsichert.

L: *Da steht nicht Milch. Das ist zu lang für Milch. Guck mal, da steht ein ganz langes Wort und Milch ist nur so kurz. Und da steht Mar-ga-ri-ne.*
Bernd: *Margarine?*
L: *Margarine.*

Die Aufgabenstellung, „etwas" zu lesen oder zu schreiben, regt zu Erkundungen an, nämlich, sich an Vorgelesenem zu orientieren, sich zu erinnern, wo etwas geschrieben steht, zu beobachten, was die anderen Kinder tun, und sich mit ihnen auszutauschen. Die Aufgabe lässt zu, dass man etwas nachahmt, sie fordert aber auch das Kind heraus, das bereits lesen kann. Dass aber die Kinder nicht einfach bummeln, sondern sich nach ihrem höchsten Vermögen bemühen, ist abhängig zum einen vom Reiz des Umgangs mit Schrift (es macht eben Spaß, etwas zu erkunden und sich mit den anderen darüber auszutauschen); zum anderen von der allgemeinen Verbind-

lichkeit der Lernsituation. Dass eine Aufgabenstellung wie diese lernwirksam wird, setzt außerdem voraus, dass kein Leistungsvergleich durch die Lehrperson erfolgt; dann nämlich wäre nicht mehr das Tun (das Erkunden und Sich-orientieren) wichtig, sondern nur noch das Ergebnis.
Bernd hat ein nützliches Verfahren angewendet, um „etwas" zu schreiben; er hat ein Wort abgeschrieben und dabei eine falsche Hypothese gebildet: *Da steht Milch;* vielleicht hat er sich dabei auf den Anfangsbuchstaben bezogen, vielleicht aber hat er sich einfach zu erinnern versucht, wie die einzelnen Zutaten auf dem Rezept platziert sind, also logographemisch kopiert (s. 1.3.3). Die Lehrerin widerspricht seiner Behauptung: *Da steht nicht Milch* und begründet sie mit der Wortlänge und der rhythmischen Gliederung. Bernd wiederholt das Wort noch zweimal.

Die Lehrerin bietet dem Anfänger zwei Verfahren an, die noch ähnlich global sind wie die, die er vermutlich anwendet, aber die die Schrift ein Stück weit mehr differenzieren können. Was er mit diesen Informationen anfängt, bleibt ihm überlassen. Es folgt keine weitere Erklärung an anderen Beispielen, schon gar keine Überprüfung, was er verstanden hat. Aber die Lehrerin wird aufmerksam sein auf Bernds weitere Erkundungsstrategien und ggf. neue Anstöße geben.

(2) HML – steht da Hummel? Oder?

Auch diese Aufgabe lässt vieles frei. Manche Kinder schreiben kleine Texte oder lesen einen Text. René aber sucht der Aufgabe auszuweichen. Den Vorschlag der Lehrerin akzeptiert er nicht; dass die Blume eine rote Tulpe ist, kann man sehen, offenbar aber nicht, dass er eine Hummel meint. Er schreibt das Wort schnell auf, indem er, was er spricht, verschriftet, und kommt zu einer stark verkürzten Schreibung. Er fragt nach bei der Studentin und bekundet seinen Zweifel: *Steht da Hummel? Oder?* Die Studentin bestätigt Renés Leistung (*alle Buchstaben sind richtig*) und nimmt sie als Grundlage für die Vervollständigung. Sie hindert René, sein Wort durchzustreichen, notiert auf einem separaten Blatt die orthografisch korrekte Schreibung und fordert René auf, „seine" Buchstaben und die „neuen" zu identifizieren. Zum Schluss sagt sie noch so etwas wie einen „Merksatz" (*mit zwei M*). René schreibt nun das Wort auf sein Bild. Vielleicht wäre es sinnvoll, beim Schreiben zugleich auch noch zu sprechen und das Gehörte mit dem Abgeschriebenen zu vergleichen, damit René schließlich zu hören meint, was er schreibt: *Schreibe, wie du sprichst, wie du schreibst.*

Die Antwort der Studentin eröffnet (fast) den gesamten Spielraum der orthografischen Zugriffsweisen. Sie setzt nicht auf schrittweises gleichsam naturwüchsiges Lernen, indem sie René einen weiteren Buchstaben zeigt oder hören lässt oder gar

Im April in Klasse 1 sollen die Kinder lesen und/oder schreiben. Wiederum haben sie dazu vielerlei Möglichkeiten (Dehn 1994, S. 123; zur Analyse s. auch S. 32 ff.).

René hat (zuerst) ein Bild gemalt: einen Baum und drei Blumen. Die Lehrerin schlägt René vor, noch „Rote Tulpe" dazuzuschreiben. Er lehnt das ab und zeichnet weiter, nämlich die „Biene". Die Studentin, die am Nebentisch sitzt, unterhält sich mit ihm über diese Biene. Später kommt die Lehrerin wieder an Renés Tisch. Er erklärt ihr, dass das Tier eine Hummel sei. Die Lehrerin fordert René auf, „Hummel" auf das Blatt zu schreiben. Er solle seine Buchstabentabelle zu Hilfe nehmen.
„... René nimmt den Stift und schreibt ein H. Dann lehnt er sich zurück, spricht Humm – m, und schreibt ein M, spricht noch einmal das Wort und schreibt ein L (HML). Das alles ging unglaublich schnell. Ich hocke ihm gegenüber am Tisch, er zeigt auf sein Geschriebenes und fragt mich: Steht da Hummel? Oder?
Nach kurzem Überlegen zeige ich auf jeden der drei Buchstaben und sage: Dieser Buchstabe ist richtig, dieser auch und dieser auch. Alle drei gehören zu dem Wort Hummel. Aber es fehlen noch welche. – René setzt an, sein Wort durchzustreichen. Ich stoppe ihn; nein, nein, lass das stehen, wir brauchen das noch! – Ich schreibe auf ein anderes Blatt „HUMMEL", drehe es zu René und sage: Schau mal, so wird Hummel geschrieben. Ich fordere René auf, diejenigen Buchstaben aus dem Wort herauszusuchen, die er schon aufgeschrieben hat. Er zeigt auf das H, das erste M und auf das L. Jeden gezeigten Buchstaben markiere ich mit einem Punkt, dann sage ich: So und nun schauen wir einmal, welche Buchstaben dir noch fehlen. – René zählt sie auf, d. h., er benennt sie. Ich bestätige und erkläre noch, dass er es nicht hat wissen können, dass Hummel mit zwei M geschrieben wird, dass er sich das aber merken solle. René schreibt nun das Wort auf sein Blatt. Dann geht er zur Lehrerin und zeigt es ihr. ... Die Lehrerin hängt das Blatt an die Pinnwand zu den Arbeiten der anderen Kinder.

erklärt, sie könne sein Wort lesen (es könnte ja auch *Himmel* bedeuten). Sie gibt ihm aber andererseits auch nicht die Regeln der Laut-Buchstaben-Zuordnung vor (auf einen kurzen Vokal folgen zwei Konsonanten). Ein solcher systematischer Ansatz wäre auch in keiner Weise realistisch. (Ein Unterricht, der dem systematischen Ansatz folgte, würde so freie Schreibgelegenheiten wohl gar nicht zulassen.)

Nur wenn man unterstellte, das Lernen sei eine konsequente Folge des Lehrens, müsste man das Lehrverfahren der Studentin als Überforderung kritisieren. Was sich René aneignet, weiß man nicht. Aber er hat eine Orientierung erhalten, die der Struktur des Gegenstandes entspricht. Das Angebot an ihn, der sich so leicht zu entziehen sucht, hat expansiven, nicht defensiven Charakter. „Defensiv begründetes Lernen will vermeiden", expansives wird von den Schülern als „Gewinn, als Erweiterung ihrer Handlungsmöglichkeiten" aufgefasst (so Balhorn u.a. mit Bezug auf Holzkamp, 1997, S. 182 f.).

(3) Es kriecht in der Erde und ist schwarz

Weil Christina mittun möchte beim Rätsel-Aufgeben (November Klasse 2), nicht nur beim Raten in der Runde, notiert sie abends zu Hause auch Rätsel (s. Beispiel 5, S. 50). Das sind richtige Rätsel wie die der anderen Kinder, aber nur Christina kann sie „lesen" als Erinnerungsstütze für ihre Schreibidee.

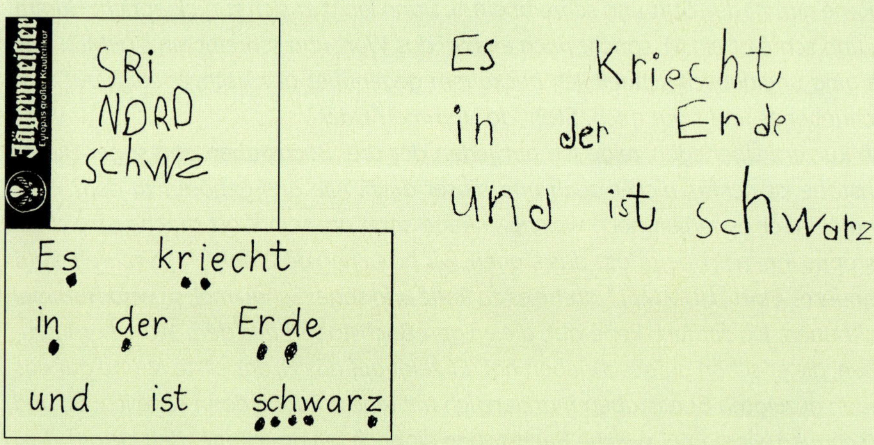

Die Lehrerin notiert, was Christina diktiert, und Christina markiert, was sie bereits geschrieben hat, schreibt die Rätsel dann ab, damit sie sie – wie die anderen Kinder die ihren – in der Rätselrunde vortragen kann (s. Dehn 1991, S. 18).

Die Aufgabe, sich Rätsel auszudenken, ist angeregt durch die Idee von zwei Schülerinnen, die eine Rätselkartei der Lehrerin mit eigenen Rätseln ergänzt hatten. Auch bei dieser Aufgabe kann jeder nach „seinem höchsten Vermögen" mittun, so lange jedenfalls, wie er das Maß dafür in sich selbst und in dem sozialen Kontext sieht und nicht eingeschränkt ist, weil die Aufmerksamkeit von Lehrer und Mitschülern auf einen Vergleich von Anzahl und Qualität der Rätsel gerichtet ist.

Die für Christina spezifische Aufgabe, den Vergleich des Gekonnten mit der orthografisch richtigen Schreibung, setzt hohe Anforderung an sie, was Konzentration und Akzeptanz der noch großen Differenz betrifft. Aber sie lädt auch zu Erkundungen und inneren Zielsetzungen ein. Welcher Art solche Erkundungen bei diesem Verfahren sein können, ist bei einem Jungen dokumentiert, der, als er die dritte Klasse wiederholte, erst ganz stockend lesen konnte. Als er seinen ersten eigenen Text zu Papier gebracht hatte, gab ihm die Lehrerin – wie Christina – eine Umschrift; er markierte die Buchstaben, zählte sie zusammen (155) und kommentierte sein Ergebnis gegenüber der Lehrerin mit den Worten: *Ich vergess' immer das h* (nämlich bei *fühlte, ihre, gehen*; Welge 1996, S. 84–86).

(4) Philipps Bildbeschreibung (s. S. 222 f.)

Die Bildbeschreibung verlangt als schulische Textsorte zumeist die Einhaltung bestimmter Normen: Genauigkeit, Detailfülle und den Verzicht auf Bewertung. Dies anzunehmen legen jedenfalls die Texte anderer Schüler und Schülerinnen aus Philipps Klasse nahe. Philipps Beschreibung dagegen stellt die Analyse einer Bildaussage dar, die auch in der Vorstellung des Lesers hervorgerufen werden kann, weil Wichtiges von weniger Wichtigem unterschieden und die Übergänge zwischen Beschreibung und Interpretation gekennzeichnet sind. Das bedeutet, dass die Aufgabenstellung, wie sie aus den Ergebnissen der Klassenarbeit erschlossen werden kann, einen definierten Anspruch enthält, den man erfüllen oder von dem man abweichen kann – mit entsprechender Sanktion in der Zensurengebung.
Wenn wir nun Philipps Text selber als neue Aufgabe verstehen, lässt sich daraus sehr wohl ein „hoher Anspruch ohne Sanktion" formulieren:

Wichtig ist, Philipp zu verstehen zu geben, dass er einen guten Text in einer Form geschrieben hat, die die Qualität fast ganz verdeckt. Auch ihm könnte man eine Transkription seines Textes geben mit der Aufforderung, seinen Entwurf damit zu vergleichen, nämlich alle Wörter und Satzzeichen zu unterstreichen, die richtig sind, und dann zu überlegen, welchem Bereich der Orthografie er sich als erstes zuwenden will (Interpunktion, Groß- und Kleinschreibung …). Nur wenn er ausdrücklich danach fragt, wären Übungen zur Kasussetzung u. E. angebracht. Einerseits betrifft die Kasussetzung das Selbstverständnis einer bestimmten Sprechweise, andererseits ist es für einen 13-Jährigen nicht leicht anzunehmen, wenn man ihm sagt, er spreche falsch. Nicht nur für Philipp ist es wichtig, Gelegenheit zu haben, Texte selbst zu überarbeiten (z. B. am Tag nach der Klassenarbeit), *ehe* ein anderer sie korrigiert.

Diese Beispiele für die Formulierung eines hohen Anspruchs ohne Sanktion betreffen (mit Ausnahme des ersten) Schüler, die es nicht leicht mit dem Rechtschreiblernen haben; ja, die noch zu einem relativ späten Zeitpunkt, im April in Klasse 1, im November in Klasse 2 und – jedenfalls nach der Auffassung von Birck u. a. – in Klasse 7 Schwierigkeiten mit der grundlegenden Orientierung haben.

Es geht uns darum zu zeigen, dass auch an sie ein hoher Anspruch gestellt werden kann, der Lernmöglichkeiten eröffnet, statt – aus der Perspektive des Lehrens – an sie einen geringeren Anspruch als an andere zu stellen – in defensiver Haltung –, nämlich um Misserfolge zu vermeiden. Unser Konzept sucht eine unmittelbare Verbindung zwischen dem Lerngegenstand und dem Selbstbild des Schülers oder der Schülerin herzustellen; es setzt voraus, dass die grundsätzliche Verbindlichkeit schulischer Lernsituationen akzeptiert ist; es ist entstanden mit Bezug auf die Anfänge schulischen Lernens. Wenn – wie in der Sekundarstufe – sich das Selbstbild des Schülers vielfältig differenziert und negativ manifestiert hat, ist ein Neubeginn nicht einfach, aber unerlässlich, soll das Lernen expandieren – nicht mehr auf Vermeiden ausgerichtet sein. Dafür ist wichtig, welche Formen der Kontrolle und Selbstkontrolle genutzt werden.

3.1.8 Kontrolle und Selbstkontrolle

Kontrollformen gehören im schulischen Zusammenhang zur Lernbeobachtung und Leistungsmessung (s. 3.3); wir wollen sie hier zunächst als Möglichkeiten betrachten, Lernprozesse in Gang zu bringen. Das sei ihre Funktion. Bei den Beispielen in 3.1.7 haben wir schon Formen der Kontrolle gezeigt, die ausgehend vom Können Orientierung für Selbstkontrolle eröffnen. Überhaupt ist die grundlegende Frage, was für den Lernenden durch Kontrolle oder Selbstkontrolle eröffnet werden kann, nicht was – rückwärtsgewandt – als falsch markiert wird und damit als Bestandsaufnahme auch fest- und in das Selbstbild eingeschrieben wird. **Aufgabe der Schule ist, dass die Schüler etwas lernen; die Leistungsmessung ist dem nachgeordnet.**

Aber wie merken die Schüler überhaupt, dass sie ein Wort falsch geschrieben haben? Die Schwierigkeit hat zwei Aspekte: zum einen ist das kognitive Schema

schwacher Rechtschreiber weniger als bei anderen entfaltet und differenziert, so dass sie weniger bemerken; zum anderen trauen sie sich weniger zu. Eine Schreibung zu befragen, schließt ja das Risiko ein, sie könnte falsch sein. Das aber dürfte das Selbstbild nicht beeinträchtigen. Eine gute Antwort auf die Frage, die beide Aspekte berücksichtigt, hat August-Bernhard Jacobs (1995) in der Praxis entwickelt, hier in der 8. Klasse der Realschule: Die Klasse findet sich zu Gruppen zusammen; je 4 Schüler mit jeweils möglichst heterogenen Leistungen, so dass jede Gruppe „über eine möglichst gleiche rechtschriftliche Kompetenz verfügt … Ziel ist es, möglichst ausgewogene Gruppen im Sozial- und Leistungsbereich zu bekommen, so dass sich ein gutes Miteinander während der Gruppenarbeit entwickeln kann." (S. 70) Anhand einer Textproduktion der Schüler zu einem autobiografischen Text von Luise Rinser hat der Lehrer mehrere Fehlerschwerpunkte (z. B. die dass-Schreibung, Nominalisierung von Verben und Adjektiven, Verbindung von Haupt- und Nebensätzen) bestimmt und damit zugleich eine Schwerpunktsetzung und Begrenzung der Schwierigkeit vorgenommen. (Nicht alles auf einmal!) Zu den Schwerpunkten diktiert er sechs Sätze. Aufgabe der Gruppe ist, sich gegenseitig ihre „rechtschriftlichen Zweifel" mitzuteilen, sie zu prüfen, vor allem im Wörterbuch; aber der Lehrer kann auch beratend hinzugezogen werden. Im Bereich der Zeichensetzung bilden die Schüler die Satzstruktur ab (z. B. HS, NS; HS und HS). Schließlich schreibt jeder aus der Gruppe die sechs Sätze nochmals in sein Heft und die Gruppenmitglieder kontrollieren sich wechselseitig. Danach entscheidet sich die Gruppe für eine Arbeit, die dem Lehrer zur Korrektur vorgelegt wird und in „Wettbewerb" mit den Arbeiten der übrigen Gruppen tritt. Dabei sind zumeist nur wenige Fehler zu korrigieren; die Rückgabe der korrigierten Sätze führt wiederum zu einem Gespräch in der Gruppe. Die Schüler sind nach den Vorarbeiten ja auf die schwierigen Schreibungen aufmerksam geworden, korrigieren evtl. Fehler in ihren Heften.
Die Ergebnisse mehrerer solcher „Trainingseinheiten" können für die einzelnen Schüler zu einer mündlichen Zensur zusammengefasst werden. „Die Praxis zeigt, dass sich in den einzelnen Gruppen ein ausgeprägtes Solidaritätsverhalten entwickelt, das vor allem den Schülerinnen und Schülern mit Rechtschreibschwierigkeiten Sicherheit verleiht und Erfolgserlebnisse ermöglicht. (…) Schließlich kann festgestellt werden, dass das Lernen in der Gruppe aus entwicklungspsychologischen Gründen dieser Altersstufe sehr entgegenkommt." (S. 74)

Für die Grundschule hat sich das Konzept der „Schreibkonferenzen" (Spitta) gerade für die Bearbeitung von Rechtschreibfehlern bewährt. Zu bedenken ist, dass der Vorgang des Überarbeitens umso länger dauert, je jünger die Kinder sind; das Nachschlagen im Wörterbuch ist zumeist noch sehr mühsam. Deshalb sollte der Lehrer sich für Fragen nach der Schreibung zur Verfügung halten. Denn gerade das Fragen, der Zweifel führt als Erkundungsverhalten zu neuer Informationsaufnahme und zu einer Erweiterung des kognitiven Schemas. Und schließlich könnte der Lehrer schwierige Wörter in den Schülertexten markieren, die sie richtig geschrieben haben, bei Benjamin aus Klasse 8 z. B. das Wort *Regisseur* oder *Meteorologe* (s. August 1996, S. 134).

Albrecht Bohnenkamp (1995) kann anhand einer Studie zur Funktion drei verschiedener Kontroll- und Korrekturformen bei Diktaten (Lehrerkorrektur und dreimaliges richtiges Aufschreiben der angestrichenen Wörter; Selbstkontrolle anhand eines Vergleichs mit dem kompletten Text; Besprechung aller Schwierigkeiten, die die Kinder im Anschluss an das Diktat benannten) zeigen:

- bezogen auf die Klassenleistung sind alle Formen ungefähr gleich wirksam;
- betrachtet man das einzelne Kind, so profitiert das eine mehr von der einen, das andere mehr von einer anderen Form der Kontrolle;
- bezogen auf die kritischen Wörter zeigt sich, dass – unabhängig von der Kontrollform – nicht alle schließlich richtig geschrieben werden; manche sind erst richtig, werden dann falsch geschrieben (z. B. *grimmig* → **Griemig*); manche sind erst falsch, dann richtig, dann wieder falsch geschrieben (z. B.**fall* → *Pfahl* → **Pfahal*).

Das ist wiederum ein Hinweis darauf, **dass das Lernen keine direkte Folge des Lehrens ist**, dass die Aktivität des Lernenden zwar herausgefordert, in ihrer Ausrichtung inhaltlich aber nicht im Einzelnen gesteuert werden kann. Bohnenkamp empfiehlt als Konsequenz aus den Befunden der Studie, verschiedene Kontrollformen den Kindern anzutragen, damit jedes Kind öfter Gelegenheit hat, die für es am besten geeignete zu nutzen.

Literatur

Zu Ausschnitte S. 226 ff.:

Birck, Sabine/Schilling, Bernhard/von Schwerin, Birgit (1994): „Die Junge frau trägt ein roten Pollover". Dysgrammatische Symptome in der Schriftsprache von Schulkindern – eine Fallstudie. Der Deutschunterricht, Heft 2/94, S. 6–15.

Zu Ausschnitte S. 228 ff.:

Nussbaumer, Markus (1994): Philipps Rechtschreibschwäche im Lichte seiner sprachlichen und textuellen Fähigkeiten sehen. Der Deutschunterricht, Heft 2/94, S. 32–39.

Zu Ausschnitte S. 232 ff.:

Menzel, Wolfgang (1994): Was kann Philipp schon – und was noch nicht? Der Deutschunterricht, Heft 2/94, S. 56–60.

Zu 3.1: Passung von Aneignung und Vermittlung

Zu 3.1.1: Können – Lehren – Lernen

Dokumentation (1994): Schreibenlernen im Anfangsunterricht. 500 Schülertexte aus der Vorschulklasse bis Klasse 4. Redaktion M. Dehn, St. Habersaat. Manuskript Universität Hamburg, FB 06.

Hüttis-Graff, Petra/Widmann, Bernd-Axel (1996): Elementare Schriftkultur als Prävention von Lese- Rechtschreibschwierigkeiten und Analphabetismus bei Grundschulkindern. Abschlussbericht des BLK-Modellversuchs. Herausgegeben von der Behörde für Schule, Jugend und Berufsbildung. Hamburg.

Zu 3.1.2: Gesetzmäßigkeiten des Lernens: Ranschburg …

Helmke, Andreas (1988): Leistungssteigerung und Ausgleich von Leistungsunterschieden in Schulklassen: unvereinbare Ziele? Zeitschrift für Entwicklungspsychologie und Pädagogische Psychologie, Heft 1, S. 45–76.

Odenbach, Karl (⁷1981): Die Übung im Unterricht. Aachen.

Ranschburg, Paul (1902): Über Hemmung gleichzeitiger Reizwirkungen. Zeitschrift für Psychologie und Physiologie der Sinnesorgane. 30, S. 39–86.

Ranschburg, Paul (1905): Über die Bedeutung der Ähnlichkeit beim Erlernen, Behalten und bei der Reproduktion. Journal für Psychologie und Neurologie. Heft 314, S. 93–127.

Roth, Heinrich (¹⁶1983): Pädagogische Psychologie des Lehrens und Lernens. Berlin 1957.

Weinert, Franz-E. (1986): … gegen die Abwertung des Wissen. In: Lernen. Friedrich Jahresheft IV, S. 102–104.

Zu 3.1.3: Ausgangsschriften

Ahlgrimm, Helga (1992): Schreibenlernen mit Schulausgangsschrift. Grundschule 24, Heft 12, S. 16–18.

Andersch, Martin (1993): Fragen an den Schriftlehrer und -künstler. Die Grundschulzeitschrift 7, Heft 69, S. 12–15.

Dehn, Mechthild: Ansichten von Schrift. Anmerkungen zu einem vernachlässigten Aspekt bei der Diskussion um die Ausgangsschrift. Grundschule 18, Heft 6, S. 40–42.

Dehn, Mechthild (1993): Die Kursiv als Ausgangsschrift. Die Grundschulzeitschrift 7, Heft 69, S. 30–36; s. dazu auch: Die Grundschulzeitschrift 9 (1995), Heft 89, S. 4–5.

Grünewald, Heinrich (1992): Einwände gegen die Vereinfachte Ausgangsschrift: Sind sie stichhaltig? Grundschule 24, Heft 12, S. 13–15.

Neuhaus-Siemon, Elisabeth (1996): Aspekte und Probleme des Schreibunterrichts. In: Hartmut Günther/Otto Ludwig (Hrsg.): Schrift und Schriftlichkeit. Bd. 2. Berlin, S. 1240–1249 (Handbücher zur Sprach- und Kommunikationswissenschaft).

Sjölin, Amelie (2005): Individuelle Wege zu einer klaren Handschrift? In: Mechthild Dehn, Petra Hüttis-Graff (Hrsg.): Kompetenz und Leistung im Deutschunterricht. Freiburg, S. 105–122.

Topsch, Wilhelm (1996): Das Ende einer Legende. Die Vereinfachte Ausgangsschrift auf dem Prüfstand. Analyse empirischer Arbeiten zur Vereinfachten Ausgangsschrift. Donauwörth.

Tost, Renate (1992): Vom Reiz der Norm. Stilmerkmale der Schulausgangsschrift. Die Grundschulzeitschrift 6, Heft 57, S. 8–10.

Zu 3.1.4: Rechtschreibgrundwortschatz

Augst, Gerhard (1989): Schriftwortschatz. Untersuchungen und Wortlisten zum orthografischen Lexikon bei Schülern und Erwachsenen. Frankfurt a. M.

Kruse, Norbert/Wolf-Weber, Ingeborg (1996): Jennifer: „Geschrieben ist die beste Hoffnung" – Mit Schrift Zutrauen gewinnen. In: Mechthild Dehn/Petra Hüttis-Graff/Norbert Kruse (Hrsg.): Elementare Schriftkultur. Schwierige Lernentwicklung und Unterrichtskonzept. Weinheim. S. 54–65.

Menzel, Wolfgang (1985): Rechtschreibunterricht. Theorie und Praxis. Praxis Deutsch. Beiheft.

Naumann, Carl Ludwig (^{3}1990): Rechtschreibwörter und Rechtschreibregelungen. Soest (Landesinstitut für Schule und Weiterbildung).

Naumann, Carl Ludwig (1993): Rechtschreibprobleme in der Sekundarstufe I. Diskussion Deutsch Heft 123, S. 287–298.

Zu 3.1.5: Nachschlagen im Wörterbuch

Augst, Gerhard/Schaeder, Burkhard (Hrsg.) (1991): Rechtschreibwörterbücher in der Diskussion. Geschichte – Analyse – Perspektiven. Frankfurt.

Balhorn, Heiko (1996): Grundwortschatz. Hamburg.

Balhorn, Heiko u. a. (2003): Der Grundwortschatz plus. Das Wortfamilien-Wörterbuch für die Grundschule plus English for beginners. Hamburg/Velber (2. Aufl.)

Dehn, Mechthild (1994): Schlüsselszenen zum Schrifterwerb. Arbeitsbuch zum Lese- und Schreibunterricht in der Grundschule. Weinheim.

Zu 3.1.6: Lernschwierigkeiten – Rechtschreibschwäche …

Augst, Gerhard (Hrsg.) (1994): Fehler: Defizite oder Lernschritte? Deutung eines Falles. Der Deutschunterricht 46, Heft 2.

Baumert, Jürgen u. a. (2001): PISA 2000. Basiskompetenzen von Schülern und Schülerinnen im internationalen Vergleich. Opladen.

Breuer, Helmut/Weuffen, Maria (2004): Lernschwierigkeiten am Schulanfang. Schuleingangsdiagnostik zur Früherkennung und Frühförderung. Weinheim (17. Auflage; zuerst 1975).

Bühler-Niederberger, Doris (1991): Legasthenie. Geschichte und Folgen einer Pathologisierung. Zürich.

Bundesregierung (1993): Bericht der Bundesregierung zur Behauptung des Analphabetismus in der Bundesrepublik Deutschland. Drucksache 10/5821 vom 1. 10. 1993.

Dehn, Mechthild (1990): Die Zugriffsweisen langsamer und fortgeschrittener Lese- und Schreibanfänger. Kritik am Konzept der Entwicklungsstufen? Muttersprache Bd. 100, S. 305–316.

Dehn, Mechthild (2004): Didaktik und Alphabetisierung. Grundlagen der Weiterbildung, 50521. Jg. Nr. 58, S. 1–22.

Dehn, Mechthild (2006): Zeit für die Schrift. Bd. I. Lesen lernen und Schreiben können. Berlin.

Dehn, Mechthild/Hüttis-Graff, Petra/Kruse, Norbert (Hrsg.) (1996): Elementare Schriftkultur. Schwierige Lernentwicklung und Unterrichtskonzept. Weinheim.

Dummer, Lisa/Brügelmann, Hans (1987): Vom „3lft" zum „Elefat": Was heißt hier Leseschwäche. In: Heiko Balhorn/Hans Brügelmann (Hrsg.): Welten der Schrift in der Erfahrung der Kinder. Konstanz, S. 110–121.

EG-Aktionsforschung im Bereich der Prävention und Bekämpfung des Analphabetismus (1989): Schlussbericht. Frankfurt.

Ehling, Bettina/Müller, Horst-M./Oswald, Marie-Louise (1981): Über Analphabetismus in der Bundesrepublik Deutschland. BMBW Werkstattberichte 32. Bonn.

Giese, Heinz, W./Gläß, Bernhard (1984): Analphabetismus und Schriftkultur in entwickelten Gesellschaften. Das Beispiel der Bundesrepublik Deutschland. Der Deutschunterricht 36, Heft 6, S. 25–37. KMK (2003): www.legasthenie.de/Schule/304_Legasthenie.pdf.

Giese, Heinz W. (1991): Analphabetismus, Alphabetisierung, Schriftstruktur. Eine Auswahlbibliographie. Deutsches Bibliotheksinstitut. Berlin.

Hubertus, Peter (1995): Wo steht die Alphabetisierungsarbeit heute. In: Heiko Balhorn/Hans Brügelmann/Iris Füssenich (Hrsg.): Am Rande der Schrift. Zwischen Sprachenvielfalt und Analphabetismus. Lengwil, S. 250–262.

Hubertus, Peter/Nickel, Sven (2003): Sprachunterricht in der Erwachsenenbildung. Alphabetisierung von Erwachsenen. In: Ursula Bredel u. a. (Hrsg.): Didaktik der deutschen Sprache. Paderborn, S. 719–728 (zuletzt Dezember 2006).

KMK (2003): www.legasthenie.de/Schule/304_Legasthenie.pdf (zuletzt Dezember 2006)

Linder, Maria (1951): Über Legasthenie (spezielle Leseschwäche). Zeitschrift für Kinderpsychiatrie 18, Heft 4.

Naegele, Ingrid M. (1995): Welche schulrechtlichen Bestimmungen gelten bei LRS. Grundschule 27, Heft 4, S. 22–24.

Naegele, Ingrid/Valtin, Renate (Hrsg.) (62003): LRS – Legasthenie-KMK (2003): www.kultusministerkonferenz.de/doc/beschl/304_Legasthenie.pdf in den Klassen 1–10. Handbuch der Lese- und Rechtschreibschwierigkeiten.

Ranschburg, Paul (1928): Die Lese- und Schreibstörungen des Kindesalters. Halle.

Schenk-Danzinger, Lotte (1984): Legasthenie. Zerebral-funktionelle Interpretation, Diagnose und Therapie. München/Basel.

Sommer-Stumpenhorst, Norbert (1991): Lese- und Rechtschreibschwierigkeiten: vorbeugen und überwinden. Frankfurt.

Stuewer, Michael (1995): Schreiben ist im Gefängnis nicht möglich, denn es könnte zum Ausbruch führen. In: Hans Brügelmann, Heiko Balhorn, Iris Füssenich (Hrsg.): Am Rande der Schrift. Zwischen Sprachenvielfalt und Analphabetismus. Lengwil, S. 203–213. s. auch Lit. zu 1.1.

Weinert, Franz E./Helmke, Andreas (Hrsg.) (1997): Entwicklung im Grundschulalter. Weinheim.

Zu 3.1.7: Beispiele für die Formulierung eines Anspruchs …

Balhorn, Heiko/Köhn, Wiebke/Krohner, Meinolf/Stuewer, Michael (1997): Werkzeuge zum Rechtschreiben. Überlegungen zum Lernen in der Sekundarstufe. In: Heiko Balhorn/Heide Niemann (Hrsg.): Sprachen werden Schrift. Lengwil, S. 181–197.

Dehn, Mechthild (1991): Entdeckend lernen – mit Einsicht üben. Diskussion Deutsch, Heft 117, S. 13–33.

Dehn, Mechthild (1994): Schlüsselszenen zum Schrifterwerb. Weinheim.

Welge, Gisela (1996): David: „und sie gehen ein Stück zusammen." – Ein später Zugang zur Schrift. In: Dehn/Hüttis-Graff/Kruse (Hrsg.) s. 3.1.6, S. 83–90.

Zu 3.1.8: Kontrolle und Selbstkontrolle

Augst, Gerhard (1996): Eine Untersuchung von Benjamins Text: In: Helmuth Feilke/ Paul Portmann (Hrsg.): Schreiben im Umbruch. Stuttgart, S. 126–134.

Bohnenkamp, Albrecht (1995): Von Monstern, Dinosauriern und Vampiren. Was lernen Kinder durch Korrekturen? Die Grundschulzeitschrift, Heft 89, S. 56–57.

Jacobs, August-Bernhard/Thiel, Renate (1995): Mit Geduld zum Erfolg. Erfahrungen, Hinweise und Hilfen für die Förderung von Schülerinnen und Schülern bei besonderen Schwierigkeiten im Erlernen des Lesens und Rechtschreibens (LRS) in der Sekundarstufe I. Soest. Landesinstitut für Schule und Weiterbildung.

3.2 Curriculare Aspekte

Wir haben bisher das Verhältnis von Können – Lehren – Lernen im Unterricht in ganz offenen Zusammenhängen betrachtet. Die Lehrerin/der Lehrer beobachtet und bestätigt das Können, stellt Aufgaben und gibt Vorgaben, die den Schüler mit Schwierigkeiten konfrontieren – sie/er lehrt implizit (s. 3.1.1). Der Schüler fragt, er erhält Antworten, die einfach nur das Gefragte meinen oder die es in einen größeren Zusammenhang stellen und neue Erkundungen anstoßen, oder aber die Frage ist so umfassend, dass sie sich nicht vollständig beantworten lässt (s. dazu unten S. 252).

Lehrer und Lehrerin müssen sich aber darüber hinaus dem Problem stellen, was am besten zuerst, was später gelehrt werden könnte; was schon in den Anfangsunterricht gehören könnte, was in der Grundschule gelernt, was am besten erst in der Sekundarstufe I behandelt werden sollte. Die Stufung eines Lerngegenstandes ist Teil eines Curriculums. Mit dem Begriff verbindet sich – aus seiner Geschichte seit Ende der 60er Jahre – die Vorstellung „eines relativ geschlossenen Lernsystems" (Tütken). Wenn wir jedoch die Rechtschreibung unter **curricularen Aspekten** betrachten, so meinen wir keinesfalls damit, Lernwege vorgeben zu können, sondern einen Orientierungsrahmen für Lehrer und Lehrerin zu umreißen (s. auch 3.1.1); im Zentrum des Unterrichts stehen die Fragen (Dehn 1994, S. 21):

Was kann der Schüler/die Schülerin schon?
Was muss er noch lernen?
Was kann er als Nächstes lernen?

Ausgehend vom Rechtschreibkönnen sollte der Blick des Lehrenden auf das Ziel insgesamt gerichtet sein und erst danach auf mögliche nächste Lernschritte. Das verhindert eine Reduktion des Anspruchs bei schmalem Können und eine Portionierung als kleinschrittiges Unterrichtsangebot – also ein bloß defensives Lehr-Lernverhältnis.

Ziel des Rechtschreibunterrichts ist das Richtigschreiben am Ende der Pflichtschulzeit. Das aber ist ein „weites Feld". Die Grundregeln (Kap. 2) geben weniger vor als das amtliche Regelwerk. Auch wenn abzusehen ist, dass etliche Schüler und Schülerinnen selbst dieses Ziel nicht annähernd erreichen, sollte der Ausgang vom Können gesucht, nicht primär Druck vom Ziel her erzeugt werden. Dieses Ziel schließt ein, dass die Schüler richtig schreiben wollen.
In diesem Sinn sind die Vorschläge für eine zeitliche Gliederung zu verstehen.

3.2.1 Vorschläge für eine zeitliche Gliederung

Wir beziehen unsere Vorschläge auf drei Zeitstufen, nämlich auf den Anfangsunterricht zum Schrifterwerb, auf die Klassen 2–4 der Grundschule und auf die Klassen 5–10. Dabei sind die Übergänge gleitend; manche Inhalte und Verfahren des Rechtschreibunterrichts in der Grundschule können/sollen schwerpunktmäßig auch in Klasse 5 und 6 thematisiert werden. Dem Anfangsunterricht kommt nicht nur die Aufgabe einer inhaltlich grundlegenden Orientierung zu – er bestimmt darüber hinaus vor allem die Haltung der Kinder gegenüber der Orthografie, d. h. ihr Erkundungsverhalten und ihr Lerninteresse.

Wir haben für jede der drei Zeitstufen eine Übersicht formuliert (für die Hand des Lehrers und der Lehrerin bzw. für die der Schüler und Schülerinnen), wir besprechen einige zentrale Probleme und geben Ihnen Ausschnitte aus dem Unterricht an die Hand; vielleicht können Sie Ihre Vorstellungen daran präzisieren und sich mit anderen darüber austauschen.

Anfangsunterricht: Lehrregeln

Für den Anfangsunterricht ist natürlich die Verbindung zwischen Sprechen und Schreiben wichtig. Wir haben ja gesehen, dass bei den meisten Kindern am Anfang das alphabetische Schreiben vorherrscht. Im Unterricht kann die Hinführung zu einem für das Schreiben „nützlichen" Sprechen durch vielerlei Sprachspiele – Abzählverse, Zungenbrecher, Reime, Gedichte – gefördert werden. Sie verlangen genaue Artikulation und stellen eine Sprachform dar, die zwischen Mündlichkeit und Schriftlichkeit das Merkmal hat, „Sprache zu vergegenständlichen" (B. Bosch, s. Lit. zu 1.3, S. 78), sie zum Gegenstand der Betrachtung machen zu können. Außerdem sollte sich die Lehrerin/der Lehrer bewusst sein, welche spezifischen Differenzen zwischen der regionalen Aussprache und der Standardsprache bestehen, die ja der Orthografie zugrunde liegt: nicht mit dem Ziel, die Aussprache der Kinder entsprechend zu korrigieren, sondern als Möglichkeit, die Kinder häufig mit entsprechenden Schreibungen zu konfrontieren: **Schreibe, wie du sprichst, wie du schreibst!**

Unterschiede zwischen Schriftsprache und regionaler Aussprache

– *i*	*Kinder, frisst, bin, ich, nicht*
oder *e* ?	*essen, Menschen*
– *i*	*Birne, Fisch, Himmel*
oder *ü* ?	*Hütte, Mütze*
– *i*	*Kind, Kirche, Kirsche*
oder *ie* ?	*Tier, Papier*
– *u*	*Tulpe, Hund*
oder *o* ?	*Sonne, Tonne*
– *a*	*Sofa, Oma*
oder *er* ?	*Mutter, Vater, Kinder*
– *pf*	*Pferd, Pfeife, Pflaume, Pflaster, pflegen*
oder *f* ?	*fahren, Fall, fassen, fehlen, fliegen, fließen*
– *ch*	*Kirche, Technik, nicht, gleich*
oder *sch* ?	*Kirschen, Fleisch, Fische*
– *nf*	*fünf, Senf*
oder *mpf* ?	*Strumpf, Dampf*
– *br*	*brauchen, bringen, Brot, brennen*
oder *pr* ?	*Probe, Preis, pressen*

Ebenso: *bl – pl; dr – kr; gn – kn; gl – kl; gr – kr*
Sicher finden Sie noch weitere Beispiele.

Die Grundwörter sollten implizit die Unterschiede zwischen der regionalen Aussprache und der Schriftsprache enthalten; wichtig ist, dass auch Beispiele für Stammschreibungen vorkommen: *Wald, Hund, Pferd* o. Ä. (s. das Beispiel für eine Merkwortliste in 3.1.4). Wenn die Sicherheit im Können das Ziel ist, muss erreicht werden, dass jedes Kind einen kleinen Bestand an Wörtern richtig schreibt und ein Bewusstsein davon hat. Als unterrichtliches Medium bietet sich die „Wortschatztruhe" an: Die Kinder schreiben von Zeit zu Zeit die Wörter in ihr Heft, in deren Schreibung sie sich sicher fühlen; diese Hefte liegen normalerweise in der *(Wort-)Schatztruhe.* Ein anderes Medium ist die *Wortschatzrolle,* ein langer schmaler Streifen (der auch verlängert werden kann). Einige Kinder schreiben viele Wörter, andere weniger; für alle aber wird, und das ist entscheidend, der **eigene Lernzuwachs** offensichtlich. – Auch bei solchem Aufschreiben machen die Kinder Fehler; sie sollten sie selbst im Heft bzw. auf der Wortschatzrolle verbessern. (Zu weiteren Unterrichtsvorschlägen s. Dehn 2006, S. 100–133.)
Zum wichtigen Problem des Umgangs mit Fragen der Kinder und mit ihren Fehlern geben wir zum Schluss – ohne Kommentar – eine Unterrichtsszene vom Januar aus Klasse 1 (Welge 1996, S. 97 f.):

Lars hat das Problem anders bearbeitet:

Gleich am zweiten Tag nach den Weihnachtsferien, als er sich entschieden hatte, einen Text zu verfassen, kommt er zu mir. Er hält mir sein Blatt entgegen, sieht mich stolz an und fragt: *Alles richtig, Frau Welge?*
Ich muss schmunzeln: *Frag bitte genau, was du wissen willst. – Na ja, ob alles richtig ist, will ich wissen. – Da brauchen wir ein bisschen Zeit.*
Als niemand meine Hilfe braucht, setzt sich Lars neben mich. Wir lesen zusammen seinen Text.
Ich nehme ein Stück Papier und schreibe den Text noch einmal auf, Lars sieht zu. Dann machen wir uns an die Arbeit. Beim ersten Wort lacht er: *Ich hatte erst E, das habe ich wegradiert.* Nun liest er vor; wir vergleichen; sprechen über die Endung *„er"* bei *„kleiner"*. Zwischendurch frage ich, die wievielte Geschichte seines Lebens das ist. *Meine erste!*
Wir arbeiten bis *„gern"*. Er fragt: *Kann ich noch eine Geschichte schreiben? – Na klar kannst du noch eine Geschichte schreiben.*

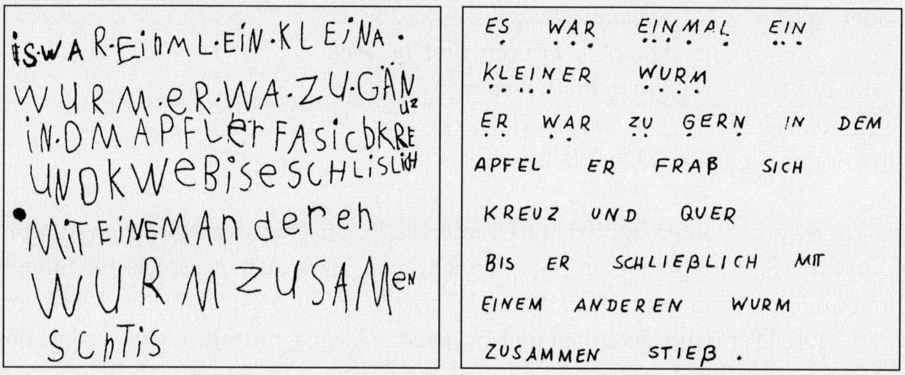

Orthografische Selbstkontrolle am ersten Text. Lars, Januar Klasse 1

Lehrregeln für den Anfangsunterricht

- **Kinder brauchen Erfahrungen im Umgang mit Schrift und Schriftlichkeit,** d.h. Möglichkeiten zu schreiben (anfangs auch zu kritzeln und zu malen), damit sie auf Fragen nach der Schreibung stoßen und auf Verfahren, wie man zu Antworten kommen kann – noch bevor sie im konzeptionellen Schreiben, im Abschreiben, im Schreiben nach Vorgabe unterrichtet werden oder zumindest parallel dazu.

- **Ziel ist, zu erreichen, dass die Kinder richtig schreiben wollen;**
  dazu gehört,
  - Fehler nicht zu sanktionieren
  - das Richtigschreiben als selbstverständlich zu nehmen
  - auf Nachfragen der Kinder die vollständig richtigen Antworten zu geben
  - den Kindern praktikable Möglichkeiten zu geben, ihre Schreibweisen orthografisch selbst zu überarbeiten
  - die Erfahrung von Erfolg, also:

- **Kinder brauchen Sicherheit im begrenzten Bereich;**
  sie können sie gewinnen
  - durch häufiges Schreiben
  - durch ein überschaubares Lehrangebot (Grundwörter, an denen die Strukturen erkannt – und vor allem „erschrieben" werden, s. 3.1.4)

- **Es gilt, Sprechen – Hören – Sehen – Schreiben – Denken zu verbinden,** damit die Kinder entdecken: Schreibung ist keine Lautschrift, sondern fußt auf dem Lautschema; das Schreibschema ist kein Wortbild, sondern eine linear geordnete Buchstabenfolge. Es muss ausgebildet und gespeichert werden.
  Verbundenes Lernen sollte berücksichtigt werden:
  - bei den Arbeitsmaterialien und Aufgabenstellungen
  - bei den Antworten auf Fragen der Kinder
  - bei den Formen der Selbstkontrolle

- **Es ist wichtig, Möglichkeiten der Präsentation von Schriftstücken und Kindertexten zu nutzen,** damit die Kinder die Funktion ihrer Schriftstücke und den Sinn der orthografischen Überarbeitung erfahren.

Klasse 2–4/5: Wege zum Richtigschreiben: Erkundungen" und „Elementare Regeln"

In diesem zweiten Zeitabschnitt des Rechtschreibunterrichts geht es vor allem um die Sicherheit, richtig schreiben zu können; d.h. beide Wege der Erzeugung von Schreibungen begehen zu können, den über das Lautschema und den über das Schreibschema (s. das Zwei-Wege-Modell S. 39). Der Ausbildung von Schreibschemata kommt sicher die größere Bedeutung zu, denn die Speicherung ist gegenüber der Produktion der kognitiv ökonomischere Weg. Die Speicherung gelingt besonders gut anhand von inhaltlichen Clustern, vor allem, wenn diese im Interessenspektrum der Lernenden liegen (Richter 1998). Solche Cluster sind z.B.: *Meer* (*Sand, Wellen, schwimmen, tauchen, schwitzen, gelb* ...); *Fahrzeuge* (*Lastwagen, Verkehr, Straße, Panne, rasen, überholen, regeln, anhalten* ...). Damit ist nahegelegt, eine enge Verbindung zwischen Rechtschreib- und Sachunterricht zu suchen. Wenn der Unterricht beim Können ansetzt, das Lehren sich vor allem auf die Gestaltung der Lernumgebung und eine Strukturierung der Aufgabenstellung bezieht, die den Prinzipien der Rechtschreibung angemessen ist, wenn Lehrer und Lehrerin das Erkundungsverhalten des Kindes stärken und es zum Überarbeiten und dabei ausdrücklich auch zum Gebrauch von Regeln anleiten, ist Lehren effektiv.

Wir haben die **„Wege zum Richtigschreiben"** unterteilt in **„Erkundungen"** und **„Elementare Regeln"**. Sie verknüpfen Regellernen und Wortschatzspeicherung. Zuerst aber geht es um das Können und das Bewusstsein davon bei allen Kindern. Die **„Erkundungen"** (s. S. 255 f.) stellen einen Leitfaden für die Schüler und Schülerinnen dar, damit sie die Rechtschreibung nicht als Labyrinth erleben, sondern immer die Orientierung behalten. Das Operieren mit den Schreibungen ist wichtiger als das Ergebnis. Deshalb sind entsprechende Partnerarbeiten z.B. beim Überarbeiten auch dann sinnvoll, wenn nicht unmittelbar alle Ergebnisse kontrolliert werden können. Die „Erkundungen" bedürfen der Anleitung und Unterstützung im Unterricht; das gilt besonders für das „Wörter-Befragen", das Gliedern in Wortbausteine, die Möglichkeiten der Ableitung und für die Bildung von Gruppen ähnlicher Schreibungen.

Wege zum Richtigschreiben (bis Klasse 4): Erkundungen

A. Was kannst du schon?

- Einen **Text** (im Buch, an der Tafel ...) **lesen** und **überlegen**, welche Wörter du leicht zu schreiben findest, welche schwer; **was findest du an dem Wort schwer?**
- Einen Text, den du selbst geschrieben hast, deiner Lehrerin oder deinem Lehrer geben und sie bitten, den Text richtig abzuschreiben – das kannst du natürlich nur ab und an tun.
- Jedes Wort (jeden Buchstaben) und jedes Satzzeichen vergleichen; alles unterstreichen, was richtig ist.
- **Überlegen, was du als Nächstes lernen willst;** mit der Lehrerin darüber sprechen.

B. Bist du ganz sicher? Vorschläge zum Überarbeiten

Wenn du etwas aufgeschrieben hast, lies es noch einmal genau, am besten am nächsten Tag und mit einem Partner.
Du kannst alle Punkte von D dafür brauchen.

C. Wenn du nicht genau weißt, wie ein Wort geschrieben wird, wie kannst du es herausfinden?

1. **Sprich** dir das Wort langsam und deutlich vor.
2. **Überlege** (siehe dazu auch D):
   - Befrage das Wort. Aus welchen Bausteinen besteht es?
   - Leite die Schreibung ab:
     ⇒ Verlängere das Wort.
     ⇒ Suche die Grundform.
     ⇒ Einmal so, immer so.
   - Sprich dir das Wort jetzt noch einmal langsam und deutlich vor und zerlege es in Silben:
   - Getrennt oder zusammen?
   - Groß oder klein?

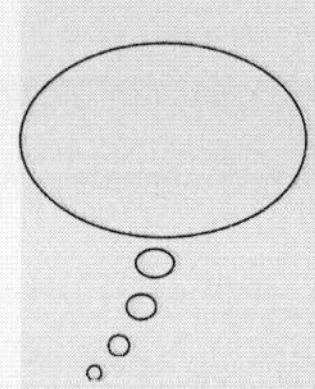

3. **Frage** deinen Nachbarn/die Lehrerin oder **schlage im Wörterbuch nach**:

- Hast du eine Idee, wie das Wort geschrieben werden könnte?
- Schau unter dieser vermuteten Schreibung nach.
- Steht das Wort dort nicht, probiere eine andere Möglichkeit.

D. Wie merkst du dir, wie das Wort geschrieben wird?

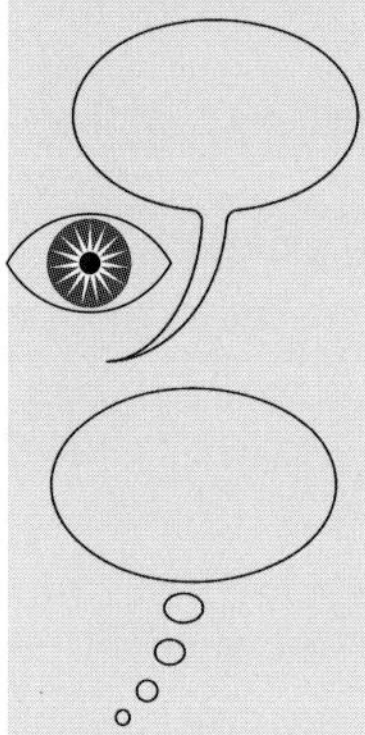

- **Das Wort langsam laut lesen.**

- **Überlegen** (und mit anderen darüber sprechen), **was du** an dem **Wort schwer findest**:
  ⇒ welche Buchstaben?
  ⇒ mit Doppel …
  ⇒ mit h
  ⇒ es wird großgeschrieben
  ⇒ …

- **Das Wort befragen** und in **Wortbausteine aufgliedern**: geschriebene Wörter enthalten oft in sich ihre Bedeutung. Du kannst sie befragen:
  ⇒ *Fahrrad* → ist ein *Rad* zum *Fahren*: *Fahr-rad*
  ⇒ *bedächtig* → er ist *bedächtig*; er *denkt* viel, er *dachte* viel; sie ist noch *bedächtiger*: *be-dächt-ig*
  ⇒ *Jahrmarkt* → ist ein *Markt*, der einmal im *Jahr* stattfindet: *Jahr-markt*
  ⇒ *Hälfte* → das Teil ist nur *halb*: *Hälfte*
  ⇒ *ent-täuschen*
  ⇒ *viel-leicht*
  ⇒ *Fuß-ball-mann-schaft*
  ⇒ …
  ⇒ …

- **Das Wort** beim Sprechen/Lesen **in Silben zerlegen**:
  ⇒ *ren-nen*
  ⇒ *sit-zen*
  ⇒ *Was-ser-fall*
  ⇒ *be-däch-tig*
  ⇒ *ent-täu-schen*
  ⇒ *rei-ßen*
  ⇒ *Schieds-rich-ter*
  ⇒ …
  ⇒ …

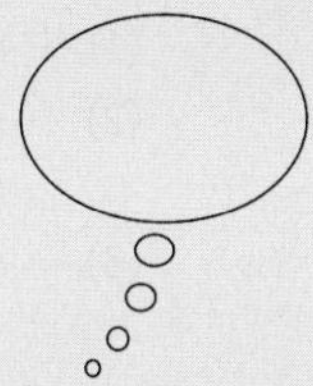

- **Die Schreibung ableiten:**
  ⇒ Verlängere das Wort:

Kind	wegen	*Kinder*
Berg	wegen	*Berge*
Korb	wegen	*Körbe*

  ⇒ Suche die Grundform:

du hältst	wegen	*halten*
Häuser	wegen	*Haus*

  ⇒ Einmal so, immer so:

du rennst	wegen	*rennen*
du gehst	wegen	*gehen*
du heißt	wegen	*heißen*
du reist	wegen	*reisen*

- **Ähnliche Wörter suchen** → bei den „Elementaren Regeln“ nachsehen, z. B. *ihr, ihn, ihnen, ihm.*

- **Das Wort aufschreiben** (z. B. in deine Rechtschreibkartei).

- **Das Wort beim Textschreiben gebrauchen.**

- …

Wege zum Richtigschreiben: Elementare Regeln

Wörter mit Besonderheiten in der Rechtschreibung

Elementare Regeln

Sprich dir das Wort langsam und deutlich vor.

Schreibe immer:

(1) – *n* (statt *ng*) vor *k*	denken – du denkst
(2) – *s* (statt *sch*) vor *p*, *t* am Wortanfang	Spaß, Sport, Spiel, **Spatz**, Stein, Stütze, Streit
(3) – *qu*	Quark, bequem, Quelle

Schreibe ausnahmsweise:

Merk-wörter

(4) – *ai* (statt *ei*)	Kaiser, Mai, Saite (auf der Gitarre)
(5) – *chs* (statt *ks*)	wachsen, Büchse, Dachs, **Fuchs**, Ochse, Wechsel, nächste, sechs
(6) – *x* (statt *ks*)	boxen, Text, Hexe, extra
(7) – *v* (statt *f*)	verlieben, Vater, Verkehr, Vetter, Vogel, Vorteil, vier, voll, viel, vor, von, vordere
(8) – *ß* (statt *s*) nach langem Vokal	ich weiß – du weißt, beißen, heißen, fließen, Straße, Fuß, Gruß, heiß, draußen, weiße Farbe

Fremdwörter:

(9) – *v* (statt *w*)	Kurve, Vase, brave, Pulver, Pullover
(10) – *c* (statt *k*)	Camping, Clown, Computer, Creme
(11) – *ph* (statt *f*)	Alphabet
th (statt *t*)	Theater, Mathematik, katholisch
rh (statt *r*)	Rhabarber
(12) – *y* (statt *i* oder *ü*)	Baby, Cowboy, Zylinder, Typ, Gymnastik

Kennst du noch andere wichtige Fremdwörter, die ihr benutzt?	Trainer, Million …

Wörter mit verdoppelten Konsonanten (Mitlauten)

(1)	**Regel:** Hörst du am Ende der ersten Silbe denselben Konsonanten wie am Anfang der zweiten Silbe, dann verdoppele ihn.	***Af-fe***, *Bag-ger, wol-len, kom-men, kön-nen, klap-pen, ir-re, fas-sen, Mut-ter*
(2)	Deshalb keine Verdoppelung bei einsilbigen Wörtern:	*ab, an, in, (ich) bin, von, ob*
(3)	**Ausnahmen (Merkwörter):** Verdoppelung, obwohl es keine zweisilbige Form gibt:	*denn, wenn, dann, wann* *Er möchte, dass …* *Du sagst, dass …*
(4)	*- dt*	*die Stadt*
(5)	**Regel:** Einmal Doppelbuchstabe, immer Doppelbuchstabe	*er trifft* wegen *treffen* *es klappt* wegen *klappen,* *sie fasst* wegen *fassen*
(6)	**Ausnahmen (Merkwörter):**	*in – innen* *Freundin – Freundinnen* *Schülerin – Schülerinnen* *Bus – Busse*
(7)	**Regel:** Schreibe mit *ck*!	*kleckern – Klecks, Stücke – Stück, drücken – Druck*
(8)	**Regel:** Schreibe mit *tz*!	*sitzen – setzen – Satz* *Hitze, zuletzt, jetzt, plötzlich*
(9)	Kein *ck, tz* nach *l, n, r*!	*wel-ken, dan-ke, Wer-ke, Höl-zer, gan-ze, Her-zen*

Wörter mit langem Vokal (Selbstlaut)

Alles lang – aber wie?!

Elemetare Regeln

(1)	**Probe:** Hat das Wort zwei Silben und endet die erste Silbe mit einem Vokal, dann ist der Vokal lang.	***Ra-be***, *tra-gen*, *Tä-ler*, *Mo-nat*, *le-ben*, *we-deln*
	Besondere Regeln:	
(2)	**Regel:** Langes i schreibe ie!	***Biene***, *liegen*, *spielen*, *Papier*, *Klavier*, *ziemlich* *Sie kommt wieder.*
(3)	**Ausnahmen (Merkwörter):**	*dir*, *mir*, *wir*, *Bibel*, *Igel*, *Tiger*, *Maschine*, *Musik*, *Familie*, *Medizin*; *ihm* ... vgl. (6)
(4)	**Regel:** Folgt dem langen Vokal ein *e*, so schreibe ihn mit *h*!	*gehen – du gehst – er geht* *sehen – du siehst – er sieht* *stehen – du stehst – er steht*
(5)	**Ausnahmen (Merkwörter):** Einige Wörter mit *ei + h*	*leihen*, *Reihe*, *Weihnachten*
(6)	**Ausnahmen (Merkwörter):** Folgt dem langen Vokal *l*, *m*, *n* oder *r*, so schreibe z. B. diese Wörter mit *h*:	*erzählen*, *wählen*, *wohnen*, *sich wehren*, *fahren*, *nehmen – sie nahm*, *mahlen – Mehl*, *Wahrheit*, *Fehler*, *Höhle*, *Zahl*, *Bahn*, *Sohn*, *Zahn*, *Gefahr*, *Jahr*, *Lehrer*, *Ohr*, *Rohr*, *Uhr*, *mehr*, *sehr*, *ihr*, *ihm*, *ihn*, *ohne*
(7)	**Sonderfälle** (Merkwörter): *ee* *oo* *aa*	*Beere*, *leer*, *Tee*, *Kaffee* *Boot*, *doof*, *Moor*, *Moos*, *Zoo* *ein paar Leute*, *Saal*, *Staat*, *Haar*

Wörter mit b, d, g am Wortende

Befrage das Wort!

(1)	**Regel:** Bei vielen Wörtern sprichst du *p, t, k*, aber du schreibst *b, d, g*!	*lieb* wegen *liebe* **Hund** wegen *Hunde* *du sagst* wegen *sa-gen*
(2)	Beachte den Wortbaustein *-ig*!	*richtig* wegen *richtige*
(3)	**Merkwörter**	*Adler, Erbse, hübsch, Obst, ab, ob, und*

a – ä, au – äu

(1)	**Regel:** Schreibe *ä*, wenn es verwandte Wörter mit *a* gibt!	*Hände* wegen *Hand* *du hältst* wegen *halten* *Bäcker* wegen *backen* *Länge* wegen *lang*
(2)	**Ausnahmen (Merkwörter):**	*Lärm, März, spät, Mädchen, nämlich*
(3)	**Regel:** Schreibe *äu*, wenn es verwandte Wörter mit *au* gibt!	*du läufst* wegen *laufen* **Mäuse** wegen *Maus*
(4)	**Ausnahmen (Merkwörter):**	*sich täuschen, die Säule*

Worttrennung

(1)	**Regel:** Wenn du langsam und deutlich sprichst, kannst du viele Wörter in Silben zerlegen. Trenne zwischen zwei Silben!	*Ber-ge, ken-nen, Kis-te,* ***Re-gen-wurm****,* *Er-folg, Durch-blick, ur-alt*
(2)	**Regel:** Setze *ch*, *sch*, und *ck* auf die folgende Zeile!	*ma-chen, wa-schen, Zu-cker*

Elemetare Regeln

Elementare Regeln

Groß- und Kleinschreibung	
(1) **Regel:** Schreibe den Satzanfang groß!	***Die*** *Rose ist gelb.*  
(2) **Regel:** Schreibe Substantive (Hauptwörter) groß! Du erkennst sie daran – dass sich im Satz ein Artikel (Begleiter) (*der, die, das, ein, eine*) auf das Wort bezieht; – dass du im Satz einen Artikel einsetzen könntest.	*Sie trägt* ***eine*** *blaue* ***Bluse****.* *Pferde fressen Heu.* ***Die*** *Pferde fressen* ***das*** *Heu.*
(3) **Regel:** Schreibe Eigennamen groß!	***Kati*** *fährt mit Familie* ***Müller*** *nach* ***Berlin.***
(4) **Regel:** Schreibe die Anrede *Sie, Ihnen, Ihre* usw. groß!	*Ich bitte* ***Sie*** *um* ***Ihre*** *Erlaubnis.*
Im Brief kannst du die Anrede *du* groß- oder kleinschreiben	*Ich danke* ***dir/Dir*** *für* ***deinen/Deinen*** *Brief.*
Zeichensetzung	
(1) **Regel:** Setze einen *Punkt* am Ende des Satzes! Am Ende der Überschrift steht kein Punkt.	*Karin geht zu Ingos Geburtstagsfeier.* *Karlsson vom Dach_* 
(2) **Regel:** Setze ein *Ausrufezeichen* bei einem Ausruf oder einem Befehl!	*Ach, das ist schade!* *Komm jetzt endlich hierher!*
(3) **Regel:** Setze ein *Fragezeichen* bei einer Frage!	*Wo warst du?* *Kommt Ingo zur Geburtstagsfeier?*
(4) **Regel:** Setze einen *Doppelpunkt* und *Anführungszeichen* in der wörtlichen Rede!	*Ingo sagte: „Ich komme zur Geburtstagsfeier."*
(5) **Regel:** Setze ein *Komma* bei Aufzählungen!	*Karin, Tanja oder Heike …* *Karin spielt Gitarre, Tanja Flöte und Heike Klavier.*

Für die Hand Ihrer Schüler können Sie die **„Erkundungen"** auch als farbig unterschiedene Einzelkarten ausgeben; dabei das Verfahren auf die eine Seite, die Beispiele auf die andere Seite der Karte schreiben. Die **„Elementaren Regeln"** (S. 258–262) können Sie auf DIN A3 vergrößern und als Leporello-Plakat in der Klasse aufhängen.

Die **„Elementaren Regeln"** folgen in ihrem Aufbau den Grundregeln (Kap. 2); zuerst die alphabetische Schrift (Laut-Buchstaben-Zuordnung mit Regelungen der Vokalquantität, S. 89), danach das Stammprinzip (S. 112), schließlich Groß- und Kleinschreibung, Worttrennung und Zeichensetzung, soweit es die Grundschule betrifft (S. 145). Wir haben uns bemüht, mit der Illustrierung die einfachste Anschauung, Assoziation, Einsicht in diese Struktur zu geben: *Spatz* und *Fuchs* als Beispiele für die einzelne Laut-Buchstaben-Zuordnung mit etwas, das man wissen oder sich merken muss (*s* – statt *sch* – vor *p*, *chs* – statt *ks*); *Affe* als Beispiel für verdoppelte Konsonanten, *Rabe* und *Biene* als Beispiele für die Schreibung des Langvokals (in den allermeisten Fällen wird der Langvokal **nicht** in der Schreibung markiert; die wichtigste Ausnahme ist das /i:/, das <ie> notiert wird), *Hund* und *Mäuse* als Beispiele für die Stammschreibung. Wenn die Kinder diesen Phänomenen und Prinzipien eigene Beispielwörter zuordnen möchten, sollten Sie sie dabei unterstützen. Das ist eine gute Form der individuellen Aneignung dieser Regeln.

Außerordentlich wichtig ist, die **Vorstellung** der Kinder **von der lautlichen Struktur** (Phonemfolge) des Wortes zu **entwickeln – an der Schrift**: die Fehler dieser Art, z. B. **purbirt* (statt *probiert*), **ein Partage* (statt *ein paar Tage*), **geschite* (statt *Geschichte*), **Gentare* (statt *Gitarre*), **um bidingt* (statt *unbedingt*), sollen beim Lesen der richtigen Schreibung und im Nachdenken darüber korrigiert werden, nicht etwa in einem isolierten Ausspracheтraining (vgl. Osburg 1997): **Schreibe, wie du sprichst, wie du schreibst.**

Die Beispielwörter für die Regeln gehören zu den von den Kindern am häufigsten verwendeten Wörtern, was auf der Grundlage von Texten der 4. Klasse über eine Gesamtmenge von 140.000 Wortformen ermittelt worden ist (August 1989, s. Lit. zu 3.1.4). Es können auch *Modell*wörter sein, an denen die Kinder bestimmte Regularitäten festmachen, z. B. *schwitzen* wie *sitzen*; *Wald – Wälder* wie *Land – Länder* (im Bezug auf den Umlaut *a – ä* und die Auslautverhärtung); *der spitze Stein* für *sp* und *st*.

Alle diese Wörter, an denen die Regularitäten festgemacht sind, kann sich das Kind auch als Rechtschreibgrundwortschatz aneignen. Was es sonst noch abspeichert, hängt auch von seinen Vorlieben ab. Aus orthografischer Sicht sollen zur Speicherung natürlich wichtige Ausnahmen angeboten werden. Ergänzend zu den „Elementaren Regeln“ sind auch „Elementare Ausnahmen“ in das Plakat aufgenommen. Hier hilft nur ein Lernen durch Einprägen. Auch diese (Merk-)Wörter gehören zu den häufigsten der oben erwähnten Gesamtmenge.

Die „Elementaren Regeln“ mit den „Elementaren Ausnahmen“ zusammen ermöglichen es den Kindern, am Ende der 4. Klasse 90 % ihrer schulischen Texte richtig zu schreiben. Das heißt, nur 10 % aller oben erwähnten 140.000 Wortformen in fortlaufenden Schülertexten enthalten Regeln oder Ausnahmen, die nicht durch die „Elementare Rechtschreibung“ bis zur 4. Klasse erfasst sind. (Das muss nicht heißen, dass das Kind sie deshalb falsch schreibt!)

Die Einsicht in die Struktur der Regeln und das Verfestigen von Ausnahmen kann darüber hinaus sehr gefördert werden durch die Vermittlung von Wortverwandschaften, also dem Phänomen der **Wortfamilie**: *fahren, Fahrer, Fahrrad, Gefahr, gefährlich, Fahrkarte, Fahrzeug, Fahrstuhl, Fahrt, Vorfahrt …*
Balhorn (1996 b, S. 289) hat dazu einen anschaulichen Vorschlag gemacht:

Wörter sind aus Bau|stein|en gebildet.
Wir zeigen dir, ***wie*** Wörter gebildet sind.

Wort|stämme kennzeichnen wir so .
Du machst deine Zeichen bitte direkt unter das Wort.

Gliedere in drei **Stämme**:	Grundwortschatz	
Stamm + Endung:	spaßig	
Vorsilbe + Stamm + Endung:	vorwitzig	

Wortbausteine zu entdecken und selbst spielerisch anzuwenden führt zum Durchschauen von komplexen Wörtern. Dies ist eine unerlässliche Voraussetzung zum richtigen Schreiben, so z. B. *Fahr+rad, Fuß+ball+verein; Computer+spiel; freund+schaft+lich.* Gerade diese Zugänge sind für mehrsprachige Kinder schwierig, eröffnen ihnen aber zugleich neue Möglichkeiten der inhaltlichen Sprachbeherrschung.

Warum soll es in der 4. Klasse nicht einmal eine unterrichtliche Einheit geben zu einem **Rechtschreib-Phänomen** „Wir entdecken den Umlaut“: Welche Vokale lauten um? In welchen Bereichen wird umgelautet (Plural, Steigerung, Flexion, Wortbildung)? Dann wird *a – ä* (statt *e*) und *au – äu* (statt *eu*) nebenbei praktiziert. Bewährt hat sich auch eine Unterrichtseinheit zu *er,* … (Dehn/Schnelle 1989). Zwei weitere Phänomene (Wörter mit langem Vokal/mit verdoppelten Konsonanten) sind besonders fehlerträchtig. Wir haben bei den „Elementaren Regeln“ – neben der generellen Orientierung an der Stammschreibung – die Orientierung an der Silbe aufgenommen. Das ist ein Hilfsmittel neben anderen. (Auf einer anderen linguistischen Grundlage als der hier vertretenen – U. Maas, P. Eisenberg; s. Lit. zu 1.2 – verstehen z. B. Röber-Siekmeyer 1993 und Hinney 1996 die Silbe als strukturbildende und den Unterricht bestimmende Einheit; vgl. auch Ossner 1998, Spiegel 1999, Tophinke/Röber-Siekmeyer 2001.) Aus der Sicht der Kinder könnte es zu diesem Bereich auch Eigenregeln geben wie: */i:/ schreibe ich fast immer <ie>; Ausnahmen sind …; wenn ein Selbstlaut kurz ist, folgen 2 Konsonantenbuchstaben, außer bei …* Gerade die starken Verben sind hier schwierig; vielleicht werden sie – gegen Ende von Klasse 4 oder in Klasse 5, wenn wenigstens eine der Schreibungen gesichert ist, zum Unterrichtsgegenstand (s. die Ranschburgsche Hemmung, 3.1.2):

Ungleiche Schwestern aus derselben Familie

ich komme	–	*ich kam*
ich esse	–	*ich aß*
ich treffe	–	*ich traf*
ich falle	–	*ich fiel*
ich messe	–	*ich maß*
ich wusste	–	*ich weiß*
ich goss	–	*ich gieße*
ich genoss	–	*ich genieße*
das Wasser floss	–	*es fließt*

Die **Großschreibung** gehört zu einem Teil sicher in die Grundschule – zumindest in der Art, wie Kinder dazu Eigenregeln bilden und wie Lehrer und Lehrerin sie dabei behutsam unterstützen können. In der wissenschaftlichen Diskussion besteht Einigkeit darüber, dass es besser ist, diesen Bereich schwerpunktmäßig ab Klasse 5/6 zu thematisieren, weil die Kinder dem grammatischen Zugriff dann eher – von ihrer Denkweise her – zugänglich sind (vgl. Eisenberg/Spitta/Voigt 1993, S. 24; Naumann 1993, Scheele 2006).

Die „Erkundungen“ und die „Elementaren Regeln“ in der Klasse (vielleicht als Plakat) präsentieren jedem Kind das in der Grundschule zu erlernende Rechtschreibwissen und geeignete Verfahren. Werden die „Elementaren Regeln“ als Plakat am Anfang der 3. Klasse aufgehängt, so können die Kinder gemeinsam die Regeln und Ausnahmen markieren, die sie schon schreiben können. Im Laufe der 3. und 4. Klasse kommen dann immer mehr Markierungen hinzu, so dass den Kindern auch auf diese Weise deutlich wird, wie ihr orthografisches Können zunimmt. Das zu Lernende ist überschaubar und endlich!

Aber auch zur individuellen Lösung von Rechtschreibfragen und -fehlern lassen sich die „Erkundungen“ und „Elementaren Regeln“ heranziehen (z. B. beim Überarbeiten). Entweder sucht das Kind selbst eine Lösung (auf dem Plakat), oder aber die Lehrerin nennt ein Phänomen, gibt einen Tipp, so dass das Kind eine Stütze erhält. Dabei sollte das Kind zu dem Plakat hingehen, um so – bildlich gesprochen – ein Stück Rechtschreibung „wandernd“ in Besitz zu nehmen. Das Plakat wandert als eine mögliche „elementare Ordnung“ allmählich in den Kopf.

Vorschläge

- Konzentrieren Sie sich auf das Wesentliche, das Elementare!
- Geben Sie Hilfe zur Selbsthilfe, d. h. Tipps, die richtige Schreibung zu finden, z. B. das Zerlegen in Wortbausteine und Silben!
- Geben Sie dem Kind eine Chance, elementare Regeln zu entdecken und elementare Ausnahmen zu speichern, so dass es eine Rechtschreibstruktur aufbaut!
- Bewerten Sie das Rechtschreibkönnen auf der Basis des Elementaren!

Wir möchten auch die Überlegungen zum Rechtschreibunterricht in der Grundschule mit einer Szene aus Klasse 3 beschließen, die wir nun nicht weiter kommentieren (Dehn 1994, S. 158 f.). Wie nehmen Sie die Arbeit, bezogen auf die theoretischen Grundlagen, wahr, was halten Sie für übertragbar auf Ihren Unterricht; was würden Sie anders machen?

Feuerwerk und Zwerg

L: *Ihr merkt, wir haben heute Besuch, und darum lese ich die Aufgabe, an der wir gerade arbeiten, noch einmal vor: Schreibe eine Liste von Wörtern. Es können Namenwörter sein, es können aber auch Wörter sein, die kleingeschrieben werden, das ist egal. Wichtig ist, du musst wissen, wie das Wort geschrieben wird. Nur solche Wörter schreibst du auf. Wie viele Wörter du schreibst, ist nicht wichtig. Wichtig ist, dass du nicht mit deinem Nachbarn sprichst. Du musst dich auf das Wort konzentrieren.*
Sebastian: *Aber bei dem Wort, bei dem man sich nicht sicher ist, wie soll man sich das merken? Sonst kann man es ja nicht an die Tafel schreiben.*
L: *Wo du dir nicht sicher bist, mach ein Fragezeichen; ich weiß nicht mehr, bei wem ich das gestern schon einmal gesehen habe. Das fand ich nämlich eine gute Idee. Dann stellst du das Wort nachher an der Tafel vor.*
Ja, fangt bitte an.

Es folgen fünf Minuten Stillarbeit. Alle Kinder schreiben ihre Wortliste. Dann werden *„Kuckuck", „Hemd", „Schaukel"* an der Tafel *„vorgestellt"*.

L: *So, Sebastian, nun sind wir gespannt, welches Wort ist es denn, bei dem du dir unsicher bist?*
Sebastian: *Feuerwerk. Er schreibt es an: Feuerwerk.*
L: *Gut. Und an welcher Stelle hast du die Unsicherheit?*
Sebastian: *Ob das mit „ck" geschrieben wird.*
L: *Frag mal die anderen.*
mS: *Ich glaube schon.*
Mehrere andere Kinder würden kein *„ck"* schreiben.
L: *Feuerwerk wird ohne „ck" geschrieben. Es wird so geschrieben, wie es da steht. Aus welchen Wörtern ist dieses eine denn zusammengesetzt?*
S: *Feuer und Werk.*
L: (zustimmend, Feuer und Werk einkreisend) *Weiß denn jemand ein anderes Wort mit „werk"?*
Sebastian: *Atomkraftwerk.*
S: *Zwerg.*
S: *Handwerk.*
L: *Handwerk. Wer schreibt Handwerk an?*
Ein Schüler schreibt *„Handwerk"* an die Tafel.
L: *Sebastian hat noch Wasserwerk vorgeschlagen. Wasserwerk wollen wir noch anschreiben, Olga.*
Olga schreibt „Wassa".
Die Kinder unterbrechen sie: *Stopp, Wasserwerk* (betonen das *„er"*).
L: *Übrigens wurde hier von einem Zwerg gesprochen. Wer kann denn mal über das Wort nachdenken? …*
Wer sagt, zu welchem Feld an der Tafel Zwerg eher gehört als zu diesem (auf *„Handwerk"* weisend).
S: *Zum Kuckuck.*
SchülerInnen erstaunt.
Meike: *Zum Pferd und zum Hund.*
L: *Warum?*
Meike: *Weil es mit „d" am Ende ist; hm, aber Zwerg?*
L: *Doch, denk mal weiter nach.*
S: *Es wird mit „g" am Ende geschrieben.*
L: *Und wie findet man das raus?*

mS: *Zwerge (*das *„e“* am Ende betonend*).* Viele Zwerge.
L: *Wie haben wir das rausgefunden, das „d“ am Ende?*
Kurt hat die Regel gesagt, sagst du sie noch mal?
Kurt: *Die Mehrzahl.*
L: *Gut, was musst du bei Zwerg machen?*
Kurt: *Auch die Mehrzahl.*
L: *Wer schreibt Zwerg hier noch an, damit wir es noch klar haben?*

Alex schreibt.

L: *Übung beendet. Eine Übung, die wir nie länger als 25 Minuten machen, nie.*

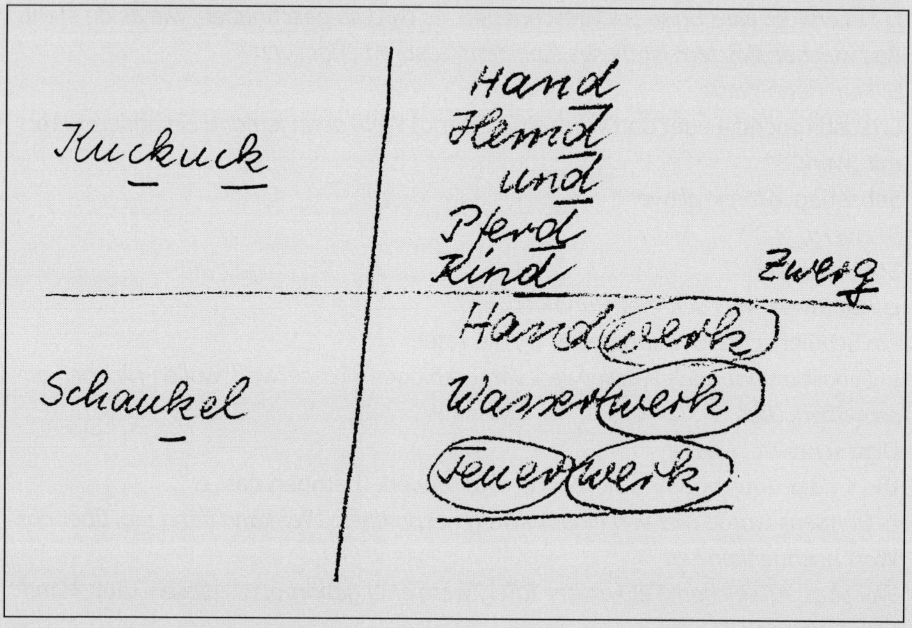

Klasse 5/6–10: Grundregeln und „Heiße Tipps"

Von Klasse 5 an gilt einerseits im Rechtschreibunterricht dasselbe wie im Anfangsunterricht, also vom Können auszugehen, auch da, wo das Nicht-Können deutlich zu überwiegen scheint. Nur wenn die heranwachsenden Schüler für sich einen Sinn im Richtigschreiben sehen, werden sie Mühe darauf verwenden, also expansiv lernen und nicht einfach nur Schwierigkeiten defensiv zu umgehen suchen (s. Balhorn u. a. 1997, S. 182).
Aber: In mindestens zweifacher Hinsicht unterscheidet sich das Rechtschreiblernen ab Klasse 5 bzw. in Klasse 7 von dem vorhergehenden.

- Die Schüler haben mehr gelernt, wissen mehr als in den ersten Klassen der Grundschule; sie haben auch mehr Belehrung erhalten und haben mehr Erfahrung mit Erfolg und Misserfolg gemacht. Darum gilt es einerseits, einen Neuanfang zu wagen – mit neuen Regularitäten und Verständigungsformen –, andererseits das explizite Wissen und implizite Können ganz bewusst einzubeziehen und fortzuentwickeln. Insofern können die „Wege zur Rechtschreibung" mit den „Erkundungen" und den „Elementaren Regeln" durchaus eine Grundlage für die Arbeit in Klasse 5 oder 7 darstellen, wenn sie in dieser Form noch nicht bekannt sind. Eine andere Möglichkeit ist, das nun sicher Gekonnte in einer Neufassung wegzulassen (z. B. *Den Satzanfang schreibt man groß.*).
- Den 11–13-jährigen Schülern sind andere Möglichkeiten der sprachlichen Analyse zugänglich als den Grundschülern; deshalb kann die Vermittlung von Regeln ab Klasse 5 einen anderen Stellenwert einnehmen; gleichwohl sollte sie stets auf die Eigenregeln bezogen bleiben: das gilt vor allem für die Groß- und Klein-, Getrennt- und Zusammenschreibung und die Zeichensetzung. Aber der Schulalltag zeigt, dass auch Etliches, das für den Rechtschreibunterricht in der Grundschule vorgesehen ist, noch nicht gekonnt wird. Das sollte von den Lehrenden und von den Lernenden angenommen und nicht als Zumutung oder mit Abwehr behandelt werden.

Ebenso schmal wie die Forschungen zu Lernprozessen in der Sekundarstufe I (s. 1.3.5) sind die Vorschläge zum Unterricht in diesen Klassen (s. Lit. zu 3.2); die Probleme, „die wortbezogen sicher über Operationen/Proben zu entscheiden sind (Regelschreibungen)", werden Problemen gegenübergestellt, „die es zu bemerken und deren Schreibweise es sich zu merken gilt (Merkschreibungen)", und schließlich Problemen, „die im Satzzusammenhang entstehen und nur aus ihm zu entscheiden sind (Kontextschreibungen)" (Balhorn u. a. 1997); auch die Rechtschreibstrategien (alphabetisch, orthografisch, morphematisch) werden thematisiert (vgl. Balhorn/Büchner 2005).

Wir ziehen die Unterscheidungslinien etwas anders, weil es uns vor allem um das Zusammenspiel bewusster und unbewusster Vorgänge geht: Wer richtig schreibt, verfügt:

1. über *Regularitäten,* z. B. zur Laut-Buchstaben-Beziehung, zur Zusammenschreibung, zur Großschreibung, zur Zeichensetzung und zur Worttrennung;
2. über gespeicherte *Wörter, Namen, aber auch Schemata,* z. B. für das Komma: *Er weiß, dass …/Sie kommt, weil …*

Im ersten Fall geht es um den Prozess, die Produktivität; sie erlaubt es den Schreibenden, Wörter und Sätze zu schreiben, die sie noch nie vorher geschrieben haben. Im zweiten Fall geht es um das fertige Produkt. Immer wiederkehrende Schreibungen (und zwar sowohl „Regelschreibungen" wie „Merkschreibungen") werden als „Fertigware" abgespeichert und so zur Routine. Beides kann sich auf das Wort oder aber auf den Satz als Kontext beziehen.

Damit sind wir wieder am Anfang unserer Vorschläge zur zeitlichen Gliederung: Der Lernfortschritt ist vorstellbar als Spirale um diese beiden Pole.

Die „Elementaren Regeln" (und Ausnahmen) der Grundschule erweitern sich zu den „Grundregeln" und Ausnahmen für die Klassen 5–10. Sie sind im zweiten Teil des Buches in Kästen dargestellt und ausführlich kommentiert. Die Stoffverteilung richtet sich im Wesentlichen nach den jeweiligen Lehrplänen der Länder und den darauf abgestimmten Sprachbüchern und Rechtschreibmaterialien.

Für die Klassen 5–10 können die Grundregeln zunehmend an Bedeutung gewinnen. Sie können sie – je nach Bedarf – in Ihren Unterricht einbeziehen. Außerdem haben wir **„Heiße Tipps"** formuliert, die den Schülern die Orientierung erleichtern können; Sie können sie als Kopiervorlagen vergrößern.

Heiße Tipps zum Rechtschreiben (ab Klasse 5)

- **Welcher Buchstabe?**
  1. Sprich dir das Wort langsam und deutlich auf hochdeutsch vor
  2. Befrage das Wort. Aus welchen Bausteinen besteht es? *Fahr-rad, ent-täuschen, viel-leicht*
  3. Leite die Schreibung ab.
     - Verlängere das Wort: *Kind* wegen *Kinder*
     - Suche die Grundform: du *hältst* wegen *halten, Häuser* wegen *Haus*
     - Einmal so, immer so: du *rennst* wegen *rennen*
  4. Zerlege das Wort in Silben: *Fuß-ball-mann-schaft, Schieds-rich-ter, ren-nen, sit-zen, sin-ken, rei-ßen*

- **Getrennt oder zusammen?**
  1. Liegt eine Wortgruppe zugrunde, dann zusammenfassen: *Häuserblock* aus *Block aus vielen Häusern; freudestrahlend* aus *vor Freude strahlend*
  2. Entsteht eine neue Gesamtbedeutung – dann zusammen: Ob etwas eine Wortgruppe (*das Haus wurde schwer beschädigt – sie wollte ganz nahe (heran)kommen an die Frau*) oder eine Zusammensetzung ist (*seit dem Unfall gilt er als schwerbeschädigt; durch das Gespräch wollen sie sich nahekommen*), richtet sich danach, was jeweils gemeint ist.
  3. Verbindungen mit *sein* werden getrennt geschrieben: *zufrieden sein, fertig sein, vorbei sein*

- **Groß oder klein?**
  – Bezieht sich ein Artikel auf das Wort oder kannst du einen Artikel hinzusetzen, dann groß: *das Schönste, im Allgemeinen; Abgeordnete tagen = die Abgeordneten tagen*
  – Viele Substantive erkennst du an den besonderen Endungen: *-nis, -ung, -keit, -heit, -schaft, -ion, -ität, -ine,* u. a.

- **Wo kannst du trennen?**
  Dort, wo du beim langsamen Lesen das Wort in Silben zerlegst. *Bau-er, Mu-se-um, Steu-er, Fa-mi-lie*
  Einzelne Vokalbuchstaben werden nicht abgetrennt. *Ju-li-abend; Bio-müll*

Heiße Tipps zum Rechtschreiben

- **Schau im Wörterbuch nach:**
  1. Hast du eine Idee, wie das Wort geschrieben werden könnte? Schau unter dieser vermuteten Schreibung nach.
  2. Steht das Wort dort nicht, probiere eine andere Möglichkeit.

- **Steht ein Komma?**
  1. Kannst du zwischen zwei Wörter, Wortgruppen oder Sätzen usw. auch *und/oder* setzen, dann steht ein Komma:
     gelbe, rote und blaue Blätter aus: *gelbe und rote.*
     Er geht in den Garten, jätet Unkraut und pflückt Erdbeeren.
     Wenn zwischen zwei Hauptsätzen *und* steht, kannst du in diesem Fall auch ein Komma setzen:
     Ich fotografiere das Meer, und mein Bruder liegt in der Sonne.
  2. Kann ein Teilsatz nicht für sich stehen, dann ist das ein Nebensatz oder Infinitivsatz. Du musst ein oder zwei Kommas setzen. Du erkennst den Nebensatz daran, dass am Anfang eine Konjunktion oder ein Pronomen steht und das gebeugte Verb an letzter Stelle:
     Sie erzählte uns, dass sie in dem Film war.
     Sie gingen, als es Abend wurde, nach Hause.
     Du erkennst den Infinitivsatz an *zu* + Infinitiv. Ist er erweitert, so setze ein oder zwei Kommas.
     um zu, ohne zu, anstatt zu sind immer erweitert:
     Wir öffneten das Fenster, um frische Luft zu schnappen.
     Er wurde bei dem Versuch, den Tresor zu knacken, erwischt.
  3. Kannst du die nachgestellte Wortgruppe auch in Klammern setzen, dann ist es ein Zusatz, also mit Kommas:
     Sie fahren am Wochenende (und zwar am Samstag) in den Urlaub ⇒ Sie fahren am Wochenende, und zwar am Samstag, in den Urlaub.
  4. Infinitivsätze werden mit Kommas abgegrenzt:
     Sie öffnete die Tür, um den Hund hereinzulassen.
     Er fasste den Plan, sie zu überraschen.
     Früh aufzustehen, das mochte er gar nicht.

Zum Schluss stellen wir noch eine Übersicht zur Diskussion, die wir in Anlehnung an eine Tabelle von Wolfgang Menzel (1985) entworfen haben; sie bezieht – lehrplanübergreifend – drei Perspektiven aufeinander: Rechtschreibphänomene (senkrechte Spalte), bestimmte unterrichtliche Verfahren (waagerechte Spalte) und die Zuweisung zu Klassenstufen. Die Übersicht zeigt unseres Erachtens sehr deutlich das Gewicht, das dem Rechtschreibunterricht ab Klasse 5 zukommt.

Rechtschreibung und Rechtschreibunterricht: Phänomen und Verfahren

deutl. hochdt. Aussprache	Schreibausspr., auch silbisch	Grundwortschatz/Modellwörter	Modellsätze	Wortfamilien	Erweitern, Silbenfuge	Grundform	Merkspruch, -vers	Regel	konkurrier. Phänom. erkennen	konkurrier. Phänom. vermeiden	grammatische Analyse	Satz-, Textzusammenhang	Intonation	Nachschlagen	
4		4		4	4			7	7					4	*ß
		4		4			4			x				4	ai, chs, v
7	7	4		7						x			5	5	Fremdwörter ph, rh, th, x, v
	4	4		4	4			7		x				4	ll, nn, rr, ss …
		4		4	4		5	7	7					4	tz, ck
4		4		4			4			x				4	ie, i, ih
4		4		4			4			x				4	Dehnungs-h
4	5	4		4	4			7		x				4	Silben-h
		4			4									4	* Auslaut b, d, g, s
		4		4										4	-ig, -sch, -lich, -iv
		4		4						x				4	end-, ent-
		4		4		4								4	Umlaut ä, äu
		4						11	7			7	4	4	* Getrennt- u. Zusammenschreibung
								4			4	4	4		* Satzanfang
		4						4			4				Substantiv
									7		7			7	Desubstantivierung
			5					7			7		4	7	Substantivierung
		4						4			5		4	7	Namen
								7			5			7	feste Fügungen
								4					4		„Sie", „Ihnen", „du"/„Du" im Brief
								4				4	4		* Punkt
								4				4	4		Ausrufe-, Fragezeichen
			5					4			7	4	4		Komma + Aufzählung
			5					5			7	4	4		+ Nebensatz
			4				4	5	7	x	7	4			+ dass
			7					7			7				+ Zusatz, Apposition
			7					11			7				+ Infinitivsätze
			4					4			7		4		einfache wörtliche Rede
			5					7			7				wörtliche Rede mit eingeschobenem Trägersatz
4	4				4			5						5	* Worttrennung

4 ≙ bis Klasse 4
5 ≙ ab Klasse 5
7 ≙ ab Klasse 7
x ≙ vermeiden

3.2.2 Anforderungen an Aufgabenstellungen, Lernmaterialien und Organisationsformen – Zum Stellenwert des Rechtschreibens im Deutschunterricht

Nach diesem Konzept (Können – Lehren – Lernen) sind die zentralen Materialien Stift und Papier zum Schreiben, Texte zum Lesen, zum Erkunden und zum Nachdenken über die Rechtschreibung; außerdem ein Wörterbuch, eine individuelle Kartei zum Umgang mit als schwierig eingeschätzten Wörtern, deren Beherrschung die Kartei (wie anfangs Wortschatztruhe oder -rolle) augenfällig macht; und schließlich Hilfsmittel zur Orientierung („Wege zum Richtigschreiben" und „Heiße Tipps"). Wenn der Ausgang vom Können gesucht wird, bedeutet das Individualisierung: Wir haben an vielen Beispielen gezeigt, dass eine **Aufgabe für alle** sehr wohl individuelle Lernergebnisse und Lernwege zulassen kann (s. unsere Maxime: Hoher Anspruch ohne Sanktionen). Das bedeutet, dass sich viele (die meisten) Aufgaben zum Rechtschreiben aus der Lektüre und dem Textschreiben (und Überarbeiten) ergeben. Diese Formen des Schreibens brauchen Zeit, sicher nicht weniger als die bekannten Formen des Abschreibens, Diktierens und Korrigierens in der methodischen Sequenz: Lehren – Üben – Prüfen – Bewerten – Berichtigen.
Das Textschreiben ist Ziel und zugleich Anlass des Rechtschreibens. In der Notwendigkeit, etwas aus dem Kopf auf das Papier zu bringen, werden alle vorhandenen orthografischen Kompetenzen aktiviert: das Benutzen bereits im Schreibschema gespeicherter Wörter (oder auch nur von „Elementen" oder Mustern als Wortteilen), die Zuordnung von Lauten und Buchstaben, das Beachten von Regeln (Satzanfang/Satzende).

Es stellen sich dem Schreibenden eine Menge von Fragen, die er entscheiden muss. Wichtig ist nun, hier Gelegenheit zu geben, dass sich der Schreiber, indem er fragt, sein implizites Können und sein explizites Wissen ein Stück weit mehr bewusst verfügbar und zugänglich macht; denn auf diese Weise wird seine Aufmerksamkeit auf neue Information (bei der Lektüre, bei der Behandlung von Rechtschreibaufgaben, bei der Arbeit mit Lernmaterialien) erhöht. Und es zeigt sich, dass schon junge Schreiber (Klasse 1 und 2) Fragen stellen (nicht nur so globale wie Lars, s. S. 252): Sie fragen nach der Schreibweise eines Buchstabens, nach der Buchstabenreihenfolge; aber es gibt auch schon Fragen zur Groß- und Kleinschreibung, zur Getrennt- und Zusammenschreibung, zur Konsonantenverdopplung (Ahrens 1996, Ahrens/Dehn 1995). Es kommt darauf an, solche Fragen zu provozieren, durch die Konfrontation mit dem Richtigen (beim Lesen) und durch eine Unterrichtsorganisation, die das Fragen stützt: zeitliche Spielräume für die Partnerarbeit, Würdigung von Fragen im Rechtschreibunterricht (s. das Beispiel von „Feuerwerk und Zwerg", s. S. 266ff.) und die Möglichkeit, rasch auch Lehrerantworten zu erhalten.

Bergk (1995, S. 9) macht dazu detaillierte Vorschläge, hier die wichtigsten:

- „Der Schüler, der ein Wort wissen will, sagt es nach Meldung an, und die Lehrerin schreibt es auf die Overhead-Folie.
  Vorteil: geringster Aufwand für Schüler/Schülerin und Lehrerin.
  Nachteil am Anfang: Der Schüler muss schon von der fernliegenden Vorlage abschreiben können.
- Die Lehrerin hat einen Zettelstapel. Das Kind kommt zu ihr und holt sich seinen Zettel.
  Vorteile: a) die Vorlage liegt neben dem Textblatt. b) Bewegungsmöglichkeit beim Schreiben
- Das Kind hat ein Wörterheft, kommt mit diesem zur Lehrerin und lässt sich sein Wort eintragen.
  Vorteile: a) + b) wie beim Zettelstapel. c) Das Kind sammelt zugleich die erfragten Wörter.
- Die Schülerin/der Schüler hat einen Karteikasten zum Wörtersammeln und holt sich entweder die Karteikarte mit seinem Wort von der Lehrerin oder zeigt ihr seinen Bleistift-Versuch auf der eigenen Karteikarte.
  Vorteile: a), b) c) wie beim Wörterheft. d) Das Kind kann sein Rechtschreibwissen immer neu ordnen. e) Es wird im selbstständigen Konstruieren unterstützt."

Solche Fragen lassen sich im Verlauf der Grundschule zunehmend auch auf grammatische Strukturen beziehen (s. Glinz 1996), sie sind jedenfalls für den Lehrer ein Indiz für die Zugriffsweise und das Können der Kinder.

Wenn über Aufgabenstellungen hinaus, die aus dem Umgang mit Texten (den eigenen und denen anderer Schreiber) nahegelegt sind, weitere Aufgaben zum Rechtschreiben in Form von Materialien benutzt werden, dann sollten diese:

- einfach strukturiert sein, so dass die Schüler sie bald ohne Unterweisung bearbeiten können,
- Möglichkeiten zur Selbstkontrolle enthalten,
- eine Übersicht geben, was insgesamt (in dem Heft/dem Abschnitt) gelernt werden soll,
- das Nachdenken über die Schreibung befördern, den „springenden Punkt" markieren (s. Balhorn 1996 a).

Außerdem sollten die Aufgabenstellungen der Sachstruktur entsprechen, d. h. zum Beispiel, dass die in einigen Sprachbüchern noch immer verbreitete Gegenüberstellung der Schreibung des Langvokals, also etwa von /i:/ als <i>, <ie>, <ih>, <ieh> unsinnig ist, weil sie der Häufigkeit widerspricht. Zudem führt sie im Lernprozess zu Verwechslungen und Hemmungen (Ranschburg).

Wichtig zu betonen ist noch, dass bei allen solchen Aufgabenstellungen, auch wenn sie sachstrukturell angemessen sind und den Gesetzmäßigkeiten des Lernens entsprechen, nicht erwartet werden sollte, dass das Behandelte danach gekonnt und beherrscht wird. Alles Lernen stellt eine Neuordnung des kognitiven Schemas dar, nicht einfach einen Zusatz dazu (s. besonders eindrucksvoll in 1.3.5), so dass man nicht genau vorher wissen kann, was die „Behandlung" eines Phänomens bewirkt. Enttäuschte Erwartungen aber sind kein guter Motor für das Lernen. Die Erkenntnis, dass Lernen eine Aktivität des Lernenden ist, nicht einfach eine Folge aus Lehrvorgängen, bedeutet durchaus keinen Verzicht auf das Lehren, aber eine andere Haltung. Das ist eine wichtige Voraussetzung für die Leistungssteigerung der Lernenden.

Literatur zu 3.2: Curriculare Aspekte

Ahrens, Michael (1996): Fragen von Kindern zum Rechtschreiben beim Textschreiben. Eine Studie zu Unterrichtsprotokollen aus Klasse 1 und 2. Hausarbeit zum 1. Staatsexamen. Universität Hamburg. Typoskript.

Ahrens, Michael/Dehn, Mechthild (1995): „wenn man sich was durchliest, dann fällt ein' auch was ein". Schreibkonzept und orthographische Korrektur in Klasse 2? Die Grundschulzeitschrift Heft 89, S. 14–17.

Balhorn, Heiko/Köhn, Wiebke/Krohner, Meinolf/Stuewer, Michael (1997): Werkzeuge zum Rechtschreiben. Überlegungen zum Lernen in der Sekundarstufe. In: Heiko Balhorn/Heide Niemann (Hrsg.): Sprachen werden Schrift. Lengwil, S. 181–197.

Balhorn, Heiko u. a. (2003): Wortlisten. Trainingsprogramm mit Wörtern und Texten (Klasse 1–6). Hamburg/Velber (11. Aufl.).

Balhorn, Heiko (1996 b): Grundwortschatz – das Wörterbuch für die Grundschule. Hamburg.

Balhorn, Heiko/Büchner, Inge (2005): Denkwege in der Rechtschreibung a – o – m (alphabetisch – orthografisch – morphematisch). 6 Bände. Hamburg/Velber.

Balhorn, Heiko/Osburg, Claudia (2000): Qualitäten von Unterrichtsmaterialien. In: Heiko Balhorn, Heinz Giese, Claudia Osburg (Hrsg.): Betrachtungen über Sprachbetrachtungen. Seelze, S. 256-273.

Bergk, Marion (1995): Richtig schreiben. Textverfassen und Rechtschreiberkundungen. Die Grundschulzeitschrift Heft 89, S. 6–13.

Bergk, Marion (⁴1994): Rechtschreibenlernen von Anfang an. Kinder schreiben ihre ersten Lesetexte selbst. Frankfurt.

Dehn, Mechthild (2006): Zeit für die Schrift. Band I. Lesen lernen und Schreiben können. Berlin.

Dehn, Mechthild (1994): Schlüsselszenen zum Schrifterwerb. Arbeitsbuch zum Lese- und Schreibunterricht in der Grundschule. Weinheim.

Dehn, Mechthild/Schnelle, Irmtraud (1989): Die Silbe „er". Über das Verhältnis von

Lehren und Lernen im Rechtschreibunterricht. Die Grundschulzeitschrift, Heft 30, S. 28–31.

Eisenberg, Peter/Spitta, Gudrun/Voigt, Gerhard (1994): Schreiben: Rechtschreiben. Praxis Deutsch, Heft 124, S. 14–25.

Giese, Heinz (1998): Grammatikunterricht von Anfang an: Der Schriftspracherwerb als Anlaß für grammatische Gespräche. In: Heinz Giese, Jakob Ossner (Hrsg.): Sprache thematisieren. Freiburg, S. 67–78.

Glinz, Hans (1996): Rechtschreibung und Grammatik. Grundschule 28, Heft 4, S. 25–28.

Hinney, Gabriele (1996): Wenn einer in der Familie den „h-Tick" hat. Rechtschreibunterricht und strategisches Lernen. Praxis Deutsch, Heft 124, S. 29–50.

Menzel, Wolfgang (1985): Rechtschreibunterricht. Theorie und Praxis. Praxis Deutsch. Beiheft zu Heft 69.

Naumann, Carl Ludwig (1993): Rechtschreibprobleme in der Sekundarstufe I. Diskussion Deutsch Heft 132, S. 287–298.

Osburg, Claudia (1997): Geschriebene und gesprochene Sprache. Schriftspracherwerb und Aussprachestörungen. Hohengehren.

Osburg, Claudia (Hrsg.) (1998): Textschreiben – Rechtschreiben – Alphabetisierung. Initiierung sprachlicher Lernprozesse im Bereich der Grundschule, Sonderschule und Erwachsenenbildung. Hohengehren.

Ossner, Jakob (1998): Rechtschreibsprache. Die Modellierung der Orhographie für den eigenaktiven Erwerb. In: Rüdiger Weingarten, Hartmut Günther (Hrsg.): Schriftspracherwerb. Baltmannsweiler, S. 5–18.

Richter, Sigrun (1998): Interessebezogenes Rechtschreiblernen. Methodischer Leitfaden für den Rechtschreibunterricht in der Grundschule. Braunschweig.

Röber-Siekmeyer, Christa (1993): Die Schriftsprache entdecken. Rechtschreiben im offenen Unterricht. Weinheim.

Scheele, Veronika (2006): Entwicklung fortgeschrittener Rechtschreibfähigkeiten. Frankfurt.

Spiegel, Ute (1999): Förderung der Rechtschreibleistung im 3./4. Schuljahr. Fallstudien zur Einführung selbstständiger Lern- und Arbeitsstrategien in den Unterricht. Augsburg.

Tophinke, Doris/Röber-Siekmeyer, Christa (2001): DERMAN WIRD WIDERNAS. Gliederungen im Gesprochenen und Geschriebenen. Praxis Deutsch Heft 170, S. 52–56.

Valtin, Renate (Hrsg.) (2000): Rechtschreiben in den Klassen 1-6. Grundlagen und didaktische Hilfen. Frankfurt (Grundschulverband – Arbeitskreis Grundschule Bd. 109).

Welge, Gisela (1996): Unterrichtliche Kontexte für das Schreiben in Klasse 1. In: Dehn/Hüttis-Graff/Kruse (Hrsg.), S. 92–98 (s. Lit. 3.1.6).

3.3 Lernbeobachtung und Leistungsmessung

Das Rechtschreiben ist einer der Bereiche schulischen Lernens, in denen das Können und die Art des Erwerbs, die Zugriffsweise, am besten beobacht- und messbar sind. Das kann in ganz unterschiedlichen Formen geschehen; jede Form hat besondere Vor- und Nachteile, was die Perspektive und Reichweite der Analyse und was den Zusammenhang mit dem Lernprozess betrifft:

Lernbeobachtung
in Schülertexten – immer wenn Schüler einen Text schreiben, können sie dabei auch rechtschreiben lernen, weil sie Wissen anwenden, Können sichern, auf Fragen stoßen, beim Überarbeiten den „kritischen Fall" bemerken und klären können. Lehrer und Lehrerin erhalten, wenn sie den Text lesen, Einblicke in das Rechtschreibdenken des Schülers. Sie können sich ein Bild machen von den Prinzipien der Schreibung, den Eigenregeln, denen der Schreiber folgt. Aus dieser Rekonstruktion können Entscheidungen für nächste Lehrschritte gefunden werden.
Vorteil:
Das Verfahren ist im Hinblick auf den Lernprozess des Schülers äußerst flexibel; Beobachten und Unterrichten sind eng miteinander verbunden. Das Verfahren ist dem Schüler selbst gleichermaßen zugänglich. Es fordert sein Bewusstsein von den Schwierigkeiten des Rechtschreiblernens heraus und gleichermaßen seinen Lernwillen.
Nachteil:
Das Verfahren setzt bei Lehrer und Lehrerin hohe Analysefähigkeiten und Sicherheit in der Kenntnis der Sachstruktur voraus.

Diktate
sind die immer noch verbreitetste Form der Leistungsmessung. Die Aufgabe der Schüler besteht darin, etwas, das ihnen zu Gehör gebracht wird, in die richtige schriftliche Form zu bringen. Das ist in der Hinsicht einfacher als das Textschreiben, da ihnen die Tätigkeit des Formulierens abgenommen ist, aber das Verschriften des Mündlichen legt einen falschen Schluss nahe: *Schreibe, wie sie/wie er spricht.* So als käme es auf möglichst genaues Sprechen und Hören an. Außerdem unterstreicht das „Diktat" den normativen Charakter der Rechtschreibung: Es geht ausschließlich um die Überprüfung, wie weit die Norm beherrscht wird; damit ist das Diktat auf Fehlervermeidung (beim Schüler), auf die Bewertung der Fehlerzahl (beim Lehrer) ausgerichtet. Beim Textschreiben dagegen ist die Frage, wie die Norm angewendet wird. (Ob und in welchen Formen Diktate der Übung des bereits Gekonnten dienen können, diskutieren wir in 3.3.2.)

Vorteil:
Die Leistungen der Schüler und Schülerinnen sind – scheinbar – vergleichbar, weil alle dasselbe schreiben.
Nachteil:
Das Schreiben nach Diktat verursacht Druck, weil Bestimmtes in einer vorgegebenen Zeit zu Papier gebracht werden soll. Geschwindigkeitsdruck aber erzeugt Stress, der gerade nicht lernförderlich ist (s. 3.1.2), und macht schwache Schüler misserfolgsängstlich. Wenn Diktate als Instrumente zur Lernkontrolle und Leistungsmessung gehandhabt werden, ist ihr Bezug zum Unterrichten und zum Lernen fragwürdig.

Tests
bieten, wenn sie **standardisiert** sind, die Möglichkeit, die Leistung eines einzelnen Schülers, einer ganzen Klasse in Beziehung zu setzen zu einer großen überregionalen Stichprobe von Schülern. Tests enthalten außerdem ein Analyse- und Interpretationskonzept, das die gemessene Leistung auch zu erklären sucht und damit beansprucht, Grundlage zu sein für jeweils spezifische Förderung.
Vorteil:
Vergleichbarkeit der Leistung; kurze Zeitdauer; System für Analyse und Interpretation ist vorgegeben.
Nachteil:
Trennung des Messinstruments vom Unterricht; „objektive" Festschreibung der Leistung.

3.3.1 Lernbeobachtung in Schülertexten

Eine Lernbeobachtung in Bezug auf die Anfänge des Schrifterwerbs in der Schule haben Dehn/Hüttis-Graff (2006) entwickelt. Sie zeigen, wie Beobachtungen in einer sozialen Lernsituation beim Schreiben und Malen auf dem „leeren Blatt" und beim „Memory mit Schrift" unter systematischen Aspekten analysiert werden können. Zum Rechtschreiblernen in Klasse 1 ist seit Längerem die „Lernbeobachtung Lesen und Schreiben" erprobt, bei der die Verschriftungen von sechs Wörtern (*Sofa, Mund, Limonade, Turm, Reiter, Kinderwagen*), die nicht im Lehrgang behandelt worden sind, Einblicke in die Zugriffsweise der Kinder beim Rechtschreiblernen geben, insbesondere wenn die Schreibungen zwischen November, Januar und Mai in Klasse 1 die Art des Lernfortschritts erkennbar werden lassen (Dehn/Hüttis-Graff 2006); **Was kann die Schülerin schon? Was muss sie noch lernen? Was kann sie als Nächstes lernen?**

Diese Art der Lernbeobachtung ist für unser Konzept des Rechtschreibunterrichts grundlegend. Wir haben sie mehrfach an Schülertexten vorgeführt (s. 1.1 Texte von Björn und Torben; s. 1.3.1 Beispiel 5, 6, 7; s. 1.3.4 Beispiel 8, 9; s. 3.1.6 ausführlich Beispiel Philipp). Deshalb möchten wir Ihnen hier eine kleine Sammlung von Schülertexten und von Ausschnitten daraus geben, an denen Sie diese Form der Lernbeobachtung selbst erproben können.

- Schreiben Sie zunächst den Text (den Textausschnitt) ab; oder lesen Sie ihn vor, damit die Funktion des Rechtschreibens für das Textschreiben im Blick bleibt.
- Was erfahren Sie über das Rechtschreibkönnen des Schreibers, über seine Eigenregeln?
- Welche Lernanregungen halten Sie für förderlich?
- Wie würden Sie versuchen, den Lernwillen und die Anstrengungsbereitschaft des Schreibers/der Schreiberin herauszufordern? Geben Sie jeweils die Bedingungen an, von denen Sie ausgehen.
- Wie sehen Sie die Lernentwicklung (s. die Texte von Anna aus Klasse 1, 2 und 4, S. 282)?

Die Aufgabenstellungen beziehen sich für Klasse 1 bis 4 auf das Schreiben zu Bildern bzw. Bilderbüchern (Wilkon/Wilkon: Rosalind, das Katzenkind; Fuchshuber: Riesengeschichte – Mäusemärchen); zum Beispiel: Suche dir eine Figur aus und schreibe etwas/eine Geschichte dazu.
Die Schülertexte aus Klasse 7 (Gymnasium) sind Ausschnitte aus Klassenarbeiten zum Thema: „Gruppen, Banden, Cliquen und ich – viele zusammen und jeder für sich".

(Nach einer Unterrichtseinheit zur Aktion „Das lesende Klassenzimmer". Wettbewerb des Börsenvereins des Deutschen Buchhandels e. V.)

Schülertexte (Klasse 1–7)

Batman im Kerker

Batman geht in der nacht spazieren. Und wird überfallen im nu ist er umsingelt. Vom seinen feinden. sie werfen ien in einen festen Kerker er kan sich nicht bewegen. Sie haben. Kanonen auf sein Scheld gerichtet.

Lennard: Klasse 1 (Mai)

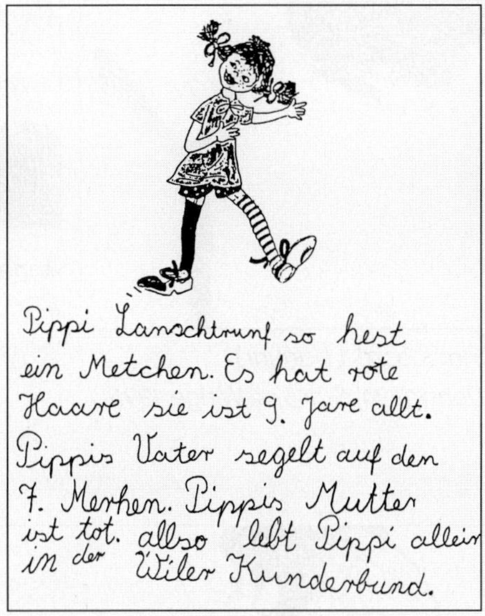

Pippi Lanschtrumf so hest ein Metchen. Es hat rote Haare sie ist 9. Jare allt. Pippis Vater segelt auf den 7. Merhen. Pippis Mutter ist tot. allso lebt Pippi allein in der Wiler Kunderbund.

Sylvia: Klasse 2 (Mai)

Es war einmal ein Riez der hieß Barflo. er hat ein Freund gesurt aber auf einmal war etwas auf seiner hand. Es war Rosinchen eine haselnus maus und dann mochten sich also werden sih Freunde.

Bernd: Klasse 3 (Oktober)

Anna: Klasse 1 (Januar),
s. Dehn 1994, S. 115; s. Welge 1996.

Anna: Klasse 2 (Februar)

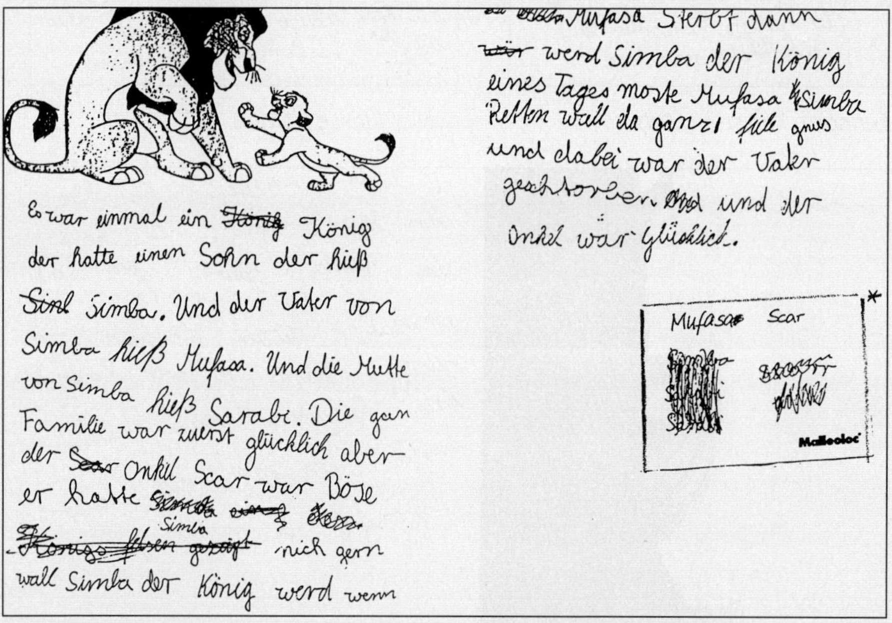

Anna: Klasse 4 (Mai), *Zettel mit „erfragten" Wörtern

Rosalind das Katzenkind

Als die Katze weg ging kam sie an ein Wald an. Die Katze traf ein Zauberer in den Wald. Der Zauberer fragt die Katze? wo kommst du her" die Katze antwortete" Ich bin weg gelaufen von meiner Mutter und von mein Vater" "Kans du mich als ne schwarze Katz verzaubern"." Ja das kann ich" "abrakadabra drei mal schwarzer Kater" Und die Katze war schwarz. Und kehrte zurück zu ihre Eltern. Als sie zurück kam zu ihre Eltern. fragten wie das pasirt ist. die Eltern stelten die Klein Katze Tausen fragen. Und da Eltern freuten sich.

Und wen sie nicht gestorben sind leben sie noch Heute.

Ende

Sabine: Klasse 4 (September)

Gangs, sind ein haufen leute, die speziell gegen einen sind, in ihnen wird viel gelabert, und sie versuchen einen oder eine total fertig zu machen. Sie glauben nur an sich, und das sie die Besten sind und das alle anderen, schlecht sind, nur weil sie anders sind, und das ist es was bekämpft werden muß. Man darf nicht einfach da stehen und ~~[illegible]~~ zugucken was geschieht, man muß anderen helfen und sich und die anderen verteidigen. Man darf auf keinen Fall in dieser situation nur an sich denken, sondern erst an die anderen. und dann an sich. Wenn wirklich alle wollten, und keine Angst um sich selber hätten, würde es nicht so viel Krieg, und Ausländer=feindlichkeit geben. Es ist doch total egal ob die Hautfarbe dunkler oder heller ist, daß ist, finde ich total egal,

Angela: Klasse 7, Gymnasium

Banden sind Schulfreunde. Nachbarkinder, Kumpels
oder Freunde, die eine Bande gründen um
gemeinsam Sachen „auszufressen", wie Höllen
im Wald bauen, Klingelstreiche machen, sich
gegenseitig zu helfen oder andere zu ägern
Man ist miteinande befreundet. und helt
zusammen, und es verät keine den Andern
Wir hatten in der Leseta auch 2 Banden
gegründet, weil sich 2 Jungen geprügelt
hatten. Die Freunde des einen hilten zu ihm
die Freunde des anderen standen dem andern
bei. In den Augen der Erwachsenen sind
Banden aber oft Gruppen die krimmille
Sachen unternehmen. In diesen Banden
gibt es auch Außenseiter, die nicht „richtig
dazugehören, weil sie irgendeine Mutprobe,
wie aus dem 2. Stock springen oder über
eine Eisenbahnbrücke laufen, nicht mitmachen
In Banden werden oft nur Leute aufgenommen
die viel Mut haben.
Cliquen sind Freunde, Schüler mit denen man sich
gut versteht. Man ~~ve~~ verbringt Nachmittage
nach der Schule zusammen. Man geht
in die Eisdiele oder bummelt in der Stadt.

Christoph: Klasse 7, Gymnasium

3.3.2 Diktate

Eine Lehrerin aus Klasse 2 erzählte etwas empört, aber auch ein wenig verunsichert: Sie habe kürzlich ein Diktat geschrieben – es war das zweite Mal: *Und Uschi hat sich gemeldet und gefragt: Wie schreibt man …?* Diese Geschichte zeigt viel von der Problematik des Diktats; eigentlich müsste die Lehrerin über die Nachfrage erfreut sein, weil Uschi unsicher ist und es selbst bemerkt, aber das Diktat verbietet solches Nachfragen. Es geht um Überprüfung des schon Gewussten.
Solange die Schüler vorwiegend alphabetisch schreiben, also mit der vollständigen Zuordnung von Buchstaben zu Lauten ringen, wäre das Diktieren als Form vielleicht angebracht, allerdings legt es den Schluss nahe: *Schreibe, wie die Lehrerin spricht/wie du sprichst.* Später aber wird verlangt, dass die Schüler das, was sie akustisch wahrnehmen, auf das beziehen, was sie wissen, was sie gespeichert haben (vgl. dazu Ossner 1991). Diese Schwierigkeit, die das Verhältnis von gesprochener und geschriebener Sprache betrifft (s. 1.1), ist allerdings wohl weniger gravierend als die, die aus der Strategie des (Fehler-)Vermeidens herrührt. **Fehler vermeiden und richtig schreiben wollen sind durchaus nicht zwei Seiten einer Medaille, sondern gehören zu ganz unterschiedlichen Lernhaltungen.**

Wenn Diktate den Rechtschreibunterricht weitgehend bestimmen, indem sie „vorbereitet" werden – zumeist als Behandlung eines „Phänomens", z. B. Groß- und Kleinschreibung, verdoppelte Konsonanten – langer Selbstlaut, dann aber natürlich doch auch noch anderes prüfen, und indem sie „berichtigt" werden müssen, erzeugen sie defensive Lernsituationen. Der zeitliche Rahmen dafür umfasst bei 8 Diktaten und jeweils zweistündiger Vorbereitung also 32 Unterrichtsstunden. Überdies gerät die Behandlung dieser Phänomene leicht in Gefahr, bei den Lernenden Verwechslungskonflikte (s. die Ranschburgsche Hemmung, Kap. 3.1.2) und Übergeneralisierung hervorzurufen.

Nun gibt es **Formen des Diktats, die** diese **Probleme** zu **umgehen** suchen (vgl. Bergk 1995, Süselbeck 1996, Menzel 1997):
Dazu gehört **das häufige „Kurzdiktat"** (5–10 Minuten), in dem das Maß der individuelle Fortschritt, das Ziel die Sicherheit ist (auch im Bewusstsein der Lernenden). Das aber erfordert eine Differenzierung des Anspruchs, sonst langweilen sich die einen oder andere „versagen", weil die Aufgabe zu schwer ist. Wenn Richtigschreiben das Ziel ist, sind Aufgabenstellungen nicht sinnvoll, bei denen viele Schüler viele Fehler machen.
In anderer Betrachtung könnte man die „Wortschatzrolle", auf die der Anfänger alles notiert, was er sicher schreiben kann, auch als **„Eigendiktat"** bezeichnen. Eine andere Form davon ist das **„Kassettendiktat"**, bei dem der Schüler einen Text, den

er sich aussuchen kann, auf die Kassette spricht und dann sich selbst diktiert und, was er geschrieben hat, mit dem Ausgangstext vergleicht. Eine eher expansive Lernform wird auch durch das **„zweistufige Diktat"** gestützt (vgl. die Kontrollform von Jacobs 1995, s. 3.1.8), bei dem der diktierte Text als Konzept verstanden und dann von den Schülern als Reinschrift gefasst wird, bei der sie alle Hilfsmittel (Wörterbuch, Rechtschreibkartei, Fragen stellen) verwenden können; die Lehrerin gibt allerdings nicht die richtige Schreibung vor, sondern Orientierungshilfen.

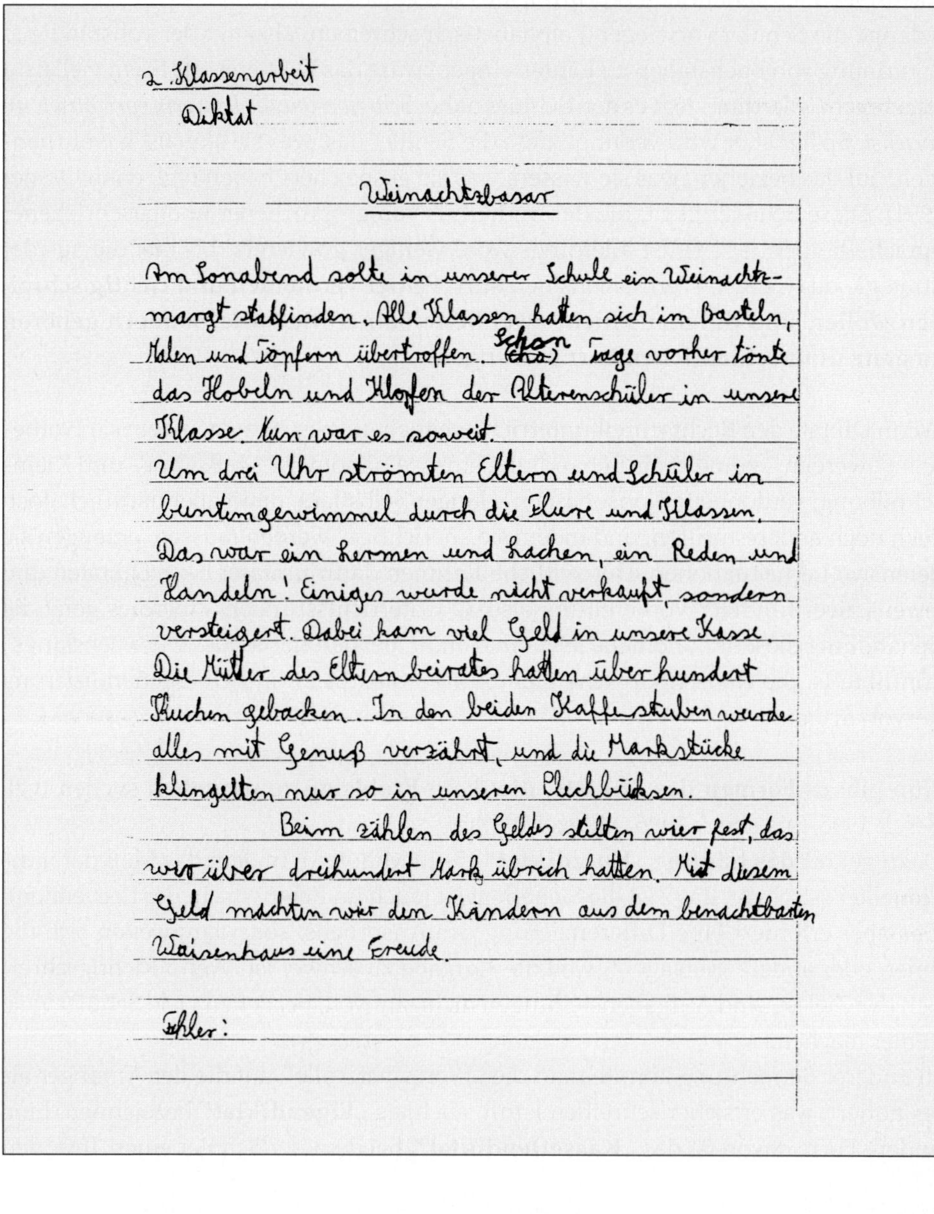
2. Klassenarbeit
Diktat

Weinachtsbasar

Am Sonabend solte in unserer Schule ein Weinachtsmargt staffinden. Alle Klassen hatten sich im Basteln, Malen und Töpfern übertroffen. Schon (Cha) Tage vorher tönte das Hobeln und Klopfen der Älterenschüler in unsere Klasse. Nun war es soweit.
Um drei Uhr strömten Eltern und Schüler in buntemgewimmel durch die Flure und Klassen. Das war ein Lermen und Lachen, ein Reden und Handeln! Einiges wurde nicht verkauft, sondern versteigert. Dabei kam viel Geld in unsere Kasse. Die Mütter des Elternbeirates hatten über hundert Kuchen gebacken. In den beiden Kaffestuben wurde alles mit Genuß verzährt, und die Markstücke klingelten nur so in unseren Blechbüksen.
Beim zählen des Geldes stilten wier fest, das wir über dreihundert Mark übrich hatten. Mit diesem Geld machten wier den Kändern aus dem benachtbarten Waisenhaus eine Freude.

Fehler:

Die beiden zuletzt genannten Formen sind nicht nur für die Grundschule, sondern auch für die Sekundarstufe I geeignet. In seiner verbreiteten Form – als Lernkontrolle nach der Behandlung einer Unterrichtseinheit – widerspricht das Diktat allerdings gleich in mehrfacher Hinsicht den Gesetzmäßigkeiten des Lernens (s. 3.1.2).
Sie können die Problematik noch einmal an den beiden beigefügten Diktaten aus Klasse 5 des Gymnasiums prüfen. Bei dem ersten war die Behandlung der Groß- und Kleinschreibung vorausgegangen (s. S. 196f.). Die Überschrift stand an der Tafel. 18 Fehler wurden angestrichen. Bei dem zweiten war die Behandlung der Auslautverhärtung vorausgegagen. 24 Fehler wurden angestrichen.

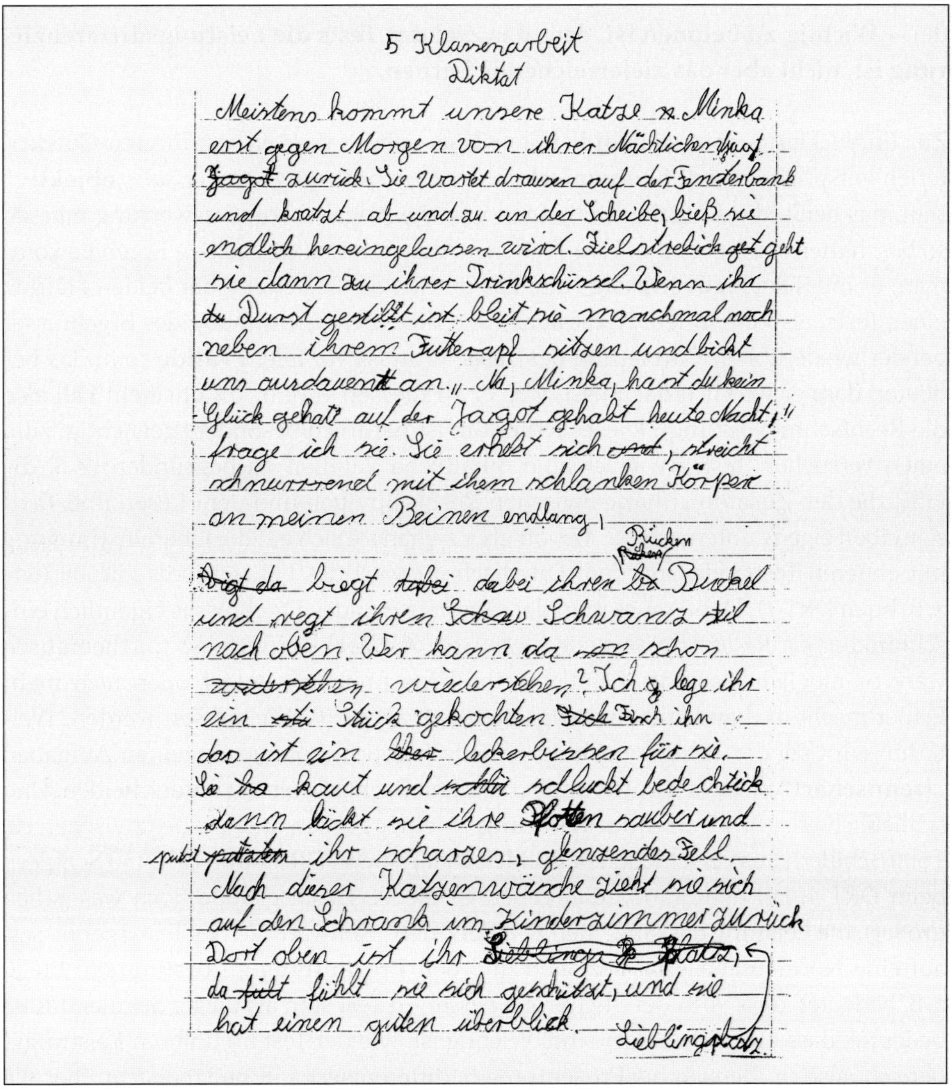
5 Klassenarbeit
Diktat

Meistens kommt unsere Katze Minka
erst gegen Morgen von ihrer Nächtlichen ~~Jagt~~
~~Jagot~~ zurück. Sie wartet drausen auf der Fensterbank
und kratzt ab und zu an der Scheibe, bieß sie
endlich hereingelassen wird. Zielstrebich ~~get~~ geht
sie dann zu ihrer Trinkschüssel. Wenn ihr
Durst gestillt ist bleit sie manchmal noch
neben ihrem Futterapf sitzen und bickt
uns ausdauernd an. „Na, Minka, hast du kein
Glück gehatt auf der Jagot gehabt heute Nacht,“
frage ich sie. Sie erhebt sich ~~und~~, streicht
schnurrrend mit ihrem schlanken Körper
an meinen Beinen endlang,

~~biegt da~~ biegt ~~dabei~~ dabei ihren Rücken Buckel
und regt ihren ~~Schw~~ Schwanz ~~stil~~
nach oben. Wer kann da schon
~~widerstehen~~ wiederstehen? Ich lege ihr
ein Stück gekochten ~~Fisch~~ Fisch ihn
das ist ein leckerbissen für sie.
Sie kaut und schluckt bedechtick
dann leckt sie ihre Pfoten sauber und
putzt ~~putzten~~ ihr scharzes, glenzendes Fell.
Nach dieser Katzenwäsche zieht sie sich
auf den Schrank im Kinderzimmer zurück
Dort oben ist ihr ~~Lieblings Platz~~,
da ~~füllt~~ fühlt sie sich geschützt, und sie
hat einen guten überblick.
Lieblingsplatz

3.3.3 Tests

Standardisierte Tests sind strukturierte Aufgabenstellungen, die mit dem Ziel konzipiert und in spezifischen Verfahren geprüft sind, besondere Schwierigkeiten von Schülern zu erkennen und die Leistung des Einzelnen mit der einer großen Stichprobe vergleichen zu können. Auf diese Weise können Tests also das Lehrerurteil relativieren, das sich vor allem auf die Leistungsbreite einer Klasse, eines Schulbezirks stützt. – So sind auch die Aufgaben zur Standard- und Qualitätssicherung angelegt, die als Reaktion auf die Ergebnisse internationaler Vergleichsstudien seit einigen Jahren erprobt und demnächst „implementiert“ werden (vgl. www.iqb.hu-berlin.de). – **Wichtig zu betonen ist, dass das Ziel des Tests die Leistungsdifferenzierung ist, nicht aber das zielerreichende Lernen.**

Zur Entwicklung eines standardisierten Tests gehört, dass er bestimmten Gütekriterien entspricht: er soll **ökonomisch** in der Durchführung sein, er soll **„objektiv“** sein; das heißt, die Aufgabenstellungen und die Angaben zur Auswertung müssen so beschaffen sein, dass mehrere Testleiter/Auswerter zu demselben Ergebnis kommen; er muss auch **zuverlässig** sein; das betrifft die Beziehung der beiden Hälften eines Tests, also die innere Konsistenz, und die Übereinstimmung des Ergebnisses bei der wiederholten Darbietung des Tests; er muss vor allem **valide** sein; das bedeutet, dass er wirklich das misst, was er zu messen vorgibt (in unserem Fall also die Rechtschreibleistung). Dieses Kriterium ist natürlich besonders gewichtig; zum einen versuchen Testentwickler eine inhaltliche Validität zu begründen (z. B. die HSP, die den Zusammenhang zwischen Rechtschreiben und dem Lesen und Textschreiben eigens untersucht, S. 47), oft aber ziehen sie sich auf die Übereinstimmung mit anderen Tests oder mit dem Durchschnittswert des Lehrerurteils zurück (wie z. B. beim DRT 1). Dann muss man den Aussagewert des Ergebnisses eigentlich einschränken: *die Rechtschreibleistung – gemessen mit dem … Test – ist …*; theoretisch wäre es möglich, dass der Schüler beim Textschreiben weniger oder auch mehr Fehler macht und andere Schwierigkeiten hat, als im Test gemessen werden. Weiterhin wird bei der Testentwicklung statistisch geprüft, ob die einzelnen Aufgaben **„trennscharf“** zwischen guten und schwachen Rechtschreibern unterscheiden. Und schließlich erlaubt die **Standardisierung** an einer großen Stichprobe (zwischen ca. 1 500 Schülern aus verschiedenen Bundesländern beim DRT 1 und ca. 2 150 Schülern beim DRT 4; bei den Standardaufgaben ist die Vergleichsgruppe noch wesentlich größer), die Leistung des einzelnen Schülers, den „Rohwert“ seines Testergebnisses, auf eine Normentabelle zu beziehen und den **Prozentrang** zu bestimmen: PR 10 z. B. bedeutet, dass 90 % der Stichprobe besser im Test sind als dieser Schüler. PR 85 bedeutet, dass nur 15 % besser sind. Wichtig ist, wie der Test im unteren Leistungsbereich, also im Bereich bis Prozentrang 5, differenziert. – Eine Übersicht über die wichtigsten Rechtschreibtests gibt Herné 2003; die seit 2000 entwickelten Tests finden Sie in den Literaturhinweisen zu 3.3.

Zum Abschluss stellen wir die Kriterien von zwei Tests einander gegenüber, die für den Übergang zwischen der Grundschule und den weiterführenden Schulen konzipiert sind. Der **DRT 4/5** prüft „Verstöße gegen Regeln, die häufig auftreten, die fehlerträchtig sind, die klar und eindeutig formuliert werden können, die in der jeweiligen Klasse weitgehend lernbar sind“ (Naumann/Grund 1996, S. 14). Dazu gehört die Lautunterscheidung (also *b* – *p* u. a., und zwar nicht am Wortende), dazu gehören Buchstabenverbindungen (wie z. B. *st/sp*), die Kennzeichnung der Vokaldauer, das *ver* als markante Besonderheit der /f/-Schreibung, das Ableiten (wie *sagt – sagen, Mäuschen – Maus*) und die Großschreibung von „nomina concreta, nomina abstracta auf -ung, -heit, -keit, -nis“. Die Anordnung entspricht „der linguistischen Aufschichtung von den Lauten über Lautfolgen, Morphemen zu wort- und satzbezogenen Regeln“, ist aber „zugleich eine ungefähre Spur des durchschnittlichen Lernfortganges“ (ebd., S. 15).

Die **HSP 4/5** geht davon aus, dass „es grundlegende Strategien zur Erschreibung von Wörtern und Sätzen gibt und dass die Regeln, die Schriftlerner entdecken und denen sie schreibend folgen, bestimmten Prinzipien zugeordnet werden können“ (May 1996, S. 18). Entsprechend wird unterschieden zwischen der alphabetischen, der orthografischen und der morphematischen Strategie; dazu werden nicht die Wörter nach richtig und falsch, sondern die Grapheme gezählt. Die Analyse der „Graphemtreffer“ und der „Lupenstellen“ ist die Grundlage für das Erstellen von „Strategieprofilen“. Der Text legt ein Schwergewicht auf die Differenzierung im unteren Leistungsbereich (bis PR 5).

3.3.4 Leistungsmessung und Selektion: Rechtschreiben und Textschreiben

Wir haben gezeigt, inwiefern das **Rechtschreiblernen eine intellektuelle Tätigkeit** ist: Die Lernenden eignen sich auf der Basis der Analyse der eigenen Artikulation und der der geschriebenen Wörter allmählich die Laut-Buchstaben-Beziehung (im Hinblick auf das Lautschema) an, sie erschließen die Struktur der Rechtschreibung produktiv in Form von Eigenregeln, nähern zunehmend und immer wieder die Ergebnisse dieser Sprach- und Schriftanalyse der „wirklichen" Sachstruktur an und greifen auf gespeicherte Schreibschemata, die sich dabei ausbilden, zurück.
In dieser Hinsicht kommt dem Rechtschreibunterricht eine hohe Bedeutung zu, sofern er nämlich ein Instrument zur Sprachreflexion und zum Erschließen der Wortbedeutung ist.
Im Vergleich zu anderen Bereichen (schrift-)sprachlicher Artikulation, dem Formulieren der Gedanken beim Schreiben, der Konzeption eines Textes, aber auch im Vergleich zur Fähigkeit mündlicher Rede, z. B. der Argumentation oder der produktiven Teilnahme an Gesprächen und Diskussionen, in der Gesamtheit sprachlicher Aktivitäten also, hat das Rechtschreibkönnen eher eine Hilfsfunktion, **nämlich Texte für Leser leicht rezipierbar zu machen.**

Im gesellschaftlichen Ansehen aber und – deshalb? – auch in der Schule hat das Rechtschreibkönnen einen ganz anderen Stellenwert. Es gilt als **wichtiger Ausweis für Leistungsfähigkeit** und wird deshalb und vielleicht auch wegen der einfachen Messbarkeit immer noch bei Einstellungstests für die Berufsausbildung als eine zentrale Qualifikation erhoben. Aber: Auch wenn der gesellschaftliche Anspruch an das Rechtschreiben bei Einstellungsprüfungen in Form von Diktaten fixiert bleibt, ist **pädagogisch** doch **das Ziel, einen selbst verfassten Text orthografisch korrekt, d. h. für Leser angemessen, aufs Papier bringen zu können.**

Eine wichtige Frage ist, wie sich die Schule zu dem gesellschaftlichen Selektionsanspruch verhält. Nimmt sie ihn nicht an, werden andere Institutionen das übernehmen. Macht sie ihn sich aber zu eigen, sollte sie ihn auf die Übergänge beschränken. Wenn allerdings der Leistungsvergleich die einzelne Unterrichtsstunde bestimmt, ist das für den Lernprozess vieler kontraproduktiv. Und es kann nicht zum Zuge kommen, was als Movens des Lernens und Überwinden von Schwierigkeiten sich – besonders am Anfang der Grundschule – mannigfaltig manifestiert hat: im Formulieren eines Gedankens eine Erfahrung mit sich und der Welt machen, die beglückt, befreit und Schreiber und Schreiberin auch für die Normen der Rechtschreibung aufgeschlossen macht: **Können – Lehren – Lernen.**

Literatur zu 3.3: Lernbeobachtung und Leistungsmessung

Balhorn, Heiko (1993): Diagnose und förderung in der rechtschreibung. Diskussion Deutsch Heft 132, S. 307–317.

Bergk, Marion (1995): Kinder verfassen ihre Diktattexte selbst. Die Grundschulzeitschrift 9, Heft 89, S. 55.

Dehn, Mechthild/Hüttis-Graff, Petra (2006): Zeit für die Schrift. Band II. Beobachtung und Diagnose. Berlin. Die Schulanfangsbeobachtung S. 26–62; Die Lernbeobachtung Lesen und Schreiben in Klasse 1, S. 63–111.

Herné, Karl-Ludwig (2003): Rechtschreibtests. In: Ursula Bredel u. a. (Hrsg.): Didaktik der deutschen Sprache. Band II. Paderborn, S. 883–897.

May, Peter (1996): Die Hamburger Schreibprobe. Grundschule 28, Heft 4, S. 17–20.

Menzel, Wolfgang (1997): Diktieren und Diktiertes aufschreiben. Praxis Deutsch, Heft 142, S. 15–26.

Naumann, Carl Ludwig/Grund, Martin (1996): Die neuen Diagnostischen Rechtschreibtests. Grundschule 28, Heft 4, S. 14–16.

Ossner, Jacob (1991): Wozu Diktate? Diskussion Deutsch, Heft 117, S. 45–46.

Röbe, Edeltraud (2000): Orientierungsrahmen Deutsch. Für sich und andere schreiben. Richtig schreiben (3./4. Schuljahr). Die Grundschulzeitschrift, Heft 135/136, S. 52f.

Süselbeck, Gisela (1996): Alternativen zum herkömmlichen Diktat. Grundschule 28, Heft 4, S. 29–31.

Rechtschreibtests (ab 2000):

DRT 1 (2003). *Rudolf Müller*: Diagnostischer Rechtschreibtest für 1. Klassen. Weinheim.

DRT 4 (2003). *Martin Grund/Gerhard Haug/Carl Ludwig Naumann*: Diagnostischer Rechtschreibtest für 4. Klassen. Weinheim.

HSP 1–9 (ab 1994; Neustandardisierung 2001). *Peter May* (unter Mitarbeit von *Ulrich Vieluf* und *Volkmar Malitzky*): Hamburger Schreibprobe für Klasse 1–9. Hamburg. Diagnose orthographischer Kompetenz zur Erfassung der grundlegenden Rechtschreibstrategien. Hamburg/Velber.

BAKO 1–4 (2003). *C. Stock, H. Max, W. Schneider*: Basiskompetenz für Lese- und Rechtschreibleistungen. www.testzentrale.de

MRA 1–9 (2004). *F. Schönweiss*: Münsteraner Rechtschreibanalyse. www.lernserver.de

DERET 1–2 und 3–4 (in Vorbereitung). *C. Stock*: Deutscher Rechtschreibtest für 1. und 2. bzw. 3. und 4. Schuljahr. Deutsche Schultests, hrsg. von Marcus Hasselhorn, Harald Marx, Wolfgang Schneider. Weinheim und Göttingen.

DOSE (in Vorbereitung): *J. Löffler, U. Meyer-Schepers:* Dortmunder Schriftenkompetenz-Ermittlung (in der IGLU-E Voruntersuchung angewandt).

Übersicht: Arbeitsanregungen (1) und Kopiervorlagen (2)

(1)

- Analyse von Schülertexten aus Klasse 1 im Hinblick auf Großschreibung S. 57 f.
- Selbsterfahrung beim Memory mit Schrift S. 75 ff.
- Analyse von Schülertexten aus Klasse 1 im Hinblick auf Effekte des Lehrens S. 192
- Fehler- und Wortfamilienlisten als Basis für Überlegungen zum Grundwortschatz S. 205–209
- Unterrichtsszene aus Klasse 3: Informationen zur Schreibung S. 213
- Analyse von Lernschwierigkeiten: Schülertexte aus Klasse 7 S. 221–256
- Unterrichtsszene aus Klasse 1: Umgang mit Fragen S. 252
- Unterrichtsszene aus Klasse 3: Nachdenken über Wörter S. 265 ff.
- Erprobung von Formen der Lernbeobachtung: Rechtschreibung in Schülertexten aus Klasse 1–7 S. 279–284
- Analyse des Lehreffekts an zwei Diktatbeispielen aus Klasse 5 S. 286 f.

(2)

- Lehrregeln für den Anfangsunterricht S. 253
- Wege zum Richtigschreiben (bis Klasse 5)
  - ◆ Erkundungen S. 255 ff.
  - ◆ Elementare Regeln S. 258–262
- Heiße Tipps (ab Klasse 5) S. 271 f.

Sachregister[1]

Abkürzungspunkt 112, 119 f., 163 (s. auch Zeichensetzung)
Abschreiben 55, 62, 186 f., 212, 253, 274
ästhetisches Prinzip 41 f.
alphabetische Strategie 58 ff., 68, 83 ff., 211, 250, 285, 289
alphabetische Schreibung 83 ff., 124 (s. auch alphabetische Strategie)
Alphabetschrift 81
ambisyllabischer Konsonant 101
Analogie 37, 55, 66, 110
Andersschreibung 10, 41, 113, 120–122, 123
Anfangsgroßschreibung 33, 145, 146–148, 159, 185, 194, 262, 273 (s. auch Groß- und Kleinschreibung)
Anfangsunterricht 7, 19, 22 f., 46–80, 82, 185 f., 188, 194, 199 ff., 237, 250 ff., 269, 292
Anführungszeichen 161, 174–177, 273 (s. auch Zeichensetzung)
Anredepronomen Sie 145, 158, 159, 262, 273 (s. auch Groß- und Kleinschreibung)
Aphasie 36
Apostroph 112, 119 f. (s. auch Zeichensetzung)
Apposition 170, 172
Artikulation 55, 69 ff., 77, 83
Aufzeichnungsfunktion 10, 32, 40 f., 49, 52, 54
Ausgangsschrift 199–203, 245
Auslautverhärtung 10, 27 f., 33 f., 39, 83, 92, 111, 113 f., 124, 260, 263, 266 ff., 287 f.
Ausrufezeichen 161–164, 262, 273 (s. auch Zeichensetzung)
Ausspracheregel (s. Regel) 29
Automatisierung 22, 66, 73, 124, 193, 198

Begriffsschrift 30 f.
Bindestrich 41, 119, 137, 139, 142-144, 145, 179 (s. auch Getrennt- und Zusammenschreibung)
Buchstabenschrift 29 ff.

Cluster 254
curriculare Aspekte 249 ff.

1 Das Register wurde erstellt von: Christoph Jantzen (Hamburg) und Nicola Kremer (Siegen).

deklaratives Wissen 186, 188, 199 (s. auch Wissen)
Desubstantivierung 148, 151, 155, 185, 273 (s. auch Groß- und Kleinschreibung)
Dialekt 19, 59, 87 f., 251
Differenzierung 44, 195 f., 216, 238, 242 f., 266, 274, 278 ff., 285
– Binnendifferenzierung 215 f.
– Leistungsdifferenzierung 288
Diktat 195, 199, 244 f., 278, 285–287, 292
– Eigendiktat 285
– Kassettendiktat 285
– Kurzdiktat 285
– zweistufiges Diktat 286
Diphthong 86
Doppelkonsonantenbuchstabe 100, 179, 182
Doppelkonsonant 118, 259, 264
Doppelkonsonanz 38, 65, 66, 100–104, 111, 273
Doppelpunkt 161, 174 f., 262, 273 (s. auch Zeichensetzung)
Doppelvokal 37, 100, 106, 110, 120, 260 (s. Vokalquantität)
Dysgrammatismus 221, 226 ff., 234

Eigendiktat 285 (s. auch Diktat)
Eigennamen 145, 155 f., 159, 262, 273 (s. auch Groß- undKleinschreibung)
Eigenregel 41–44, 46, 57, 58, 66, 68 f., 69, 72, 101, 104, 177, 185, 191, 195 f., 198, 203, 211, 265, 269, 278, 280, 290 (s. auch Regel)
elementare Regeln 82, 183, 254 ff., 258–262, 263 ff. (s. auch Regel)
Entwicklungsunterschiede 56, 60
Erfassungsfunktion 10, 32, 40 f., 54
Ergänzungsstrich 112, 119 f.
Erkundungen 60, 196, 241, 243, 249 f., 254 ff., 263 ff., 269, 274
Erkundungsprozess 53
Erweiterbarkeit 132
etymologisches Prinzip 40
Euphonie 114
expansives Lernen 60, 237, 269, 285 (s. auch Lernen)
explizite Rechtschreibregel 71 (s. auch Regel)
explizites Lernen 13, 60, 187 (s. auch Lernen)
explizites Wissen 44, 71 ff., 185, 199, 269, 274 (s. auch Wissen)
Explizitlautung 89

Fehler 27, 35, 42, 55, 60, 63, 65 f., 66, 69, 71, 77, 110 f., 119, 122 f., 185, 187 ff., 194 f., 198 f., 204, 213, 216, 221, 226 ff., 243, 251, 266, 285

– Flüchtigkeitsfehler 236
– Nachwirkungsfehler 69, 198
– Vorwirkungsfehler 69, 198
– Fehlerwörter 205 f., 211
Fehlerkorrektur 57
Fehlerschwerpunkte 204, 211, 226, 243
Feldzeichen 27, 40
Flüchtigkeitsfehler 236 (s. auch Fehler)
Förderunterricht 217
Fragezeichen 161–164, 263, 273 (s. auch Zeichensetzung)
Fremdregel 41–44, 59, 66, 68, 72, 90, 94, 101, 110, 186, 194, 196, 198 (s. auch Regel)
Fremdwort 35, 40, 69, 85 f., 90, 94–96, 101, 110, 115, 180 f., 258, 273
funktionaler Analphabetismus 218 ff.

Ganzwortmethode 60
Gegenstandszeichen 24, 29, 40 f., 112
Getrennt- und Zusammenschreibung 66, 83, 125–144, 255, 269, 271, 273 f.
– Bindestrich 41, 119, 137, 139, 142 f., 145, 179
– Ergänzungsstrich 119 f.
– trennbare Verben 129 ff.
– untrennbare Verben 128 ff.
– Wortzwischenräume 20 f., 83 f., 125, 179
– zusammengesetztes Adjektiv 126, 133, 135–137, 143
– zusammengesetztes Substantiv 126, 134, 137 f., 143
– zusammengesetztes Verb 127–134, 143
– Zusammenschreibung 270
grammatikalische Normen 228
Grammatikunterricht 78, 117
grammatische Großschreibung 145, 145–155 (s. auch Groß- und Kleinschreibung)
grammatische Kongruenz 227
grammatisches Prinzip 41, 66
grafische Kommunikation 29
Großschreibung 34, 66, 81 f., 194 f., 265
Groß- und Kleinschreibung 10, 33, 38, 57 ff., 66, 72, 82 f., 145–159, 194 f., 196, 226, 233, 241, 255, 262, 263, 265, 269, 271, 273, 287
– Anredepronomen Sie 145, 158, 159, 262, 273
– Anfangsgroßschreibung 33, 145, 146–148, 159, 185, 194, 262, 273
– Desubstantivierung 148–151, 155, 185, 273
– Eigennamen 145, 155 f., 159, 262, 273
– feste Fügungen 145, 155–158, 159, 273

– grammatische Großschreibung 145, 146–155
– lexikalische Großschreibung 145, 155–158
– Scheinsubstantivierung 148, 152–155
– Substantive 145, 148 ff., 159, 194, 232
– Substantivierung 38, 58, 81, 138, 145, 148, 152, 155, 159, 185, 243
Grundform 213, 273
Grundregeln 78, 81–184, 249, 263, 269 f. (s. auch Regel)
Grundschreibung 68
Grundwortschatz 44, 67, 78, 203–212, 246, 273, 292
– Rechtschreibgrundwortschatz 203 ff., 210, 212, 263
– Schreibwortschatz 203
– Wortschatzrolle 251, 274
– Wortschatztruhe 251, 274

Hauptregel 85 ff. (s. auch Regel)
Heterographie 113, 120–122
Homonymiedifferenzierung 113, 120–122
Hyperkorrektion 88

implizites Können 44, 71 ff., 185, 187, 193, 269, 274
implizites Lernen 13, 186, 187, 189 (s. auch Lernen)
implizites Wissen 185 (s. auch Wissen)
Individualisierung 216, 274
individuelle Rechtschreibkompetenz 43 f.
Infinitivkonstruktion 144
Interpunktion s. Zeichensetzung

Jungenwörter 36, 71

Kassettendiktat 285 (s. auch Diktat)
Kognitionspsychologie 52, 55 f., 191
kognitive Schemata 52–58, 66 f., 72, 77, 185 f., 192 ff., 195, 198, 215, 242 f., 276
Kommasetzung 161, 164–173, 174, 176, 177, 262 f., 270, 273 (s. auch Zeichensetzung)
Konsonantengruppe 42
Konsonantenkombinantion 37
Kontextschreibung 269
Kurzdiktat 285 (s. auch Diktat)

Laut-Buchstaben-Beziehung 12, 25, 54, 66, 185 f., 211, 226, 270, 290
Laut-Buchstaben-Regel 66 (s. auch Regel)
Laut-Buchstaben-Zuordnung 11 f., 19, 32, 33, 35, 39 f., 49, 58 f., 62, 66 ff., 72, 77, 83 ff., 94 f., 109–111, 117, 122, 122 f., 183, 188, 197, 211 f., 214, 238, 240, 263, 285
Lautfunktion 83
Lautmodell 33 f.
Lautprinzip 41, 62
Lautregel 27, 32 ff., 112 (s. auch Regel)
Lautschema 12, 24, 27 ff., 32–35, 37, 39, 41, 46, 54, 65, 70 f., 77 f., 87, 112, 124, 186, 187, 253, 290
Lautschrift 10, 32 f., 83, 183, 253
Legasthenie 61, 214 ff.
Lehrkonzept 61
Lehrregeln 250 ff. (s. auch Regel)
Leistungsdifferenzierung 288 (s. auch Differenzierung)
Leistungsmessung 13, 66, 242, 278, 279 ff., 290 f.
Lentoaussprache 109
Lernbeobachtung 242, 278–285, 291 f.
Lernen
– expansives Lernen 60, 238, 269, 285
– explizites Lernen 13, 60, 188
– implizites Lernen 13, 186, 188, 189
Lernentwicklung 50, 56, 64 ff., 211, 220, 291 ff.
Lernforschung 71
Lernkontrolle 242 ff., 279, 287
Lernplateau 199
Lernschwierigkeiten 60, 67, 214–237, 242 f., 292
Lernvoraussetzungen 56
Lesen (lernen) 22, 32, 55, 58, 63, 186, 189 f., 201 f., 216 f.
lexikalische Großschreibung 145, 155–158 (s. auch Groß- und Kleinschreibung)
Literalitätserfahrung 185, 188
logographemisch 58 f., 238
logographemische Strategie 58 ff.

Mädchenwörter 36, 71
Merkschreibungen 269
Merkverse und –wörter 42, 44, 78, 81, 91, 102, 104 ff., 108, 101, 113 ff., 211, 238, 258 ff., 264, 273
Minimalsatz 164
Modellwörter 110, 195, 203, 211, 263, 273

Monophthongierung 55
morphematisches Prinzip 112
Morpheme 39, 112, 124, 212
mündliche Kommunikation 15 ff.
Muster(bildung) 37, 42, 78, 110, 170, 187, 193, 197, 274

Nachwirkungsfehler 69, 197 (s. auch Fehler)

orthografische Elemente 21 f., 32, 37, 56, 58, 71, 110, 188 ff.
orthografische Strategie 58 ff., 189, 289

Phonem-Graphem-Korrespondenz 33, 85
phonetische Schreibung 59, 109
Pilotsprache 81 (s. auch Schreibaussprache)
proaktive Hemmung 198
prozedurales Wissen 186, 188, 199 (s. auch Wissen)

Ranschburgsche Hemmung 123, 196–199, 245, 265, 275, 285
Rechtschreibgrundwortschatz 203 ff., 211, 212, 263
(s. auch Grundwortschatz)
Rechtschreibkönnen (implizites Können) 27 ff., 44, 46, 71 ff., 249
Rechtschreibkompetenz 11, 42 ff.
Rechtschreibschwäche 215 ff.
Rechtschreibtest 63 f., 189 ff., 215 ff., 279, 288 f.
Rechtschreibwissen (explizites Wissen) 18, 27 ff., 44, 46, 71 ff. (s. auch Wissen)
Regel 18, 35, 41 ff., 81–184, 185 ff., 198, 214, 226 ff., 235, 250, 253 f., 263 ff., 269, 274
– Ausspracheregel 29
– Eigenregel 41 ff., 46, 57, 58, 66, 68 f., 69, 72, 101, 104, 177, 185, 191, 194 f., 198, 203, 211, 265, 269, 278, 280, 290
– elementare Regeln 82, 184, 253 ff., 255–262, 263 ff.
– explizite Rechtschreibregel 71
– Fremdregel 41–44, 59, 66, 68, 72, 94, 101, 110, 186, 195, 198
– Grundregeln 78, 78–184, 249, 263, 269 ff.
– Hauptregel 85 ff.
– Laut-Buchstaben-Regel 66
– Lautregel 29 f., 32 ff. 112
– Lehrregeln 250 ff.
– Schreibregel 10, 32 ff., 39, 67, 77, 185

Regelbildungsprozess 186 f.
Regelschreibungen 269
Regelwörter/Denkwörter 110
retroaktive Hemmung 198
Richtigschreibung 55, 61, 68, 71, 188 ff., 195, 232, 236, 249, 253 f., 269, 285

Satzschlusszeichen 159, 161–164, 174, 176, 178, 193, 262 (s. auch Zeichensetzung)
Scheinsubstantivierung 148, 152–155 (s. auch Groß- und Kleinschreibung)
Schemakonstanz 112-124
Schemaspeicherung 36
Schreibanfänger 46 ff., 55, 62
Schreibaussprache 38, 95, 110, 273
Schreibkonferenzen 242
Schreibprozess (-modell) 18 ff., 68
Schreibregel 10, 32 ff., 39, 41, 67, 77, 185 (s. auch Regel)
Schreibschema 11 f., 21, 22 ff., 25, 29, 31, 32–39, 39 f., 41, 44, 46, 55, 62, 66, 69, 70 f., 77 f., 92, 103, 122 ff., 124, 151, 183, 186 f., 193, 211, 253 f., 274, 288
Schreibwortschatz 204 (s. auch Grundwortschatz)
Schriftlautung 89
schriftliche Kommunikation 24 ff.
Schriftwortschatz 204, 207 f. (s. auch Grundwortschatz)
Selbstkontrolle 195, 242 ff., 276
Signalgruppen 25, 58, 70
Silbe 25 f., 29, 38, 41, 54, 58, 93, 101, 111, 113, 118, 179 ff., 255 f., 265 f., 271
– Einsilbler 25 f.
– graphische/Schreibsilbe 38, 179 ff., 212
– Sprechsilbe 38, 109, 179
Silbenansatz 101 ff.
Stammfunktion 83
Stammprinzip 41, 62, 65, 83 f., 101 ff., 107, 108, 112–122, 139, 179, 263
Stammschreibung 83 f., 115, 120, 251, 265
standardisierte Tests 189 f., 279, 288–289, 291
Standardlautung 15, 32, 55, 85 ff., 113 ff.
Steigerbarkeit 126, 132
Strategie, alphabetische 58 ff., 68, 83 ff., 211, 250, 285, 289
Strategie, logographemische 58 ff.
Strategie, orthografische 58 ff., 189, 289
Stress 199
Strukturmuster 37
Stufenmodell des Rechtschreiberwerbs 58–61, 68

Substantivierung 38, 58, 81, 138, 145, 148, 152–155, 159, 185, 243 (s. auch Groß- und Kleinschreibung)
synchrone etymologische Kompetenz 122
ß-Schreibung 91 ff., 114 f., 258, 273

Textzeichen 174 ff.
Transfer 77
trennbare Verben 129 ff. (s. auch Getrennt- und Zusammenschreibung)

Überarbeiten 17 f., 44, 72, 77, 124, 177, 183, 185 f., 212, 221, 233, 236, 243, 253 ff., 266, 274, 279 f.
Übergeneralisierung 56, 68 ff., 77, 159, 285
Überkorrigierung 78
Überlautung 88
Umgangslautung 88
Umlaut 10, 27 f., 33 f., 39, 65, 91, 112, 115–117, 122, 124, 261, 264, 273
Unterscheidungszeichen 24, 29, 40 f.
untrennbare Verben 129 ff. (s. auch Getrennt- und Zusammenschreibung)

Vergessenskurve 198
Verschmelzung 27 f.
Vokaldehnung 104, 105 f., 260, 273 (s. auch Vokalquantität)
Vokalquantität 10, 19, 62, 66, 85, 100, 100-108, 110, 226, 258 ff., 265, 273, 275
– Dehnung 19, 38, 69 f., 100, 104 ff., 110, 117, 120, 260, 273
– Doppelvokal 36, 100, 106, 110, 120, 260
– kurzer Vokal 66, 85, 90, 100–104, 226, 260 f.
– langer Vokal 86, 90, 104–108, 226, 260, 265
– Vokaldehnung 19, 104, 155 f., 260, 273
Vorwirkungsfehler 69, 197 (s. auch Fehler)

Wahrnehmungszyklus 53, 54 f., 56, 69, 195, 196
Wahrnehmungsprozess 52
Wiederholung 199
Wissen
– deklaratives Wissen 186, 188, 199
– explizites Wissen 44, 71 ff., 185, 199, 269, 274
– implizites Wissen 185
– prozedurales Wissen 186, 188, 199
– Rechtschreibwissen (explizites Wissen) 18, 27 ff., 44, 46, 72 ff.
Wörterbuch 36 f., 127, 194 f., 212 ff., 243, 256 f., 272, 274, 286

wörtliche Rede 146, 162 f., 175–177, 178, 273 (s. auch Zeichensetzung)
Wortaufbau 10, 25 ff., 78, 85 f., 95, 101, 122
Wortbausteine 10, 12, 58, 254, 256, 264 ff., 271
Wortbild 12, 32, 36, 60, 109 ff.
Wortbildung 117, 183, 214, 226, 232
Wortfamilie 112 f., 117, 120, 122, 207 ff., 264, 273
Wortgruppe 125 f., 135
Wortschatzrolle 251, 274
Wortschatztruhe 251 274
Worttrennung 38, 83 f., 122, 179–182, 261, 263 f., 271, 273
Wortzwischenräume 20 f., 83 f., 125, 179 (s. auch Getrennt- und Zusammenschreibung)

Zeichensetzung 7, 18 f., 58, 66, 82 f., 160–178, 231, 234 f., 241 f., 243, 262, 263, 269 ff., 273
- Abkürzungspunkt 112, 119 f., 163
- Anführungszeichen 161, 175–177, 273
- Apostroph 112, 119 f.
- Ausrufezeichen 161–164, 262, 273
- Doppelpunkt 161, 175 f., 262 f., 273
- Fragezeichen 161–164, 262, 273
- Komma 170 f., 165–173, 175, 176, 178, 262 f., 272 f.
- Punkt 161–164, 165, 178, 273
- Satzschlusszeichen 159, 161–164, 174, 176, 178, 193, 262
- Textzeichen 160, 174–177
- wörtliche Rede 146, 162 f., 175–177, 178, 273

zerdehnte Kommunikation 15
zusammengesetztes Adjektiv 126, 133, 135–137, 143 (s. auch Getrennt- und Zusammenschreibung)
zusammengesetztes Substantiv 125, 134, 137 f., 143 (s. auch Getrennt- und Zusammenschreibung)
zusammengesetztes Verb 127–134, 143 (s. auch Getrennt- und Zusammenschreibung)
Zusammenschreibung 270 (s. auch Getrennt- und Zusammenschreibung)
Zusammensetzung 29, 125 ff. (s. auch Getrennt- und Zusammenschreibung)
zweistufiges Diktat 286 (s. auch Diktat)
Zwei-Wege-Modell des Schreibens 39, 67, 187, 244
Zwiebelmodell 82